汽车检修技能提高教程丛书

汽车底盘及车身电控技术与检修 第2版

王盛良 主编

机械工业出版社

本书的主要内容有汽车制动防抱死控制系统、汽车驱动防滑控制系统、汽车行驶稳定控制系统、汽车转向电子控制系统、汽车悬架电子控制系统（包括电磁悬架技术）、汽车安全气囊系统、汽车仪表电子控制系统、汽车自动空调控制系统、汽车轮胎监测系统、汽车音响系统、汽车定位和导航通信系统、汽车座椅自动控制系统和汽车防盗控制系统、汽车智能巡航控制系统、自动泊车辅助控制系统等，每一系统独立成章。编写时，以各系统的基本结构、工作原理、检修方法、拆装步骤和案例分析为重点，以点代面地介绍了常见车型相关项目的维修方法。

本书章节编排合理，内容系统连贯，图文并茂，实操性强，可作为中、高职类汽车专业教材，也可供汽车从业人员、汽车驾驶人员以及汽车运行管理人员学习参考。

图书在版编目(CIP)数据

汽车底盘及车身电控技术与检修/王盛良主编. —2 版. —北京：机械工业出版社，2013.7（2017.2 重印）
（汽车检修技能提高教程丛书）
ISBN 978 - 7 - 111 - 43347 - 7

Ⅰ.①汽…　Ⅱ.①王…　Ⅲ.①汽车 - 底盘 - 电气控制系统 - 车辆修理 ②汽车 - 车体 - 电气控制系统 - 车辆修理　Ⅳ.①U472.41

中国版本图书馆 CIP 数据核字（2013）第 158596 号

机械工业出版社（北京市百万庄大街 22 号　邮政编码 100037）
策划编辑：连景岩　　责任编辑：连景岩
责任校对：张晓蓉　　封面设计：鞠　杨
责任印制：常天培
北京圣夫亚美印刷有限公司印刷
2017 年 2 月第 2 版第 3 次印刷
184mm×260mm ·20 印张·493 千字
4501—5500 册
标准书号：ISBN 978 - 7 - 111 - 43347 - 7
定价：49.80 元

凡购本书，如有缺页、倒页、脱页，由本社发行部调换

电话服务	网络服务
服务咨询热线：010 - 88361066	机 工 官 网：www.cmpbook.com
读者购书热线：010 - 68326294	机 工 官 博：weibo.com/cmp1952
010 - 88379203	金 书 网：www.golden - book.com
封面无防伪标均为盗版	教育服务网：www.cmpedu.com

第 2 版前言

现代汽车工业的发展突飞猛进，新工艺、新材料、新技术、新装备不断涌现与应用，而汽车售后服务技术还远远跟不上汽车新技术的发展，近年来因工作关系笔者深入多家品牌汽车 4S 店和一、二类汽车维修企业进行技术交流。尽管这些企业都有相关的技术培训，但对于使用新装备、新技术的汽车在维修时大都以替换法或总成更换的办法修复，也就是说现在的“汽车医院”和“汽车医师”不管“大病小病”无一例外采用手术治疗一刀切——“拆”和“换”！极少“对症下药”，造成许多不必要的浪费和麻烦。为了让汽车技师或汽车维修入门者形成系统的思维模式，本书再版时综合了出版社反馈的读者建议和与汽车售后一线技术人员交流的心得，更加强化并规范了“积木化”的应用，使三个问题、四条线更贴近生产实际操作。另外，补充了一些汽车新技术的内容，希望能提高广大读者对汽车的认识、分析及检修技能。因为近两年各汽车制造企业都有新技术的应用，限于编者的收集能力及相关企业的技术公布程度，肯定存在不全或疏漏，但会有一个完整的检测、分析、诊断的流程、方法与模式，力争以安全、可靠、经济和方便为前提“对症下药”，以“能吃药治疗的不打针，能打针治好的不做手术，必须做手术才做手术”的理念编写，以期起到抛砖引玉、触类旁通的作用。

参与本书第 2 版修改的还有广汽本田刘敞文，LIQUI MOLY 蔡忠华，在此一并致谢！尽管编写时一直力争严谨、科学、合理，但也难免有错误之处，敬请广大读者批评指正！

本书再版时得到不少读者、汽车维修企业的支持和指导，在此一并致谢！

编　者

第 1 版前言

本教程根据现代汽车的发展历程及整体结构特征，采用“积木法”进行编写，着重于理论和实践相结合，力争把复杂问题简单化、抽象问题形象化，希望能帮助汽车维修人员找到学习的捷径和信心，起到抛砖引玉的作用。

许多人把汽车专业知识的学习想象得过难，其实不然，只要充满信心，并采用正确的学习方法，坚持不懈，就会触类旁通。但现代汽车毕竟是高新技术的结晶，是多门学科的综合运用，因而学习要循序渐进。

“积木法”简单地说，就是化整为零和以零凑整。化整为零是研究“积木”本身的结构和特征；以零凑整是研究“积木”运用的技巧和过程。有形“积木”无形“线”，用“积木法”来学习汽车专业知识只需把握三个问题与四条线，学习起来问题就会迎刃而解。

化整为零要从三个问题入手，第一个问题是“是什么的问题（即认识问题）”，要求了解和熟悉汽车相关系统及零部件的种类、形状、结构、作用及安装位置，特别是初学者要做到看到就能认识，提到就能想到，想到就能找到；第二个问题是“为什么的问题（即分析问题）”，要求对相关系统的工作原理、工作流程、工作特征进行全面、连贯、系统的掌握，能突破现象看本质，对提高者来说这是一个飞跃，是从“汽车护士”到“汽车医师”的飞跃；第三个问题是“做什么的问题（即解决问题）”，要求能正确使用相关工具、量具、设备，严格按照操作规程和技术要求对汽车各系统及零部件进行检测诊断、拆卸装配和运行调试。

以零凑整要以四条线为基础把汽车各相关系统的零部件（积木）有机结合起来形成一台完整的现代汽车，也就是说把一块块积木按一定的规律放到该放的位置形成一个整体。第一条线是：力的传递路线，把从动力源到各运动主体之间的所有零部件（积木）按传递关系合理组合起来；第二条线是：电的流动路线，电学部分是当前从事汽车维护和修理人员最薄弱的环节，其实只要从电源开始顺着电的流动路线把回路上所有的零部件按先后关系连起来，其他问题就迎刃而解；第三条线是：气的流动路线，发动机的进、排气系统关系到动力性能、经济性能、环保性能、可靠性能等，另外，气的流动路线还牵涉气力（气压、真空）的传递，容易被人忽视，造成隐患；第四条线是：液体流动路线，在现代汽车上使用的液体主要有：清洗液、冷却液、润滑油、制冷剂、制动液（刹车油）、变速器油（自动变速器油）、燃油、动力转向传动液和减振器液压油等，流动的方式有液力和液压两种，不管是哪种液体流动，只要按其流动路线把所牵涉的零部件按先后顺序排列成一整体来研究，就不难掌握。如果把这四条线有机地整合在一起，就是一台完好的车。

本教程在编写时注重实效，以点代面，考虑到读者层次和要求的不同，在每一章节前针对各层次读者提出了相应的建议和要求，供大家参考。

参与本书编写的还有三马汽车技术服务公司的黎德良先生，由于编写时间仓促和水平所限，本书难免有所纰漏甚至错误之处，敬请广大读者给予批评指正！

编　者

目　　录

第1章 汽车制动防抱死控制系统原理与检修

基本思路：

对本章的学习，首先要把握三个问题。第一个问题：“是什么的问题（即认识问题）”，也就是ABS主要零部件种类、形状、结构、作用和安装位置，本章涉及的零部件不多，而传感器则只有轮速传感器；大部分执行元件都装成了一整体制动压力调节器；另外还有电控单元（ECU），传感器的认识除了形状结构上的认识外，还要把它有几个接线柱，接线柱分别连到什么地方搞清楚；执行元件的认识除了形状结构上的认识，还要把它有几个接口，接口分别接到哪个管道，它有几个接线柱，接线柱分别连到什么地方都要弄得清清楚楚；电控单元的认识重点是弄清ECU上的每个接线柱接到哪里。第二个问题：“为什么的问题（即分析问题）”，要求对系统及系统主要零部件的工作原理、工作流程、工作特征进行全面、连贯、系统地掌握，对ABS系统来说只要把握两条线，第二个问题就会迎刃而解：一条是电的流动路线（控制执行元件动作）；另一条是制动液的流动路线（执行元件动作的结果）。在汽修行业遇到问题时一定要先动脑筋、再动手，因盲目动手造成损失的现象太多了，动脑筋实际上就是分析问题。第三个问题：“做什么的问题（即解决问题）”，也就是检测诊断，掌握上述内容后就能把握问题关键，事半功倍。

1.1 汽车制动防抱死控制系统概述

驾车经验告诉我们，行车时若紧急踏下制动踏板，车轮可能会在车辆停止前抱死。在这种情况下，若前轮抱死则汽车的操纵性能会降低，若后轮抱死则汽车的稳定性便会降低，从而可能导致汽车行车事故的出现。这些现象的产生，均源自于制动过程中车轮的抱死。汽车防抱死制动装置就是为了消除在紧急制动过程中出现的上述不稳定因素，避免出现由此引发的各种危险状况而专门设置的制动压力调节系统。

汽车制动过程分析：汽车在水平路面上制动时汽车的受力包括：汽车的重力 G，前后轮上作用的地面支承力 F_{Z1} 和 F_{Z2}，汽车制动时的减速惯性力 F_j，地面作用在车轮边缘上的摩擦力 F_{xb1} 和 F_{xb2}。汽车制动减速过程实际上就是汽车在行驶方向上受到地面制动力 F_{xb} 而改变运动状态的过程。制动效果的好坏完全取决于这种外界制动力的大小及其所具有的特性。

由于地面制动力是地面与轮胎之间的摩擦力，因此，它具有一般摩擦力的特性，即汽车减速度较小时，地面摩擦力未达到极限值，它可随所需惯性力增加而增加；汽车减速度达到一定数值后，地面摩擦力达到其极限值，以后便不再增大。按照摩擦的物理特性可知，此时

$$F_{xb\max} = F_Z\phi$$

式中　$F_{xb\max}$——地面制动力（摩擦力）的最大值；

F_Z——作用在车轮上的法向载荷；

ϕ——摩擦系数（通常称为附着系数）。

由此可以看出，在汽车紧急制动情况下，若欲提高制动效能，即缩短制动距离或增大制动减速度，必须设法增大 $F_{xb\max}$。为此，可以采取两条途径：一方面，可以通过提高汽车的正压力 F_Z 来增大 $F_{xb\max}$；另一方面，也可以通过提高摩擦系数 ϕ 而使 $F_{xb\max}$ 得以提高。考虑到汽车具体使用情况，后一种途径更具有实际意义。

大量试验证明，轮胎与路面之间的附着系数主要受到三方面要素影响：路面的类型、状况；轮胎的结构类型、花纹、气压和材料；车轮的运动方式和车速。

通过观察汽车制动过程中车轮与地面接触痕迹的变化（图1-1），可知制动车轮的运动方式一般均经历了三个变化阶段，即开始的纯滚动、随后的边滚边滑和后期的纯滑动。

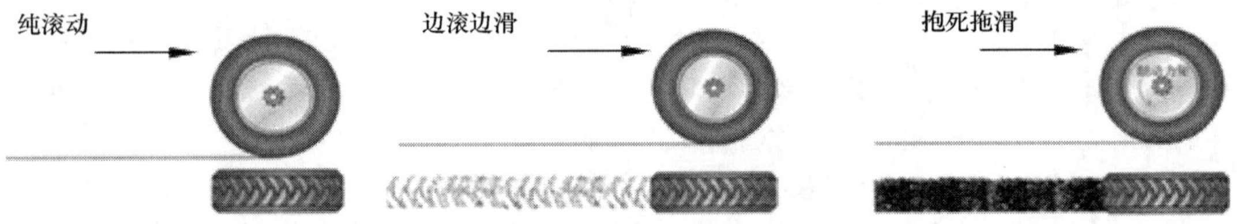

图1-1　汽车制动过程中车轮与地面接触痕迹的变化

为能够定量地描述上述三种不同的车轮运动状态，即对车轮运动的滑动和滚动成分在比例上加以量化和区分，便定义了车轮滑转率

$$S = \frac{v - r\omega}{v} \times 100\%$$

式中　S——车轮滑转率；

v——车速；

r——车轮半径；

ω——车轮角速度。

按照上述定义可知，车轮运动特征可由滑转率的大小来表达，即：车轮纯滑动时 $S = 100\%$，车轮纯滚动时 $S = 0\%$，而当车轮处于边滚边滑的状态时 $0\% < S < 100\%$。试验所获

得的车轮与地面摩擦系数随车轮运动状态不同而变化的规律如图1-2所示，可以看出，车轮纵向附着系数（又称制动力系数）随车轮滑动成分的增加呈先上升后下降的趋势，附着系数最大值（亦称峰值附着系数）一般出现在滑转率$S=15\%\sim25\%$之间，滑转率S达到100%车轮抱死时的附着系数（也称滑动附着系数）φ_s小于峰值附着系数φ_p。一般情况下，$(\varphi_p-\varphi_s)$随道路状况的恶化而增大，即滑动附着系数φ_s会远远低于φ_p。同时，当$S=100\%$时，车轮的横向附着系数（又称横向力系数）趋近于0，这时，车轮无法获得地面横向摩擦力。若这种情况出现在前轮上，通常发生侧滑的程度不甚严重，但是此时前轮无法获得地面侧向摩擦力，导致转向能力丧失；若这种状况出现在后轮上，则会导致后轮抱死，此时，后轴极易产生剧烈的侧滑，使汽车处于危险的失控状态。综上所述，理想制动系统的特性应当是：当汽车制动时，将车轮滑转率S控制在峰值系数滑转率（$S=20\%$）附近，这样既能使汽车获得较高的制动效能，又可保证它在制动时的方向稳定性。

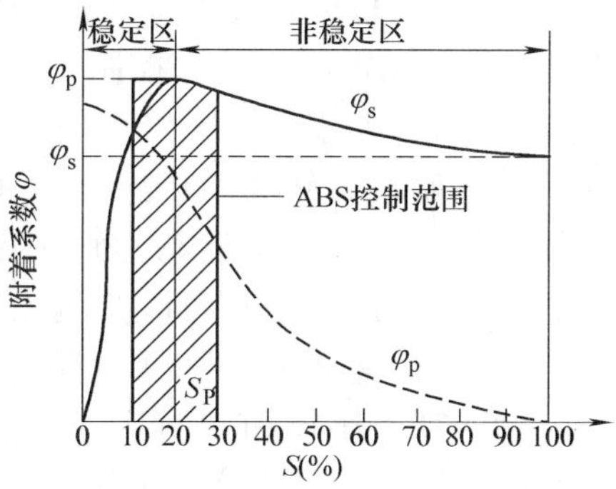

图1-2 附着系数与滑转率关系图

从ABS出现到今天在汽车上广泛应用，已经历了半个多世纪的发展过程。至今为止，ABS的整体结构已日渐趋于成熟，今后的发展将集中体现在以下几个方面：

1）实时跟踪路面特性变化，采用更加有效的控制方法，实现真正意义上优化控制。

2）提高关键元件的指标和可靠性，消除系统控制过程的不平滑、易振动、噪声大的缺陷。

3）由单一ABS控制目标转向多目标综合控制，全面提高汽车整体动力学水平。

4）进一步降低系统装车成本。

1.1.1 汽车制动防抱死控制系统的基本组成

一般来说，带有ABS的汽车制动系统，由基本制动系统和制动力调节系统两部分组成，前者是由制动主缸、制动轮缸和制动管路等构成的普通制动系统，用来实现汽车的常规制动；而后者是由传感器、控制器、执行器等组成的压力调节控制系统（图1-3）。制动中车轮趋于抱死时，ABS中的ECU才控制制动压力调节器对制动压力进行调节；ABS工作时的汽车车速必须大于5～8km/h

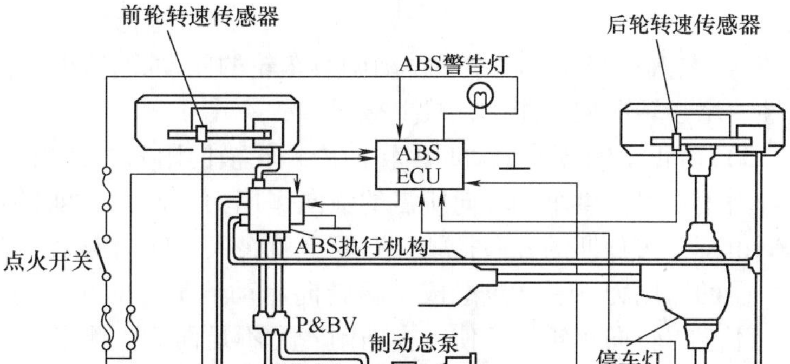

图1-3 ABS的基本组成

（我国一般在 15km/h），若小于该车速，ABS 不工作，制动时车轮仍可能抱死；常规制动系统出故障时，ABS 随之失去控制作用；ABS 出故障时，将自动关闭该系统，同时点亮 ABS 警告灯，但常规制动系统仍可正常工作。在制动压力调节系统中，传感器承担感受汽车行驶状态参数，将运动的物理量转换成电信号的任务。控制器即电子控制装置（ECU）根据传感器信号及其内部存储信号，经过计算、比较和判断后，向执行器发出控制指令，同时监控系统的工作状况。而执行器（制动压力调节器）则根据 ECU 的指令，依靠由电磁阀及相应的液压控制阀组成的液压调节系统对制动系统实施增压、保压或减压的操作，让车轮始终处于理想的运动状态。ABS 系统组件在车上的安装位置如图 1-4 所示。

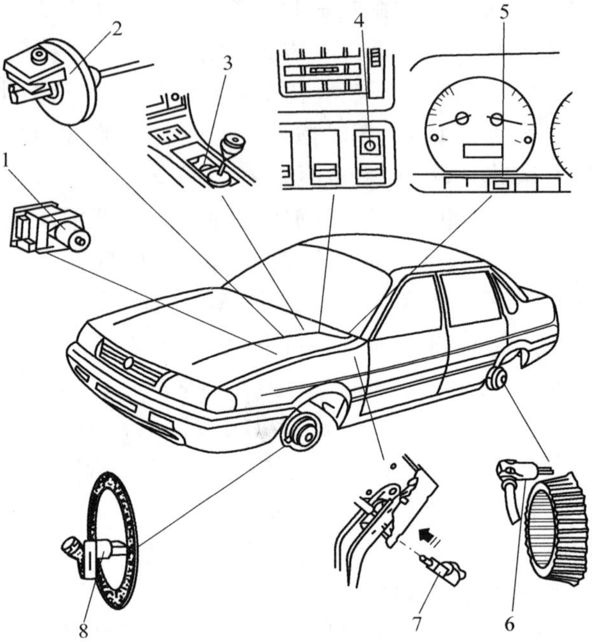

图 1-4　ABS 系统组件在车上的安装位置

1—ABS 控制器　2—制动主缸和真空助力器　3—自诊断插口　4—ABS 警告灯　5—制动警告灯　6—后轮转速传感器　7—制动灯开关　8—前轮转速传感器

1.1.2　汽车制动防抱死控制系统的基本功能

1）缩短制动距离。车辆的制动距离主要取决于制动过程中的平均减速度，如果车辆能够充分地利用各个车轮的最大纵向附着力进行制动，车辆就能够在最短的距离内制动停车。因此，充分利用车轮的最大附着力进行制动是缩短制动距离的关键，特别是前轮的附着力。这是由于前轮的附着力通常约占车辆全部附着力的 70% ~80%。在湿滑的路面上，制动距离的缩短尤为显著。

2）在汽车制动过程中，自动调节车轮的制动力，防止车轮抱死滑移，从而提高方向稳定性、增强转向控制能力，减少交通事故。

3）防止车辆转向制动时因转向内外轮横向附着力差所造成的侧滑。如果转向轮的横向附着力不足以提供车辆转向所需的横向作用力，此时，即使转向车轮已经发生了偏转侧滑，车辆也不会按预期的方向行驶，车辆也就丧失了转向操纵能力。而转向内外轮在其旋转平面内所受的作用力不平衡也造成车辆转向制动侧滑。对于装有 ABS 的车辆，在转向制动过程中，不会因转向车轮抱死使得横向附着力不足而产生侧滑。

4）改善了轮胎的磨损状态。事实上，车轮抱死会加剧轮胎磨损，而且使轮胎胎面磨耗不均匀。经测定，在汽车的使用寿命内，将紧急制动时车轮抱死所造成的轮胎磨损而引起的花费进行累加，已大大超过一套 ABS 的造价。因此，装用 ABS 具有一定的经济效益。

5）减轻制动踏板踩下时的力，提升制动辅助效果，驾驶人也没有必要用一连串的点制动方式进行制动，ABS 会使制动状态保持在最佳点。

1.1.3　汽车制动防抱死控制系统的分类

目前，汽车上使用的 ABS 有许多不同的结构形式，可以按以下方式进行分类：

1. 按 ECU 所依据的控制参数不同分类

（1）以车轮滑转率为控制参数的 ABS　ECU 根据车速和车轮转速传感器的信号计算车轮的滑转率，作为控制制动力的依据。当计算的滑转率超出设定值时，ECU 就会输出减小制动力信号，通过制动压力调节器减小制动压力，使车轮不被完全抱死；当滑转率低于设定值时，ECU 输出增大制动力信号，制动压力调节器使制动力增大。通过这样不断地调整制动压力，控制车轮的滑转率在设定的最佳范围内。这种直接以滑转率为控制参数的 ABS，需要得到准确的车身相对于地面的移动速度信号和车轮转速信号。车轮转速信号容易得到，但取得车身移动速度信号则较难。已有用多普勒（Doppler）雷达测量车速的 ABS，但到目前为止，此类 ABS 应用还很少。

（2）以车轮角加速度为控制参数的 ABS　ECU 根据车轮的转速传感器信号计算车轮角加速度，作为控制制动力的依据。制动时，当车轮角减速度达到设定值时，ECU 输出减小制动力信号；当车轮转速升高至角加速度设定值，ECU 输出增加制动力信号。如此不断地调整制动压力，使车轮不被抱死，处于边滚边滑的状态。目前汽车上使用的 ABS 基本上都是此种形式。

2. 按制动压力调节器的结构分类

按制动压力调节器的结构不同可分为机械柱塞式 ABS 和电磁阀式 ABS。目前，电磁阀式制动压力调节器的 ABS 系统较为多见。

3. 按功能和布置形式分类

按功能和布置形式不同可分为后轮 ABS 和四轮 ABS。现代汽车基本上都采用了四轮防抱死制动系统。

4. 按主要生产厂家分类

按主要生产厂家分类，有德国的博世（Bosch）ABS、戴维斯（Teves）ABS、美国的邦迪克斯（Bendix）ABS、美国的达科（Delco）ABS、日本的 OEM ABS。在这些系统中，Bosch 及 Teves 是被广泛应用的，且均由德国设计制造生产。而美国制造生产的 Bendix ABS 又可根据液压总成中的电磁阀进行分类。

5. 按控制通道数目分类

按控制通道数目可分为四通道式、三通道式、二通道式和单通道式，如图 1-5 所示。

6. 按制动力系统结构分类

（1）整体式 ABS　其结构特点是将制动总泵与蓄能器、液压阀等组合成一体，并且可以看到一只黑色圆球状的蓄能器，没有真空辅助液压元件，这种 ABS 结构应用较广泛。

（2）分离式 ABS　分离式 ABS 的制动总泵与液压阀没有装合在一起，且其制动总泵及真空辅助液压元件仍采用传统式结构，没有黑色球状的蓄能器。

（3）真空式 ABS　其特点是只控制后轮，并采用真空液压控制机构。

分离式 ABS 及真空式 ABS 也可统称为非整体式 ABS。

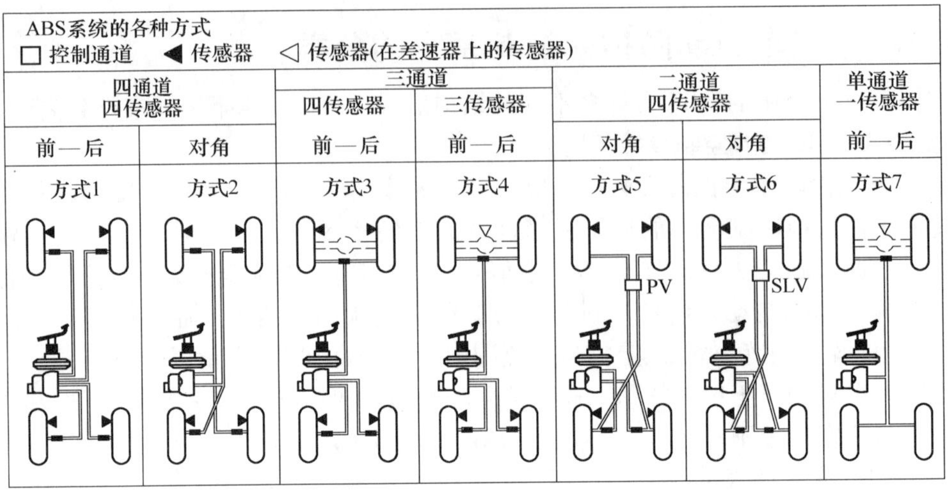

图 1-5　ABS 控制通道和传感器数

1.2　汽车制动防抱死控制系统主要零部件的结构及工作原理

1.2.1　汽车制动防抱死控制系统主要传感器的结构及工作原理

1. 车轮转速传感器

车轮转速传感器简称轮速传感器，常用的车轮转速传感器有电磁感应式与霍尔式两大类。

（1）电磁感应式车轮转速传感器　电磁感应式车轮转速传感器是一种由磁通量变化而产生感应电压的装置，一般由磁感应头与齿圈组成，如图 1-6 所示。

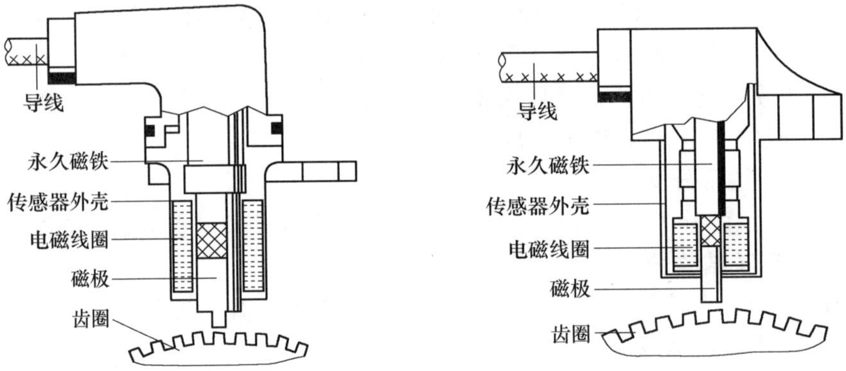

a)　　b)

图 1-6　车轮转速传感器构造

a）长方形　b）圆柱形

磁感应头是一个静止部件，通常由永久磁铁、电磁线圈和磁极等构成，传感器安装在每个车轮的托架上。齿圈是一个运动部件，一般安装在轮毂上或轮轴上与车轮一起旋转。齿圈上齿数的多少与车型、ABS 电脑有关。磁感应头磁极与齿圈的端面有一空气隙，一般在 1mm 左右，通常可移动磁感应头的位置来调整间隙（具体间隙的大小可查阅维修手册）。当齿圈随车轮旋转时（图 1-7），在永久磁铁上的电磁感应线圈中就产生一交变电压信号（这是因为齿圈上齿峰与齿谷通过时引起磁场强弱变化的缘故），信号的频率与车轮速度成正比，并随轮速的变化而变化。ABS 电子控制单元（ECU）通过识别传感器发来交变电压信号的频率来确定车轮的转速，如果电子控制单元发现车轮的圆周减速度急剧增加，滑转率达到 20% 时，便以 10 次/s 的速度进行计算，然后给执行机构发出指令，减小或停止车轮的制动力，以免车轮抱死。

（2）霍尔式车轮转速传感器　霍尔式车轮转速传感器可以将带隔板的转子置于永磁铁和霍尔集成电路之间的空气间隙中。霍尔集成电路由一个带封闭的电子开关放大器的霍尔层构成，当隔板切断磁场与霍尔集成电路之间的通路时，无霍尔电压产生，霍尔集成电路的信号电流中断；若隔板离开空气间隙，磁场产生与霍尔集成电路的联系，则电路中出现信号电流。

霍尔式车轮转速传感器由传感头和齿圈组成，传感头包含有永磁体。霍尔元件和电子电路等结构如图 1-8 所示。当齿间对准霍尔元件位置时，永磁体的磁力线穿过霍尔元件通向齿轮，穿过霍尔元件的磁力线分散于两齿之中，磁场相对较弱。当齿轮对准霍尔元件位置时，穿过霍尔元件的磁力线集中于一个齿上，磁场相对较强。穿过霍尔元件的磁力线密度所发生的这种变化会引起霍尔电压的变化，其输出一个毫伏级的准正弦波电压。此电压经波形转换电路转换成标准的脉冲电压信号输入 ECU。由霍尔传感器输出的毫伏级正弦波电压经过放大器放大为伏级正弦波信号电压，在施密特触发器中将正弦波信号转换成标准的脉冲信号，由放大极放大输出。

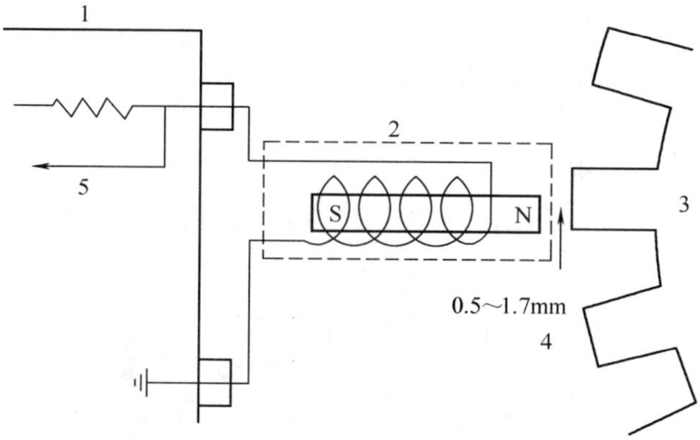

图 1-7　电磁感应式车轮转速传感器工作原理

1—电脑　2—传感头　3—齿圈　4—空气隙　5—车速信号

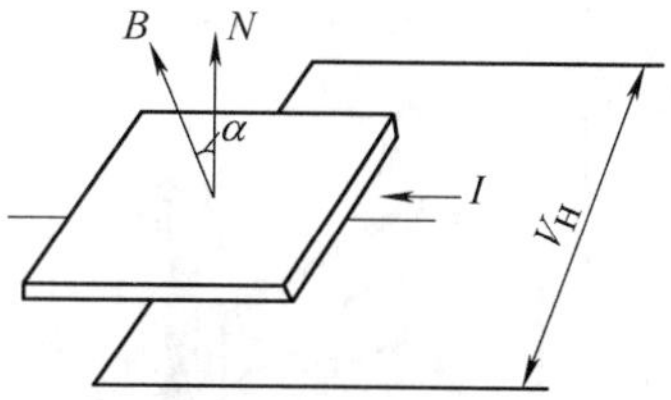

图 1-8　霍尔式车轮转速传感器工作原理

霍尔式车轮转速传感器与前述电磁感应式车轮转速传感器相比，具有以下的优点：

1）输出信号电压的幅值不受车轮转速影响，当汽车电源电压维持在 12V 时，传感器输出信号电压可以保持在 11.5～12 V，即使车轮转速接近于零。

2）频率响应高，该传感器的响应频率可高达 20kHz（此时相当于车速 1000km/h）。

3）抗电磁波干扰能力强。

2. 桑塔纳 2000 GSi 轿车和捷达王轿车 ABS 车轮转速传感器的检修

（1）桑塔纳 2000 GSi 轿车和捷达王轿车 ABS 系统前轮转速传感器的检修

1）前轮毂及齿圈的拆卸。结构及安装位置如图1-9所示。

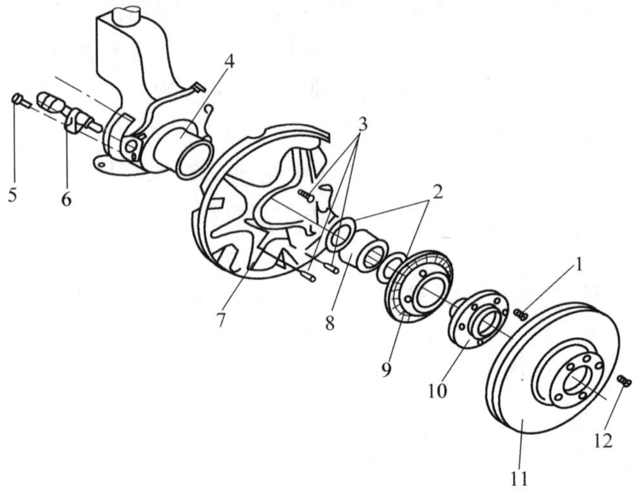

图1-9 前轮转速传感器和前轮轴承的安装位置

1—固定齿圈螺钉套 2—前轮轴承弹性挡圈 3—防尘板紧固螺栓（紧固力矩10N·m） 4—前轮轴承壳 5—转速传感器紧固螺栓（紧固力矩10N·m） 6—转速传感器（右前/左前） 7—防尘板 8—前轮轴承 9—齿圈 10—轮毂 11—制动盘 12—十字槽螺栓

① 拆带齿圈的前轮毂，用200mm拉具的两个活动臂先钩住前轮轴承壳中的两边（只有一个位置才能钩住），见图1-10。

② 在前轮毂要压出的中心放一块专用压块。

③ 转动顶尖，使拉具顶住专用压块，将前轮毂连同齿圈一起顶出。

④ 拆下齿圈的十字槽固定螺栓。

2）前轮转速传感器的拆装。前轮转速传感器左、右不能互换，因为零件不同。

① 先拔下传感器导线插头，如图1-11箭头所示，再拧下内六角紧固螺栓，拆下前轮转速传感器。

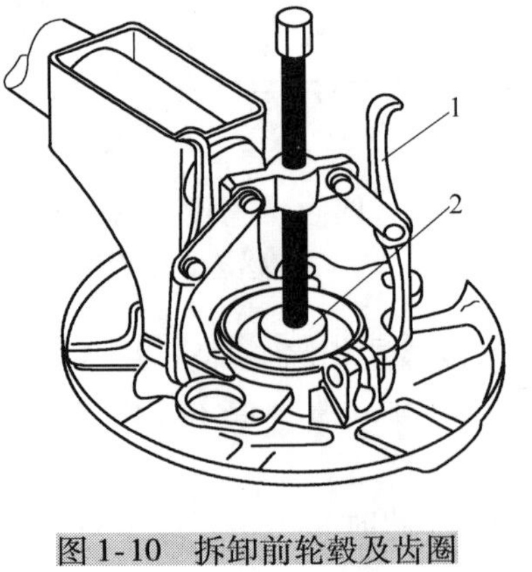

图1-10 拆卸前轮毂及齿圈

1—拉具 2—专用压块

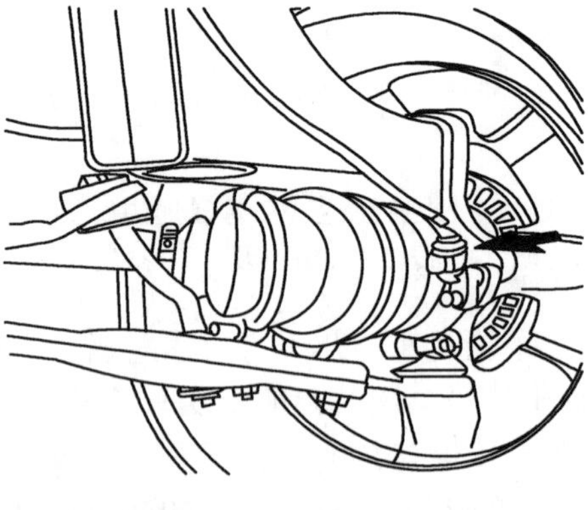

图1-11 拆卸前轮转速传感器

② 安装前轮转速传感器之前，先清洁传感器的安装孔内表面，并涂上固体润滑剂，然

后装入转速传感器，以 10N · m 的力矩拧紧内六角紧固螺栓，最后插上导线插头。

3）前轮齿圈的检查

① 前轮轴承损坏或轴承轴向间隙过大时，会影响前轮转速传感器的间隙。举升起前轮，使之离地，用双手转动前轮感觉前轮摆动是否异常。若轴承轴向间隙过大，则要检查齿圈轴向摆动（图 1-12）。轴向摆动应不大于 0.3mm。

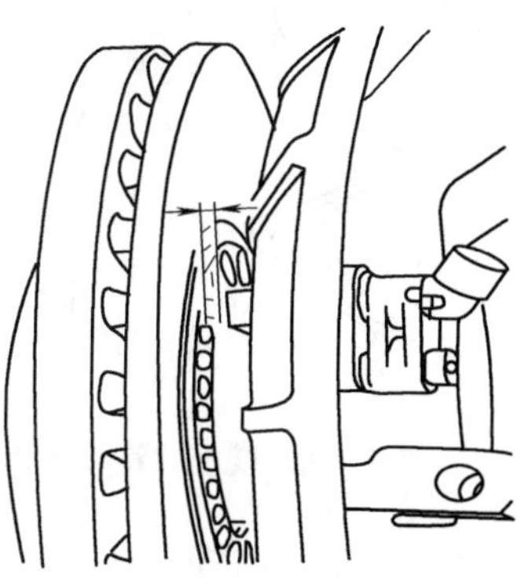

图 1-12　检查齿圈轴向偏差

② 若前轮轴承损坏或轴向间隙过大时，则应更换轴承。

③ 若出现齿圈轴向摆动过大而引起传感器与齿圈擦碰，造成齿圈变形或齿数残缺不全，则应更换前轮齿圈。

④ 若前轮齿圈完好无损，但被泥泞或脏物堵塞，应清除齿圈空隙中的脏物。

4）前轮转速传感器输出电压的检查

① 检查前轮转速传感器与齿圈之间的间隙是否符合规定，标准值为 1.10 ~ 1.97mm。

② 顶起前轮，松开驻车制动杆。

③ 拆下 ABS 线束，在线束插接器处测量。

④ 以 30r/min 的转速转动前轮，用万用表或示波器测量输出电压。左前轮接线柱为 4 和 11，右前轮接线柱为 3 和 18。用万用表测量时，前轮转速传感器输出电压应为 70 ~ 310mV；用示波器测量时，输出电压应为 3.4 ~ 14.8mV。

⑤ 若输出电压不符合规定时，检查传感器是否有故障；检查传感器电阻值（1.0 ~ 1.3kΩ）；在齿圈上取四点检查齿圈与车轮转速传感器之间的间隙是否过大，检查电线束安装是否有误差。

（2）桑塔纳 2000 GSi 轿车和捷达王轿车 ABS 后轮转速传感器的检修

这两种汽车的后轮转速传感器和轴承的结构及安装位置如图 1-13 所示。

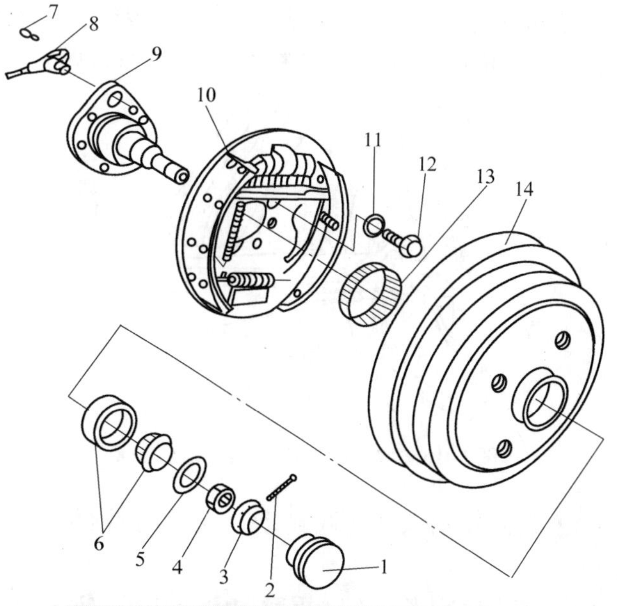

图 1-13　后轮转速传感器和轴承的安装位置

1—轮毂盖　2—开口销　3—螺母防松罩　4—六角螺母　5—止推垫圈　6—车轮圆锥滚子轴承　7—固定转速传感器内六角螺栓（拧紧力矩 10N · m）　8—转速传感器（右后 G44/左后 G46）　9—车轮支承短轴　10—后轮制动器总成　11—弹簧垫圈　12—六角螺栓（拧紧力矩 60N · m）　13—转速传感器齿圈　14—制动鼓

1）后轮转速传感器的拆装。后轮转速传感器左、右能互换，零件号也相同。

① 先翻起汽车后座垫，拔下后轮转速传感器的连接插头，如图 1-14 所示。

② 拧下传感器的内六角紧固螺栓，如图 1-15 所示，然后拆下后轮转速传感器。

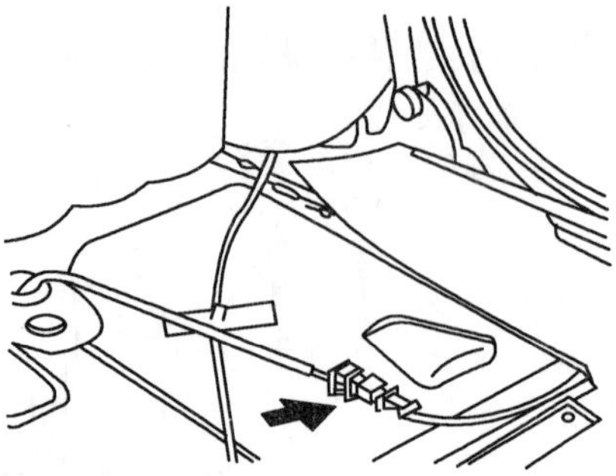

图 1-14　拔下后轮转速传感器连接插头

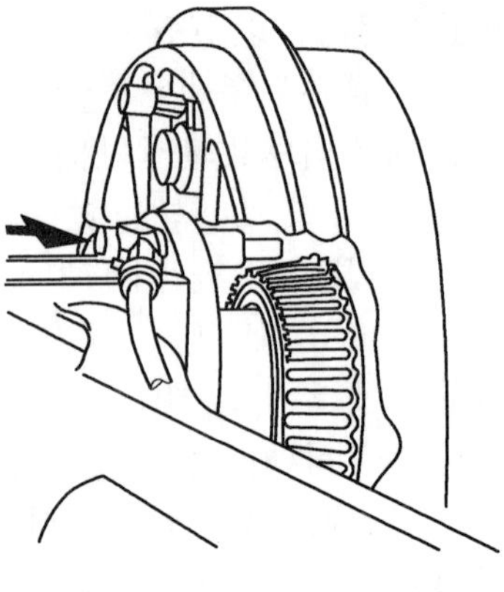

图 1-15　拧下传感器紧固螺栓

③ 按图 1-16 箭头所示方向取下后梁上的转速传感器导线保护罩，拉出导线和导线插头。

安装顺序与拆卸顺序相反，但注意安装后轮转速传感器之前，先清洁传感器的安装孔内表面，并涂上固体润滑剂，然后装入转速传感器，以 10N · m 的力矩拧紧内六角螺栓。

2）后轮齿圈的检查。后轮轴承损坏或轴承径向圆跳动过大时，会影响后轮传感器的间隙。

① 举升起后轮，使之离地，用双手转动后轮感觉后轮摆动是否异常。若后轮摆动过大，则要检查后轮轴承的径向圆跳动，如图 1-17 所示，径向圆跳动标准值为≤0. 05mm。

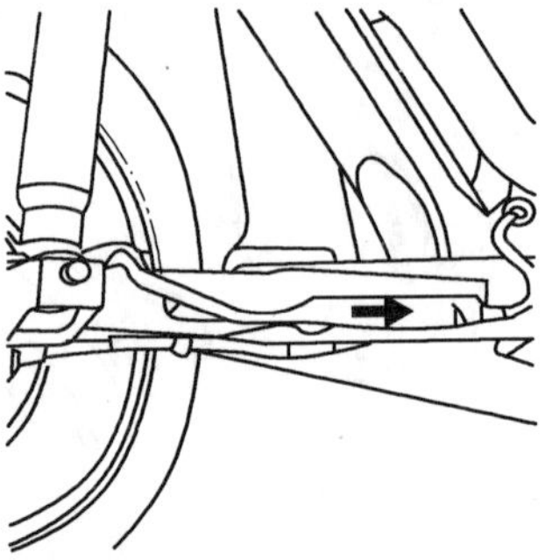

图 1-16　取下转速传感器导线保护罩

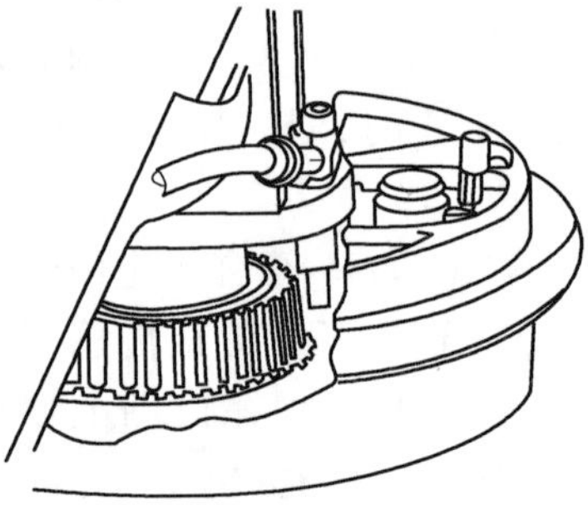

图 1-17　检查后轮齿圈

② 若后轮轴承径向圆跳动过大，则需要调整螺母以调节后轴承的间隙，或者更换后轴承。

③ 若齿圈变形、有严重磨损痕迹或齿数残缺不全，则应更换后轮齿圈。

④ 若后轮齿圈完好无损，但被脏物堵塞，应清除齿圈空隙中的脏物。

3）后轮转速传感器输出电压的检查。

① 检查后轮转速传感器与齿圈的间隙是否符合规定，标准值为 0. 42 ~0. 80mm。

② 顶起前轮，松开驻车制动杆。

③ 拆下 ABS 线束，在线束插接器处测量。

④ 以 30r/min 的转速转动后轮，用万用表或示波器测量输出电压。左后轮接线柱为 2 和 10，右后轮接线柱为 1 和 17。用万用表测量时，后轮转速传感器输出电压应大于 260mV；

用示波器测量时，输出电压应大于 12.2mV。若输出电压不符合规定，则应检查传感器是否有故障；检查传感器电阻值（1.0～1.3kΩ）；在齿圈上取四点检查齿圈与车轮转速传感器的间隙是否过大；检查线束安装是否有误差。

1.2.2　汽车制动防抱死控制系统执行元件的结构及工作原理

ABS 液压控制总成是在普通制动系统的液压装置上经设计后加装 ABS 液压调节器而形成的。普通制动系统的液压装置一般包括真空助力器、双缸式制动总泵（主缸）、储油箱、制动分泵（轮缸）和液压管路等。除了普通制动系统的液压部件外，ABS 制动压力调节器通常由回油液压泵、蓄能器、主控制阀、电磁阀和一些控制开关等组成。实质上，ABS 就是通过电磁阀控制分泵上的液压，使之迅速变大或变小，从而实现了防抱死制动功能。

ABS 制动压力调节器串接在制动主缸与轮缸之间，通过电磁阀直接或间搭铁控制轮缸的制动压力。通常把电磁阀直接控制轮缸制动压力的调节器称作循环式制动压力调节器，把间接控制制动压力的调节器称作可变容积式制动压力调节器。

1. 循环式制动压力调节器

这种形式的制动压力调节器是在制动总缸与轮缸之间串联一个电磁阀，直接控制轮缸的制动压力。这种压力调节系统的特点是制动压力油路和 ABS 控制压力油路相通。由电磁阀直接控制轮缸的制动压力。多采用三位三通电磁阀和二位二通电磁阀，在 ECU 控制下，使电磁阀处于“升压”、“保压”、“减压”三种位置，如图 1-18 所示。

1）三位三通电磁阀工作过程如图 1-19 所示，三位三通电磁阀由进液阀、回液阀、主弹簧、副弹簧、固定铁心及衔铁套筒等组成。

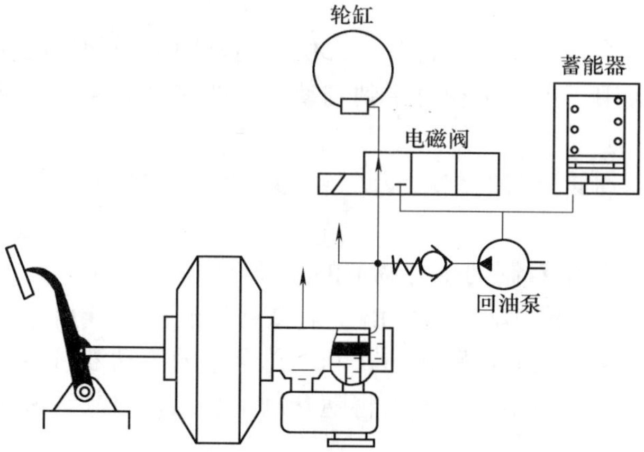

图 1-18　循环式制动压力调节器

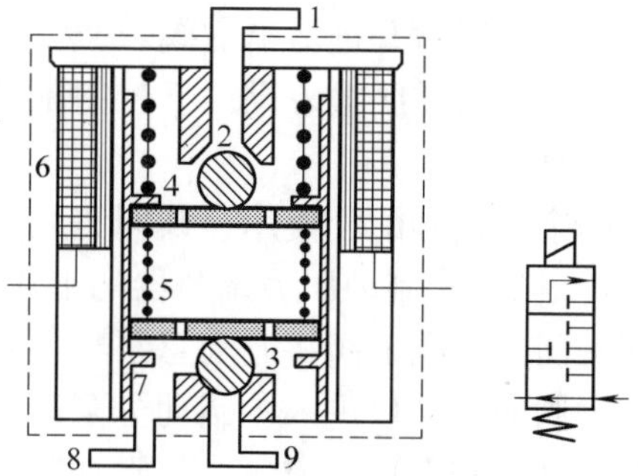

图 1-19　三位三通电磁阀

1—进液口　2—进液阀　3—回液阀　4—主弹簧　5—副弹簧　6—电磁线圈　7—衔铁套筒　8—出液口　9—回液口

工作过程是：电磁线圈未通电时，在主弹簧张力作用下，进液阀打开，回液阀关闭，进液口与出液口保持畅通——增压；电磁线圈通入较小电流（2A），产生电磁吸力小，吸动衔铁上移量少，但能适当压缩主弹簧，使进液阀关闭，放松副弹簧，回液阀并不打开——保压，如图 1-20 所示；电磁阀线圈通入较大电流（5A），产生电磁吸力大，吸动衔铁上移量大，同时压缩主、副弹簧，使进液阀仍保持关闭，回液阀打开——减压，如图 1-21 所示。

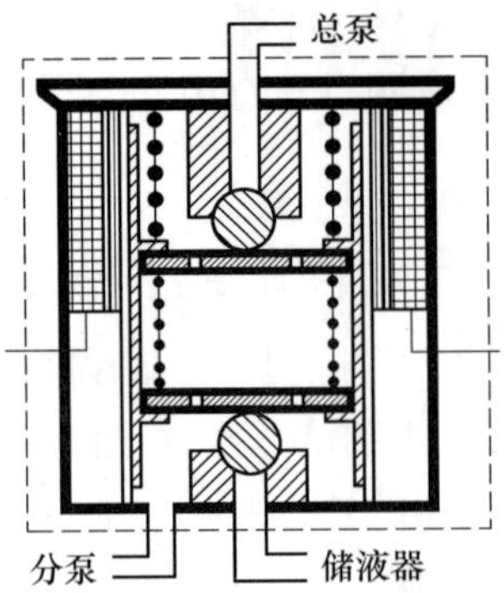

图1-20　三位三通电磁阀（保压）

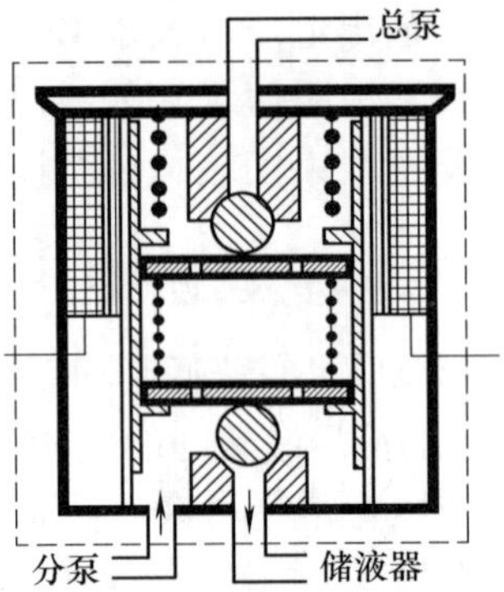

图1-21　三位三通电磁阀（减压）

因为该电磁阀工作在三个状态（增压、保压、减压）则为“三位”，对外具有三个接口（进液口、出液口、回液口）则为“三通”，所以该电磁阀称之为“三位、三通”电磁阀，常写成3/3电磁阀。

2）二位二通电磁阀工作过程如图1-22所示，二位二通电磁阀又分为二位二通常开电磁阀和二位二通常闭电磁阀。两个电磁阀均由阀门、衔铁、电磁线圈和回位弹簧等组成。

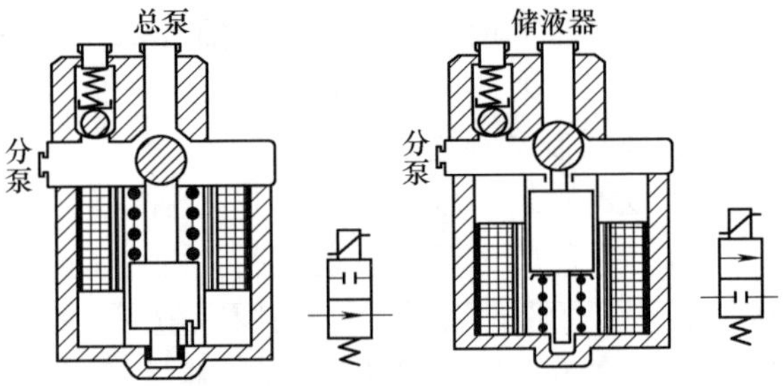

图1-22　二位二通阀的结构及符号

常态下，二位二通常开电磁阀阀门在弹簧张力作用下打开，二位二通常闭电磁阀阀门在弹簧张力作用下闭合，二位二通常开电磁阀用于控制制动总泵到制动分泵的制动液通路，又称为二位二通常开进液电磁阀。

二位二通常闭电磁阀用于控制制动分泵到储液器的制动液回路，又称为二位二通常闭出液电磁阀。

两个电磁阀配套使用，共同完成ABS工作中对制动压力调节的任务。

3）循环式制动压力调节器的工作过程：踏下制动踏板，由于电磁阀的进液阀开启，回液阀关闭，各电磁阀将制动总泵与各制动分泵之间的通路接通，制动总泵中的制动液将通过各电磁阀的进液口进入各制动分泵，各制动分泵的制动液压力将随着制动总泵输出制动液压力的升高而升高——增压，与常规制动相同。

① 升压（常规制动）如图1-23所示。

② 保压。当某车轮制动中，滑转率接近于20%时，ECU输出指令，控制电磁阀线圈通过较小电流（约2A），使电磁阀的进液阀关闭（回液阀仍关闭），保证该控制通道中的制动分泵制动压力保持不变——保压，如图1-24所示。

③ 减压。当某车轮制动中，滑转率大于20%时，ECU输出指令，控制电磁阀线圈通过较大电流（约5A），使电磁阀的进液阀关闭，回液阀开启，制动分泵中的制动液将通过回液阀流入储液器，使制动压力减小——减压，如图1-25所示。与此同时，ECU控制电动泵通电运转，将流入储液器的制动液泵回到制动总泵出液口。

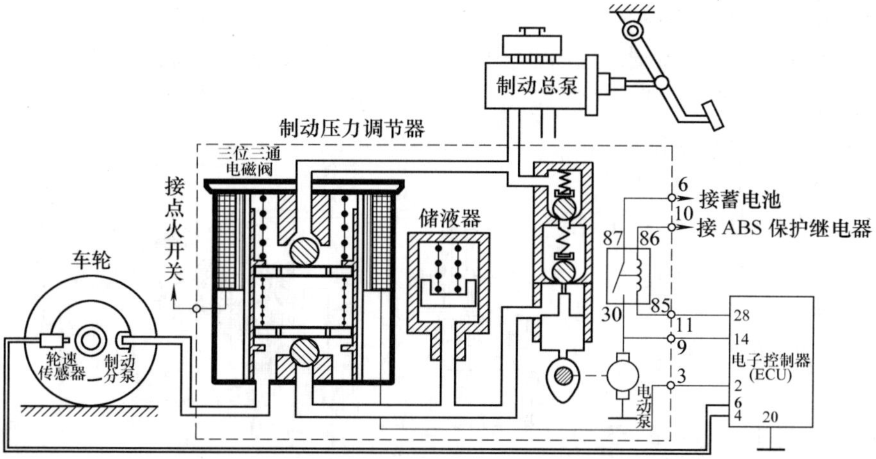

图 1-23　制动压力调节原理（压力增大）

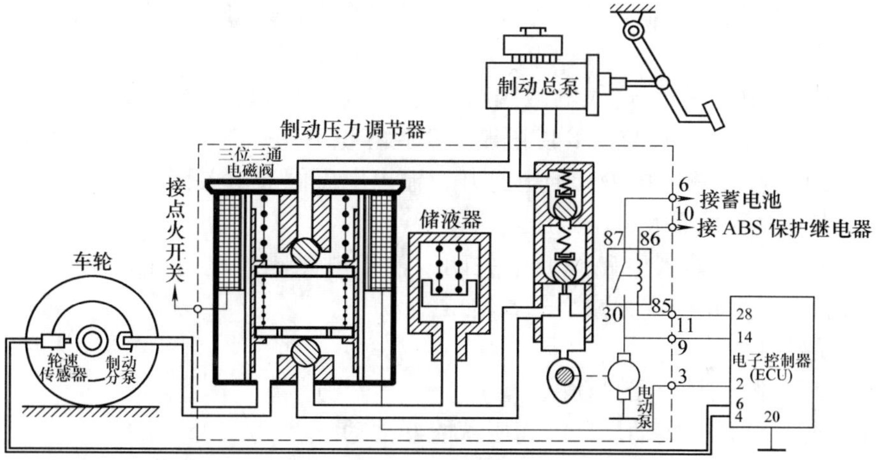

图 1-24　制动压力调节原理（压力保持）

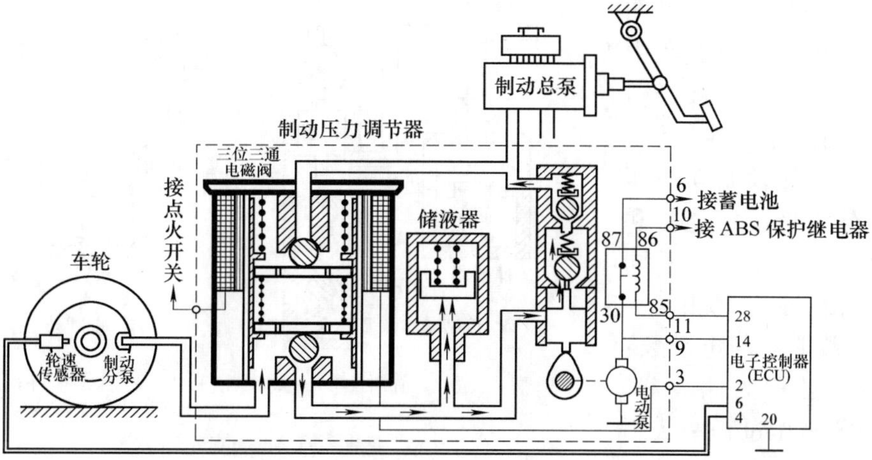

图 1-25　制动压力调节原理（压力减小）

2. 可变容积式制动压力调节器

可变容积式制动压力调节器是在汽车原有制动管路上增加一套液压控制装置，用它控制制动管路中制动液容积的增减，从而控制制动压力的变化。这种压力调节系统的特点是制动压力油路和ABS控制压力油路是相互隔开的。这种调压方式主要用于本田车系、美国DELCO MORANE ABS VI和Bosch部分产品中。

（1）制动压力调节器组成　电磁阀、调压缸、电动增压泵、蓄能器和压力开关。

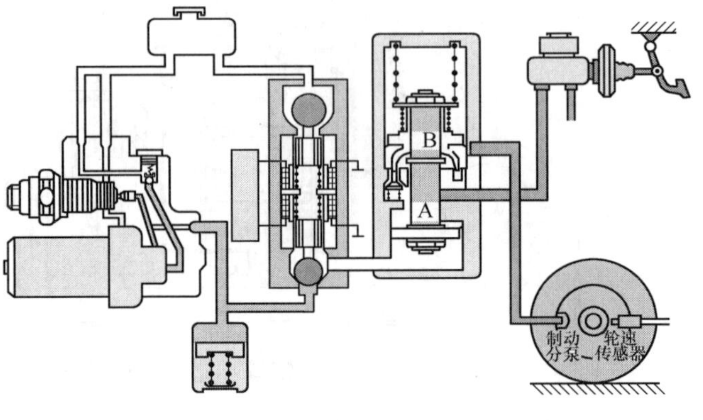

图1-26　可变容积式制动压力调节器的结构

工作过程（图1-26）：踏下制动踏板，制动液由制动泵→A腔→开关阀→B腔→制动分泵。制动分泵制动液压力将随踏板力的增大而增大。

*S*趋近于20%，ECU控制输入电磁阀略通电后即关闭，输出电磁阀通电关闭。滑动活塞产生位移使开关阀关闭，A腔与B腔隔断，B腔容积不变——保压。

S>20%，ECU控制输入电磁阀通电打开，输出电磁阀通电关闭。滑动活塞在控制液压作用下上移，使B腔容积增大——减压。

S<20%，ECU控制输入电磁阀断电关闭，输出电磁阀断电打开。控制油液泄入储液器，滑动活塞下移，使B腔容积减小——增压。

（2）该系统特征

1）ABS作用时制动踏板无抖动感。

2）活塞往复运动可由滚动丝杠或高压蓄能器推动。

3）采用高压蓄能器作为推动活塞的动力时，蓄能器中的液体和轮缸的工作液是隔离的，前者仅仅作为改变轮缸容积的控制动力。

（3）回油泵与蓄能器（图1-27）　当电磁阀在减压过程中从制动轮缸流出的制动液经蓄能器由回油泵泵回制动主缸。

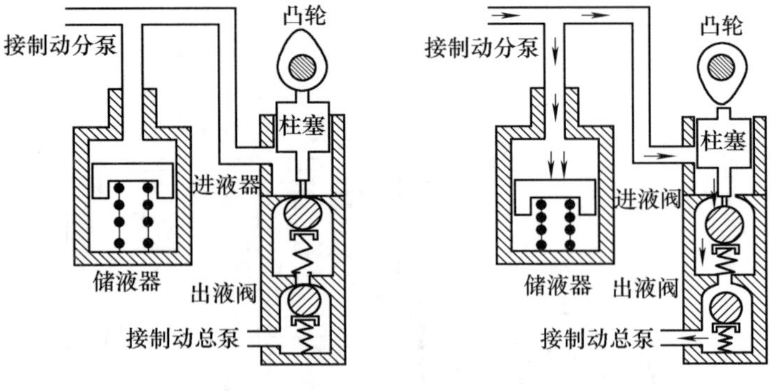

图1-27　回油泵与蓄能器

蓄能器依据储存制动液压力的不同，分为低压蓄能器和高压蓄能器。分别配置在不同形式的制动压力调节系统中。

1）低压蓄能器与电动泵：低压蓄能器一般称为储液器，用来接纳ABS减压过程中从制动分泵回流的制动液，同时还对回流制动液的压力波动具有一定的衰减作用。储液器内有一活塞和弹簧。减压时，回流的制动液压缩活塞克服弹簧张力下移，使容积增大，暂时存储制动液。电动回液泵由直流电动机和柱塞泵组成。柱塞泵由柱塞、进出液阀及弹簧组成。当ABS工作（减压）时，根据ECU输出的指令，直流电动机带动凸轮转动，凸轮将驱动柱塞在泵筒内移动。柱塞上行时，储液器与制动分泵内具有一定压力的制动液进入柱塞泵筒。柱塞下行时，压开进液阀及泵筒底部的出液阀，将制动液泵回到制动总泵出液口。

2）高压蓄能器与电动增压泵：如图1-28所示，用于储存制动中或ABS工作时所需的高压制动液。高压蓄能器多采用黑色气囊状球体。黑色气囊状球体被一个膜片分隔成两个互不相通的腔室。上腔为气室，充入氮气并具有一定的压力。下腔为液室，与电动增压泵液道相通，盛装由电动增压泵泵入的制动液。

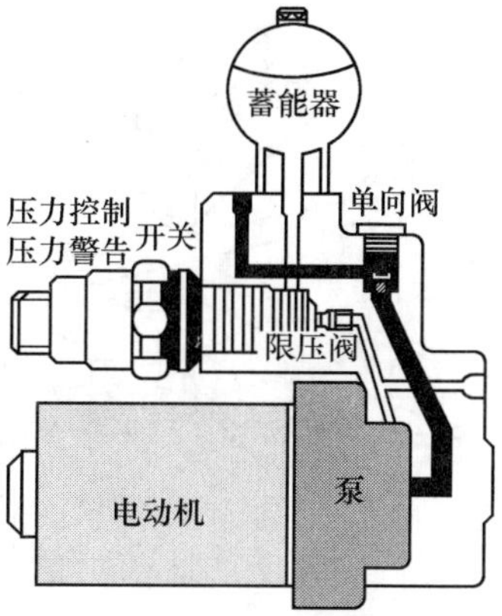

图1-28　高压蓄能器与电动增压泵

高压蓄能器下端设有两个控制开关。压力控制开关：检测高压蓄能器下腔制动液压力。压力低于15MPa时，开关闭合，增压泵工作。压力达到18MPa时，开关打开，增压泵停止工作。压力警告开关：设有两对开关触点，一对常开，一对常闭。当高压蓄能器下腔制动液压力低于10.5MPa时，常开触点闭合，点亮红色制动警告灯；同时常闭触点张开，该信号送给ECU关闭ABS并点亮黄褐色ABS警告灯。

（4）继电器和电脑保护二极管　ABS系统中的继电器和电脑保护二极管，由于它们与液压系统的控制有关，因此特别重要。在ABS系统中，一般有两个继电器，一个是主电源继电器，另一个是电动泵继电器。主电源继电器通过点火开关供给ABS ECU电能。只要发动机起动ABS ECU就会感知并起动系统自检程序，检查ABS系统是否良好。如果主电源继电器损坏，ABS ECU就会让ABS系统停止工作（普通制动系统继续工作），直到主电源继电器修复为止。电动泵继电器主要给电动泵接通电源。当点火开关接通后，电流通过压力控制开关（接通状态）使电动泵继电器导通，蓄电池直接给电动泵供电使其工作。如果电动泵继电器损坏或发生故障，电动泵就不能运行，必然导致整个系统压力下降而无法工作，此时车辆要停止运行，直到将电动泵继电器修复为止。

ABS ECU保护二极管可起到保护ECU的作用。这个二极管装在主电源继电器和ABS故障警告灯之间，防止电流由蓄电池的正极通过主电源继电器直接流向ABS ECU而引起电脑损坏。

3. 桑塔纳2000 GSi轿车和捷达王轿车ABS系统控制器的检修

ABS制动压力控制器如图1-29所示。

（1）ABS控制器的拆卸

1）关闭点火开关，拆下蓄电池及支架。

2）从ABS ECU上拔下25针插头，如图1-30所示。

3）踩下踏板，并用踏板架定位，如图1-31所示。

4）在ABS控制器下垫一块布，用来吸干从开口处流出的制动液，如图1-32所示。

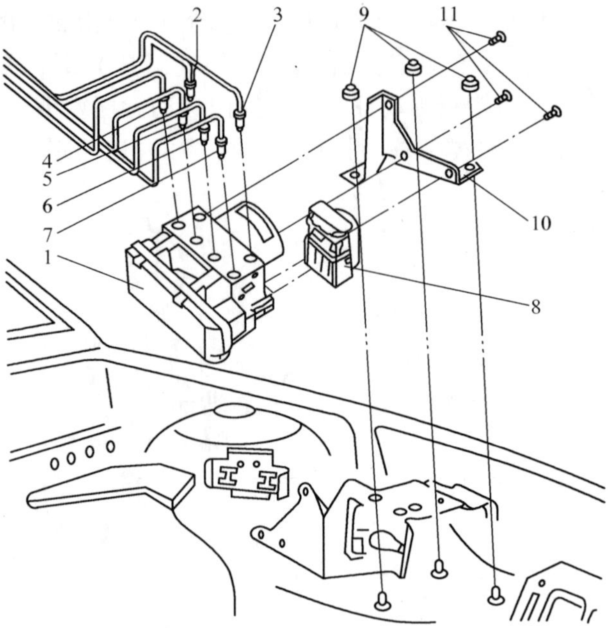

图 1-29　ABS 控制器及其附件分解图

1—ABS 控制器　2—制动主缸后活塞与液压控制单元的制动管接头（拧紧力矩 15N · m）　3—制动主缸前活塞与液压控制单元的制动管接头（拧紧力矩 15N · m）　4—液压控制单元与右前制动轮缸的制动管接头（拧紧力矩 15N · m）　5—液压控制单元与左后制动轮缸的制动管接头（拧紧力矩 15N · m）　6—液压控制单元与右后制动轮缸制动管接头（拧紧力矩 15N · m）　7—液压控制单元与左前制动轮缸的制动管接头（拧紧力矩 15N · m）　8—ABS 控制器线束插头（25 针插头）　9—ABS 控制器支架紧固螺栓（拧紧力矩 20N · m）　10—ABS 控制器支架　11—ABS 控制器安装螺栓（拧紧力矩 10N · m）

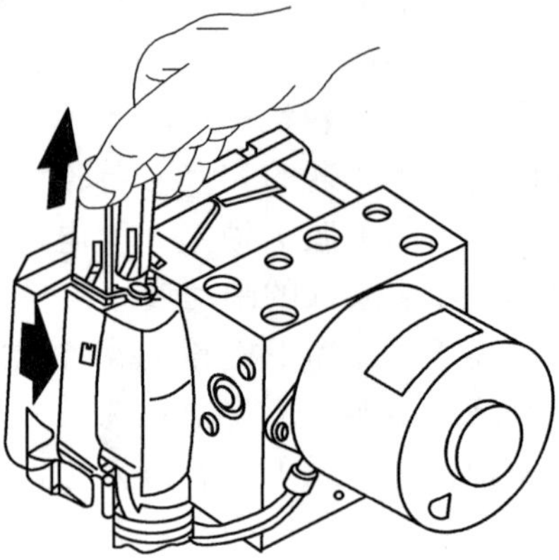

图 1-30　拔下 ABS ECU 25 针插头

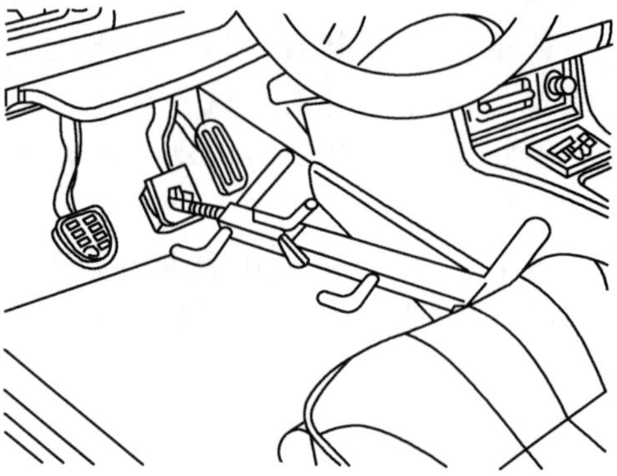

图 1-31　用踏板架固定制动踏板

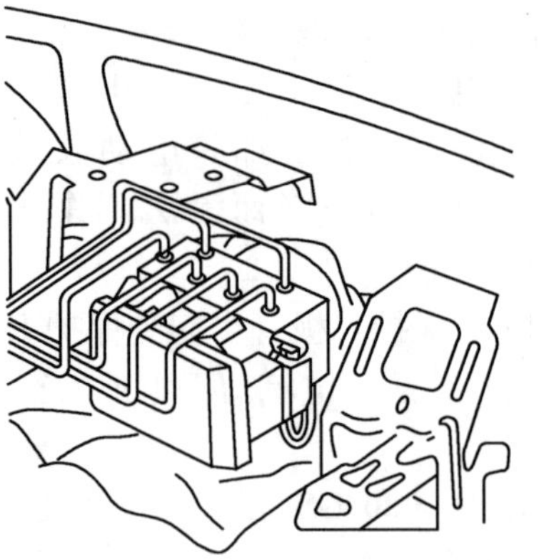

图 1-32　在 ABS 控制器下垫一块布

5）拆下制动主缸到液压控制单元的制动油管 A 和 B，如图 1-33 所示，并做上记号，立即用密封塞将开口部塞住。

6）用软铅丝把制动油管 A 和 B 扎在一起，挂到高处，使开口处高于制动储液器的油平面。

7）拆下液压控制单元通到各轮的制动油管，并做上记号，立即用密封塞将开口部塞住，如图 1-34 所示。

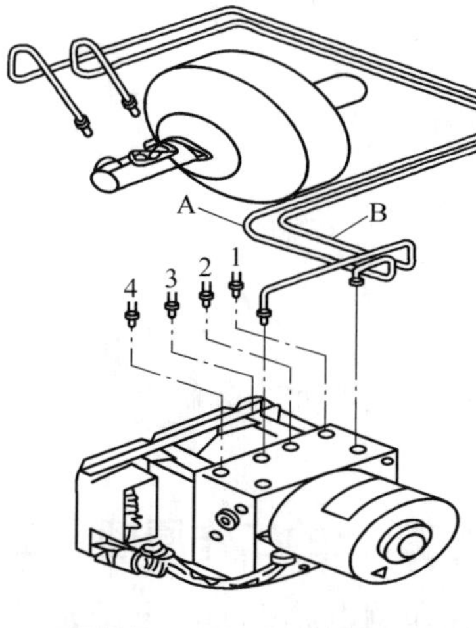

图 1-33　拆下制动油管 A 和 B

1~4—分泵油管

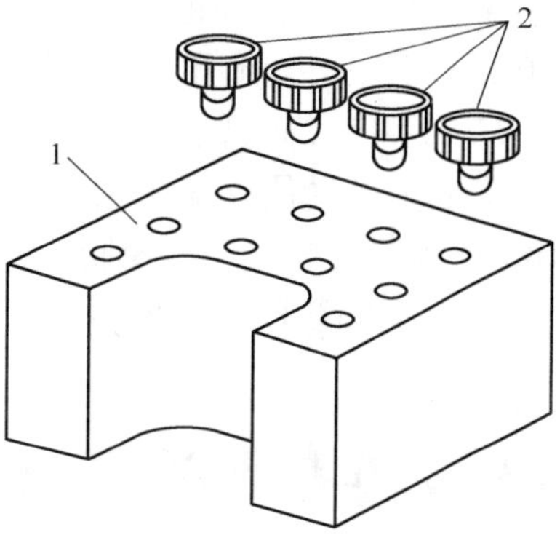

图 1-34　制动油管密封塞

1—专用支架　2—阀体开口孔的密封塞

在操作过程中必须特别小心，不能使制动液渗入到 ABS ECU 壳体中去。如果制动液渗漏到控制器中去，会使触点腐蚀，损坏系统。如果壳体脏，可用压缩空气吹净。

8）把 ABS 控制器从支架上拆下来。

（2）ABS 控制器的分解

1）压下接头侧的锁扣，拔下控制单元上液压泵（V64）电线插头。

2）用专用套筒扳手拆下 ABS ECU 与液压控制单元的四个连接螺栓，如图 1-35 所示。

3）将液压控制单元与电子控制单元分离。注意：拆下液压控制单元时要直拉，别碰坏阀体。

4）在 ABS ECU 的电磁阀上盖一块不起毛的布。

5）把液压控制单元和液压泵安放在专用支架上，以免在搬运时碰坏阀体。

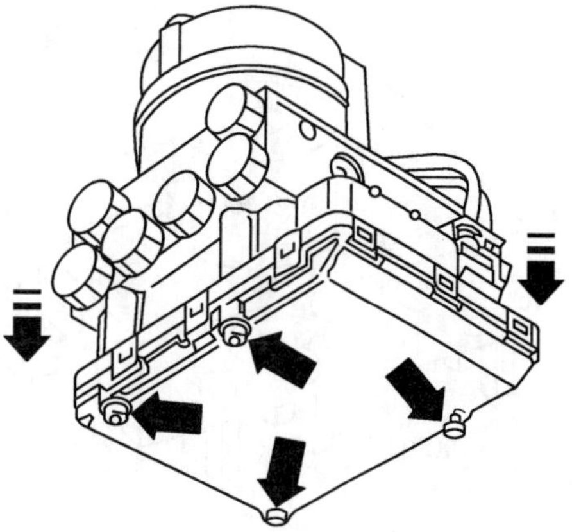

图 1-35　拆下 ABS ECU 与液压控制单元的连接螺栓

（3）ABS 控制器的装配

1）装配场地必须清洁，不允许有灰尘及脏物。

2）把 ABS 液压控制单元和 ECU 装成一体，用专用套筒扳手拧紧新的螺栓，转矩不得超过 4N · m。

3）插上液压泵电线插头，注意锁扣必须到位。

（4）ABS 控制器的安装　ABS 液压控制单元开口处的密封塞，只有在制动油管要装上去的时候才能拆下，以免异物进入制动系统。

1）将 ABS 控制器装到架上，以 10N · m 的力矩拧紧固定螺栓。

2）拆下液压口处的密封塞，装上各轮制动油管，检查油管位置是否正确，以 20N · m 的力矩拧紧管接头。

3）装上连接主缸的制动油管 A 和 B，以 20N · m 的力矩拧紧管接头。

4）插上 ABS ECU 线束插头。

5）对 ABS 系统充液和放气。

6）如果 ABS ECU 更换新的，必须对 ECU 重新编码。

7）打开点火开关，ABS 警告灯需亮 2s 后再熄灭。

8）使用 V. A. G1552 故障诊断仪，先清除故障存储，再查询故障码。

9）试车检测 ABS 功能，需感到制动踏板有反弹。

（5）ABS 控制器的检修　把控制单元 J104 从液压单元 N55 和液压泵中拆下来，然后更换损坏的元件。在初始阶段提供的 ABS 控制器总成配件是不允许分解拆卸的，因此只能更换总成。

1.2.3　汽车制动防抱死控制系统电控单元的工作原理及工作流程

ABS ECU 是一个微型计算机，硬件主要由安装在印制电路板上的电子元器件构成，封装于金属壳体内；软件则是固存于只读存储器（ROM）中的一系列控制程序和试验参数。如图 1-36 所示，尽管各车用 ABS ECU 内部控制程序、参数不同，其作用是一样的，即接收轮速传感器及其他开关信号，进行放大、计算、比较，按照特定的控制逻辑分析、判断后输出指令，控制制动压力调节器进行制动压力调节，如图 1-37 所示。

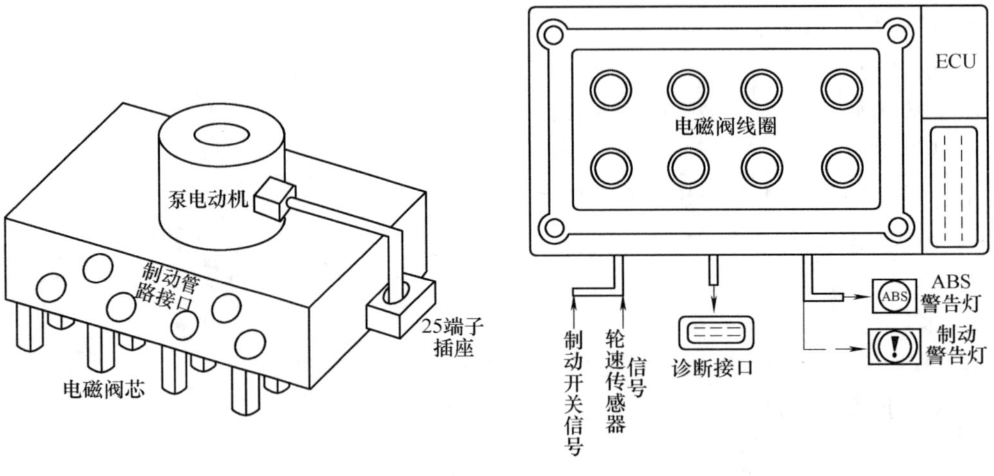

图 1-36　桑塔纳 2000GSi 轿车 ABS 控制模块

（1）输入电路　输入电路的作用是对轮速传感器输入的交变电压信号、点火开关、制动开关、液位开关、电磁阀继电器、泵电动机继电器等外部信号进行预处理，并将模拟信号转换成电脑识读的数字信号送入运算电路。不同的 ABS 中，轮速传感器的数量和信号电路数目是一致的。

为了对轮速传感器进行检测，计算电路还经输入电路输出相应的检测信号至各轮速传感器，然后再经输入电路将反馈信号送入运算电路。

（2）运算电路　运算电路的功用是根据轮速传感器信号，计算出车轮瞬时速度，而后得知加（减）速度、初始速度、参考车速及滑转率。最后根据设定的控制指令，向电磁阀控制电路输出增压、保压或减压的控制信号。运算电路不仅能检测自己内部的工作过程，而

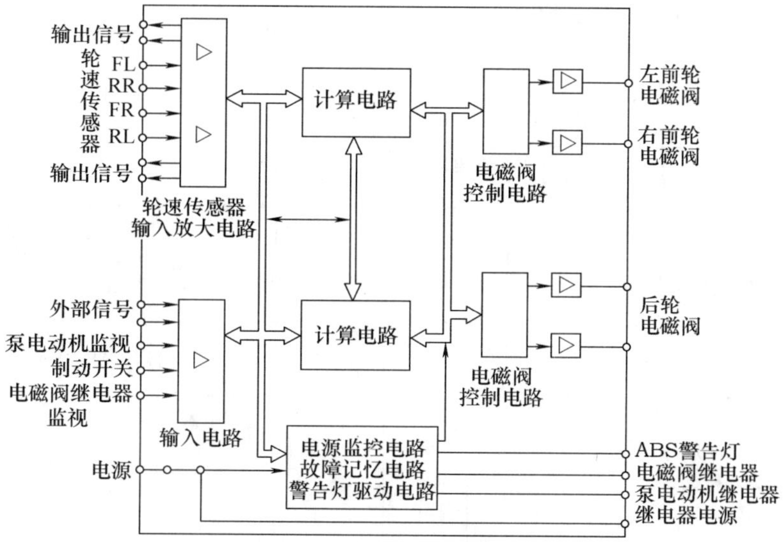

图1-37 ABS ECU电路框图

且还能监测系统中有关部件的工作状况，如轮速传感器、泵电动机工作电路、电磁阀工作电路等。当监测到这些电路工作不正常时，向保护电路输出停止ABS工作的指令。

（3）输出电路 输出电路的主要功用是将运算电路输出的增压、保压或减压的控制信号，通过控制功率放大器、驱动执行器实施调节任务。

（4）安全保护电路 安全保护电路由电源监控、故障记忆、继电器驱动、ABS警告灯驱动等电路组成。其主要功用是对电源电压进行监控，并将电源电压转换成ECU所需的稳定工作电压。监控轮速传感器信号、运算电路、电磁阀控制电路，当这些电路不正常时，停止驱动继电器，使ABS不工作，同时点亮ABS警告灯，并将故障信息以故障码的形式存储在存储器内，供维修时使用，如图1-38所示。

（5）故障警告灯 ABS系统带有两个故障警告灯，一个是红色制动故障警告灯，另一个是黄色ABS故障警告灯。两个故障警告灯正常闪亮的情况如下：当点火开关打开时，制动灯与ABS灯同时亮，制动灯亮的时间较短，ABS灯会亮的长一些（约3s）；起动汽车发动机后，蓄能器要建立系统压力，此时两灯泡会再亮一次，时间可达十几秒甚至几十秒。制动灯在驻车制动时也应亮。如果在上述情况下不亮，就说明故障警告灯本身及线路有故障。制动警告灯常亮，说明制动液不足或蓄能器中的压力下降（低于14000kPa），此时普通制动系统与ABS均不能正常工作，要检查故障原因及时排除。ABS故障警告灯常亮，说明ABS ECU发现ABS系统中有问题，要及时检修。

1. ABS制动的控制过程

ABS的制动过程分为常规制动和ABS调节制动两部分，当ABS系统检测认定制动车轮未发生抱死的情况下，汽车制动系统执行常规制动过程，而当系统认定车轮有抱死趋势时，便开始进行制动压力的调节。在ABS系统中，两种制动过程的系统元件工作情况如下。

（1）常规制动 ABS不介入控制，各进液调压电磁阀断电，进液调压电磁阀导通，各回液电磁阀断电，回液电磁阀关闭，电动泵不运转，各制动轮缸与储液器隔绝，系统处于正常制动状态，如图1-39所示。

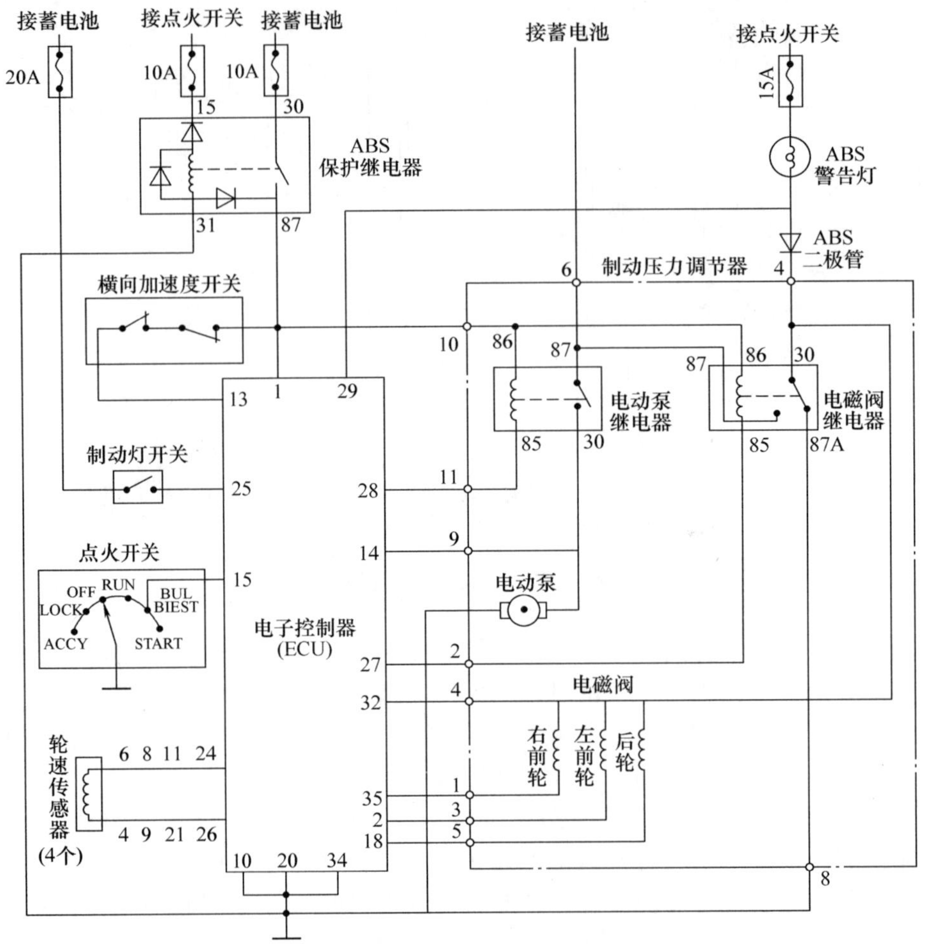

图1-38 博世ABS控制系统

（2）ABS调节制动　制动压力调节过程由制动保压、制动减压和制动增压组成。

1）制动保压。当传感器告知ECU车轮趋于抱死，车轮进液调压电磁阀通电关闭，车轮回液调压电磁阀仍断电关闭，实现制动保压；其他车轮仍随制动主缸增压，如图1-40所示。

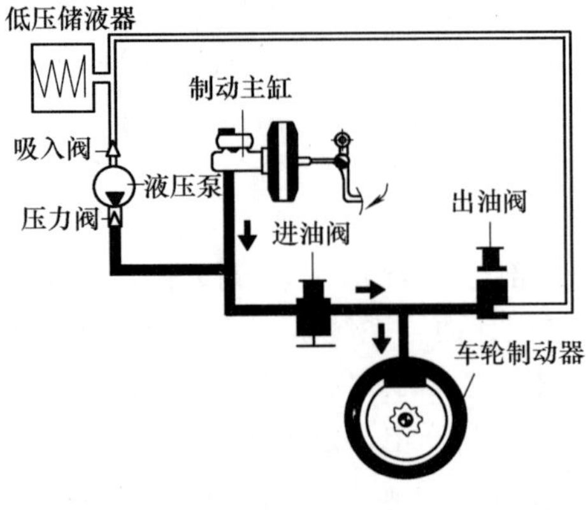

图1-39 常规制动（系统油压的建立）

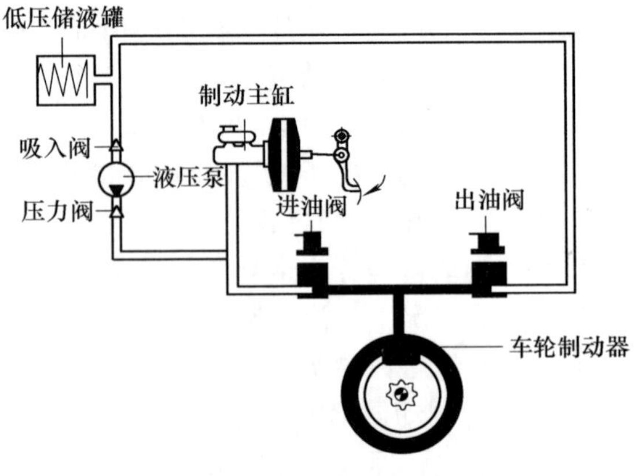

图1-40 油压保持

2）制动减压。当传感器告知 ECU 车轮抱死趋势无改善，车轮回液调压电磁阀也通电导通，轮缸制动液回流储液器，实现制动减压，如图 1-41 所示。

3）制动增压。当传感器告知车轮抱死趋势已消失，车轮进液调压电磁阀和回液调压电磁阀均断电，进液调压阀导通，回液调压阀关闭，电动泵运转，与主缸一起向车轮轮缸送液，实现制动增压，如图 1-42 所示。

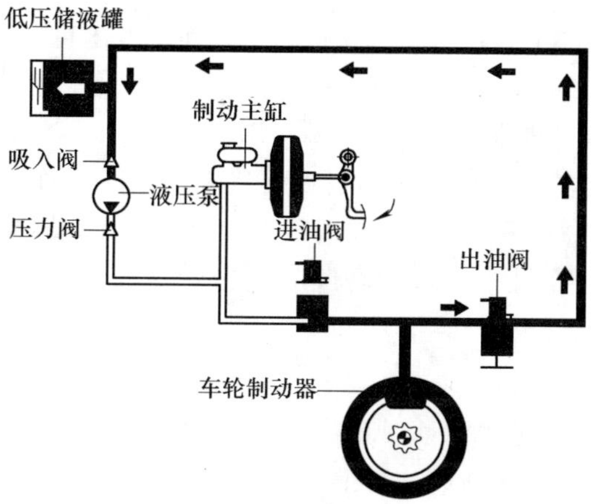

图 1-41　油压降低

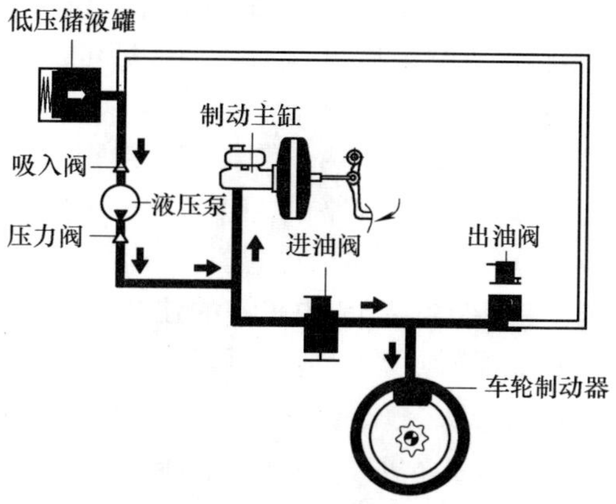

图 1-42　油压增加

2. MK20-Ⅰ型 ABS 系统的电路图（图 1-43）

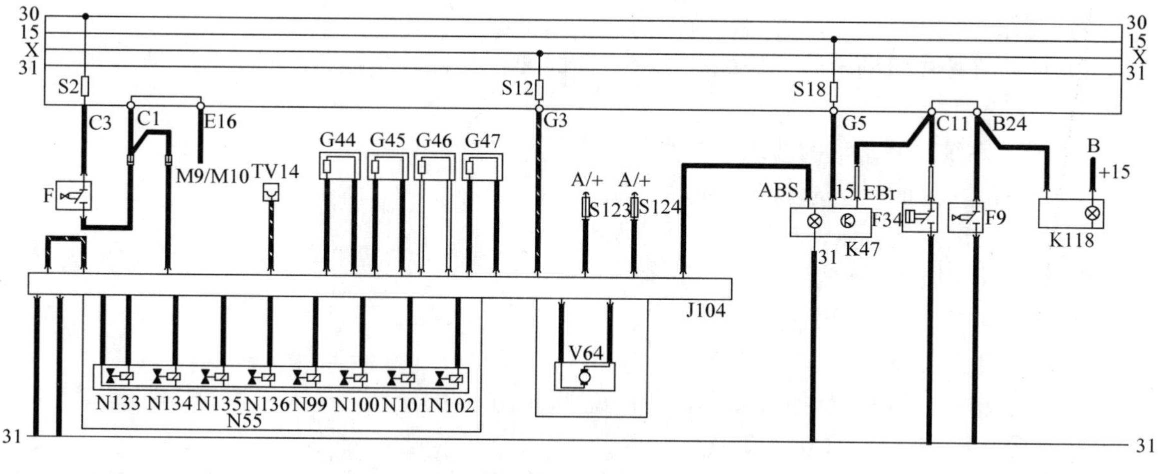

图 1-43　MK20-Ⅰ型 ABS 系统电路图

A—蓄电池　B—在仪表内 +15　F—制动灯开关　F9—驻车制动指示灯开关　F34—制动液位报警信号开关　G44—右后轮速度传感器　G45—右前轮速度传感器　G46—左后轮速度传感器　G47—左前轮速度传感器　J104—ABS 及 EBV 的电子控制单元　K47—ABS 警告灯　K118—驻车制动、制动液位警告灯　M9—左制动灯　M10—右制动灯　N55—ABS 及 EBV 的液压单元　N99—ABS 右前进油阀　N100—ABS 右前出油阀　N101—ABS 左前进油阀　N102—ABS 左前出油阀　N133—ABS 右后进油阀　N134—ABS 右后出油阀　N135—ABS 左后进油阀　N136—ABS 左后出油阀　S2—熔丝（10A）　S12—熔丝（15A）　S18—熔丝（10A）　S123—液压泵熔丝（30A）　S124—电磁阀熔丝（30A）　TV14—诊断插口　V64—ABS 液压泵

1.3 汽车制动防抱死控制系统诊断与检修

1.3.1 汽车制动防抱死控制系统使用与检修基本方法

1. ABS 系统动作正常时的情形

在大多数的车辆上，当 ABS 系统正常时，ABS 警告灯会在钥匙打开的数秒内即熄灭。但若车辆停置数天后再起动，警告灯可能会亮起约 30s，待系统压力建起后才熄灭。在发动机起动期间，除了 ABS 警告灯亮起以外，有些车种的制动警告灯（“BRAKE”）也会亮起，并在发动机起动后，两个警告灯相继熄灭。在大多数车型上，常常在钥匙打开后，两个警告灯都会亮起。在进行路试 ABS 系统的动作时，以 32～48km/h 的速度行驶下猛踩制动踏板，若 ABS 动作正常，踏板可感觉液压回馈的振动，而且车辆行驶印迹应相当平直。

2. 使用装备 ABS 的车辆的注意事项

1）要保持足够的制动距离。

2）切忌反复踩制动踏板。踩下制动踏板时，应使施加在制动踏板上的力持续且稳定。

3）ABS 正常时，会产生液压工作噪声和制动踏板振颤。这属于正常现象。在紧急制动时，应直接将加速踏板踩到底，且不放松。

4）不要忘记控制转向盘。

5）在行车中应留意仪表板上的 ABS 警告灯情况，如发现闪烁或长亮，说明已不具 ABS 功能，但常规制动系统仍起作用，应尽快到修理厂检修。

6）要保持装在车轮上传感器探头及齿圈的清洁。

7）应严格按规定的轮胎气压标准加气，同时要保持同轴轮胎气压的均衡，严禁使用不同规格的轮胎。

8）ABS 系统对制动液的要求非常高。

① 沸点高，保证制动时不会产生“气阻”。

② 运动粘度要低，以保证制动时反应及时。

③ 对金属橡胶无腐蚀性。

④ 能长期保存，性能稳定。

⑤ 吸湿沸点要高。

添加或更换制动液应严格按照车辆使用说明书上的要求，禁止掺杂不同型号的制动液。

3. 区分 ABS 系统和常规制动系统故障

（1）噪声　大多数的 ABS 系统在工作时，都会产生一定程度的噪声，例如制动压力调节器内的电磁阀动作的噪声。

（2）制动抱死　制动抱死大多出现在常规制动系统中，ABS 系统很少发生这种情形，但有几种情形会造成 ABS 系统制动抱死，例如前轮回路的 ABS 系统分离阀卡在开关位置。

（3）踏板振动　ABS 工作时的液压回馈到踏板时，会引起踏板快速振动。但在常规制动工作时，若有振动发生，则检查制动盘是否不平；另外，制动鼓失圆或者车轮轴承松动，也会造成踏板振动。

（4）迟滞　在常规制动时，若制动容易出现抱死的倾向，则检查制动蹄片是否脏污，并且检查制动盘、制动鼓是否严重磨损。

（5）拖曳　在附带驱动力控制系统的 ABS 系统中，当电流流经驱动力控制系统中的控制电磁阀及液压泵时，可能会引起系统对驱动轮加以制动而发生拖曳的现象。

（6）制动踏板下沉　发生这种症状时，应检查总泵是否磨损；在有油平面指示灯的系统中，检查 ABS 或制动警告灯。

（7）制动踏板过硬　在整体式的 ABS 系统中，踏板变硬可能表示 ABS 系统中发生故障，因为在整体式 ABS 系统中总泵及蓄能器不良时，或蓄能器无法蓄压时，都会导致踏板变硬。可根据上面的现象来判断 ABS 制动系统故障的部位。

4. ABS 维修的基本方法及流程

1）制动系统发生故障由 ABS 警告灯和制动装置警告灯指示。有时 ABS 警告灯和制动装置警告灯不亮，但制动效果仍不理想，则可能是系统放气不干净或在常规制动系统中存在故障。

2）制动不良时，先区分是机械故障还是 ABS 系统故障。

鉴别方法：拆下 ABS 继电器线束插接器或 ABS 制动压力调节器电磁阀线束插接器，使 ABS 制动压力调节器电磁阀不能通电工作。让汽车以常规制动方式工作，如制动不良故障消失，则说明故障在 ABS 系统，如制动不良故障依然存在，则为机械故障。

3）确定为 ABS 故障后，应首先对 ABS 的外观进行检查，检查制动油路和泵及阀有无泄漏、导线的接头和插接器有无松脱，蓄电池电压是否亏电。在检查线路故障时，也不应漏检熔断器。

4）若外观检查正常，应用故障诊断仪或人工调取的方式查询故障码，检查故障所在。

5）不要轻易拆检 ECU 和液压控制器件，如果怀疑其有问题，可用替换法检查。在拆检 ABS 液压控制器件时，应先进行卸压，以免高压油喷出伤人。

卸压方法：关闭点火开关，反复踩制动踏板 20 次以上，直到感觉踩制动踏板力明显增加变得非常硬时为止。

6）开始维修前，应关闭点火开关，从蓄电池上拆下搭铁线。特别注意拔 ABS 电气插头之前，必须关闭点火开关。

7）拆卸前必须彻底清洁连接点和支承面，清洁时不要使用像汽油、稀释剂等类似的清洁剂，拆下的零件必须放在干净的地方，并覆盖好。

8）把 ABS ECU 和液压控制单元分开后，必须把液压控制单元放在专用支架上以免在搬运中碰坏阀体。

9）制动系统打开后不要使用压缩空气，也不要移动车辆。

10）拆下的部件如果不能立刻完成修理工作，必须小心地盖好或者用塞子封闭，以保证部件的清洁。

11）更换配件时，必须使用质量良好的配件。配件要在安装前才从包装内取出。

12）一定要按维修手册的要求进行安装调整。

13）维修 ABS 制动系统完成作业后，按规定加装制动液后，要对系统进行放气。

14）在试车中，至少进行一次紧急制动。当 ABS 正常工作时，会在制动踏板上感到有反弹，并可感觉到车速迅速降低而且平稳。

1.3.2 汽车制动防抱死控制系统常见故障分析与检修

1. ABS系统的故障自诊断

（1）ABS的自检

1）点火开关一接通，ECU就立即对其外部电路进行自检。两个故障警告灯正常点亮的情况是：当点火开关打开到起动至自检结束（大约3s），在拉紧驻车制动杆时制动警告灯点亮，ABS警告灯亮后，又熄灭。如果上述情况灯不亮，说明故障警告灯本身或线路有故障。

如果ABS故障灯常亮，说明ABS系统出现故障，如果制动装置警告灯常亮，说明制动液缺乏。

2）发动机起动后，车速第一次达到60km/h时ABS系统完成自检。

在自检过程中，如发现异常或在工作中ABS工作失常，ECU就停止使用ABS，同时ABS警告灯亮起，并储存故障码。

（2）故障码的显示方式　各种车型，故障码显示方式不尽相同，大致有如下几种：

1）仪表板上的警告灯闪烁，或ECU盒上的发光二极管闪烁直接显示故障码。

2）将检查插接器或ECU机盒上的有关插孔跨接，使仪表板上的ABS灯闪烁显示故障码。

3）使用专用故障检测仪器读取故障码。

（3）ABS故障码调取与清除　目前常用的检修仪器主要有大众公司的V. AG. 1551专用诊断仪、大众公司的VAS5052专用诊断仪、丰田车系专用诊断测试仪、修车王汽车电脑诊断仪、金德K80和K81多功能诊断仪、金奔腾中文1552诊断仪、数字电流表等。

下面使用故障诊断仪来对车辆的ABS系统进行检测：上海桑塔纳2000GSi轿车ABS故障码调取与清除；丰田威驰轿车ABS故障码调取与清除；丰田车系故障码的调取与清除（人工调码）。

1）故障码的调取。

① 将点火开关置OFF位置，打开发动机盖，找到ABS制动系统故障诊断座插接器的WA和WB端子抽出短路销。

② 用专用跨接线跨接诊断插座中的TC和E1端子，如果ABS制动系统有故障，打开点火开关，ABS指示灯在4s后闪烁故障码。

③ 将点火开关置于点火位置ON，以正确的方法取读警告灯或发光二极管的闪烁次数，读出故障码。故障码为两位数，第一次闪烁的为故障码的十位数，停顿1. 5s后闪烁的为个位数，如果ABS系统有多个故障，系统会停顿2. 5s后继续闪烁第二个故障码，所有故障码完全显示以后，系统再停顿4s，会从第一个故障码开始重复显示。

如果ABS系统正常，ABS警告灯会以每隔0. 25s的频率闪烁。

2）清除故障码的方法。

① 汽车停稳。

② 诊断座TC与E1端子跨接。

③ 维修插接器接头分开或WA与WB之间的短接插销拔出。

④ 点火开关接通。

在以上条件下，在 3s 内连续踩制动踏板 8 次，即可消除故障码。

故障码消除后，将 TC 与 E1 端子跨接线拆去，将维修插接器接头插好或 WA 与 WB 之间的短接插销插好。

3）车速传感器信号故障码的调取。

① 将维修插接器接头分开或 WA 与 WB 之间的短接插销拔出。

② 将诊断座或 TDCL 插接器的 TS 与 E1 端子跨接。

③ 起动发动机怠速运转，仪表板上的 ABS 警告灯闪烁。

④ 驾驶汽车上路，使车速达到 90km/h 以上并保持数秒后停车。

⑤ 再将诊断座或 TDCL 插接器的 TC 与 E1 端子跨接。

此时仪表板上的 ABS 警告灯将会闪烁。警告灯以 2 次/s 的频率闪烁为正常，否则会闪烁出故障码。车速传感器信号故障码的清除与 ABS 系统故障码的相同。

2. ABS 系统故障的一般检查方法

（1）车速传感器故障的检查

1）常见故障：

① 感应线圈短路、断路或接触不良。

② 齿圈有缺损或脏污。

③ 探头部分安装不牢、磁极与齿圈之间有脏物或磁极与齿圈之间过大。

2）检查方法：

① 直观检查传感器、导线及插接件有无松动。

② 用电阻表检测传感器感应线圈电阻，电阻过大或过小应更换。

③ 用交流电压表测量传感器的输出信号电压，车轮转动时，应为 2V 以上，随转速的增高而升高。

④ 用示波器检测传感器的输出信号电压波形，正常的波形应是均匀稳定的正弦电压波。

（2）ECU 的检查

1）检查 ECU 线束插接器、连接导线有无松动。

2）检查 ECU 线束插接器各端子的电压值、波形或电阻，如与标准值不符且与之相连的部件和线路正常，应更换 ECU 后再试。

3）直接采用替换法检验即在检查其他部件无故障时，可用新的 ECU 代替，如故障消失，则为 ECU 故障。

（3）压力调节器的检查

1）常见故障：

① 电磁阀线圈不良。

② 阀有泄漏。

2）故障检查方法：

① 用电阻表检查电磁阀线圈的电阻，若电阻无穷大或过小，则电磁阀有故障。

② 加电压实验，将电磁阀加上其工作电压，如不能正常动作，则应更换。

③ 解体后检查。

（4）ABS 控制继电器的检查

常见故障：触点接触不良、继电器线圈不良。

检查方法：

1）对继电器施加正常工作电压，若能正常动作，再测继电器触点间的电压和电阻，正常情况下，触点闭合时电压为零。电压大于0.5V，说明触点接触不良。

2）继电器线圈电阻应在正常范围内。

3. ABS系统制动液及制动液的更换

通常，当ABS工作时，要以10～20次/s的工作频率在减压、保压和增压状态之间切换，因此，系统对制动液的要求比普通制动系统的要求更高。概括地说，有以下几点：

① 为保证制动时不产生气阻，制动液的沸点要高（不低于260℃）。

② 为确保ABS在减压、保压和增压状态间循环有足够反应速度，制动液运动粘度要低。

③ 对金属和橡胶等制品无腐蚀。

④ 在各种工作条件下性能稳定。

⑤ 制动液在吸湿率（含水率）3.5%时的吸湿沸点同样要高。由于采用乙二醇为基液的DOT3和DOT4制动液是一种吸湿性较强的液体，一年的吸湿率可达3%。使用条件和环境不同，其吸湿率会有所不同。一旦制动液中含有水分，其沸点便会下降，从而容易引起气阻，制动的可靠性下降。同时，制动液含水分后，其腐蚀性大为增加。所以，当制动液使用两年后，在自然吸湿过程中其吸湿率将达到3%，为确保制动可靠性，便应更换制动液。ABS中所出现的气体是非常有害的，它可能会破坏系统对制动压力的正常调节，严重时可导致ABS失去作用。当修理过程中对系统进行过分解后，或制动踏板发软、变低、制动效果变差时，需要对ABS排气。带ABS的制动系统排气比普通的制动系统要复杂，通常可借助自诊断仪器进行（如德国大众产品可利用V.G.A1552的帮助对制动系统实施排气）。若以一般的方法进行排气，则应注意参照相应的保养手册进行操作，以便能达到事半功倍的效果。

4. ABS系统的常见故障诊断

（1）汽车ABS系统的常见故障

1）系统线路故障：它多为连接线短路或断路、插接器接触不良等原因引起，一般可由万用表的电阻档进行检测。

2）传感器信号故障：可能由传感头安装位置是否正确、传感头与齿圈间隙是否标准、传感头是否松动等引起。

3）电源故障：一般由电压不稳、发电机故障、电压调节器故障等引起。

4）油路故障：因油泵转子卡死、油泵电动机搭铁线断路、电磁阀损坏、调压器进有空气等引起。

（2）故障诊断前的注意事项　当汽车ABS系统出现故障后，一般可将故障诊断过程分为初步检查和故障码诊断（扫描检测仪诊断）两个阶段。在进行故障诊断前，首先注意以下几点。

1）汽车所用轮胎大小与型号必须与厂家推荐的保持一致，否则会降低制动效率，导致汽车损坏和人员伤亡。

2）对具有高压蓄能器的ABS系统，在维修前，必须使用专用工具对其实行减压后，方可维修。在压力未卸除前，不要尝试刺穿或拆卸高压蓄能器，或将蓄能器靠近过热区域和火源，否则引起爆炸。

3）制动液含有脱漆剂，必须避免将制动液溢流到车身漆面上。

4）若ABS调压器进有空气，会导致泵电动机运转时间延长，且ABS警告灯点亮。

（3）初步检查　ABS系统诊断前期，应进行初步检查，完成以下检查项目。

1）检查总泵储液器中制动液面高度。若液压控制单元具有单独储液器，则应检查两个储液器的液面，满足厂家规定要求。

2）检查ABS液压系统是否有液体泄漏。

3）检查ABS系统是否有机械零件损坏，如制动衬块、制动蹄、摩擦片等。

4）检查所有轮胎，确保轮胎大小与弹性满足厂家规定。

5）检查ABS系统中所有导线的连接是否松动、腐蚀和损坏。

6）检查轮速传感器齿盘齿圈的完好性。

7）若轮速传感器是可调的，应按照厂家规定调整。

8）检查ABS系统的所有熔丝及熔断器的连接。

（4）故障码诊断　若经过初步诊断后仍无法排除ABS故障时，可借助系统自诊断功能，依靠故障码进一步寻找故障发生部位。在现代汽车ABS系统中均具有故障自诊断功能，当ABS的ECU检测到系统故障信息时，立即将仪表板上的ABS警告灯点亮，告知驾驶人ABS系统出现故障，同时将故障信息以诊断故障码（DTC）的形式存储在存储器中。诊断ABS系统故障时，按照设定的程序和方法，可通过ABS警告灯的闪烁读出故障码，也可通过专用扫描检测诊断仪读解故障码。故障排除以后，需要将已有故障码清除。各类车型调取故障码的操作方式略有不同，必须按厂家维修手册要求进行。

5. 桑塔纳2000 GSi轿车和捷达王轿车ABS系统无故障码故障的诊断

（1）ABS系统主要故障症状　桑塔纳2000 GSi轿车和捷达王轿车ABS系统没有故障码但是常出现的故障症状主要有：点火开关转到“ON”（发动机处于熄火状态）ABS警告灯不亮；ABS系统工作异常，两侧制动力不均匀；ABS系统工作异常，制动力不足；ABS系统工作异常，轻踩制动踏板时ABS工作（汽车处于静止状态）；ABS系统工作异常，轻踩制动踏板时ABS工作（汽车处于行驶状态）；ABS系统工作时，制动踏板剧烈振动；制动踏板行程过长；需用很大的力踩制动踏板；无故障码输出（无法与V. A. G1552通信）。

（2）点火开关在“ON”位置（发动机熄火），ABS警告灯不亮故障的检测诊断方法　故障产生的可能原因有：熔丝烧毁、ABS警告灯灯泡烧毁、电源线路断路、ABS警告灯控制器损坏等，重点检查相关部位。

（3）发动机起动后，ABS警告灯常亮故障的检测诊断方法　发动机起动后，ABS警告灯常亮故障产生的可能原因有：警告灯控制器损坏、ABS警告灯控制器回路开路、ABS ECU损坏等，重点检查相关部位。

（4）ABS工作异常故障检测诊断方法　ABS工作异常故障产生的可能原因有：传感器安装不当、传感器线束有问题、传感器损坏、齿圈损坏、传感器黏附异物、车轮轴承损坏、ABS ECU（液压控制单元）损坏、ABS ECU（电子控制单元）损坏等，重点检查和清洁相关部位。

（5）制动踏板行程过长故障检测诊断方法　制动踏板行程过长故障产生的可能原因有：漏制动液、常闭阀泄漏、系统中有空气、制动盘严重磨损、驻车制动调整不当等，重点检查相关部位。

（6）须用很大的力踩踏板故障检测诊断方法　须用很大的力踩踏板故障产生的可能原因有：助力器有问题、常开阀有问题等，重点检查相关部位。

（7）无故障码输出（无法与 V. A. G1552 通信）故障检测诊断方法　无故障码输出（无法与 V. A. G1552 通信）故障产生的可能原因有：熔丝烧毁、诊断线断裂或接头松脱、ABS ECU 损坏、V. A. G1552 有问题等，重点检查相关部位。

（8）ABS ECU 的编码方法和步骤　当更换 ECU 或修复 ECU 时，应对新的 ECU 进行编码，否则，ABS 警告灯闪烁，ABS 系统不能正常工作。用 V. A. G1552 对 ABS ECU 进行编码的步骤如下：

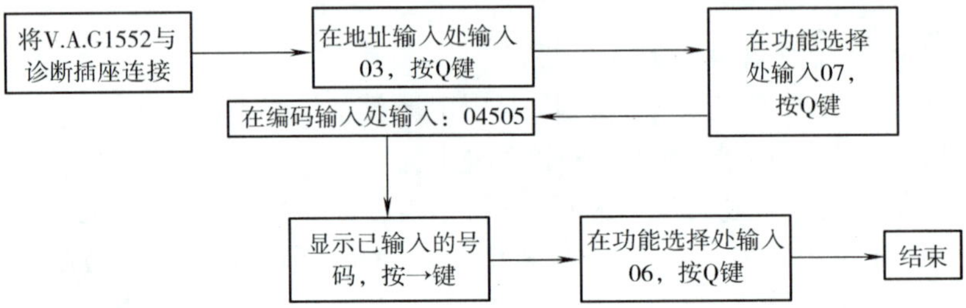

（9）ABS 系统的检测　ABS 系统的检测方法和标准值如表 1-1 和表 1-2 所示。

表 1-1　ABS 系统的检测方法和标准值（一）

检查项目	点火开关档位	接线柱	标准值	单位
蓄电池电压（电动机）	OFF	25-8	10.1～14.5	V
蓄电池电压（电磁阀）	↑	9-24	↑	V
电源绝缘性能	↑	8-23	0.00～0.5	V
搭铁绝缘性能	↑	8-24	↑	V
电源电压	ON	8-23	10.0～14.5	V
ABS 警告灯	OFF	ECU 未接	警告灯熄灭	目视
	ON		警告灯亮	目视
	OFF	连接 ECU	警告灯熄灭	目视
	ON		警告灯亮约 1.7s 后熄灭	目视
制动灯开关功能踏板未踩下	ON	8-12	0.0～0.5	V
制动灯开关功能踏板踩下	ON	8-12	10.0～14.5	V
诊断接头	OFF	诊断接头 K　13	0.0～0.5	Ω
左前轮速度传感器电阻值	OFF	11-4	1.0～1.3	kΩ
右前轮速度传感器电阻值	OFF	18-3	1.0～1.3	kΩ
左后轮速度传感器电阻值	OFF	2-10	1.0～1.3	kΩ
右后轮速度传感器电阻值	OFF	1-17	1.0～1.3	kΩ
左前轮传感器输出电压	OFF	11-4	3.4～14.8（脉冲输出）	mV

（续）

检查项目	点火开关档位	接线柱	标准值	单位
右前轮传感器输出电压	OFF	18 – 3	3.4 ~ 14.8（脉冲输出）	mV
左后轮传感器输出电压	OFF	2 – 10	>12.2	mV
右后轮传感器输出电压	OFF	1 – 17	>12.2	mV
传感器输出电压比	最高峰值电压/最低峰值电压≤2			
车型识别	OFF	6 – 22	0.0 ~ 1.0	Ω

表 1-2　ABS 系统的检测方法和标准值（二）

检查项目	钥匙开关档位	操作	标准值	备注
左前轮常开阀及常闭阀密封性	ON	踩踏板	左前轮无法转动时，踏板不下沉	常闭阀检查
	ON（两阀和泵同时通电）	踩踏板	左前轮可自由转动时，踏板不下沉	常开阀检查
右前轮常开阀及常闭阀密封性	ON	踩踏板	右前轮无法转动时，踏板不下沉	常闭阀检查
	ON（两阀和泵同时通电）	踩踏板	右前轮可自由转动时，踏板不下沉	常开阀检查
左后轮常开阀及常闭阀密封性	ON	踩踏板	左后轮无法转动时，踏板不下沉	常闭阀检查
	ON（两阀和泵同时通电）	踩踏板	左后轮可自由转动时，踏板不下沉	常开阀检查
右后轮常开阀及常闭阀密封性	ON	踩踏板	右后轮无法转动时，踏板不下沉	常闭阀检查
	ON（两阀和泵同时通电）	踩踏板	右后轮可自由转动时，踏板不下沉	常开阀检查

注：进行检查时，须有真空作用在真空助力器上。

（10）加液与排气

1）制动系统放气。

① 使用专用放气装置放气。接通专用放气装置进行制动系统放气，按规定顺序打开放气螺栓，如图 1-44 所示，然后排出制动钳和车轮制动轮缸中的气体，用专用排液瓶盛放排出的制动液。

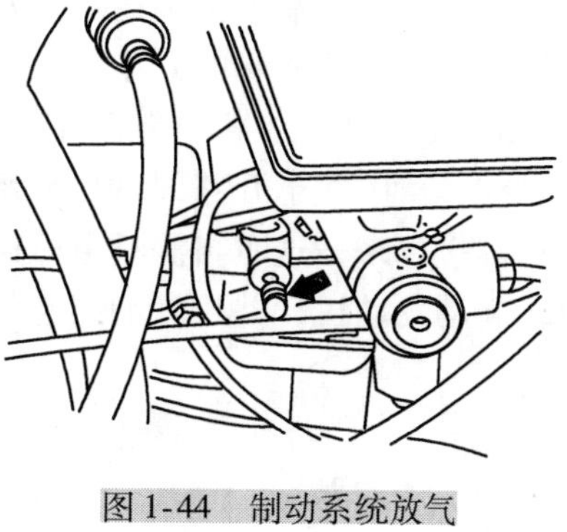

图 1-44　制动系统放气

制动系统放气顺序如下：右后车轮制动轮缸→左后车轮制动轮缸→右前制动轮缸→左前制动轮缸。

② 不用专用放气装置放气。

a. 将一根软管一端接到放气螺钉上，一头插入排液瓶。

b. 一人用力迅速踩下并缓慢放松制动踏板，如此反复数次后，踩下制动踏板，并保持一定高度使之不动。

c. 另一人拧松放气螺钉，管路中空气随制动液顺着胶管排出制动系统，排出空气后再将放气螺钉拧紧。

d. 重复上述步骤多次，直至容器中制动液里无气泡为止。

e. 观察储液罐制动液面高度，必要时添加制动液。

2）ABS人工排气。先排除制动系统中存在的故障，并检查制动液压系统中的管路及其接头，如发现管路破裂或接头松动，应进行修理；检查储液器中的液位情况，如果发现液位过低，应先向储液器补充制动液；在蓄能器中往往蓄积着压力很高的制动液或矿物油，如果在松开排气螺钉时不注意，高压油液可能会喷出伤人。

① Bosch ABS人工排气。点火开关置于断开位置OFF，踩制动踏板25次以上，使蓄能器中蓄积的制动液完全释放。对制动管路进行空气排除可以采用压力排气法或人工排气法，排气顺序为右后、左后、右前、左前。对制动液压总成进行空气排除，先将蓄能器制动液完全释放，将储液器中的制动液加注到最高液位标记处，再将一根透明塑料软管的一端连接在制动液压总成右侧的排气螺钉上，而将软管的另一端浸入盛有制动液的容器中，将排气螺钉拧开1/2～3/4圈，将点火开关置于点火位置，使电动泵泵出的制动液中没有气泡时，再将排气螺钉拧紧，取下排气软管，将点火开关置于断开位置，使电动泵停止运转。

② BENDIX-6 ABS人工排气。人工排气法按右后、左后、右前、左前的顺序进行。如果在制动压力调节装置中也有空气侵入，按下述步骤对制动压力调节装置进行空气排除；将排液软管与第二排气螺钉连接，轻轻地踩下制动踏板，拧松蓄能器第二排气螺钉，通过解码器（如克莱斯勒的DRB-Ⅱ）的电磁阀控制功能，使左前进液电磁阀和左前出液电阀进入工作循环。排出的制动液中无气泡时，将储液器第二排气螺钉拧紧。通过储液器第一排气螺钉按上述步骤进行排气，通过解码器使右前进液电磁阀和右前出液电磁阀进入工作循环。通过蓄能器第一排气螺钉进行空气排除，通过解码器先使右前/左后隔离电磁阀动作，再使右前进液电磁阀和右前出液电磁阀动作。

6. 案例分析

1）故障现象：一辆别克（BUICK）轿车，ABS灯亮，ABS不工作，显示故障码41。

2）故障诊断与分析：故障码41的含义为右前电磁阀线路开路。可以通过测量制动主缸的电磁阀线路，来确认是否为电磁阀线路故障。如电磁阀线路开路，测量时会有1个接线端子与其他任何端子都不通。正常电磁阀相应端子之间是相通的，所以与该端子相连的那根线就是造成上述故障的开路线。

3）故障排除：拆下制动主缸（位于发动机室左侧前端）并予分解，拆开底部可见4个电磁阀，从中找出开路线端（分解时应注意不要损坏密封圈）。用1根直径较小的电线把开路端焊接起来，这时再测量电磁阀端子之间是否相通，接通后将制动主缸安装好，加足制动液，起动发动机，并排除油路空气，故障排除。

练习与思考题

一、填空题

1. 评价制动效能的主要评价指标有______、______、______。
2. 电控ABS由______、______、______组成。
3. 车速传感器主要由______和______组成。
4. 对于应用在不同制动系统的ABS，制动压力调节器主要有______、______和______。
5. 液压制动压力调节器主要由______、______和______等组成。
6. 可变容积式调节器的基本结构主要由______、______、______

和________________组成。

二、判断题

1. 评价制动性能的指标主要有制动效能和制动稳定性。(　　)

2. 制动效能主要取决于制动力的大小，而制动力仅与制动器的摩擦力矩有关。(　　)

3. 纵向附着系数在滑转率为 50% 左右时最大。(　　)

4. 地面制动力的最大值等于制动器制动力。(　　)

5. 汽车前轮上的传感器一般固定在车轮转向架上，转子安装在车轮轮毂上，与车轮同步转动。(　　)

6. G 传感器有水银型、摆型和应变仪型。(　　)

7. 制动压力调节器的功用是接受 ECU 的指令，通过电磁阀的动作来实现车轮制动器制动压力的自动调节。(　　)

8. 刚刚放出的制动液不能马上添回储液罐，需在加盖的玻璃瓶中静置 12 h 以上，待制动液中的气泡排尽后才能使用。(　　)

9. 汽车制动时产生侧滑及失去转向能力与车轮和地面间的横向附着力无关。(　　)

10. 车轮抱死时将导致制动时汽车稳定性变差。(　　)

三、简答题

1. 按不同的分类方式，可将 ABS 分为哪些种类？

2. 简述电控 ABS 是如何工作的（工作原理）？

3. 故障码的读取方式有哪几种？

4. 车速传感器的故障有哪些，如何检查？

5. ECU 的故障检查方法有哪些？

6. ABS 常见故障有哪些？

7. 简述压力调节器的故障检查方法。

8. 制动系统排气应注意哪些问题？

第2章 汽车驱动防滑控制系统原理与检修

基本思路:

驱动防滑控制系统（ASR）是在ABS的基础上再稍许添加“积木”而已，本章的学习内容中，传感器除了车轮转速传感器外，增加了主、副节气门位置传感器和ASR选择开关等。执行元件除了制动压力调节器增加相应的泵和阀外，另外还增加了一套节气门控制装置或差速器锁止控制装置。ECU的基本结构和功用大同小异。对本章的学习，以电的流动路线和制动液的流动路线为主，还有气的流动路线（节气门的开度）、力的传动路线的学习和分析。

2.1 汽车驱动防滑控制系统概述

20 世纪 80 年代中后期，驱动防滑控制系统（ASR）和牵引力控制系统（TCS）得到了发展，利用原有 ABS 系统，增加部分制动控制零部件和相应的软件，就可以实现驱动防滑控制或牵引力控制功能。90 年代 ABS 系统进一步简化结构、提高性能、降低成本，并以此为基础作为必备的安全装备在各种不同车型上广泛采用。

汽车在驱动过程中，驱动轮可能相对于路面发生滑转。滑转成分在车轮纵向运动中所占的比例称为驱动轮的滑转率。驱动轮的滑转率 $S_d=\frac{v_c-v}{v_c}\times 100\%$，式中，$v_c$ 是车轮圆周速度；v 是车身瞬时速度。滑转率与附着系数的关系如图 2-1 所示。

1）附着系数随路面的不同而呈大幅度的变化。

2）在各种路面上，$S_d=20\%$ 左右时，附着系数达到峰值。

3）上述趋势无论制动还是驱动几乎一样。

ASR 和 ABS 都是控制车轮和路面的相对滑动，以使车轮与地面的附着力不下降，因此两系统采用的是相同的技术，它们密切相关，常结合在一起使用，共享许多电子组件和共同的系统部件来控制车轮的运动，构成行驶安全系统。

ASR 与 ABS 的不同主要在于：

1）ABS 是防止制动时车轮抱死滑移，提高制动效果，确保制动安全；ASR（TRC）则是防止驱动轮原地不动而不停地滑转，提高汽车起步、加速及滑溜路面行驶时的牵引力，确保行驶稳定性。

2）ABS 对所有车轮起作用，控制其滑转率；而 ASR 只对驱动轮起制动控制作用。

3）ABS 是在制动时，车轮出现抱死情况下起控制作用，在车速很低（小于 8km/h）时不起作用；而 ASR 则是在整个行驶过程中都工作，在车轮出现滑转时起作用，当车速很高（80～120km/h）时不起作用。防滑转电子控制系统的控制参数是滑转率 S_d。控制器根据各车轮转速传感器的信号计算 S_d。当 S_d 超限时，控制器输出控制信号抑制车轮滑转，将 S_d 控制在理想范围内。

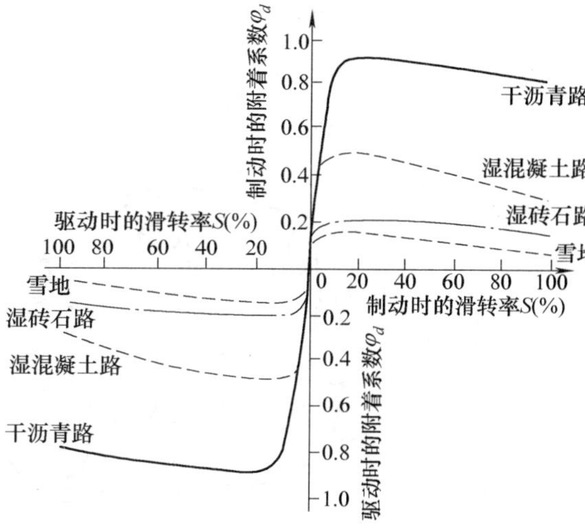

图 2-1 滑转率与附着系数的关系

2.1.1 汽车驱动防滑控制系统的基本组成

驱动防滑控制系统的基本组成：图 2-2 所示为一典型的具有防抱死制动和驱动防滑转功能的系统。其中防滑控制系统与 ABS 共用车轮转速传感器和电子控制单元，只是在通往驱动轮制动轮缸的制动管路中增设了一个防滑转制动压力调节器，在由加速踏板控制的主节气门上方增设了一个由步进电动机控制的副节气门，并在主、副节气门处各设置了一个节气门开度传感器。电子节气门的发动机无需另外加装副节气门及其传感器，只需再增设一个控制程序即可。

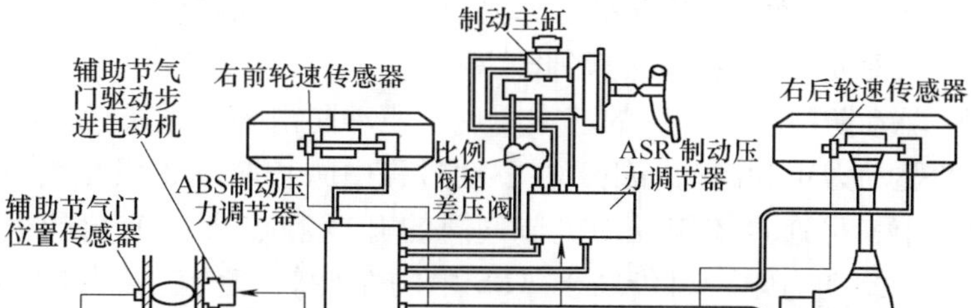

图 2-2 ABS/ASR 示意图

图 2-3 所示为雷克萨斯轿车具有防抱死制动和驱动防滑转功能系统的主要零部件分布。

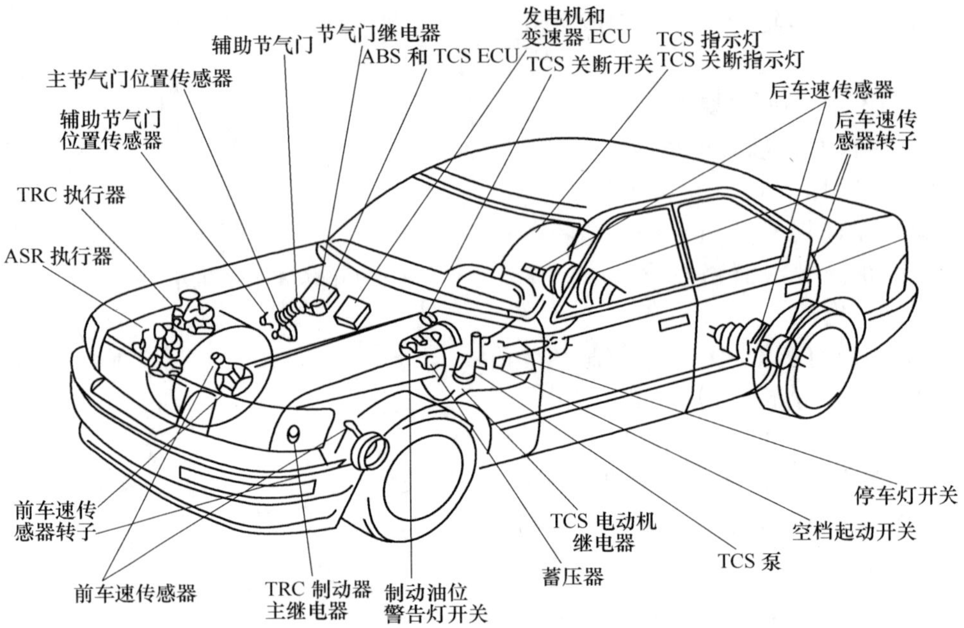

图 2-3　雷克萨斯轿车具有制动防抱死和驱动防滑转功能系统

驱动防滑控制系统的工作情况：当其处于工作状态时，电子控制单元根据各车轮转速传感器检测到的转速信号，确定驱动车轮的滑转率和汽车的参考速度。当电子控制单元判定驱动轮的滑转率超过设定的限值时，就使驱动副节气门的步进电动机转动，减小副节气门的开度。此时，即使主节气门的开度不变，发动机的进气量也会因副节气门开度变小而减少。如果驱动轮的滑转率仍未降低到设定的控制范围内，电子控制单元又会控制防滑制动压力调节器和 ABS 制动压力调节器，对驱动轮施加一定的制动压力，则驱动轮上就会作用一制动力矩，从而使驱动轮的转速降低。

驱动防滑控制系统的基本原理：驱动防滑控制系统（ASR）可以通过调节作用于驱动轮上的驱动力矩和制动力矩，在驱动过程中防止驱动轮发生滑转。调节作用于驱动轮上的驱动力矩，可通过控制发动机节气门的开度和点火提前角的大小来实现；调节作用于驱动轮上的制动力矩，可借助于 ABS 中的车轮转速传感器及制动压力调节器对驱动轮施加一定的制动力矩来实现。一旦电子控制单元检测到一个或两个驱动轮发生空转的情况，立即将发动机的副节气门关闭，减小发动机的输出转矩。随着发动机转矩的减小，车轮的转速下降，其滑转率降低，车轮与地面的附着系数增大。当汽车在附着系数不均匀的路面上行驶时，处于低附着系数路面的车轮可能会空转而出现车轮打滑的情况。此时电子控制单元将使滑转车轮的制动压力上升，对该轮作用一定的制动力，同时对另一个驱动轮作用一个与制动力矩相同的发动机转矩，使空转车轮转速降低，另一车轮转矩增加，两车轮向前运动速度趋于一致。

2.1.2　汽车驱动防滑控制系统的基本功能

驱动防滑控制系统的作用：当汽车加速时将滑转率控制在一定的范围内，从而防止驱动轮快速滑动。它的功能一是提高牵引力；二是保持汽车的行驶稳定。行驶在易滑的路面上，没有 ASR 的汽车加速时驱动轮容易打滑，如果是后轮驱动的车辆则容易甩尾，如果是前轮驱动的车辆则容易方向失控。有 ASR 时，汽车在加速时就不会或能够减轻这种现象。在转弯时，如果发生驱动轮打滑会导致整个车辆向一侧偏移，当有 ASR 时就会使车辆沿着正确的路线转向。当猛踩加速踏板起步时，车子重心立刻后移，此时前轮的压力减少，轮胎与地面的附着力随即减少，特别是大转矩的前驱车，此时容易产生前驱动轮打滑空转，不仅浪费时间，而且易产生方向的异常改变。在低附着系数路面及大功率发动机情况下，当突然松开制动踏板并加速时，驱动轮将有滑转趋势。打滑的车轮将失去传动精确性并带来失去安全性的危险，同时加剧轮胎的磨损。驱动防滑系统是电子差速 EDS 的进一步提高，当需要的时候，ASR 将干涉发动机管理系统，减小牵引力，调整发动机输出转矩和对驱动轮进行制动来保证安全驾驶。ABS 传感器来监测车轮的打滑，ASR 工作时，仪表板上的显示灯将闪亮，宝来车的 ASR 系统可以通过按键关闭，不过正常情况下，ASR 功能是默认常开的，当按下 ASR 按键（灯长亮）时，是强制关闭 ASR 功能。

起步发生打滑时，ASR 通过对比各车轮转速，正确判断出此时前驱动轮打滑，马上减少节气门进气量，降低发动机转速，从而减少动力输出，对打滑的驱动轮进行制动，以便减少打滑并保持轮胎与地面附着力最合适的动力输出，这时无论怎么加速，在 ASR 介入下，会输出最适合的动力。ASR 在沙地和冰雪路面时工作十分有效，在普通路面由于附着力良好而很少用到。但这类安全系统强调的就是在极端条件下，防止车子发生哪怕轻微的不稳定现象。

如果在低速转弯时碰上路面有冰雪，那么即使是车速很低，也很危险，容易造成甩尾、侧滑等车辆失去控制的情况，ASR 介入会避免或大大减轻这种状况。另外，在冰雪等光滑路面起步困难，两侧轮胎都会打滑。ASR 会介入对打滑轮进行制动和控制合适的动力输出，这种制动对车的整体影响是更快加速，因为这种介入增加了动力输出的效果。从汽车的现场演示可看出，带 ASR 的车从湿滑路面加速到正常路面时，ASR 会根据路面的变化而调整动力的输出，因此不会出现打滑造成的高空转突然转到正常路面所发生的轮胎剧烈摩擦和发出的尖啸声。ASR 进行制动力控制和发动机转矩控制时，仪表板上的 ASR 指示灯就发光。这样驾驶人就被告知路面的状况，从而可及时采取相应的措施，以改善驱动条件。

2.1.3 汽车驱动防滑控制系统的分类

1. 根据汽车驱动防滑控制系统的控制方式分类

（1）发动机输出功率控制　在汽车起步、加速时，ASR 控制器输出控制信号，控制发动机输出功率，以抑制驱动轮滑转。常用方法有：辅助节气门控制、燃油喷射量控制和延迟点火控制。

（2）驱动轮制动控制　直接对发生空转的驱动轮加以制动，反应时间最短。普遍采用 ASR 与 ABS 组合的液压控制系统，在 ABS 中增加电磁阀和调节器，从而增加了驱动控制功能。

（3）同时控制发动机输出功率和驱动轮制动力　控制信号同时起动 ASR 制动压力调节器和辅助节气门调节器，在对驱动轮施加制动力的同时减小发动机的输出功率，以达到理想的控制效果。

(4) 防滑差速锁止（LSD，Limited Slip Differential）装置（图2-4）LSD能对差速器锁止装置进行控制，使锁止范围为0%～100%。当驱动轮单边滑转时，控制器输出控制信号，使差速器锁止装置和制动压力调节器动作，控制车轮的滑转率。这时非滑转车轮还有正常的驱动力，从而提高汽车在滑溜路面的起步、加速能力及行驶方向的稳定性。

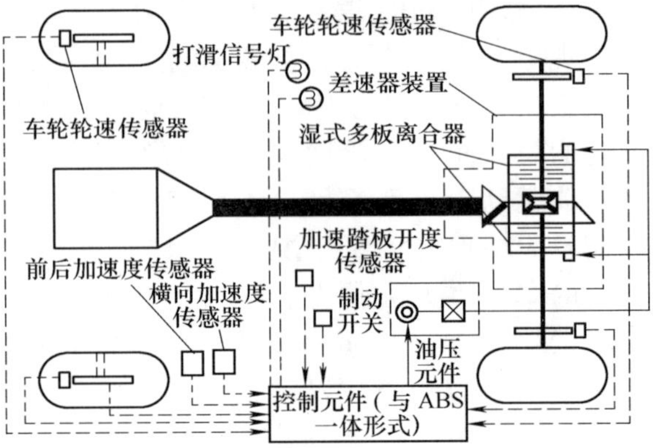

图2-4　差速器锁止装置

(5) 差速锁止与发动机输出功率综合控制　差速锁止控制与发动机输出功率综合控制相结合的控制系统可根据发动机的状况和车轮滑转的实际情况采取相应的控制达到最理想的控制效果。

2. 根据ASR制动压力调节器结构形式分类

根据ASR制动压力调节器结构形式分为单独方式和组合方式。

(1) 单独方式　ASR制动压力调节器与ABS制动压力调节器在结构上各自分开，如图2-5所示。ASR ECU通过电磁阀的控制实现对驱动轮制动力的控制，控制过程如下：正常制动时ASR不起作用，电磁阀不通电，阀在左位，调压缸的活塞被回位弹簧推至右边极限位置。此时调压缸右腔与储液器相通而压力低，左腔通过活塞使ABS制动压力调节器与车轮制动分泵相通，因此ASR不起作用且对ABS无任何影响。起步或加速时若驱动轮出现滑转，需要实施制动时，ASR使电磁阀通电，阀至右位，蓄能器中的制动液推活塞左移。此时调压腔右腔与储液器隔断而与蓄能器接通，蓄能器中的制动液推活塞左移使其与ABS制动压力调节器的通道封闭。活塞左移使左腔压力增大，驱动轮制动分泵压力升高。压力保持过程：此时电磁阀半通电，阀在中位，调压缸与储液器和蓄能器都隔断，于是活塞保持原位不动，制动压力保持不变。压力降低过程：此时电磁阀断电，阀回左位，使调压腔右腔与蓄能器隔断而与储液器接通，于是调压缸右腔压力下降，制动压力下降。

(2) 组合方式　ASR制动压力调节器与ABS制动压力调节器组合在一起，如图2-6所示，ASR不起作用时，电磁阀Ⅰ不通电，ABS起制动作用并通过电磁阀Ⅱ和电磁阀Ⅲ来调节制动压力。

驱动轮滑转时，ASR控制器使电磁阀Ⅰ通电，电磁阀Ⅰ移至右位，电磁阀Ⅱ和电磁阀Ⅲ不通电，电磁阀Ⅰ仍在左位，于是，蓄能器的压力油通入驱动轮制动泵，使制动压力增大。需要保持驱动轮制动压力时，ASR控制器使电磁阀Ⅰ半通电，电磁阀Ⅰ至中位，隔断蓄能器及制动总泵的通路，驱动轮制动分泵压力保持不变。需要减小驱动轮制动压力时，ASR控制器使电磁阀Ⅱ和电磁阀Ⅲ通电，电磁阀Ⅰ移至右位，接通驱动轮制动分泵与储液器的通道，制动压力下降。

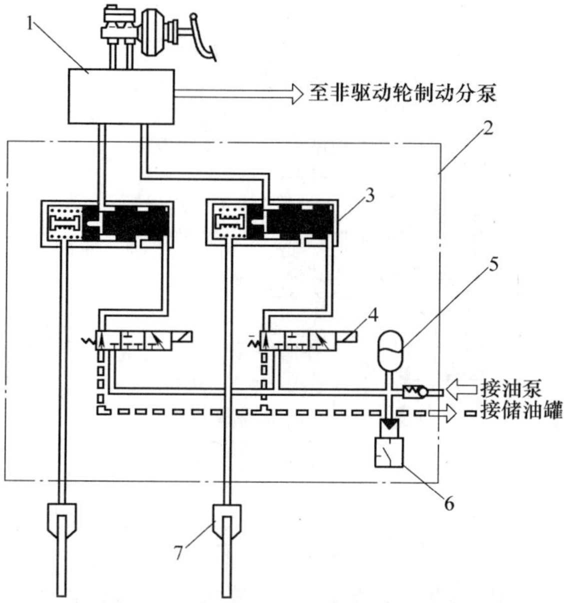

图 2-5　单独方式 ASR 制动压力调节器

1—ABS 制动压力调节器　2—ASR 制动压力调节器　3—调压缸　4—三位三通电磁阀　5—蓄能器　6—压力开关　7—驱动轮制动器

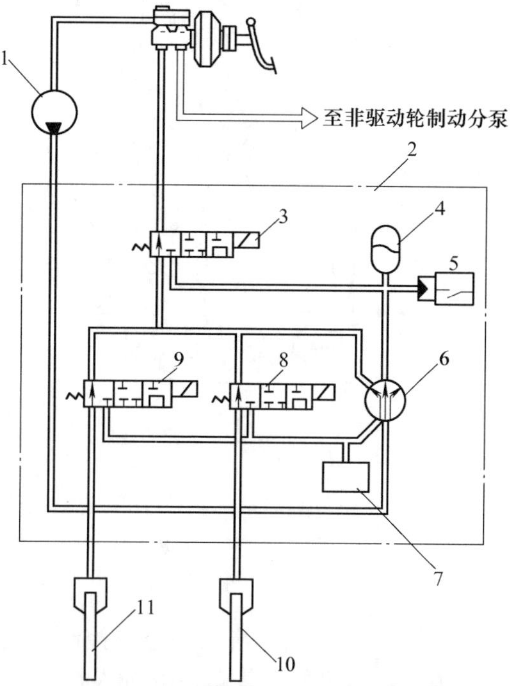

图 2-6　ABS/ASR 组合压力调节器

1—输液泵　2—ABS/ASR 组合压力调节器　3—电磁阀Ⅰ　4—蓄能器　5—压力开关　6—循环泵　7—储液器　8—电磁阀Ⅱ　9—电磁阀Ⅲ　10、11—驱动轮制动器

2.2　汽车驱动防滑控制系统主要零部件的结构及工作原理

2.2.1　汽车驱动防滑控制系统主要传感器的结构及工作原理

（1）车轮转速传感器　与 ABS 系统共享；用来跟踪每一车轮的运动状态。

（2）节气门位置传感器　在主、副节气门处各设置了一个节气门开度传感器与发动机电控系统共享，用来跟踪节气门打开的角度及进入发动机气缸的空气量，计算发动机输出转矩。

（3）ASR 选择开关　ASR 专用的信号输入装置。安装在驾驶人侧车门或仪表板下，ASR 选择开关关闭时 ASR 不起作用。

2.2.2　汽车驱动防滑控制系统执行元件的结构及工作原理

1. 副节气门驱动装置

（1）功用　副节气门驱动装置的功用是根据电子控制单元传送的指令来控制副节气门的开启角度，从而控制进入发动机气缸的空气量，达到控制发动机输出转矩的目的。

（2）结构　副节气门驱动装置安装在节气门壳体上，如图 2-7 所示。它是一个由电子控制单元控制转动的步进电动机，由永磁体、传感线圈和旋转轴等组成，如图 2-8 所示。在旋转轴的末端安装了一个小齿轮（主动齿轮），由它带动安装在副节气门轴末端的凸轮轴齿轮旋转，以此控制副节气门的开启角度。

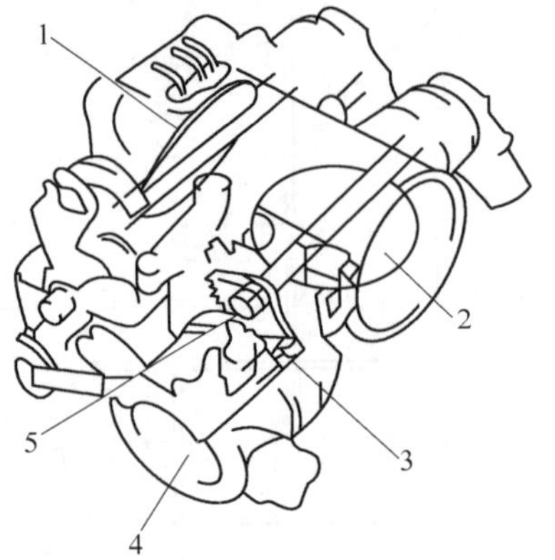

图2-7　副节气门安装位置

1—主节气门　2—副节气门　3—主动齿轮
4—副节气门驱动装置　5—凸轮轴齿轮

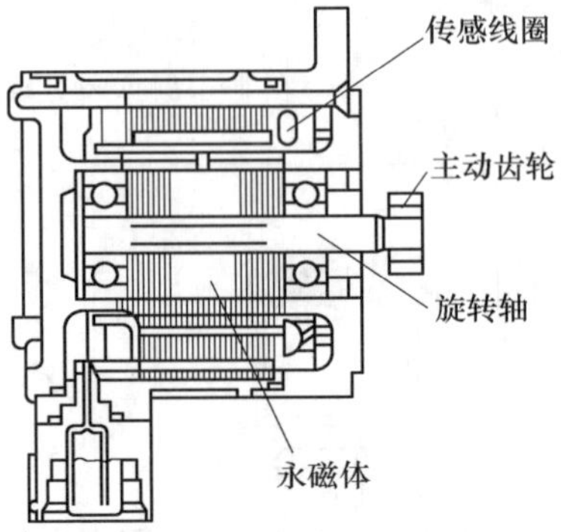

图2-8　副节气门驱动装置

（3）工作情况　当驱动防滑控制系统不工作时，副节气门在弹簧力作用下保持全开状态，进入发动机的空气量由驾驶人控制主节气门的开度决定。当前、后车轮转速传感器检测到车轮滑转需进行防滑控制时，电子控制单元驱动步进电动机通过凸轮轴齿轮旋转，从而控制节气门的开度。

2. ASR制动压力调节器

（1）ASR制动压力调节器的结构和功用　ASR制动压力调节器的结构形式有独立式和组合式两种。独立式防滑转制动压力调节器和ABS制动压力调节器在结构上是各自分开的（图2-5）。

组合式制动压力调节器是将ABS制动压力调节器和ASR制动压力调节器组合为一体，如图2-9所示，工作方式如图2-6所示。

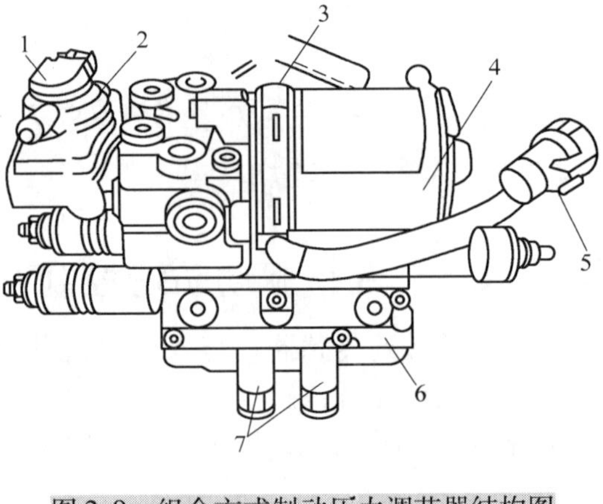

图2-9　组合方式制动压力调节器结构图

1—低液位开关　2—储液器　3—驾驶室　4—电动液压泵
5—电动液压泵接线端子　6—电磁阀体　7—比例阀

两种类型的ASR制动压力调节器在结构上虽然有所不同，但都离不开液压泵总成和电磁阀总成。

液压泵总成由一个电动机驱动的液压柱塞泵和一个蓄能器组成，如图2-10所示。其中电动柱塞泵的功用是从制动总泵储液器中吸入制动液，升压后送到蓄能器。蓄能器的功用是储存高压制动液，并在系统工作时向车轮制动分泵提供制动液压。

电磁阀总成主要由三个二位二通电磁阀，即蓄能器切断电磁阀、制动总泵切断电磁阀、储液器切断电磁阀以及压力开关等部分组成，如图2-11所示。其中蓄能器切断电磁阀的功用是在防滑系统工作时，将制动液由蓄能器中传送至车轮制动分泵；制动总泵切断电磁阀的功用是当蓄能器中的制动液压传送给车轮制动分泵后，立即防止制动液流回制动总泵；储液器切断电磁阀的功用是在驱动防滑控制系统工作中将车轮制动分泵中的制动液传送回制动总泵中；压力开关的作用是调节蓄能器中的压力。

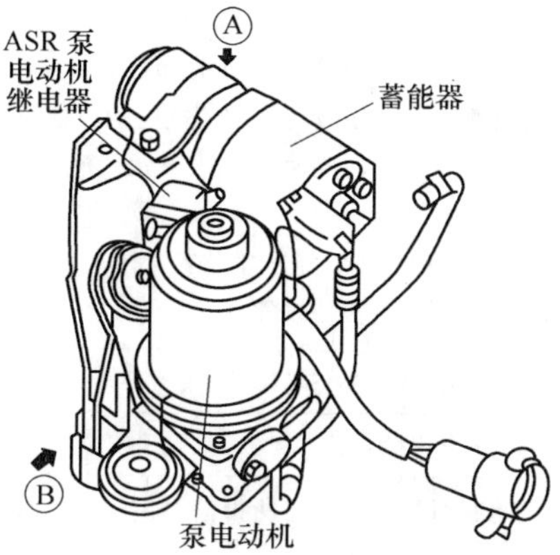

图 2-10　液压泵总成

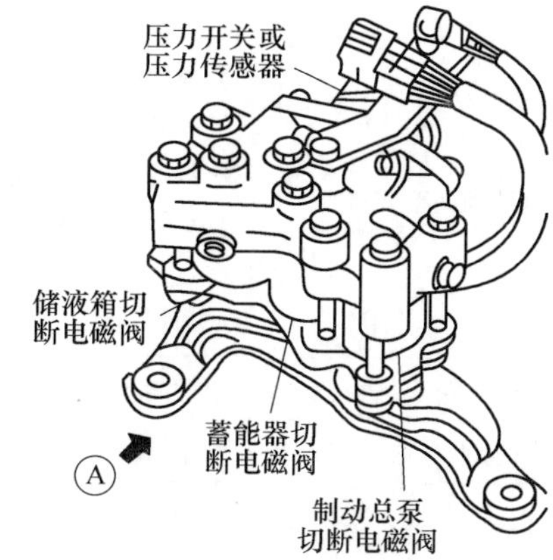

图 2-11　电磁阀总成

（2）工作过程　以雷克萨斯 LS400 汽车为例，其同时具有 ABS 和 ASR 系统的功能，ABS 和 ASR 控制器组合为一个整体。其组合式制动压力调节器的液压回路如图 2-12 所示。

其工作情况如下：

ASR 不起作用时，电磁阀 Ⅰ 不通电。汽车在制动过程中如果车轮出现抱死，ABS 起作用，通过电磁阀 Ⅱ 和电磁阀 Ⅲ 来调节制动压力。

当驱动轮出现滑转时，ASR 使电磁阀 Ⅰ 通电，电磁阀 Ⅰ 移至右位，电磁阀 Ⅱ 和电磁阀 Ⅲ 不通电，电磁阀 Ⅰ 仍在右位，于是，蓄能器的压力通入驱动轮制动轮缸，制动压力增大。

当需要保持驱动轮的制动压力时，ASR 控制器使电磁阀 Ⅰ 通小电流，电磁阀 Ⅰ 移至中位，隔断了蓄能器及制动主缸的通路，驱动轮制动轮缸的制动压力即保持不变。

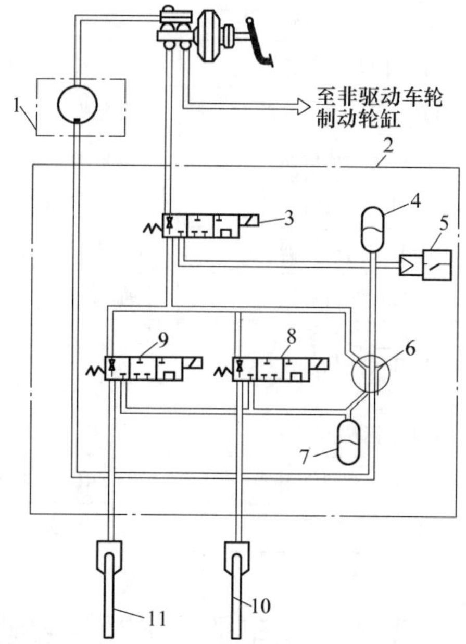

图 2-12　雷克萨斯 LS400 ABS/ASR 系统

1—输液泵　2—ABS/ASR 组合压力调节器　3—电磁阀Ⅰ　4—蓄能器　5—压力开关　6—循环泵　7—储液器　8—电磁阀 Ⅱ　9—电磁阀 Ⅲ　10、11—驱动轮制动器

当需要减小驱动轮的制动压力时，ASR 控制器使电磁阀 Ⅱ 和电磁阀 Ⅲ 通电，电磁阀 Ⅱ 和电磁阀 Ⅲ 移至右位，将驱动车轮制动轮缸与储液器接通，于是制动压力下降。

如果需要对左右驱动轮的制动压力实施不同的控制，ASR 控制器则分别对电磁阀 Ⅱ 和电磁阀 Ⅲ 实行不同的控制。

ASR（TRC）系统主要装置及其功能如表2-1所示。

表2-1 ASR（TRC）系统主要装置及功能

主要装置	功能
ABS和TRC电子控制单元（ECU）	根据前后轮速传感器传递的信号以及发动机与自动变速器电子控制单元中的节气门开度信号判断汽车的行驶条件，然后相应地给副节气门执行器以及TRC制动执行器传递控制信号。同时给发动机与自动变速器电控单元传递信号，使之得到TRC系统的运转信号 若TRC系统出现故障，该装置就打开TRC警告灯提醒驾驶人 当记录故障码后，它通过故障码来显示各种故障
前后轮速传感器	检测车轮速度，然后将轮速信号传递给ABS/TRC ECU
空档起动开关	给ABS和TRC ECU输入变速杆位置信号（“P-停车”和“N-空档”）
制动液面警告灯	检测制动总泵储液罐中的制动液面高度，并将所得信号传送给ABS/TRC ECU
制动开关	检测制动信号（制动踏板是否踩下），并将所得数据传送给ABS/TRC ECU
TRC切断开关	允许驾驶人关闭TRC系统
发动机与自动变速器ECU	接受主、副节气门的位置信号，并将这些信号传送给ABS/TRC ECU
主节气门开度传感器	检测主节气门开启角度，将信号传送给发动机与自动变速器ECU
副节气门开度传感器	检测副节气门开启角度，将信号传送给发动机与自动变速器ECU
TRC制动执行器	根据ABS/TRC ECU传来的信号，为ABS执行器提供液压
ABS执行器	根据ABS/TRC ECU传来的信号，分别控制左右驱动轮制动分泵中的制动液压
副节气门执行器	根据ABS/TRC ECU传来的信号，控制副节气门的开启角度
TRC警告灯	通知驾驶人TRC系统正在工作，系统出现故障则闪亮警告驾驶人
TRC关闭指示灯	通知驾驶人由于ABS系统或发动机控制系统出现了故障，TRC不工作或TRC切断开关已断开
TRC制动主继电器	给TRC制动执行器以及TRC泵电动机继电器提供电流
TRC泵电动机继电器	给TRC泵电动机提供电流
TRC节气门继电器	通过ABS/TRC ECU给副节气门执行器提供电流

2.2.3 汽车驱动防滑控制系统电控单元的工作原理及工作流程

汽车驱动防滑控制系统工作流程如图2-13所示。

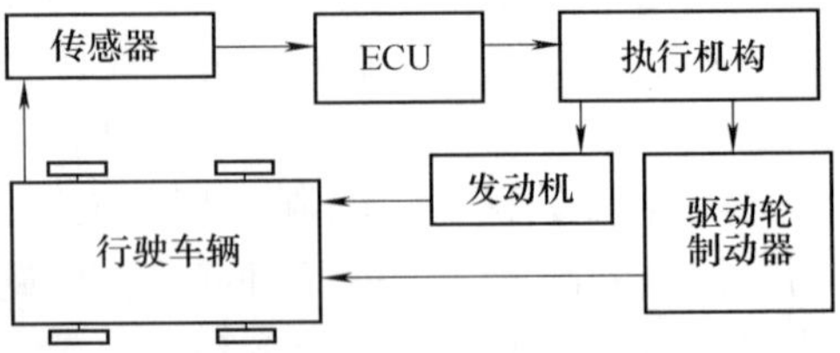

图2-13 汽车驱动防滑控制系统工作流程图

电子控制单元（ECU）如图2-14所示。电子控制单元将防抱死控制功能和防滑转功能组合为一个整体。对于驱动防滑控制系统，它根据驱动轮转速传感器输送的速度信号计算判断出车轮与路面间的滑转状态，并适时地向其执行机构发出指令，以降低发动机的输出转矩和车轮的转速，从而实现防止驱动轮滑转的目的。此外，电子控制单元还具有初始检测功能、故障自诊断功能和失效保护功能。

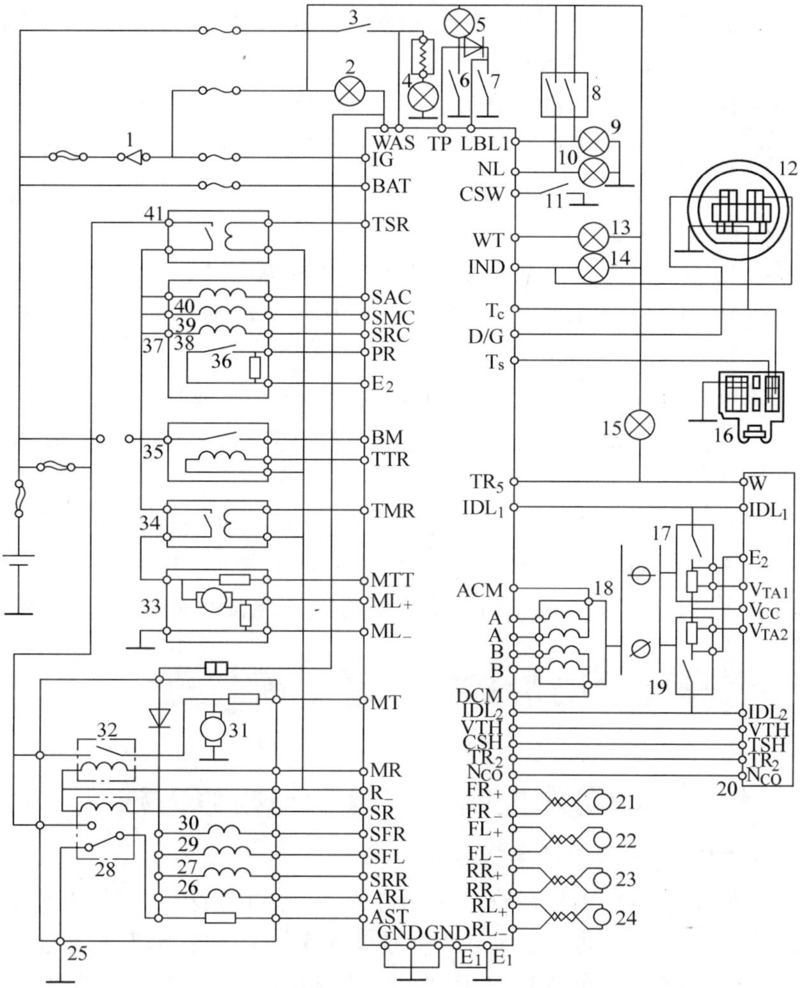

图 2-14　TRC ECU

1—点火开关　2—ABS 警告灯　3—制动灯开关　4—制动灯　5—制动警告灯　6—驻车制动开关　7—储液器液位开关　8—空档开关　9—P 位指示灯　10—N 位指示灯　11—TRC 关闭开关　12—诊断插头Ⅰ　13—TRC 关闭指示灯　14—TRC 工作指示灯　15—发动机警告灯　16—诊断插头Ⅱ　17—主节气门位置传感器　18—副节气门电动机　19—副节气门位置传感器　20—发动机 ECU　21—右前轮速传感器　22—左前轮速传感器　23—右后轮速传感器　24—左后轮速传感器　25—制动压力调节器　26—左后调压电磁阀　27—右后调压电磁阀　28—调压电磁阀继电器　29—左前调压电磁阀　30—右前调压电磁阀　31—回液泵　32—回液泵继电器　33—TRC 电动泵　34—TRC 泵继电器　35—副节气门控制电动机继电器　36—压力开关　37—TRC 隔离电磁阀　38—储液器隔离电磁阀　39—制动主缸隔离电磁阀　40—蓄能器隔离电磁阀　41—TRC 主继电器

（1）车轮防滑控制　电子控制单元不断地由驱动轮车轮转速传感器接收到速度信号并不断地计算出每个车轮的速度，同时也计算出汽车的行驶速度和车轮滑转率。当汽车在起步或突然加速过程中，驱动轮滑转时，电子控制单元立即使驱动防滑控制系统工作。当踩下加速踏板后，主节气门迅速开启，驱动轮加速。当驱动轮速度超过设定的控制速度时，控制单元即发出指令，关闭副节气门，发动机进气量立即减少，从而使发动机转矩降低。同时，控制单元发出指令接通防滑制动压力调节器电磁阀，并将 ABS 压力调节器电磁阀置于“压力升高”状态，于是驱动防滑控制系统蓄能器的制动液压力升高，加上电动液压泵的压力，足以使制动轮缸中的制动液压力迅速升高，实现了对滑转驱动轮的制动。当产生制动作用后，驱动轮加速度立即减小，电子控制单元将 ABS 压力调节器的三位电磁阀置于“压力保持”状态；若驱动轮速度降低太多，电磁阀就处于“压力降低”状态，使制动轮缸中的液压力降低，驱动轮转速又恢复升高。

(2) 初始检测功能　当汽车处在停止状态，变速杆处在“P”或“N”位置而接通点火开关时，电子控制单元即开始对副节气门驱动装置和防滑转制动压力调节器电磁阀的工作状态进行检测。

(3) 故障自诊断功能　当电子控制单元检测到 ASR 出现故障时，即点亮仪表板上的 ASR 警告灯，警告驾驶人 ASR 已出现故障，同时将故障以故障码的形式存入存储器，供诊断时重新显示出来。

(4) 失效保护功能　当 ASR 不工作和电子控制单元检测到有故障时，电子控制单元立即发出指令，断开 ASR 节气门继电器、ASR 液压泵电动机继电器和 ASR 制动主继电器，从而使 ASR 系统不起作用。而发动机和制动系统仍可以按照没有采用 ASR 时那样工作。

2.3 汽车驱动防滑控制系统诊断与检修

2.3.1 汽车驱动防滑控制系统诊断与检修方法

1. 驱动防滑控制系统使用维护注意事项

ABS 制动防抱死系统的作用是在汽车制动过程中，防止被控制车轮发生制动抱死。ASR 的作用是在汽车驱动过程中，防止驱动轮发生驱动滑转。一般无需对汽车驱动防滑控制系统进行特别的维护，但为确保汽车 ASR 工作的可靠性和耐久性，在实际使用中，以下方面应引起特别注意：

1）拆装系统中的电器元件和线束插头时，应将点火开关断开，否则将损坏电子控制装置。

2）不可向电子控制装置提供过高的电压，否则容易损坏电子控制装置。所以不可用充电机直接起动发动机，也不要在蓄电池与汽车电器系统连接的情况下，对蓄电池进行充电。

3）在对汽车进行烤漆作业时，因环境温度高，为避免损坏电子控制装置，应将电子控制装置从车上拆下置于他处。在对系统中的电器元件或线路进行维修时，也应将线束插头从电子控制装置上拆下，并注意避免电子控制装置受到碰撞和敲击，否则极易损坏电子控制装置。

4）不要让电子控制装置，特别是其端子受到油污等污染，以免线束插头接触不良，影响系统的正常工作。不要用砂纸打磨系统中各插头的端子，否则也易造成接触不良。

5）不要使车轮转速传感器和传感器齿圈沾上油污或其他脏物，否则车轮转速传感器产生的轮速信号可能不够准确，影响系统的控制精度，甚至使系统无法正常工作。此外，不可敲击转速传感器，以免传感器发生消磁现象，影响系统的正常工作。

6）由于在很多具有驱动防滑功能的制动系统中，都有供给防抱死制动压力调节所需能量的蓄能器，所以在对这类制动系统的液压系统进行维修作业时，应首先释放蓄能器中的高压制动液，以免高压制动液喷出伤人。在释放蓄能器中的高压制动液时，应先将点火开关断开，然后反复踩下和放松制动踏板，直到制动踏板变得很硬为止。此外，要注意在制动系统装复之前，切不可接通点火开关，以免电动泵通电运转。

7）大多数汽车驱动防滑控制系统中的车轮转速传感器、电子控制装置和制动压力调节装置都是不可修复的，如果发生损坏，应进行整体更换。

8）制动系统维修结束后，在使用过程中如发现制动踏板变软，应按照要求的方法和顺序，对制动系统进行空气排除。在空气排除之前，须检查储液器中的液位情况，如果发现液位过低，应先向储液器补充制动液。

9）更换轮胎时，应选用汽车生产厂家推荐的轮胎。如果换用其他型号的轮胎，应该选用与原车所用轮胎的外径、附着性能和转动惯量相近的轮胎，但不能混用不同规格的轮胎，否则将影响驱动防滑控制系统的制动效能。

10）在防抱死警告灯持续点亮的情况下进行制动时，应注意适当控制制动强度，以免因制动防抱死系统失效而使车轮过早发生制动抱死。

2. 进行故障诊断检测时还应满足下列要求

1）车轮和轮胎大小及型号要相同，轮胎气压正常。

2）制动系统机械/液压部件正常，液压接头和管路无泄漏（对液压单元、制动钳、制动分泵及串联总泵目视检查）。

3）车轮轴承和车轮轴承间隙正常。

4）车轮转速传感器安装正确。

5）电源供电正常（不低于10.0V）。

6）控制单元插头安装正确，定位卡爪已卡紧。

7）只有当车静止且点火开关打开（或发动机运转）时才可进行自诊断。当车轮转速超过2.75km/h时，自诊断不能进行。当车速超过20km/h时，自诊断中断。

8）检测ABS/EDS或ASR时，必须保证汽车电器系统不受电磁干扰，因而应使车远离电流消耗大的设备，如电焊机。

3. 进行（ABS/EDS）/ASR故障诊断时要注意以下安全措施

1）（ABS/EDS）/ASR是一种汽车安全系统，从事该项检修诊断工作要求具备该系统的相关知识。

2）在对（ABS/EDS）/ASR装置进行检修之前原则上要查询故障码。

3）在拔下（ABS/EDS）/ASR控制单元插头的情况下不要驾车。

4）（ABS/EDS）/ASR装置的元器件插头只有在关闭点火开关时才可拔下或插上。

5）不允许松开液压单元的螺栓。在更换回油泵继电器和电磁阀时，继电器罩盖螺栓除外。

6）在涉及与制动液有关的作业时，要注意采取有效的安全防范措施。

7）指示灯亮说明在（ABS/EDS）/ASR系统中有故障。因为某些故障有可能在行驶时才被识别出，因此必须在修理工作结束后进行试车。在试车时车速不低于60km/h的行驶时间应超过30s。

4. 警告灯故障诊断功能

如果自诊断查出系统有故障，那么在打开点火开关时，正常情况下，在接通点火开关后，丰田车系如图 2-15a 所示仪表板上的 TRC 警告灯应变亮并持续 3s 后熄灭，表示系统正常，如果不亮，应对警告灯系统进行检查。如果电子控制单元检测到 TRC 系统出现了故障，它就使仪表板上的 TRC 警告灯闪烁并存储故障码。如果制动系统功能不正常，但 ABS/EDS 警告灯和红色的制动警告符号不亮，这说明故障出在制动系统的机械和液压部件上。

（1）故障码的读取

1）接通点火开关，用故障诊断专用检查线或普通导线（应确保连接可靠）将如图 2-15b或图 2-15c 所示的故障诊断仪通信线接口或故障诊断接口中的 TC 和 E1 连接起来。

2）此时仪表板上的 TRC 警告灯将显示故障码。当 TRC 系统同时出现 2 个或 2 个以上故障时，故障码将会按照由低到高的顺序显示出来。

3）故障码读取完毕后，将故障诊断专用检查线从 TC 和 E1 接口上取下，开始检查与排除故障。

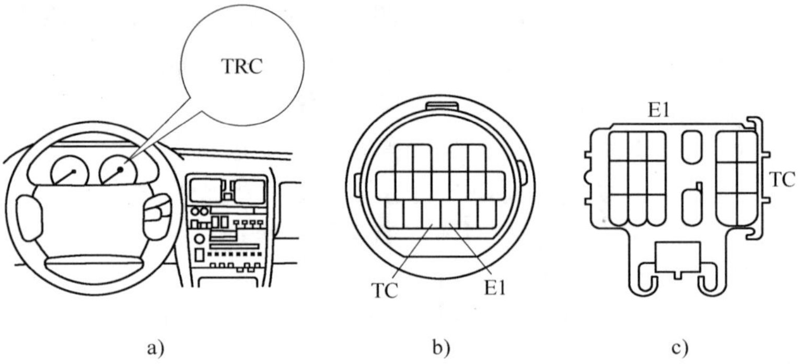

图 2-15　故障诊断仪通信线接口

（2）清除故障

1）同故障码的读取步骤“1）”。

2）在 3s 内踏下制动踏板 8 次以上，即可清除存储在电子控制单元中的故障码。

3）查看 TRC 警告灯是否显示正常码。若仍显示故障码，则表明故障没有排除掉，应继续排除故障。

4）从故障诊断仪通信或故障诊断接口中取下故障诊断专用检查线。

5. TRC 电控系统主要部件的检测

检测时应取下被检部件的线束插接器（也叫维修接口），使用阻抗大于 10kΩ/V 的万用表或电阻表、电压表，测量线束插接器传感器或继电器端子的电阻值或电压值并与标准值比较，从而判断部件的技术状况。

（1）副节气门开度传感器的检测　副节气门开度传感器安装在节气门轴上。作用是将副节气门开启角度转换为电压信号并将信号输送给 TRC 电子控制单元。其检测方法如下：

1）取下副节气门位置传感器线束插接器。接线端子如图 2-16 所示。

2）用电阻表测量 E2 端子与 VC、VTA、IDL 端子的电阻值应符合规定值。

（2）TRC 切断开关的检测

1）取下 TRC 切断开关线束插接器。

2）如图 2-17 所示，用电阻表测量 3、4 端子的导通性。

3）当 TRC 切断开关接通时，应导通，TRC 切断开关断开时应不通，为正常。

（3）TRC 制动主继电器的检测

1）取下 TRC 制动主继电器的插接器。

2）用电阻表测量 1、2 两端子应不导通，3、4 端子应导通。

3）如图 2-18 所示，在端子 3、4 之间施加 12V 电压，测 1、2 两端子时应导通。

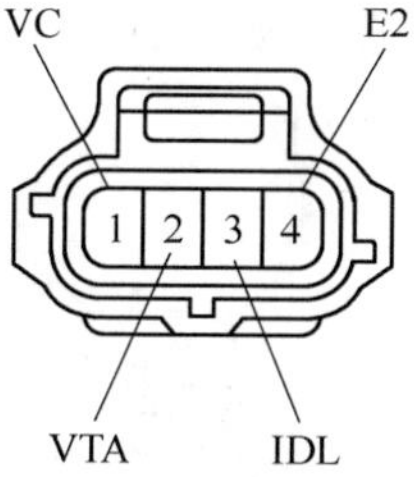

图 2-16　副节气门位置传感器线束插接器

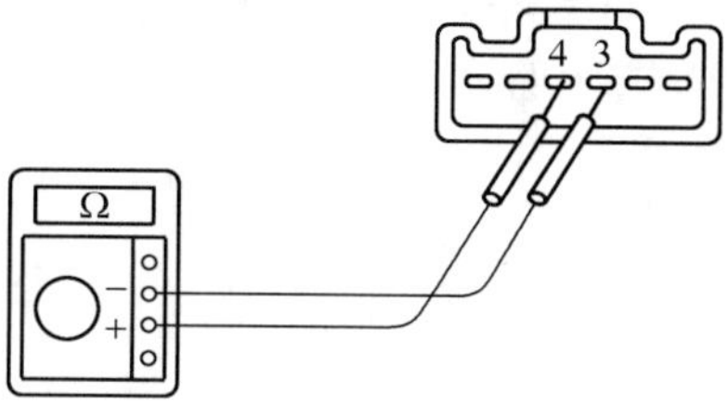

图 2-17　电阻表测量

（4）TRC 节气门继电器的检测

1）取下 TRC 节气门继电器线束插接器。

2）用电阻表测量 1、2 端子应不导通，3、4 端子应导通。

3）如图 2-19 所示，在 3、4 端子之间施加 12V 电压，测 1、2 两端子时应导通。

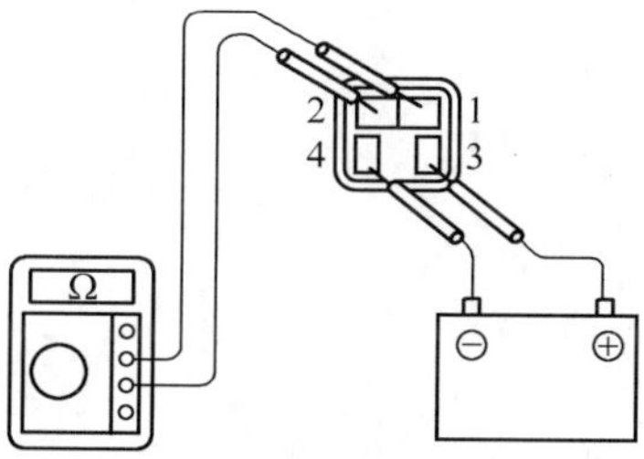

图　2-18

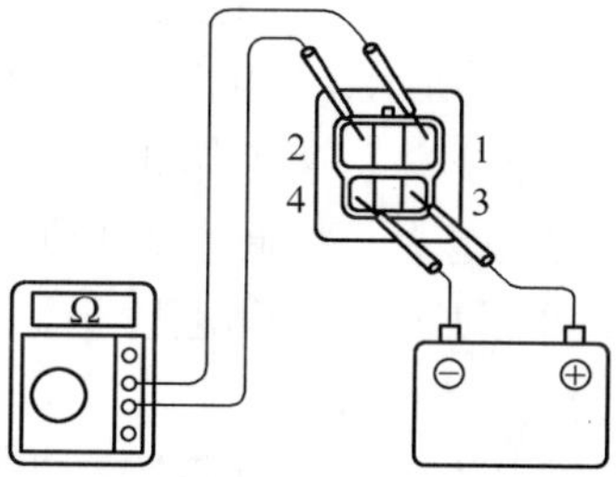

图　2-19

（5）TRC 制动执行器的检测

1）取下 TRC 制动执行器线束插接器。

2）如图 2-20 所示，用电阻表检测 BSR、SRC 两端子应导通，BSM、SMC 两端子应导通，BSA、SAC 两端子也应导通。

（6）副节气门执行器的检测

1）取下副节气门执行器线束插接器。

2）如图 2-21 所示，用电阻表测量端子 1-2-3 间应导通，端子 4-5-6 间也应导通。

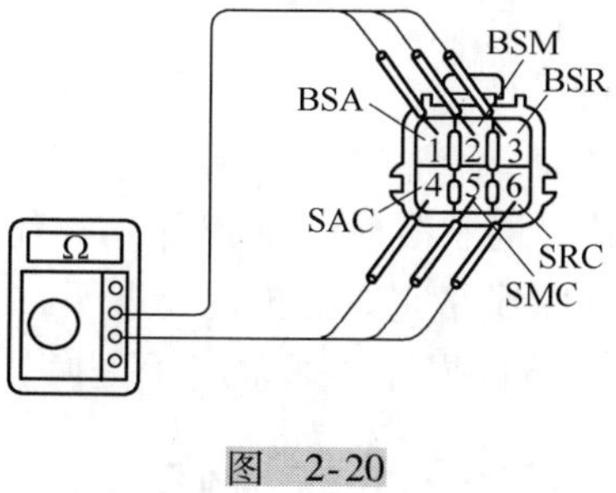

图　2-20

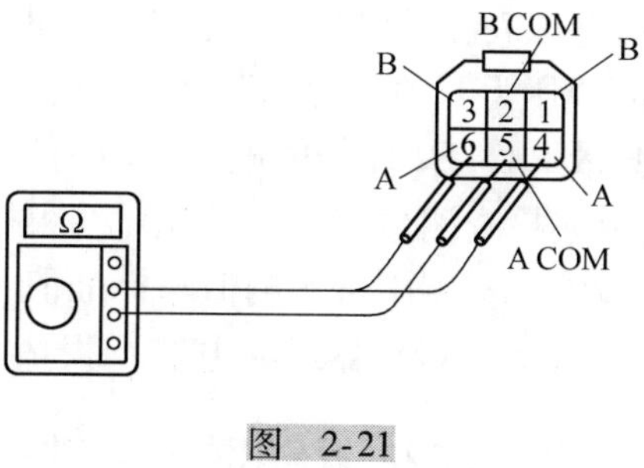

图　2-21

（7）TRC 泵电动机的检测

1）取下 TRC 泵电动机线束插接器。

2）如图2-22所示，用电阻表测量BTM、MTT两端子的电阻值应为4.5~5.5Ω。

3）如图2-23所示，在端子BTM-E2间施加12V电压（通电不超过3s）进行运转试验，TRC泵电动机应运转。

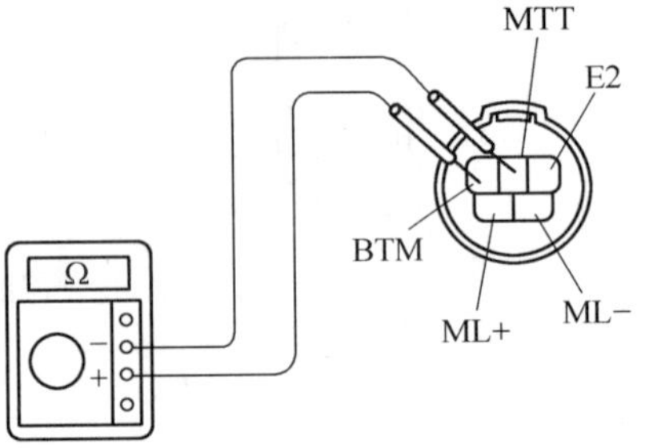

图 2-22

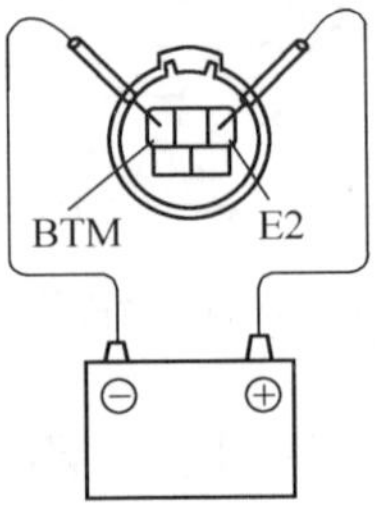

图 2-23

（8）压力开关的检测

1）取下压力开关线束插接器。

2）如图2-24所示，用电阻表测量PR、E2端子应导通。

3）起动发动机并怠速工作30s（提高TRC执行器的液压）。

4）将发动机熄火，接通点火开关。

5）测量PR、E2端子的电阻值应为1.5kΩ左右。

（9）压力传感器的检测

1）取下压力传感器线束插接器并严格按图2-25所示的方法连接线路。

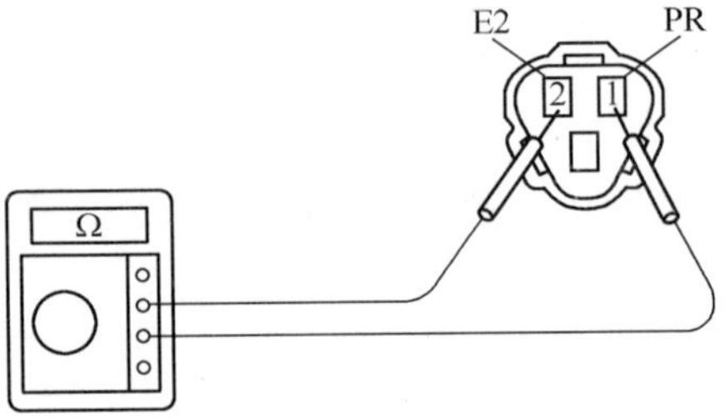

图 2-24

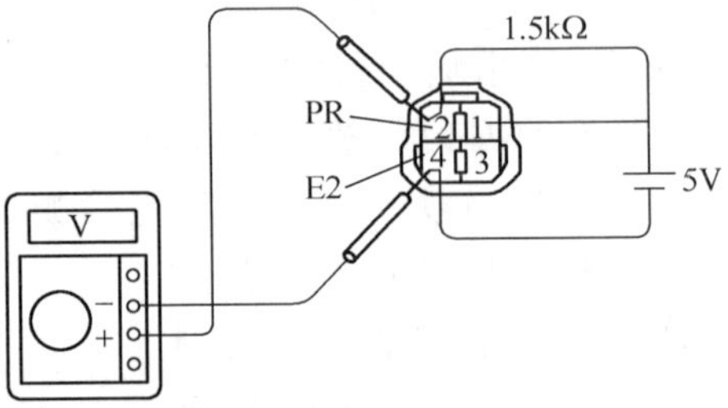

图 2-25

2）用电压表测量PR、E2端子间的电压应为5V左右。

3）按“压力开关的检测”的“3）、4）”两项进行操作。

4）测量PR、E2端子的电压值应约为2.5V。

进行上述检查测量时，应首先对线束插接器的线路导通状况做仔细查看，若有氧化、锈蚀等应予清除。检测中若实测值与标准值不符，应在确保线路完好无损的情况下，方可确认为元器件（开关、传感器或继电器）损坏。TRC系统元器件损坏，通常应予更换。

2.3.2 汽车驱动防滑控制系统常见故障分析与检修

ABS/ASR的失效会直接影响汽车的动力输出和行驶安全。ABS/ASR故障通常可分为两类。一类是由ABS/ASR的元器件（如轮速传感器，制动灯开关或液压控制元件等）失常引起的，对这类故障只要先查询故障信息，然后做针对性的检修工作即可排除故障。另一类是ABS/ASR以外的元器件失常引发的。最典型的就是节气门的性能不良，导致ABS/ASR控制单元无法获得节气门的实际开度信号，ASR失效，ABS/ASR控制单元存储通信失败的故障信息并点亮ASR警告灯。对于这类故障须进行相应的检修（如检修电子节气门）才能排除故障。ABS/ASR控制单元也可能失效，但非常少见，应慎重对待。

（1）案例一

1）故障现象：一辆奔驰600SEL轿车，ASR故障灯常亮。故障刚出现时，再行驶一段时间，ASR灯才会亮；关掉车子，重新起动，ASR灯又会熄灭；但再行驶一段路程，故障灯又重新亮。车主把车开到一家修理厂，经过一段时间的修理，ASR灯变成了常亮。

2）检修过程：首先对ASR系统从自诊断座提取故障码，故障码显示：ASR电脑与EGAS（电子节气门控制系统）电脑信号传输有问题，对EGAS系统提取故障码，但提取不出任何信息，可能EGAS电脑不工作，从而输不出任何信息，怀疑其线路存在故障，检查后没有发现问题。打开EGAS电脑，发现电脑里面有个集成块烧毁。电脑需要更换，更换EGAS电脑后起动车辆，ASR灯不亮，但路试一段距离，ASR灯又亮了。再对ASR系统提取故障码，故障码显示：怠速触点线路不良（刚开始时因ASR系统与EGAS系统信号传输不良，所以故障码没有了）。检查触点线路（奔驰车怠速触点装在加速踏板下），发现线路有一个线插断开，把线插接上，试车，ASR灯不亮，故障彻底排除。

3）故障总结分析：该车一开始故障出在触点上。车辆行驶了一段时间后，ASR电脑没有收到怠速信号，ASR灯亮。关掉发动机，重新起动，ASR灯又熄灭。由于车辆在行驶期间，ASR电脑需要接收怠速触点信号，因为收不到信号，所以车辆在行驶一段距离后，ASR灯又重新亮起。但车辆在一家修理厂进行维修时，估计修理工在测试电子节气门时，把EGAS电脑烧毁，由于发动机一运转，ASR电脑与EGAS电脑没有信号传输。所以车辆一起动，ASR灯就亮，EGAS电脑可能由于人为原因而导致损坏。

（2）案例二

1）故障现象：一辆2003款装备了ABS、EDS以及ASR的帕萨特B5汽车，在正常行驶过程中仪表板上的ASR灯会突然亮起。在这种情况下按ASR灯开关无效，只有关闭点火开关并重新起动发动机后ASR灯才能恢复正常。

2）检修过程：接车后先用检测仪对ABS系统读取故障码。故障码为00761：在发动机控制器中的故障。按照维修手册，对00761的排除方法是先检查发动机系统是否有故障码，若有故障码，则先排除发动机故障。再用检测仪读取发动机故障码，故障码为16486，即空气流量计信号值过小。

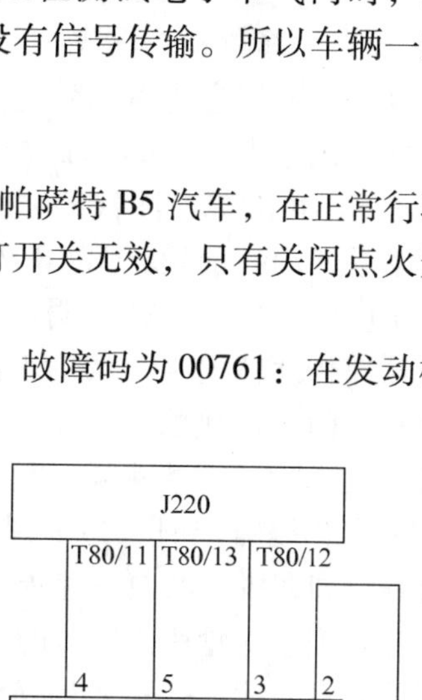

图　2-26

接着又用万用表对空气流量计进行检测，如图2-26所示。空气流量计共有4根导线，其中的4号端子为信号线，5号端子为电源电压（11～15V）。2号端子与车身搭铁电阻为0.8Ω，5号端子为蓄电池电压。怠速时测量4号端子电压为1.4V，急加速时信号电压上升到3.2V，当加速至4000r/min时，信号电压上升至3.5V，此时节气门开度为75°。

同样用万用表测量另一部同年同款车的空气流量计信号电压，发现怠速时信号电压接近，但加速到4000r/min时发现该车信号电压为3.6V，节气门开度为68°。为了先排除空气流量计的可能性，把两车的空气流量计对换，再试空气流量计信号电压，发现另外一部车的空气流量计装在此车上与该车原信号值一样，而且节气门开度也一样；再测另外一辆车的相关数据，与原数据也一样。于是，装上另外一部车的空气流量计出去试车，当经过几次急加速和发动机高速运转一段时间后，再进行急加速时ASR灯又亮了，读取故障依旧是此前的两个故障码。通过以上检测与试车，发现该车在正常运行过程中确实存在空气流量计信号过弱的问题，同样的两部车检测时发现该车除了发动机节气门开度值偏大之外，其余数据均正常。由以上分析，此故障怀疑是节气门体过脏所致。因为在发动机的控制单元的程序中空气流量计测量是根据发动机的转速、节气门的开度等条件来确定的。当发动机转速升高，节气门开度增加，计算出来理论的空气流量计信号电压就会升高，对应的信号电压值有一定的活动范围。当测得的实际信号电压超出这个范围就会有空气流量计的相关故障记录。当节气门体过脏，节气门的开度值偏大，而实际进气量并没有增加，从而导致空气流量计信号与节气门开度不匹配，使发动机控制单元的计算值偏离理论范围。当节气门开度信号和空气流量信号出现上述偏差后（节气门大开度，空气流量计测的实际进气量小于规定值），从而导致控制系统认为驱动防滑控制系统失效，ABS系统的控制单元便点亮ASR灯。拆下节气门体进行彻底清洗，并换回原车空气流量计，再测其数据与另外一部车的数据一样。再经过长时间试车，故障没有出现。

3）故障总结分析：由此可见，该车ASR灯亮的故障是由节气门体过脏引起的。

（3）案例三

1）故障现象：一款奔驰轿车，在行驶过程中ASR警告灯有时会间歇性亮，并且一旦该灯常亮，就会感觉到转向盘操纵沉重。

2）检修过程：首先进行路试，故障症状与车主反映的情况完全相符，用故障检测仪查得的故障信息为右前轮速传感器信号不真实，故障性质为当前存在。清除故障信息后进行路试，大约10min后ASR灯亮。再次查询故障信息，其内容依旧。将轿车举升起后点击STAR故障检测仪的“Actual Values”功能，以便观察各轮速传感器的输出信号。首先用手转动右前轮，STAR故障检测仪一直显示0km/h；接着转动其他3只车轮，则均显示相应的轮速。由此说明ABS/ASR控制单元确实未收到右前轮速传感器的信号。测量右前轮速传感器电阻，约为1.0kΩ，符合标准；同时检查了该轮速传感器与ABS/ASR控制单元之间的连接状况，正常。随后又检查了右前轮毂处的右前轮速传感器信号齿圈的状况，发现除了有些污垢外，没有其他的不良迹象。清洁并装复右前轮速传感器信号齿圈后试车，故障依旧。为了判定右前轮速传感器是否有故障，决定采用信号替代方法进行检查，即在脱开右前轮速传感器插接器后用2根导线将右前轮速传感器导线侧插接器上的导线并联到左前轮速传感器的导线上，然后试车。试车结果没有变化，至此怀疑ABS/ASR控制单元有故障。打开ABS/ASR控制单元外壳进行检查，电路板上没有断路和烧蚀的迹象。考虑到ABS/ASR控制单元的价格不低，用另一台同型号轿车的ABS/ASR控制单元作替换试验，故障症状消失；将被怀疑有故障的ABS/ASR控制单元装到其他轿车上，ASR警告灯也间歇性亮。由此证明该ABS/ASR控制单元确实有故障，更换ABS/ASR控制单元后故障彻底排除。

3）故障总结分析：根据ABS/ASR的工作原理可知，当ABS/ASR出现故障时，轮速信号的传输会中断，其他需要轮速信号才能正常工作的电控系统同时会受到影响，因此只要排除了ASR的故障，转向盘操纵沉重问题会随之消失。奔驰轿车所采用的轮速传感器为磁感应式的，这种轮速传感器常见的故障就是低转速下不灵敏，如果只测量其电阻，则无法判定其性能的好坏，因为故障的根源可能是传感器的永久磁铁有问题，而非线圈损坏。所以在检修这类故障时应特别注意，考虑到ABS/ASR控制单元的价格不低，不要轻易怀疑ABS/ASR控制单元，一定要有相应的测试，否则会造成被动局面，这在中小维修企业非常常见。

练习与思考题

一、填空题

1. ABS系统是防止制动时车轮抱死而__________，ASR是防止驱动轮原地不动而不停地__________。

2. ASR的基本组成有__________、__________、__________等。

3. 汽车防滑差速器大致上可以分为__________和__________两大类。

4. 防滑差速器的差动限制控制特性，主要是根据__________、__________和__________，ECU控制并改变差动限制离合器的压紧力。

5. ASR的传感器主要是__________和__________。

6. ASR制动压力调节器的结构形式有__________和__________两种。

7. ASR不起作用时，辅助节气门处于__________位置，当需要减少发动机驱动力来控制车轮滑转时，ASR控制器输出信号使辅助节气门驱动机构工作，改变__________开度。

8. 节气门驱动装置由__________和__________组成。步进电动机根据ASR控制器输出的控制脉冲转动规定的转角，通过传动机构带动__________转动。

9. ASR控制系统通过改变__________来控制发动机的输出功率。

10. TRC液压制动执行器中的泵总成由__________和__________两部分组成。

二、判断题（对的划√，错的划×）

1. ASR专用的信号输入装置是ASR选择开关，将ASR选择开关关闭，ASR就不起作用。（　　）

2. 所谓的单独方式是ASR制动压力调节器和ABS制动压力调节器在结构上是一体的。（　　）

3. 中央差速器能把变速器输出的动力按2∶1的比例分配到前后驱动轮上。（　　）

4. 中央差速器在车轮转动时将前轮驱动轴和后轮驱动轴的转速加以吸收。（　　）

5. 当前轮后轮之间发生转速差时，差速限制机构能按照该转速差控制多片离合器的接合力，从而控制前后轮的转矩分配。（　　）

6. 发动机输出功率控制常用方法有：辅助节气门控制、燃油喷射量控制和延迟点火控制。（　　）

7. ASR控制系统通过改变发动机辅助节气门的开度来控制发动机的输出功率。（　　）

8. 丰田车系防抱死制动与驱动防滑（ABS/TRC）工作时，当无需对驱动轮施加制动力矩时：各个电磁阀都通电且ECU控制步进电动机转动使副节气门保持开启。（　　）

9. 防止车轮打滑的差速器，可自动控制汽车驱动轮打滑的防滑差速器。（　　）

10. 中央差速器的两大功能：将变速器输出动力均匀分配到前后驱动轴和吸收前后驱动轴的转速差。(　　)

三、简答题

1. 防滑转控制的方式有哪几种?
2. ASR 和 ABS 的异同有哪些?
3. ASR 的工作原理是怎样的?
4. 丰田车系防抱死制动与驱动防滑（ABS/TRC）组成有哪些?
5. 防滑差速器作用是什么?

第3章

汽车行驶稳定电子控制系统原理与检修

基本思路：

ESP包含ABS和ASR，而又在这两系统功能基础上进行了延伸，传感器增加了转向传感器、侧向加速度传感器、横摆角速度传感器、制动压力传感器和TCS/ESP开关等；执行元件的结构和功用与ABS和ASR相似并与ABS和ASR共同使用；ECU的基本结构和功用大同小异，只增加了功能上的延伸。有形积木无形线，这三章使用的零部件种类、形状、结构、功用相似，但每章都有不同的主线，ESP与ABS和ASR相似并与ABS和ASR共同使用，其目的就是稳定汽车的行驶路线，而行驶路线受力的制约，所以本章在学习时重点把握力的传递路线。

3.1 汽车行驶稳定电子控制系统概述

现代汽车技术发展的一个主要方向就是提高主动安全性以避免事故的发生，并充分发挥车辆的动力性能。ESP（电控行驶平稳系统，英文全称Electronic Stability Program）包含ABS及ASR，是在这两种系统功能上的延伸。只要ESP识别出驾驶人的输入与车辆的实际运动不一致，它就马上通过有选择的制动或发动机干预来稳定车辆，防止车辆滑移。因此，ESP称得上是当前汽车防滑装置的最高形式，如图3-1所示。

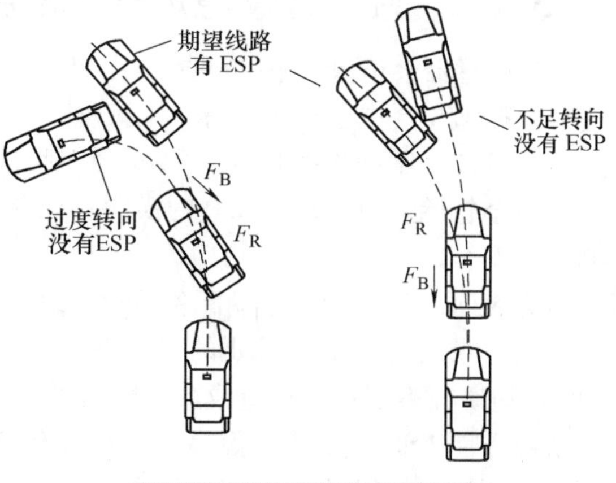

图3-1 ESP平稳系统效果图

ESP电子稳定程序的成功之处在于它的

令人信服的功能和显著有利安全的特性。需要指出的是，不同的汽车生产厂商给予了这个系统不同的命名，如博世（Bosch）公司早期称为汽车动力学控制（VDC），现在博世、梅赛德斯-奔驰公司称为ESP；丰田公司称为汽车稳定性控制系统（VSC）、汽车稳定性辅助系统（VSA）或者汽车电子稳定控制系统（ESC）；宝马公司称为动力学稳定控制系统（DSC）等。尽管名称不尽相同，但都是在ABS和TCS的基础上增加一个横向稳定控制器，通过有选择的制动或发动机干预来稳定车辆，防止车辆滑移。

目前，在德国，很多中级及以上的车型上都已安装ESP电子稳定程序。2007年美国高速公路安全局（NHTSA）已正式颁布强制安装ESP电子稳定程序。

3.1.1　汽车行驶稳定电子控制系统的基本组成

ESP系统主要由控制单元及转向盘传感器（监测转向盘的转向角度）、轮速传感器（监测各个车轮的速度转动）、侧滑传感器（监测车体绕垂直轴线转动的状态）、横向加速度传感器（监测汽车转弯时的离心力）等组成，如图3-2所示。控制单元通过这些传感器的信号对车辆的运行状态进行判断，进而发出控制指令从而防止抱死和打滑现象的出现。

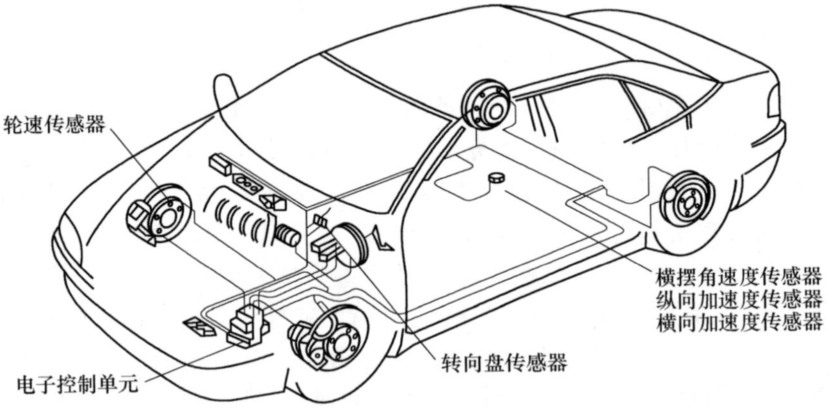

图3-2　ESP系统的基本结构

3.1.2　汽车行驶稳定电子控制系统的基本功能

ESP传感器会记录车辆的变量，比如车轮速度、转向角度、侧向加速度及横向移动，基于这些数据ESP（电子稳定程序）能够计算车辆是否遵照驾驶人提出的转向要求行驶。如果车辆一旦产生制动失控危险，系统会在瞬间减小发动机功率。如果还不够，必要时ESP将会对单个轮胎进行制动，ESP的横向移动能够有效避免车辆侧滑，并在物理极限内，保证车辆行驶安全。

研究表明，如果所有车辆配备ESP，致命交通事故会减少至少三分之一，这使ESP成为仅次于安全带的第二个最重要的安全系统——比安全气囊更重要。来自德国联合保险协会（GDV）的研究表明：25%造成严重伤害的交通事故和60%导致死亡的交通事故都是由车辆侧滑所致。而ESP可以防止很多这种由于侧滑所导致的交通事故。因此，汽车协会、专业出版物、测试机构以及类似ADAC（全德国汽车俱乐部）、DEKRA（德国机动车监督协会）和GDV的权威组织都要求将ESP电子稳定程序装配到所有的车辆上，这个要求得到大多数驾驶人的赞同。比如，由博世和ADAC联合的调查证实，74%的驾驶人投票赞成出台法规，强制性要求汽车生产厂商将ESP作为标准的配置。

除了ABS和TCS外，越来越多的功能已经被集成在ESP。比如“驻坡控制”，它能够避免车辆在上坡时溜车。在紧急制动状况下制动力不足时，“制动辅助”能够向驾驶人提供额外辅助，在此类情况下，系统能够在瞬间产生足够的制动压力，从而大大缩短制动距离。ESP新的升级版包含了拖车摆动控制，它能够实施监控货车及拖车的摆动状况，在这种情况下，系统会对单个或所有的轮胎进行制动，进而避免车辆出现危险的摆动。最后，装配在轻型载货汽车上的ESP已经具有了额外功能，它能够帮助系统计算车辆实际重量以及估算车辆的重心位置，使ESP能够有效干预。这意味着货车也能够更安全，翻车的几率明显降低。

3.1.3 汽车行驶稳定电子控制系统的分类

根据ESP控制车轮的方式可分为三种类型：

1）四通道（四轮系统）：能自动向汽车四个车轮独立施加制动力的四通道或四轮系统。

2）双通道系统：只能对两个前轮独立施加制动力的双通道系统。

3）三通道系统：能对两个前轮独立施加制动力而对后轮只能一同施加制动力的三通道系统。

3.2 汽车行驶稳定电子控制系统主要零部件的结构及工作原理

现代汽车技术发展的一个主要方向就是提高主动安全性以避免事故的发生，并充分发挥车辆的动力性能。ESP包括下述部件：能够消除侧滑的“控制器”、防抱死制动系统（ABS）和牵引力控制系统（TCS）。汽车行驶过程中，ESP从车身各处的传感器获得信息后分析得出驾驶人的驾驶意图，评估车辆侧滑的危险。在有可能发生危险的时候，选择性地对各个车轮实施单独制动，并能自动降低发动机的输出，将车辆“拨转”到驾驶人期望的方向，从而提高了车辆在各种情况下的转向稳定性，有效减少交通事故的发生。ESP的工作原理是：因转向不足或过度而产生侧滑危险时，ESP就会分别对单个车轮施加不同的制动力，就如同车辆拥有四个制动踏板。ESP不仅仅只是制动车轮，必要时还能够主动干预发动机。驾驶人只要做出正确的转向操作即可。

ESP主要零部件如图3-3所示，安装位置如图3-4所示，其作用如下：

1）转向盘转向传感器：监测转向盘旋转的角度，帮助确定汽车行驶方向是否正确。

2）车轮传感器：监测每个车轮的速度，确定车轮是否在打滑。

3）侧滑传感器：记录汽车绕垂直轴线的运动，确定汽车是否在打滑。

4）横向加速度传感器：它对转弯时产生的离心力起反应，确定汽车是否在通过弯道时打滑。

5）ESP液压单元：向一个或多个车轮施加制动力。

6）控制单元通过这些传感器的信号对车辆的运行状态进行判断，进而发出控制指令，并自动地向一个或多个车轮施加制动力，甚至在某些情况下每秒进行150次制动，以把车子保持在驾驶人所选定的车道内。这些传感器还向控制装置提供汽车在任何瞬间的运行状况信息。

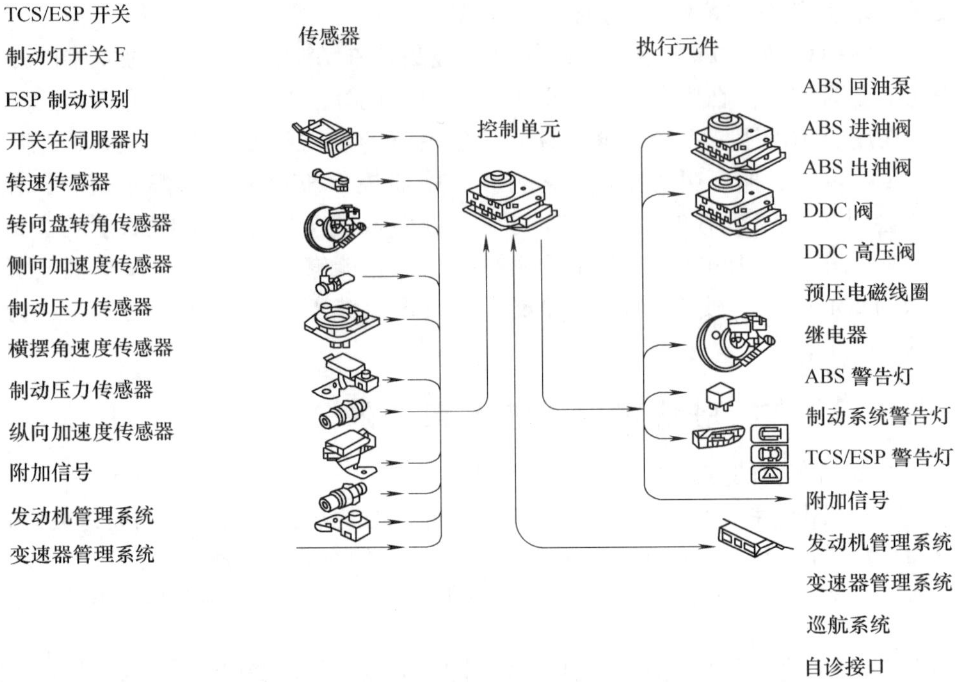

图 3-3　宝来 2004 款汽车各部件

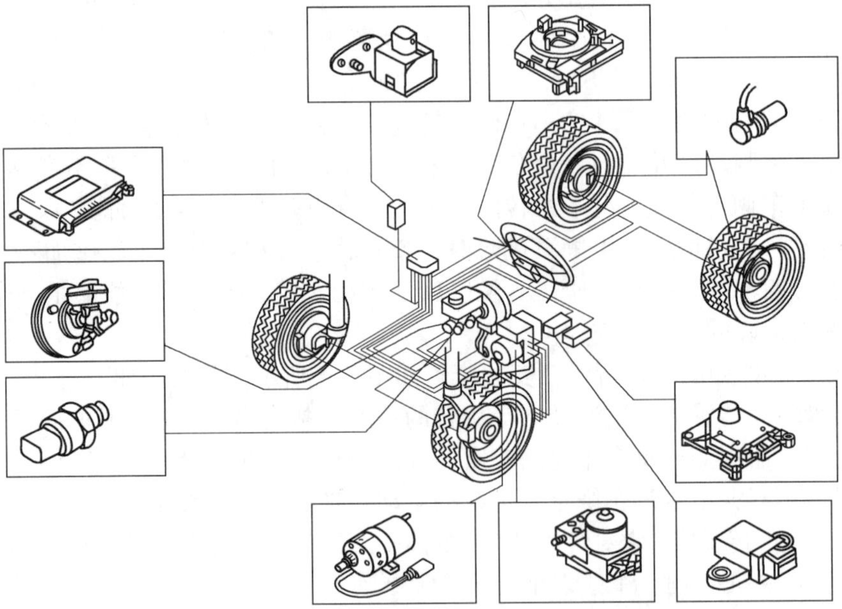

图 3-4　宝来 2004 款汽车各部件及其装配位置图

3.2.1　汽车行驶稳定电子控制系统传感器的结构及工作原理

ESP主要传感器包括转向盘转角传感器，侧向加速度传感器，横摆角速度传感器和制动压力传感器。

1）转向盘转角传感器（图3-5）：安装在转向柱上，转向开关与转向盘之间，与安全气囊时钟弹簧集为一体。作用是向带有EDL/TCS/ESP的ABS控制单元传递转向盘转角信号。测量范围：±720°，4圈，测量精度：1.5°，分辨速度：1～2000°/s；ESP通过计算转向盘转角的大小和转角变化速率来识别驾驶人的操作意图。转向盘转角传感器将转向盘转角转换为一个可以代表驾驶人期望的行驶方向的信号。更换控制单元或传感器后，需重新标定零点。打开点火开关后，转向盘被转动4.5°（相当于1.5cm），传感器进行初始化。拆装注意事项：安装时，要保证转向盘转角传感器在正中位置，一般观察孔内黄色标记可见。

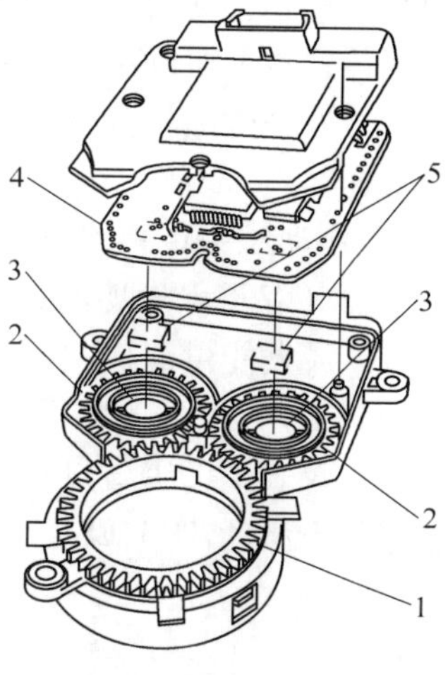

图3-5　转向盘转角传感器结构

1—齿轮　2—测量齿轮　3—磁铁　4—判断电路　5—各向异性磁阻（AMR）集成电路

2）侧向加速度传感器（图3-6）安装位置：转向柱下方偏右侧，与横摆角速度传感器一体。作用：确定侧向力可以反映出汽车的横向加速度的大小。如没有侧向加速度传感器信号，就无法识别车辆状态，ESP失效。ESP一般使用微机械式加速度传感器，在传感器内部，一小片致密物质连接在一个可以移动的悬臂上，其输出在静态时为2.5V左右，正的加速度对应正的电压变化，负的加速度对应负的电压变化，每1.0～1.4V对应1g的加速度变化，具体参数因传感器不同而有所不同。

3）横摆角速度传感器（图3-7）安装位置：转向柱下方偏右侧，与侧向加速度传感器一体。作用：横摆角速度传感器感知作用在车辆上的转矩，识别车辆围绕垂直于地面轴线方向的旋转运动。横摆角速度传感器检测汽车沿垂直轴的偏转，该偏转的大小代表汽车的稳定程度。如果偏转角速度达到一定值，说明汽车发生侧滑或者甩尾的危险工况，则触发ESP控制。当车绕垂直方向轴线偏转时，传感器内的微音叉的振动平面发生变化，通过输出信号

图3-6　侧向加速度传感器

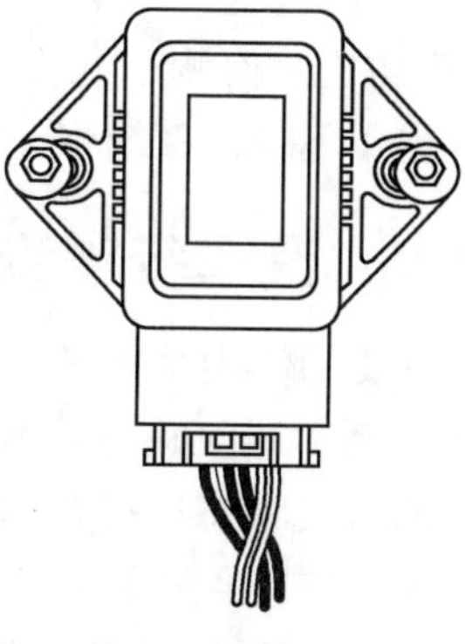
图3-7　横摆角速度传感器

的变化计算横摆角速度。如果没有此信号，控制单元就不能识别车辆是否发生转向，ESP 功能失效。

最初的 ESP 系统中纵向/横向加速度传感器和横摆角速度传感器都是单独实现的，现在基本都使用了传感器总成（Sensor Cluster）的模式，将这 3 个传感器设计为一体。

4）轮速传感器：与 ABS（ASR）共用，在汽车上检测轮速信号，最常用的传感器是电磁感应式传感器，一般是将传感器安装在车轮总成的非旋转部分（如转向节或轴头）上，与随车轮一起转动的导磁材料制成的齿圈相对。当齿圈相对传感器转动时，由于磁阻的变化，在传感器上激励出交变电压信号，这种交变电压的频率与车轮转速成正比，ECU 采用专门的信号处理电路将传感器信号转换为同频率的方波，再通过测量方波的频率或周期来计算车轮转速。

5）制动压力传感器安装位置：在主缸上，为最大限度地保证安全，有些系统采用了两个传感器（双重保障功能）：计算制动力和控制预压力。一般最大测量值：170bar（$1\text{bar}=10^5\text{Pa}$），最大能量消耗：一般为 0.05W。

6）TCS/ESP 开关如图 3-8 所示，安装位置在仪表盘上。按此开关可关闭 TCS/ESP 功能，并由仪表上的警告灯指示出来，再次按压此开关可重新激活 TCS/ESP 功能。如果驾驶人忘记重新激活 TCS/ESP，再次起动发动机后系统可被重新激活。

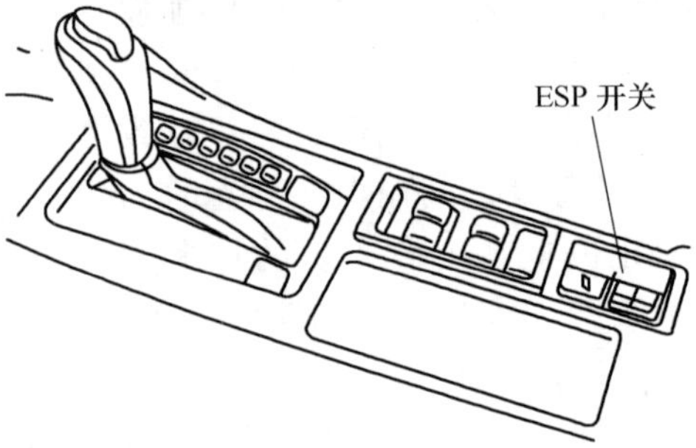

图 3-8 ESP 开关

下列情况下，有必要关闭 ESP：

1）在积雪路面或松软路面上，让车轮自由转动，前后移动车辆。

2）安装了防滑链的车辆。

3）在测功机上检测车辆。

ESP 正在介入时，系统将无法被关闭；TCS/ESP 开关失效，ESP 将不起作用。

3.2.2 汽车行驶稳定电子控制系统执行元件的结构及工作原理

ESP 最主要的作用是在紧急情况下，与 ABS 和 ASR 共同工作，帮助驾驶人保持对车辆的控制，在车辆和地面间还有附着力的前提下，通过对驾驶人的动作和路面等实际情况的判断，对车辆的行驶状态进行及时干预，从而避免重大意外事故。装了 ESP 的汽车，不再盲目服从驾驶人，它能纠正驾驶人的过度转向和不足转向。ABS 和 ASR 只能被动地作出反应，而 ESP 则能够探测和分析车况并纠正驾驶的错误，防患于未然。ESP 的执行元件与 ABS 和 ASR 是不可分割的。ESP 液压单元如图 3-9 所示。

带液压泵的 ESP 液压单元的制动管路连接如图 3-10 所示。

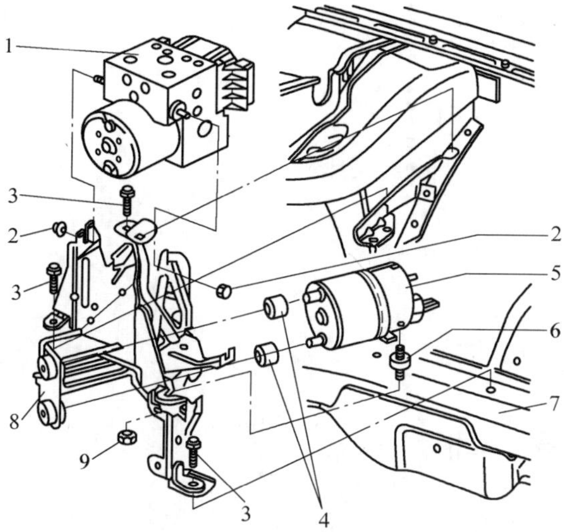

图 3-9　ESP 液压单元分解图

1—ESP 液压控制单元　2—六角螺母（12N · m）　3—组合螺栓（9N · m，3 个）　4—缓冲块（2 个）　5—ESP 液压泵 V156（带有制动压力开关）　6—缓冲块（2 N · m）　7—车身　8—六角螺母（9N · m）　9—支架

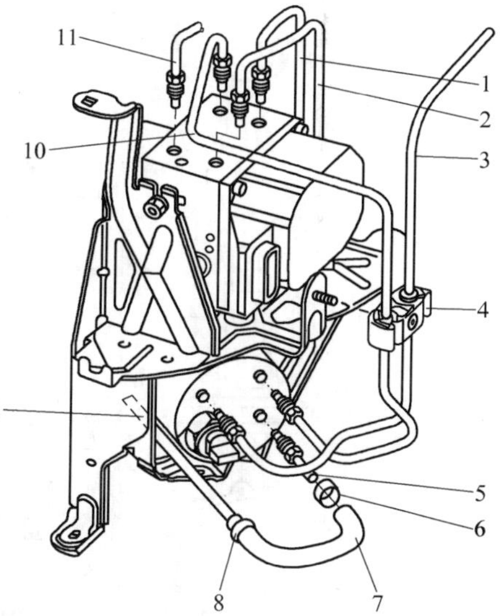

图 3-10　带液压泵的 ESP 液压单元制动管路连接

1—左前制动管　2—右前制动管　3—制动管（接制动总泵/压杆活塞油路的预加压泵）　4—支架　5—连接管　6、8—软管卡箍　7—软管　9—吸入管　10—制动管（接预加压泵）　11—制动管（接制动总泵—浮动活塞管路）

液压调节器总成内部液压回路如图 3-11 所示。

ESP 执行元件的具体控制过程：为了能独立控制各车轮的制动回路，采用 4 通道回路结构，每个车轮的液压制动回路都是隔离的，这样当某个制动回路出现泄漏时仍能继续制动。液压调节器总成根据电子控制单元（ECU）发送的控制信号调节制动液压力。液压调节器总成包括回程泵、电动机、蓄能器、进液阀、出液阀、隔离阀和后起动阀等部件。在 ABS-TCS/ESP 减压阶段，两个回程泵从蓄能器和制动钳抽取过量的制动液，然后通过液压调节器将制动液返回到制动总泵以减小制动液压力。另外，回程泵还可以在制动干预阶段向制动钳施加制动液压力。电动机（M）用于驱动回程泵。蓄能器在 ABS-TCS/ESP 减压阶段储存过量的制动液，从而使液压调节器能够即时减小制动液压力。进液阀是常开阀，在常态位置时，各进液阀使制动液压力施加到制动钳上，当阀动作时，各进液阀将制动钳与制动总泵隔离开来。出液阀是常闭阀，在常态位置时，各出液阀将制动钳与蓄能器及回程泵隔离开来，当阀动作时，各出液阀将过量的制动液直接引至蓄能器和回程泵，从而使压力减小。隔离阀动作时，将后制动回路与制动总泵隔离开来，从而防止了制动液在牵引力控制系统工作期间回流至制动总泵。后起动阀用于在牵引力控制系统工作期间使制动液从制动总泵流至液压泵中。

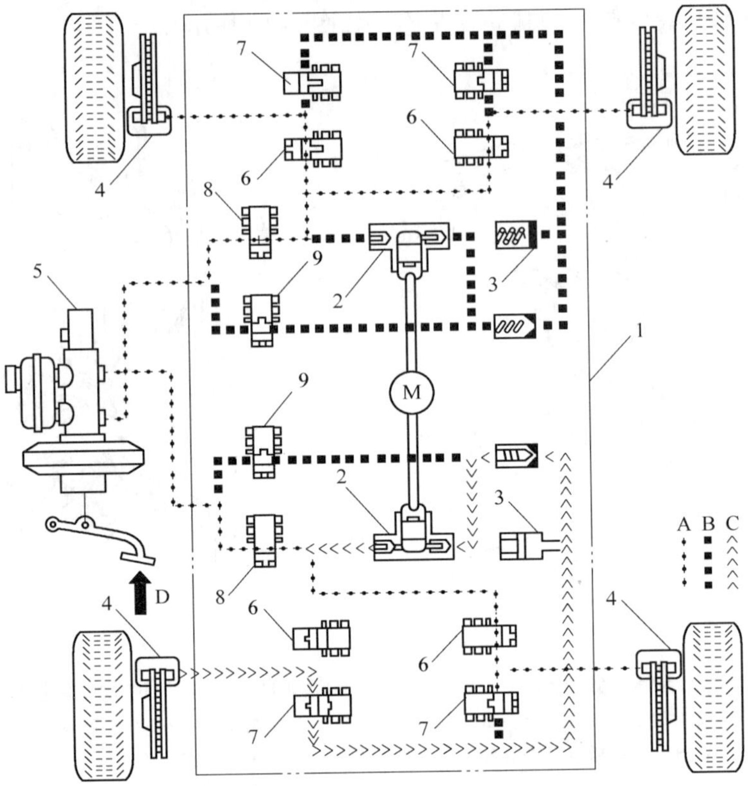

图 3-11 液压调节器总成内部液压回路

1—液压调节器总成 2—回程泵 3—蓄能器 4—制动钳 5—制动总泵 6—进液阀 7—出液阀 8—隔离电磁阀 9—起动电磁阀 A—常规的制动液压力流 B—停止的制动液压力流 C—泵产生的制动液压力流 D—制动踏板踩下 M—电动机

3.2.3 汽车行驶稳定电子控制系统电控单元的工作原理及工作流程

电子控制单元是 ABS-TCS/ESP 系统的控制中心，它与液压调节器集成在一起组成一个总成，如图 3-12 所示。电子控制单元持续监测并判断的输入信号有：蓄电池电压、车轮速度、转向盘转角、横向偏摆率以及点火开关接通、停车灯开关、串行数据通信电路等信号。根据所接收的输入信号，电子控制单元将向液压调节器、发动机控制模块、组合仪表和串行数据通信电路等发送输出控制信号。当点火开关接通时，电子控制单元会不断进行自检，以检测并查明 ABS-TCS/ESP 系统的故障。此外，电子控制单元还在每个点火循环都执行自检初始化程序。当车速达到约 15km/h 时，初始化程序即启动。在执行初始化程序时，可能会听到或感觉到程序正在运行，这属于系统的正常操作。在执行初始化程序的过程中，电子控制单元将向液压调节器发送一个控制信号，循环操作各个电磁阀并运行泵电动机，以检查各部件是否正常工作。如果泵或任何电磁阀不能正常工作，电子控制单元会设置一个故障码。当车速超过 15km/h 时，电子控制单元会将输入和输出逻辑序列信号与电子控制单元中所存储的正常工作参数进行比较，以此来不断监测 ABS-TCS/ESP 系统。如果有任何输入或输出信号超出正常工作参数范围，则电子控制单元将设置故障码。

电子控制单元是 ABS-TCS/ESP 系统的控制流程。

（1）控制驱动力，防止车轮打滑　ESP 能够避免车辆的起步打滑，系统对制动、发动机管理和变速换档控制及时干预，让汽车在起动时保持合适的转矩，而整个过程 ESP 利用微处理器分析来自传感器的信号并输出相应的控制指令。

（2）控制转向过度或不足　在转向过程中，如果驾驶人对车辆的操作过于激烈，会使车辆不能按照自己的轨迹行驶，后驱汽车常出现转向过度情况，此时后轮失控而甩尾。当电子控制单元检测到车辆转向过度时，向液压调节器发送一个信号，关闭前和后隔离阀，以将制动液回路与总泵隔离开来，防止制动液返回总泵；打开前和后起动阀，使制动液从制动总泵进入液压泵中；关闭左前和左后进液阀，以隔离左轮液压回路，从而使液压调节器只向右轮提供制动液压力；运行液压调节器泵，将合适的制动液压力施加到右轮制动钳上，以使车辆朝驾驶人想要的方向转向。

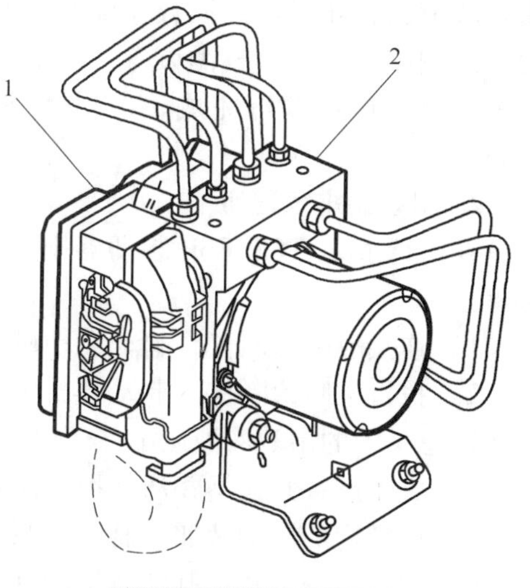

图 3-12　TCS/ESP 总成

1—电子控制单元（ECU）

2—液压调节器总成

当电子控制单元检测到车辆转向不足时，电子控制单元将向液压调节器发送信号，关闭前和后隔离阀，以使后轮制动回路与总泵隔离开来，防止制动液返回总泵；打开前和后起动阀，使制动液从制动总泵进入液压泵中；关闭右前和右后进液阀，以隔离右轮液压回路，从而使液压调节器只向左轮提供制动液压力；运行液压调节器泵，将合适的制动液压力施加到左轮制动钳上，以使车辆朝驾驶人想要的方向转向。

（3）控制方向，减少对开路面制动距离　对开路面，指的是汽车的左右轮分别位于不同附着系数的路面上，如一半是干燥路面，而另一半是积水甚至是积雪路面。在这种路面上制动时，制动系统在对附着力较低的路面上的车轮施加制动力时，为了防止车轮的抱死滑动，制动系统不能够对车轮施加与干燥路面上的车轮同样大的制动力。原因是如果没有反方向控制车身，不对称的制动力会使车辆受到一个水平方向的转矩，在路面旋转打滑，ESP 系统察觉到后，系统会给电动机一个必要的转向角度命令。这时，驾驶人能够感觉到转向盘的变化，并随之继续控制转向盘，反向旋转。在这样的作用下，制动力能够发挥地面附着力的最大值，并把制动距离缩短 5% ~10%。如果在 ESP 模式下进行人工制动，则退出 ESP 制动干预模式并允许常规制动。

3.3　汽车行驶稳定电子控制系统诊断与检修

3.3.1　汽车行驶稳定电子控制系统诊断与检修方法

1. 自诊断

电子控制系统出现故障后，控制单元可记忆相应的故障码。用故障诊断仪可以读取、清除故障码，还可以阅读数据流并进行液压控制单元电磁阀测试、电子稳定控制系统液压回路测试和系统排气测试等。因故障诊断仪为菜单提示操作，这些功能按故障诊断仪屏幕的提示操作即可完成。在对 ABS-TCS/ESP 进行检修之前，应先排除常规制动系统故障。

2. 制动器排气程序

在执行 ABS/TCS/ESP 制动器排气程序之前，必须完成常规的制动系统排气程序。具体步骤是：

1）连接故障诊断仪，起动发动机并怠速运行。

2）执行故障诊断仪“制动器排气程序”中所列的指示，注意：在执行该程序期间，确保制动总泵中的制动液液位不低于最低液位。

3）关闭点火开关，并从数据链路插接器（DLC）上断开故障诊断仪。

4）用规定的制动液加注制动总泵储液罐至最高液位。

5）执行另一个常规制动系统制动器排气操作。

6）关闭点火开关，踩下制动踏板 3～5 次，以耗尽制动助力器的真空储备压力。

7）缓慢踩下制动踏板，如果感觉制动踏板很软，重复 ABS-TCS/ESP 制动器排气操作。

8）重复 ABS/TCS/ESP 排气操作后，如果仍然感觉制动踏板很软，检查制动系统是否存在外部或内部泄漏。

9）保持发动机熄火并且不使用驻车制动器，然后接通点火开关，如果驻车制动器/制动器故障指示灯保持点亮，先诊断并排除故障。

10）路试车辆，执行 ABS/TCS/ESP 自检初始化程序，如果感觉制动踏板绵软，重复 ABS-TCS/ESP 制动器排气操作，直到制动踏板感觉坚实。

11）检查 ABS/TCS/ESP 系统的操作。

3. ESP 液压泵的拆装

ESP 液压泵安装在发动机室左侧的液压控制单元的下方，如图 3-13 所示。ESP 液压泵的拆卸步骤如下：

1）查取防盗收录机编码，关闭点火开关，断开蓄电池。

2）举升起汽车，拆下左前轮，再拆下左前轮衬板。

3）如图 3-14 所示，断开插头（箭头所示）。

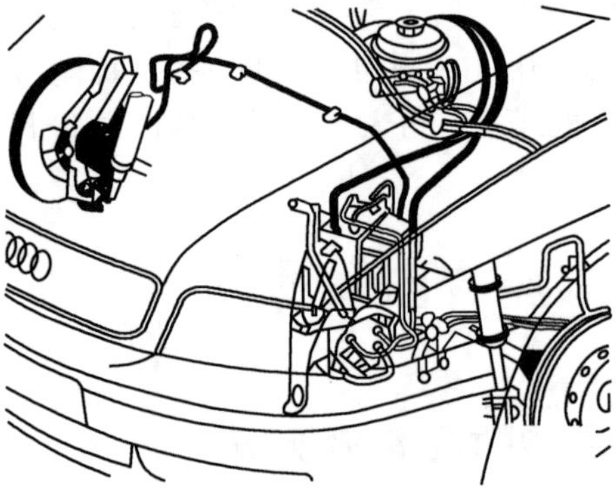

图 3-13 ESP 液压泵安装位置

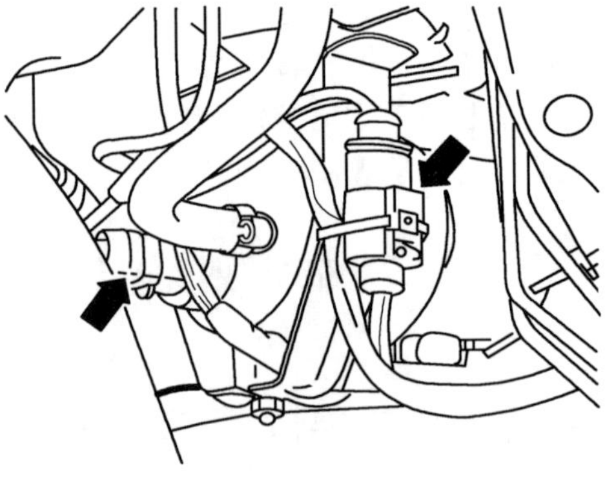

图 3-14 断开插头

4）拆下液压油罐护板。松开支架上电缆固定条，如图 3-15 所示。

5）如图 3-16 所示，松开箭头所示的螺栓，将膨胀罐转向一旁。螺栓的拧紧力矩为6N·m。

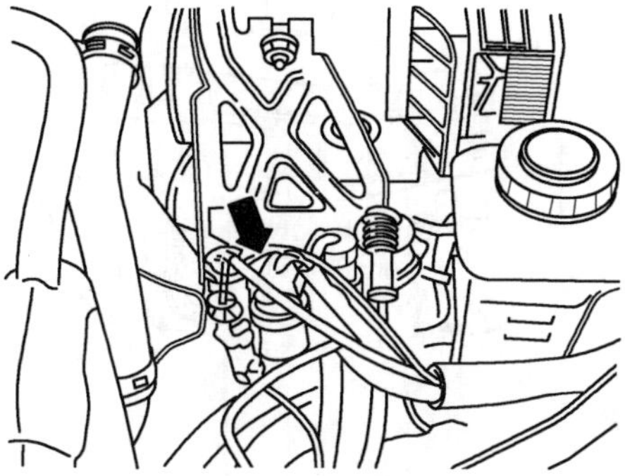

图 3-15　松开支架上的电缆固定条

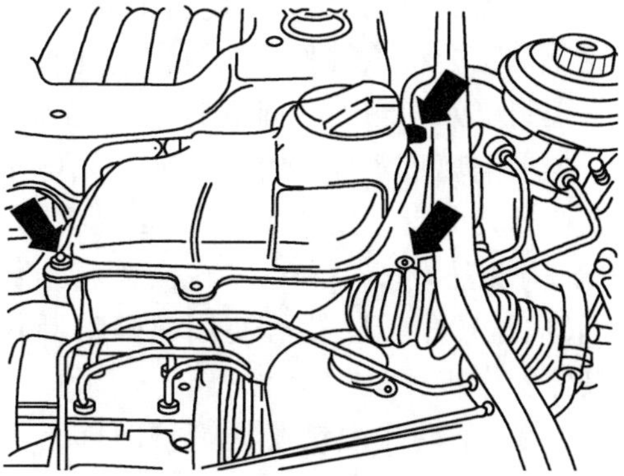

图 3-16　拆卸膨胀罐螺栓

6）如图 3-17 所示，松开液压油罐螺栓，将其转向一旁。液压油罐螺栓的拧紧力矩为 10N·m，安装时要注意橡胶套。溢出的制动液不能再使用。

7）如图 3-18 所示，松开并取下软管的卡箍，拧下制动管。用修理包 1H0698 311A 中的堵塞封住制动管和螺纹孔。

8）从支架上松开制动管，拧下六角螺母（图 3-18）。

9）拧下 3 个支架紧固六角螺栓，将支架连同液压单元和液压泵向上抬约 30mm，从发动机室中取出。

ESP 液压泵的安装与拆卸的顺序相反，但安装时注意相应的制动管接好后，才可去掉液压控制单元上的堵塞，否则会溢出制动液，随后要给带 ESP 的制动系统排气。

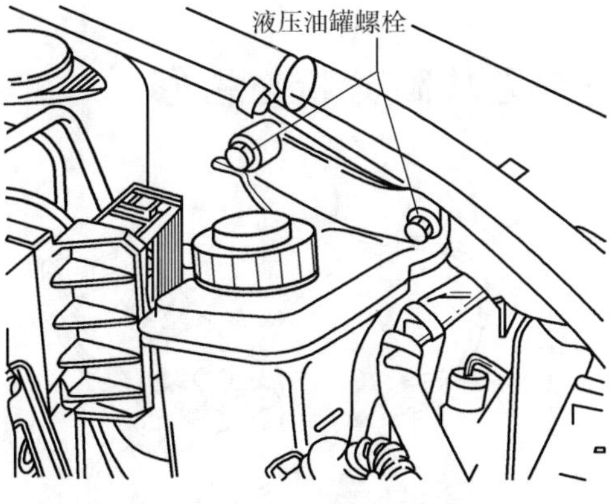

图 3-17　拆卸液压油罐螺栓

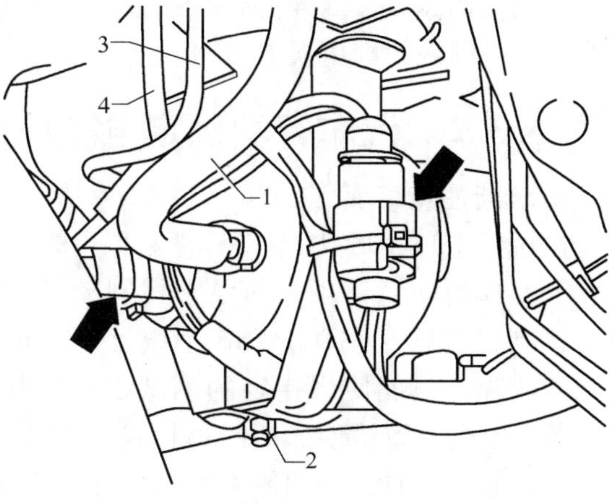

图 3-18　拆卸制动管

1—软管　2—六角螺母　3、4—制动管

4. 电子控制单元和液压总成的维修

电子控制单元和液压总成集成为一体，如图 3-19 所示，在保修期内，不要拆解电子控制单元和液压总成。

5. 转向盘转角传感器的校准

电子控制单元监测并判断转向盘转角传感器的输出信号，当车辆沿直线行驶了15min或以上时，电子控制单元会将该行驶方向设定为正前方向。如果电子控制单元检测到转向盘转角传感器偏离正前方向，如果偏离度等于或小于15°，则电子控制单元自动执行转向盘转角传感器校准；如果偏离度大于15°，则设置DTC C0460“转向盘转角传感器故障”。转向盘转角传感器可使用故障诊断仪重新校准，具体操作步骤是：

1）路试车辆并记录车辆笔直向前行驶时的转向盘位置。

2）将故障诊断仪连接到车辆上，并执行“故障诊断仪转向盘转角传感器校准程序”中的指示。

3）检查ABS-TCS/ESP系统的操作。

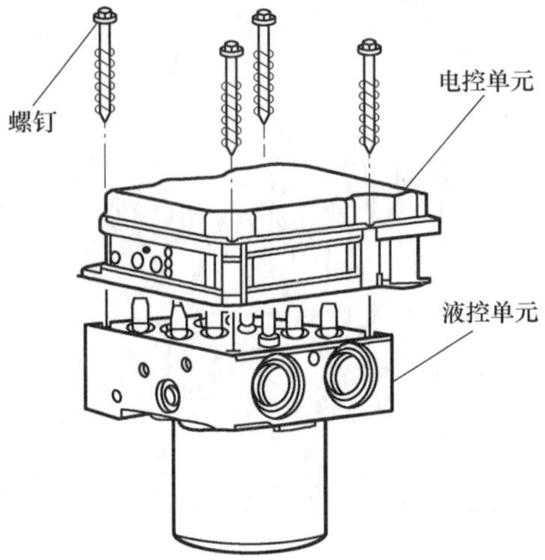

图3-19　电子控制单元和液压总成

6. 轮速传感器的检查

轮速传感器大部分为电磁式传感器，传感器气隙不可调。检查轮速传感器时，可用万用表测量传感器阻值，也可用示波器测量传感器的输出波形。温度在20℃时，传感器的电阻正常值为1.3～1.8kΩ。

7. ESP开关的检查

ESP开关的端子视图及检查方法如图3-20所示，可使用万用表测量ESP开关端子间的电阻，以判断其好坏。ESP开关处于常态位置时，端子3-4间应导通，端子3-5间开路。按下ESP开关时，端子3-4开路，端子3-5导通。端子2-6之间是照明灯电阻，如果测量结果不在规定范围内，则更换ESP开关。

3.3.2　汽车行驶稳定电子控制系统常见故障分析与检修

1. 诊断注意事项

在执行任何ABS-TCS/ESP诊断程序时，必须遵守下列诊断注意事项。如果常规制动系统存在故障，则在进行ABSTCS/ESP系统诊断之前应先排除该故障。只能使用指定的测试设备，其他测试设备可能会导致错误诊断或损坏良好的零部件。在检查任何系统时，必须用木块挡住车辆驱动轮，并且拉紧驻车制动器。除非另有指示，否则不要清除任何故障码。使用故障码诊断表时，必须再现故障，否则，可能出现误诊断或误更换良好的零部件。务必使用插接器测试转接接头组件中的插接器转接接头，以免损坏插接器端子。必须仔

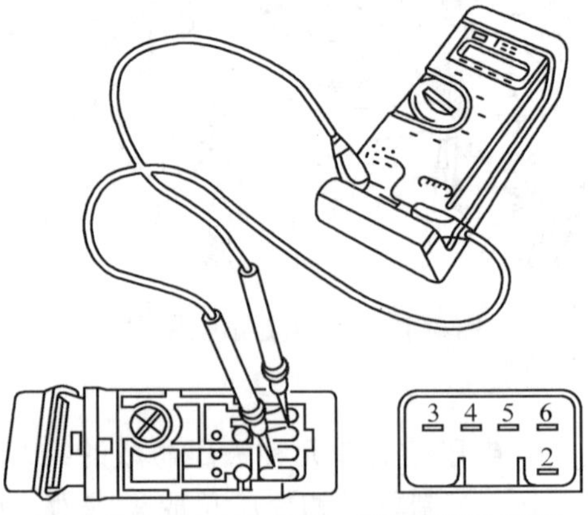

图3-20　ESP开关端子视图及检查方法

细检查线路和插接器，这是诊断程序的一部分，否则可能会发生误诊断。检查导致报修的可疑电路或插接器端子是否有以下情况：插接器端子脱出；线束插接器配合不良；线束插接器锁扣断裂；插接器端子损坏以及线束损坏。在更换部件之前，请检查其插接器端子是否有可能导致故障条件的腐蚀或变形。如果使用故障诊断仪进行诊断，请在进行路试之前将其从数据传输插接器（DLC）上断开并且关闭点火开关至少 10s。由于在多数故障诊断仪诊断程序期间，ABS-TCS/ESP 控制模块被禁用，所以需要复位 ABS-TCS/ESP 控制模块。在完成所要求的诊断和维修操作后，路试车辆，确保 ABS/TCS 系统工作正常。

2. 初步检查

初步检查是指对可能导致 ABS-TCS/ESP 系统故障的易于接触的部件进行检查。目视检查和外观检查程序能快速确定故障，而无需再做进一步的诊断，获取有关故障条件的信息；确保车辆上只安装推荐尺寸的轮胎和车轮；检查液压调节器是否有外部泄漏；检查 ABS-TCS/ESP 熔丝；检查 ABS-TCS/ESP 警告灯熔丝和停车指示灯熔丝；确保蓄电池充满电；检查蓄电池连接处是否腐蚀或端子松动。

对下列电子控制单元系统执行目视检查和外观检查：

ABS-TCS/ESP 部件线束和端子是否正确连接、是否被夹伤或割伤；线束布线是否十分靠近高电压或大电流装置，比如次级点火部件、电动机、发电机和售后加装的立体声放大器（千万注意：高电压或大电流装置可能会使电路产生感应噪声，从而干扰电路的正常工作）；ABS-TCS/ESP 系统相关部件的插接器连接不良或端子没有完全插入插接器壳体中；ABS-TCS/ESP 部件对电磁干扰（EMI）很敏感，如果怀疑有间歇性故障，检查售后加装的防盗装置、灯或移动电话安装是否正确。

3. 间歇性故障诊断

从客户那里收集关于引发间歇性故障的信息，比如：在多少车速范围内故障出现？当使用车辆内部售后加装的电气设备时，故障是否出现？在崎岖的道路或湿滑路面状况下故障是否出现？如果车轮速度传感器故障仅在湿滑路况下出现，则检查车轮速度传感器电路是否有进水迹象。如果故障码不出现，执行下列操作，模拟湿滑路面效果：将两茶匙盐与 35mL 水混合；将盐水喷洒到可疑部位；在各种路面条件下路试车辆；将车辆加速到 40km/h 以上至少 30s；如果可疑的车轮速度传感器设置了当前故障码，参见相应故障码的诊断表。

用故障诊断仪对间歇性故障的诊断测试：

拨弄可疑的 ABS-TCS/ESP 部件线束和插接器，同时在故障诊断仪上观察所测电路的工作参数。如果在该操作下故障诊断仪读数出现波动，则检查线路是否连接松动。在引发间歇性故障的条件下路试车辆，同时让助手在故障诊断仪上观察可疑的工作参数。当故障出现时，用快照模式捕获并存储数据。存储的数据可以较低的速度播放，以帮助诊断。参见故障诊断仪“用户指南”，获取有关快照功能的更多信息。使用故障诊断仪输出控制数据功能操作可疑的 ABS-TCS/ESP 部件，以测试这些部件的操作。

4. 警告指示灯检查

下列情况可能会导致警告指示灯间歇性故障，而没有故障码：由故障继电器引起的电磁干扰（EMI）；售后加装的电气设备安装不正确，比如：移动电话、防盗警报装置、灯、无线电设备、立体声放大器、警告指示灯电路间歇性对地短路、电子控制单元搭铁点松动。

5. 蓄电池电压超出范围故障诊断

蓄电池电压超出范围会导致ABS-TCS/ESP系统工作异常；电子控制单元监视提供至电子控制单元的蓄电池供电电压。如果提供至电子控制单元的电压超出规定范围，会出现如下故障：提供至电子控制单元的蓄电池电压过低会导致ABS-TCS/ESP系统工作异常；提供至电子控制单元的蓄电池电压过高会导致ABS-TCS/ESP部件损坏。当车速超过6km/h时，如果电子控制单元的蓄电池供电电压符合如下某一条件，就设置故障码：如果电子控制单元的蓄电池供电电压低于9.4V并且ABS-TCS/ESP系统未激活；如果电子控制单元的蓄电池供电电压低于8.8V并且ABS-TCS/ESP系统激活；如果电子控制单元的蓄电池供电电压超过17.4V（无论ABS-TCS/ESP模式处于何种状态）。获取有关设置故障码时电子控制单元发生的操作信息以及获取有关间歇性故障的信息后，必须对蓄电池和充电系统进行彻底检查。如果共用电路出现电气故障，则会引发共用该故障电路的部件或传感器的故障码。测试相应的传感器或部件的电路，以便查明故障。确认蓄电池或充电系统是否存在故障，测试充电系统和蓄电池。

6. 案例分析

1）故障现象：一辆装备ESP系统的帕萨特V6 2.8L乘用车行驶里程为53000km左右。当车辆在市区频繁踩制动踏板行驶一段时间后，ABS警告灯与ESP警告灯同时报警。

2）检修过程：首先用电脑检查ABS系统，故障码显示为制动压力传感器故障。据车主反映，一个月前曾在地区级维修站更换了制动压力传感器后还存在上述故障，接着又更换ABS泵、制动灯开关，当时试车正常，但行驶大约10min后ABS与ESP警告灯又报警。接车后，首先对该车进行电脑检测，故障码还是显示为制动压力传感器故障。清除故障码后试车，的确如同车主描述一样，车速保持在30～40km/h，多次踩制动踏板后出现上述故障。再次用电脑查询，故障码仍然是显示为制动压力传感器故障，证明此故障确实存在，不是偶发性的，但该传感器以及ABS泵总成都更换了，为什么还是此故障呢？是不是线路出现问题呢？查找线路图后，对制动压力传感器线路进行测量。拔下制动压力传感器插头，打开点火开关测量1号与3号脚的供电电压在4.2V左右；测量2号脚（信号线），根据制动力大小，其电压也随着变化，证明压力传感器是正常的；再次测量线路制动压力传感器至电脑的插脚通断情况，与正极、负极是否短路，也都正常。这下就开始有些迷惑了。压力传感器已经更换多次，但没有排除故障。制动压力传感器的作用是将制动回路内的当前压力信息发送给控制单元，控制单元由此计算出车轮制动力及作用于车辆上的纵向力，如果需要ESP进行干预，控制单元便会利用此数值计算侧向力。没有当前制动压力值时，系统无法正确计算出侧向力的大小，ESP功能失灵。从上述分析来看，制动压力传感器产生的是一个制动力反馈信号，而且导线测量是正常的，又没有显示线路故障码，因此肯定是一个由其他零件引起的故障。为什么在行驶过程中频繁踩制动踏板会导致故障的出现呢？怀疑是制动灯开关损坏，但制动灯开关也更换过。接下来只有进行制动灯开关检查，最直接的方法是踩制动踏板，看制动灯工作是否正常。但这种方法只能检查制动灯开关和制动踏板开关是否正常。因此，还应检测制动灯开关的外围电路。打开点火开关，拔下ABS插头，测量ABS泵37号脚时发现轻踩制动踏板还有电压，将制动踏板使劲踩到底时才没有电压。由此证明制动灯开关位置没有调整好，所以会产生ESP系统没有接收到驾驶人操作信号的情况。也就是说没有将驾驶人操纵制动踏板的信息及时反馈给控制单元。将制动灯开关拆下，把制动灯开关顶端拉出，制动踏板不能动，直接安装制动灯开关（旋转60°左右），再次测量，一切符合要求，装复ABS泵插头，进行匹配（注：因带有ESP系统的插头拔下，打开点火开关，ABS泵的编码将变为00000）。连接电脑，打开点火开关，进入ABS系统，在进行设定前车辆转向盘必须在直线，匹配成功后，会显示OK字样，装复后进行试车，故障没有出现，问题排除。

3）故障总结分析：许多故障只需一个小小的调整，就使系统的故障得以排除。在检修汽车电子系统的过程中，只有真正掌握系统的原理后，明白每个零部件的作用，并熟练掌握其测量方法，才能快速查找故障原因，否则会多走弯路甚至无法修复。

练习与思考题

一、填空题

1. ESP系统的主要传感器有__________、__________、__________、__________和TCS/ESP开关等。

2. ESP（电控行驶平稳系统，英文全称Electronic Stability Program）包含__________及__________，是在这两种系统功能上的延伸。

3. ESP电子稳定程序的横向移动能够有效避免车辆__________。

4. 转向盘转角传感器安装在__________上，__________与转向盘之间。

5. 电子控制单元持续监测并判断的输入信号有：__________、__________、__________、横向偏摆率以及点火开关接通、__________、串行数据通信电路等信号。

二、问答题

1. ESP系统的主要功用是什么？
2. ESP系统在什么样的情况下有必要关闭？
3. ESP系统由哪些零部件组成？
4. ESP系统与ABS/ASR系统有何区别和联系？

第4章 汽车转向电子控制系统原理与检修

基本思路：

对EPS/EHPS的学习，传感器前面大部分已学到，只增加了转矩传感器；但执行元件EPS和EHPS各有不同，EPS主要有：电动机、离合器和减速机构等，EHPS主要有：液压泵、电动机、电磁阀、分流阀和转向控制阀等，在学习时对其种类、形状、结构、作用、安装位置要加以区分，在拆装时要按部就班并注意配合关系。对本章的学习，EPS执行目的要以力的传递路线进行分析，EPS执行过程要以电的流动路线进行分析；EHPS工作目的要以力的传递路线进行分析，工作过程要以电的流动路线来控制动力转向传动液的流动路线进行分析，这样把复杂问题简单化、抽象问题具体化后，能更加系统连贯地把握住要点。

4.1 汽车转向电子控制系统概述

随着电子技术的迅速发展，电子技术在汽车上的应用范围不断扩大。汽车转向系统已从简单的纯机械式转向系统、液压动力转向系统（Hydraulic Power Steering，简称HPS）、电控液压助力转向系统（Electric Hydraulic Power Steering，简称EHPS）发展到如今的更为节能及操纵性能更为优越的电动助力转向系统（Electrical Power Steering，简称EPS）。

4.1.1 汽车转向电子控制系统的基本组成

电动助力转向系统是在传统机械转向机构的基础上发展起来的。系统通常由转矩传感器、车速传感器、电子控制器、电动机、电磁离合器和减速机构等组成。汽车电子控制动力转向系统的组成如图4-1所示，该系统各部件在车上的布置如图4-2所示。直接助力式电动转向系统的类型如图4-3所示。

电子控制液力式动力转向系统简称为 EHPAS（Electro-Hydraulic Power Assist Steering），主要由转向控制阀、电磁阀、分流阀、转向动力缸、转向油泵、储油罐、车速传感器和电子控制单元组成，如图4-4所示。

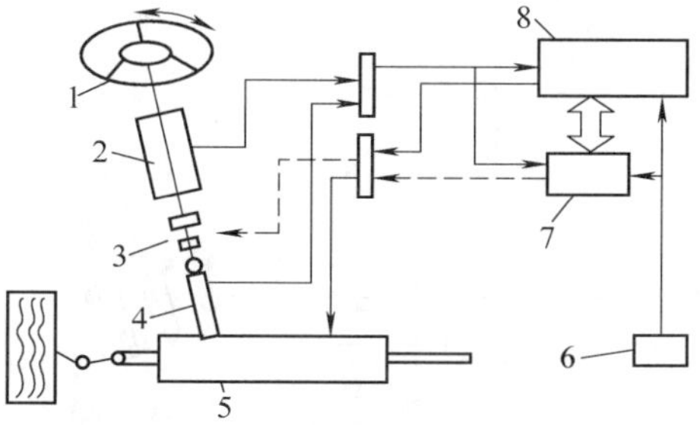

图4-1　电子控制动力转向系统

1—转向盘　2—转角传感器、转矩传感器及回正力矩电动机　3—故障离合器　4—小齿轮转角传感器　5—主电动机　6—偏航角速度传感器和车速传感器　7—故障处理控制器　8—主控制单元

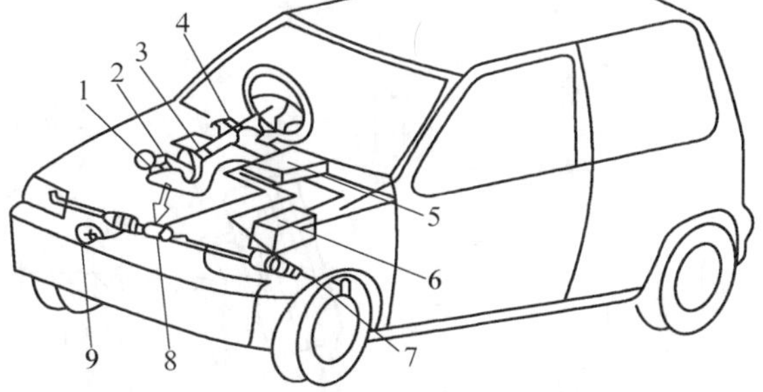

图4-2　电子控制动力转向系统部件在车上布置

1—电动机和离合器　2—减速机构　3—转矩传感器　4—车速传感器　5—电子控制器　6—蓄电池　7—发动机转速传感器　8—转向机构　9—发电机

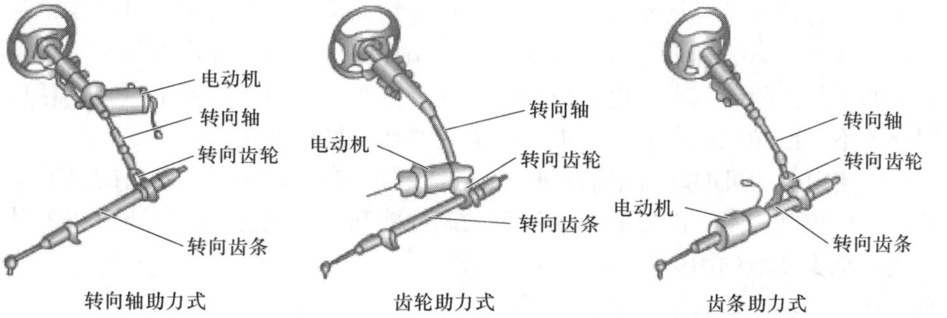

图4-3　直接助力式电动转向系统的类型

4.1.2　汽车转向电子控制系统的基本功能

由于助力转向系统具有转向轻便和响应性好等优点，已经在汽车上广泛使用。但是，固定助力效果的助力转向系统具有明显的缺点，虽然这种转向系统的助力效果在车速较低时能够起到很好的作用，但是当车速不断升高时，固定的助力效果会使转向盘过于灵敏，不利于驾驶人对方向进行控制。基于这种原因，设计人员通过电子控制技术在助力转向系统上增加了车速感应式转向功能，以实现车辆低速行驶时助力力矩大和高速行驶时助力力矩小的效果，这就出现了电子控制助力转向系统。在此需要说明的是，有些车型配置的助力转向系统不是通过感应车速来改变助力力矩的大小，而是通过感应发动机转速来改变助力力矩的大小，但是这种助力转向系统应用得比较少。随着人们对车辆舒适性和安全性要求的不断提高，目前的电动助力转向系统已经不仅仅具有车速感应式转向功能，有些车型还具有“一般转向模式”和“运动转向模式”，并可以在两种转向模式之间自由切换。

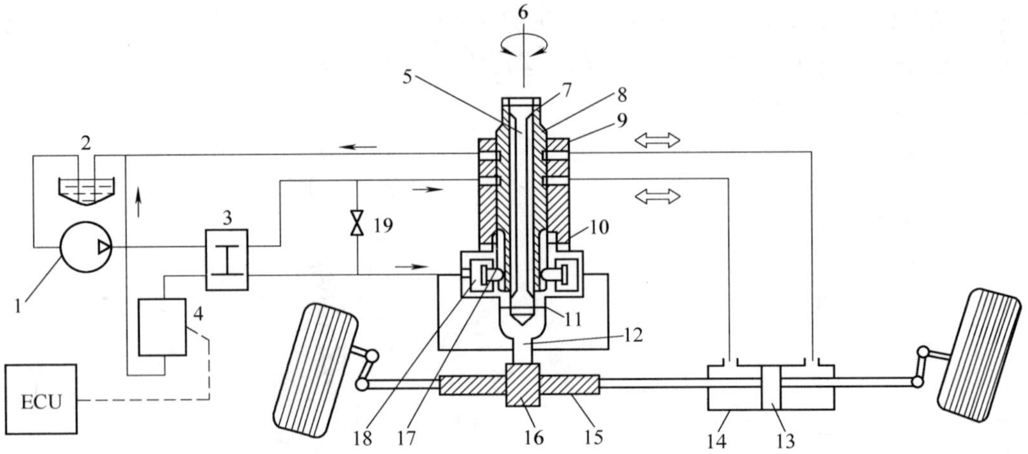

图 4-4　电子控制液力式助力转向系统

1—转向油泵　2—储油罐　3—分流阀　4—电磁阀　5—扭力杆　6—转向盘　7、10、11—销　8—转向阀杆　9—控制阀阀体　12—小齿轮轴　13—活塞　14—转向动力缸　15—齿条　16—小齿轮　17—柱塞　18—油泵反力室　19—阻尼孔

目前大多数商用汽车以及约 50% 的轿车都采用助力转向，微型轿车也开始安装助力转向装置。液压助力转向系统从发明到现在已经有大约半个世纪的历史，可以说是一种较完善的系统。电控液压助力装置只是对液压助力装置添加电子装置，并没有从根本上解决液压助力装置存在的不足。随着汽车微电子技术的发展、汽车燃油节能的要求以及全球性的倡导环保，其固有的不足已越来越明显，不能完全满足时代发展的要求。

EPS 系统使用电动机的动力帮助驾驶人进行转向。该系统采用了最新的电力电子技术和高性能的电动机控制技术，能显著改善汽车动态性能和静态性能、提高行驶中驾驶人的舒适性和安全性、减少环境的污染等。

汽车电动助力转向器有如下优点：

1）效率高。液压助力转向系统为机械和液压连接，效率低，一般为 60% ~70%；而电动助力转向系统为机械与电动机连接，效率较高，可达 90% 以上。

2）能耗少。汽车在实际行驶过程中，处于转向状态的时间约占总行驶时间的 5%。对于液压助力转向系统，发动机运转时，液压泵始终处于工作状态，使汽车燃油消耗率增加 4% ~6%；而电动助力转向系统仅在需要转向时，才起动电动机，产生助力，不增加汽车燃油消耗。

3）“路感”好。由于电动助力转向系统内部采用刚性连接，系统的滞后特性可以通过软件加以控制，使汽车在各种速度下都能得到满意的转向助力。

4）对环境污染少。液压助力转向系统的液压回路中有液压软管和接头，存在油液泄漏问题，而且液压软管是不可回收的，对环境有一定污染；而电动助力转向系统对环境几乎没有污染。

5）可以独立于发动机工作。电动助力转向系统以电源为能源，只要电源电力充足，即可产生助力作用。

6）应用范围广。电动助力转向系统可适用于各种汽车，而且对于环保型的纯电动汽车，电动助力转向系统为其最佳选择。

7）装配性好、易于布置。因为电动助力转向系统零件数目少，整体外形尺寸比电控液压助力转向小，易于整车布置和装配。

4.1.3　汽车转向电子控制系统的分类

根据转向动力源不同，汽车转向电子控制系统可分为电子控制液力式动力转向系统和电子控制电动助力转向系统两种。

根据电动机驱动部位的不同，将电动助力转向系统分为三类：转向轴助力式、转向器小齿轮助力式和齿条助力式。转向轴助力式转向系统的转矩传感器、电动机、离合器和转向助力机构组成一体，安装在转向柱上。其特点是结构紧凑，所测取的转矩信号与控制直流电动机助力的响应性较好。这种类型一般在轿车上使用。小齿轮助力式转向系统的转矩传感器、电动机、离合器和转向助力机构仍为一体，只是整体安装在转向小齿轮处，直接给小齿轮助力，可获得较大的转向力，同时可使各部件布置更方便，但当转向盘与转向器之间装有万向传动装置时，转矩信号的取得与助力车轮部分不在同一直线上，其助力控制特性难以保证准确。齿条助力式转向系统的转矩传感器单独地安装在小齿轮处，电动机与转向助力机构一起安装在小齿轮另一端的齿条处，用以给齿条助力。该类型又根据减速传动机构的不同可分为两种：一种是电动机做成中空的，齿条从中穿过，电动机的动力经一对斜齿轮和螺杆螺母传动副以及与螺母制成一体的铰接块传给齿条。这种结构是第一代电动助力转向系统，由于电动机位于齿条壳体内，结构复杂，价格高，维修也困难。另一种是电动机与齿条的壳体相互独立。电动机的动力经另一小齿轮传给齿条，由于易于制造和维修，成本低，已取代了第一代产品。因为齿条由一个独立的齿轮驱动，可给系统较大的助力，主要用于重型汽车。

4.2　汽车转向电子控制系统主要零部件的结构及工作原理

4.2.1　汽车转向电子控制系统传感器的结构及工作原理

1. 转矩传感器

转矩传感器亦称转向传感器，其作用是通过测定转向盘与转向器之间的相对转矩，作为电动助力的依据之一。转矩传感器的基本工作原理：用磁性材料制成的定子和转子可以形成闭合的磁路，线圈 A、B、C、D 分别绕在极靴上，形成一个桥式回路。转向杆扭转变形的扭转角与转矩成正比，所以，只要测定转向杆的扭转角，就可间搭铁知道转向力的大小，如图 4-5 所示。

在线圈的 U、T 两端施加连续的脉冲电压信号 U_i，当转向杆上的转矩为零时，定子与转子的相对转角也为零。这时转子的纵向对称面处于定子 AC、BD 的对称平面上，每个极靴上的磁通量是相同的。电桥平衡，V、W 两端的电位差 U_o 为 0。如果转向杆上存在转矩时，定子与转子的相对转角不为零，此时转子与定子间产生角位移口。极靴 A、D 间的磁阻增加，B、C 间的磁阻减小，各个极靴的磁阻产生差别，电桥失去平

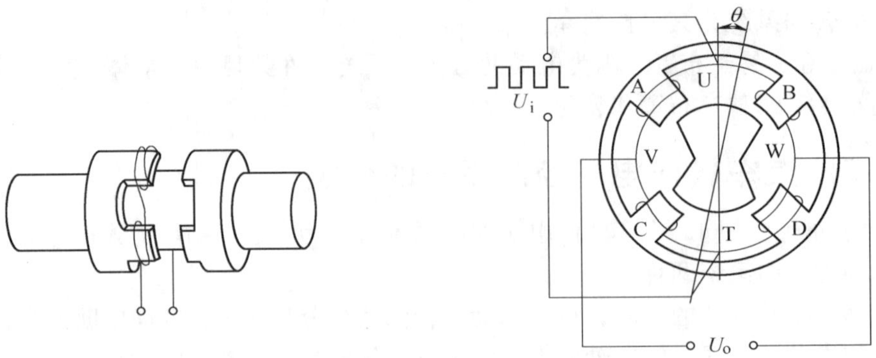

图4-5　转矩传感器

衡，在V、W两端产生电位差。这个电位差与转向杆的扭转角度成比例，从而可以知道转向杆的转矩。

2. 车速传感器

车速传感器与变速器共用。

3. 发动机转速传感器

发动机转速传感器与发动机共用，提供发动机转速信号。

4.2.2　汽车转向电子控制系统执行元件的结构及工作原理

1. 电子控制液力式动力转向系统的主要执行元件的结构及工作原理

（1）转向控制阀　如图4-6所示，其基本结构是在传统的整体式动力转向控制阀的基础上，在内部增加了一个油压反作用力室和四个小柱塞，四个小柱塞位于控制阀阀体下端的油压反力室内。输入轴部分有两个小凸起顶在柱塞上。在油压反作用力室受到高压作用时，柱塞将推动控制阀阀杆。此时，扭杆即使受到转矩作用，由于柱塞推力的影响，也会抑制控制阀阀杆与阀体的相对回转。

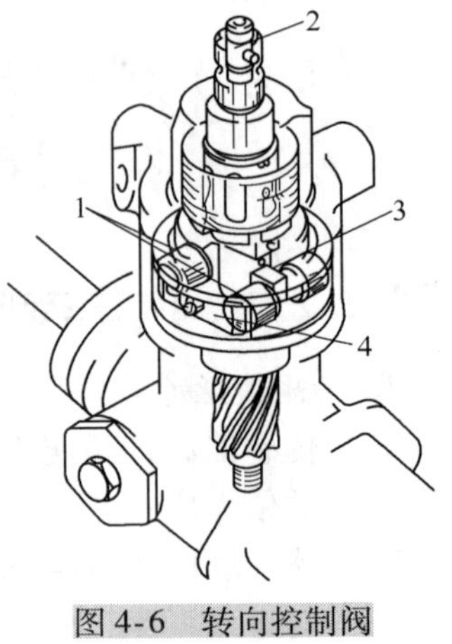

图4-6　转向控制阀

1—柱塞　2—扭杆

3—凸起　4—油压反力室

（2）分流阀　分流阀的作用是将来自转向油泵输出的液压油向控制阀一侧和电磁阀一侧分流，按照车速和转向要求，改变控制阀一侧与电磁阀一侧的油压，确保电磁阀一侧具有稳定的油液流量。阻尼孔的作用是把供给转向控制阀的一部分流量分配到油压反作用力室一侧。

（3）电磁阀　电磁阀由滑阀、电磁线圈和油路通道等构成。电磁阀油路的阻尼面积，可随电磁线圈通电电流占空比（通断比）变化。车速低时，通电电流大，滑阀被吸引，油路的阻尼增大，流向油箱的回流量增加。随着车速的升高，电流减小，油液回流量也减少。

（4）电动机　通常采用免维护无电刷式电动机。这种电动机利用电子方式实现整流，而且没有电刷的磨损，因此具有很好的可靠性和较长的使用寿命。当不需要提供转向助力时，电动机在很小的电流驱动下转动，这样当需要较大的转向助力时，电动机就可以立即提高转速以提供所需要的助力。

（5）液压泵　采用齿轮式液压泵或叶片式液压泵。液压泵体内布置有共鸣室和限压阀，共鸣室的作用是降低液压泵的工作噪声，限压阀可以将液压控制在规定的范围内。当电动机转动时，带动机械液压泵驱动液压油流动。在更换液压油或更换助力转向系统部件导致空气进入液压管路时，电控液压助力转向系统需要执行排气程序，否则会导致转向时产生噪声或振动。

2. 电子控制电动式动力转向系统的主要执行元件的结构及工作原理

（1）电动机　转向助力电动机就是一般的永磁电动机，如图 4-7 所示，电动机的输出转矩控制是通过控制其输入电流来实现的，而电动机的正转和反转则由电子控制单元（ECU）输出的正反转触发脉冲控制。图 4-8 所示是一种比较简单实用的正反转控制电路。a_1、a_2 为触发信号端。从电子控制器得到的直流信号输入到 a_1、a_2 端，用以触发电机产生正反转。当 a_1 端得到输入信号时，晶体管 VT_3 导通，VT_2 管得到基极电流而导通，电流经 VT_2 管的发射极和集电极、电动机 M、VT_3 管的集电极和发射极搭铁，电动机有电流通过而正转。当 a_2 端得到输入信号时，晶体管 VT_4 导通，VT_1 管得到基极电流而导通，电流经过 VT_1 管的发射极和集电极，电动机 M、VT_4 管的集电极和发射极搭铁，电动机有反向电流通过而反转。控制触发信号端的电流大小，就可以控制电动机通过电流的大小。

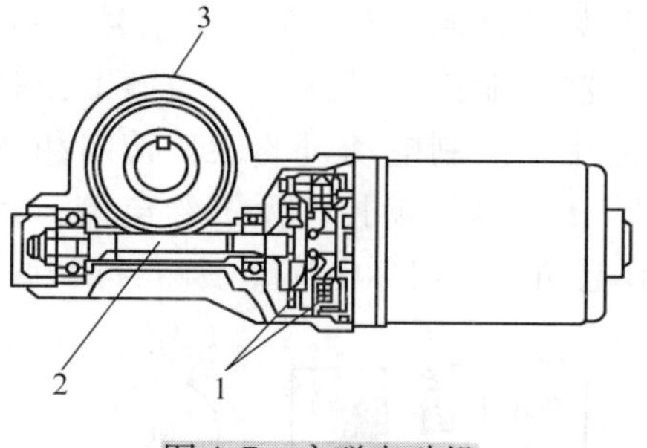

图 4-7　永磁电动机

1—电磁离合器　2—涡轮　3—斜齿轮

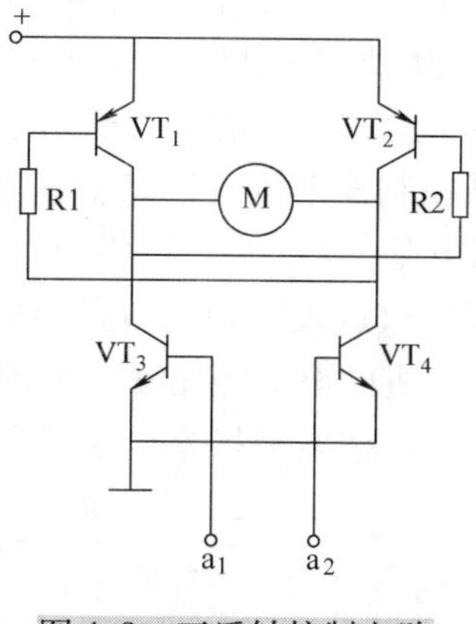

图 4-8　正反转控制电路

（2）离合器　一般使用干式单片电磁离合器，如图 4-9 所示。工作电压为 DC12V，额定转速时传递的转矩为 15N · m，线圈电阻 20Ω 左右。

其工作原理是：当电流通过滑环进入离合器线圈时，主动轮产生电磁吸力，带花键的压板被吸引与主动轮压紧，电动机的动力经过轴、主动轮、压板、花键、从动轴传给执行机构。

（3）减速机构　目前使用的减速机构有多种组合方式，一般采用涡轮蜗杆与转向轴驱动组合式；也有的采用两级行星齿轮与传动齿轮组合式。图 4-10 所示是涡轮与斜齿轮组合方式。涡轮与固定在转向柱输出轴上的斜齿轮相啮合，它把电动机的回转运动减速后传递到输出轴上。为了抑制噪声和提高耐久性，减速机构中的齿轮有的采用特殊齿形，有的采用树脂材料制成。

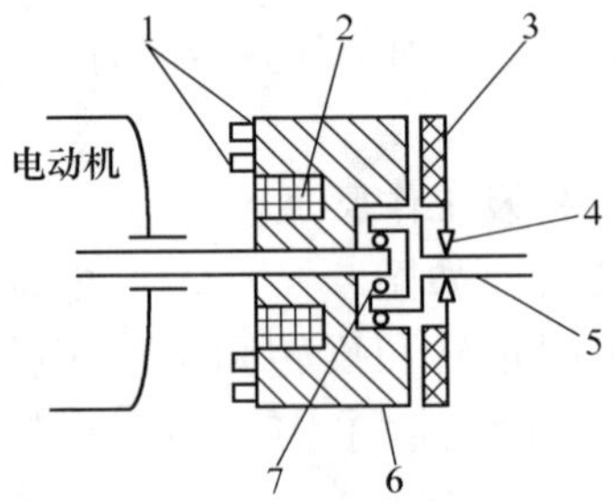

图　4-9

1—滑环　2—线圈　3—压板
4—花键　5—从动轴　6—主动轮　7—轴承

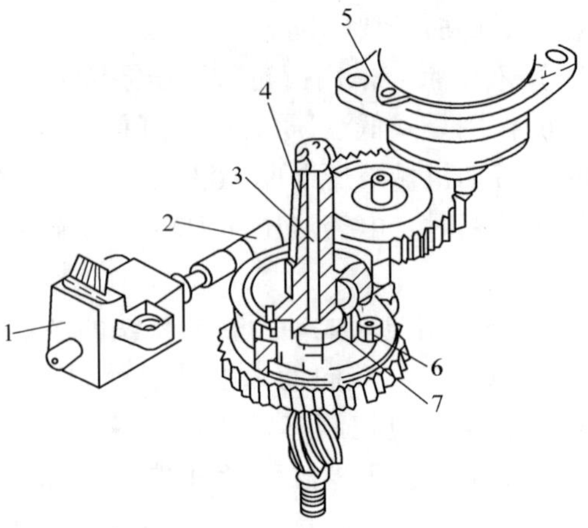

图　4-10

1—转矩传感器　2—转轴　3—扭力杆
4—输入轴　5—电动机　6—行星齿轮　7—太阳轮

4.2.3　汽车转向电子控制系统电控单元的工作原理及工作流程

1. 电子控制电动式动力转向系统的工作流程

如图4-11所示，转向盘转矩信号和车速信号经过输入接口送入电脑，随着车速的升高，电脑控制相应地降低助力电动机电流，以减少助力转矩。发动机转速信号也被送入电脑，当发动机处于怠速时，由于供电不足，助力电动机和离合器不工作。因此，EPS工作时，EPS ECU必须控制发动机处于高怠速工作状态。点火开关的通断（ON/OFF）信号经A/D转换接口送入电脑。当点火开关断开时，电动机和离合器不能进入工作。电脑输出控制指令经D/A转换接口送入电动机和离合器的驱动放大电路中，控制电动机的旋转转向和离合器的离合。电动机的电流经驱动放大回路、电流表（A）、A/D转换接口反馈给电脑，将电动机的实际电流与按电脑指令应给的电流相比较，调节电动机的实际电流，使两者接近一致。

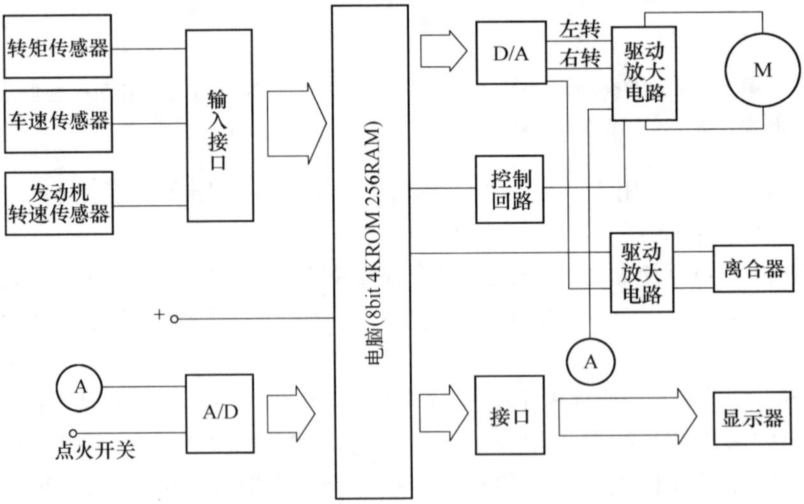

图4-11　电子控制电动式动力转向系统的工作流程

电动机和离合器接受电子控制器输出的控制电流，产生助力转矩，经传动齿轮减速后，再经过小齿轮实现动力转向，电动机的动力是通过行星齿轮机构传递的。离合器是由电磁铁和弹簧等组成的电磁离合器。

当点火开关接通时，电源加在 EPS 电子控制器上，电动助力转向系统才能进行工作。在发动机已被起动时，交流发电机的 L 端子的电压加到电子控制器上。当检测到发动机处于起动状态时，动力转向系统转为工作状态。

行车时，电子控制器按不同车速下的转向盘转矩控制电动机的电流，并完成电子控制转向和普通转向控制之间的转换。当车速高于 30km/h 时，则转换成普通的转向控制，电子控制器没有离合器信号和电动机电流输出，离合器处于分离状态。当车速低于 27km/h 时，EPS 电子控制器又输出离合器信号和电动机电流，普通转向控制又转换为动力转向的工作方式。EPS 电子控制器还具有自我修正的控制功能。当电动助力转向系统出现故障时，可自动断开电动机的输出电流，恢复到通常的转向功能；同时速度表内的 EPS 警告灯点亮，以通知驾驶人，动力转向系统发生故障。

2. 电子控制液力式动力转向系统的工作流程

如图 4-12 所示，电控液压助力转向系统中的电动液压泵工作，通过转向控制单元根据车辆的行驶速度和转向角度等输入信号计算出理想的输出信号，然后通过电磁阀控制液压油为转向机提供适当的助力；当汽车低速行驶时，转向控制单元控制电动机输出较大的功率，使驾驶人可以轻松地转动转向盘；当汽车高速行驶时，转向控制单元控制电动机输出较小的功率，这样驾驶人在操纵转向盘时就比较稳定，也就实现了车速感应式转向。

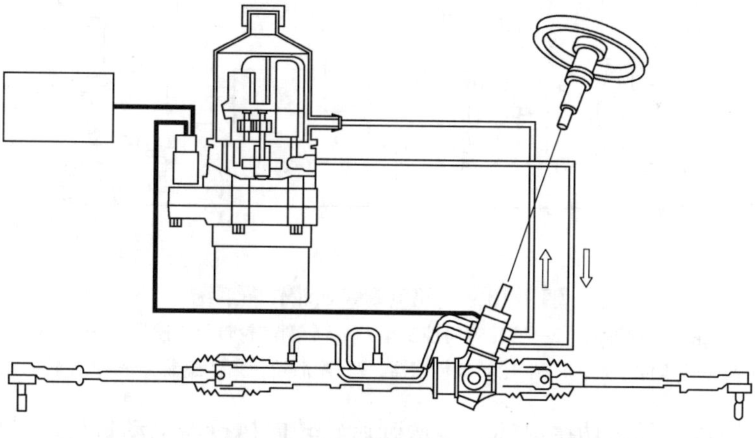

图 4-12　电子控制液力式动力转向系统的工作流程

电子控制单元（ECU）根据车速传感器信号判断出车辆停止、低速状态与中高速状态，从而控制电磁阀通电电流。

（1）停车与低速状态　电子控制单元（ECU）使电磁阀通电电流大，经分流阀分流的油液通过电磁阀流回油箱，柱塞受到的背压小（油压低），柱塞推动控制阀阀杆的力矩小，因此，只需要较小的转向力就可使扭杆扭转变形，使阀体与阀杆发生相对转动而使控制阀打开，油泵输出油压作用到动力缸右室（或左室），使动力缸活塞左移（或右移），产生转向助力。

（2）中高速直行状态　车辆直行时，转向偏摆角小，扭杆相对转矩小，控制阀油孔开度减小，控制阀侧油压升高。由于分流阀的作用，使电磁阀侧油量增加。同时，随着车速的升高，通电电流减小，通过电磁阀流回油箱的阻尼增大，油压反作用力室的反力增大，使柱塞推动控制阀阀杆的力矩增大，转向盘手感增强。

（3）中高速转向状态　从存在油压反作用力的中高速直行状态转向时，扭杆的扭转角更加减小，控制阀开度更加减小，控制阀侧油压进一步升高。随着该油压升高，将从固定阻尼孔向油压反作用力室供给油液。这样，除从分流阀向油压反作用力室供给的一定流量油液外，又增加了从固定阻尼孔侧供给的油液，导致柱塞推力进一步增强。此时需要较大的转向力才能使阀体与阀杆之间作相对转动而实现转向助力作用，使得在中高速时驾驶人可获得良好的转向手感和转向特性。

3. 电子控制电动式四轮转向系统的工作流程

电控电动式四轮转向系统主要由后轮转向执行器、输入传感器和电控单元组成，如图4-13所示。发动机工作时，四轮转向控制单元不断地从所有输入传感器处收到信号。如果转向盘转动，四轮转向控制单元就会对车辆速度传感器、主前轮转角传感器、副前轮转角传感器、主后轮转角传感器、副后轮转角传感器以及后轮转速传感器传来的信号进行分析，并计算出适当的后轮转向角，然后将蓄电池电压输入到后轮转向执行电动机使后轮转向。

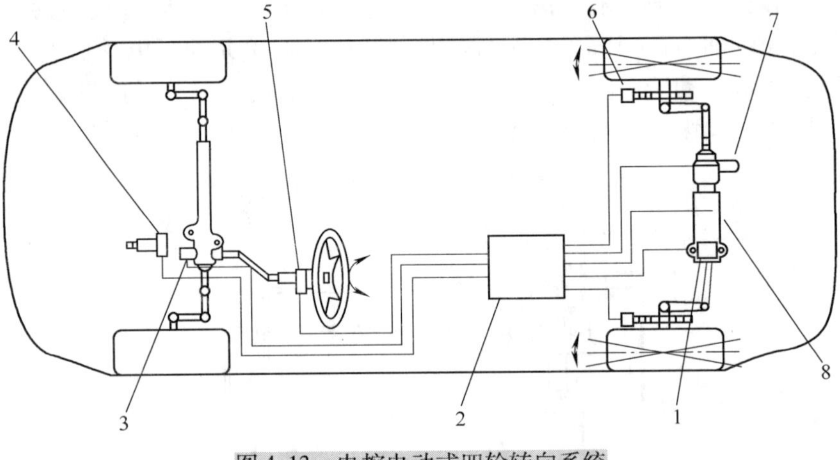

图4-13　电控电动式四轮转向系统

1—主后轮转角传感器　2—四轮转向控制单元　3—副前轮转角传感器　4—车速传感器
5—主前轮转角传感器　6—后轮转速传感器　7—副后轮转角传感器　8—后轮转向执行器

蓄电池电压通过两只大功率晶体管输送到后轮转向执行器电动机处。其中一只晶体管在右转弯时导通，而另一只在左转弯时导通。主、副后轮转角传感器将反馈信号送到四轮转向驱动控制单元以指示后轮转角已被执行。

4. 电子控制液力式四轮转向系统的工作流程

电控液力式四轮转向系统主要由转向盘、转向油泵、前动力转向器、后轮转向传动轴、车速传感器、电子控制单元和后轮转向系统组成，如图4-14所示。

电子控制系统由四轮转向控制器、转角比传感器和电控油阀组成，各部件的作用及工作流程如下：

1）四轮转向控制器。四轮转向控制器的作用有下列三点：①根据车速传感器送来的电脉冲信号计算汽车的车速，再根据车速的高低计算汽车转向时前后轮的转角比。②比

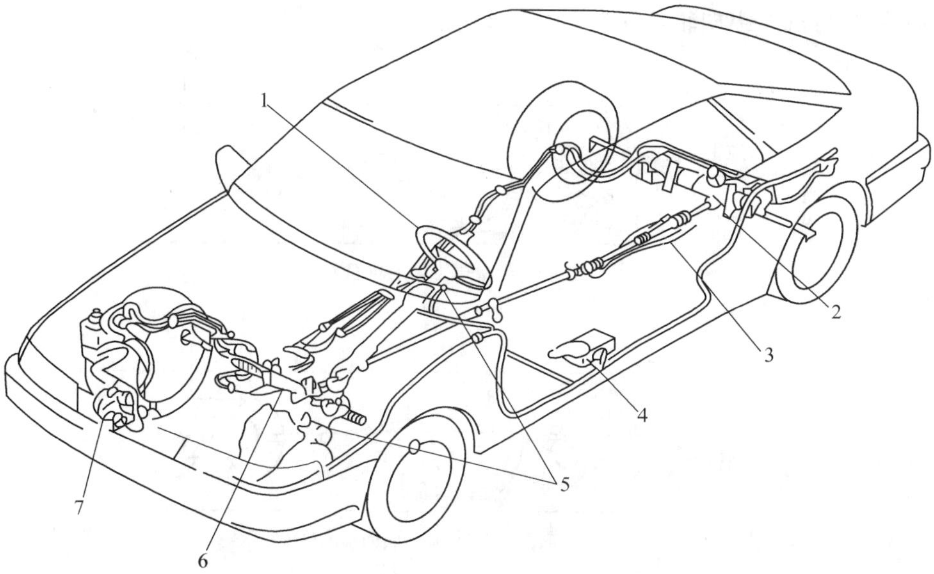

图 4-14　电控液力式四轮转向系统

1—转向盘　2—后轮转向系统　3—后轮转向传动轴　4—电子控制单元
5—车速传感器　6—前动力转向器　7—转向油泵

较前后轮理论转角比与当时的前后轮实际转角比，并向步进电动机发出正转或反转及转角大小的运转指令。另外还起监视控制四轮转向电子线路工作是否正常的作用。③发现四轮转向机构工作出现异常时，起动警告信号灯，并断开电控油阀的电源，使四轮转向处于两轮转向状态。

2）转角比传感器。其作用是检测相位控制器中的扇形控制齿板的转角位置，并将检测出的信号反馈给四轮控制器，作为监督和控制信号使用。

3）电控油阀。电控油阀的作用是控制由转向油泵输向后轮转向动力缸的油路通断。当液压回路或电子控制线路出现故障时，电控油阀就切断由转向油泵通向液压控制阀的油液通道，使四轮转向装置处于一般两轮转向工作状态，起到失效保护的作用。

后轮转向的工作流程：

1）当车速低于 35km/h 时，如图 4-15a 所示，扇形控制齿板在步进电动机的控制下向负方向偏转。假设转向盘向右转动，则小锥齿轮、大锥齿轮分别向空白箭头方向转动，摆臂在扇形齿板和大齿轮的带动下最终向右上方摆动，液压控制阀输入杆和滑阀也向右移动，由转向油泵输送的高压油液进入后轮转向动力缸的左腔，使后轮向左偏转，即后轮相对于前轮反向偏转。使车辆转向半径减小，从而提高了低速时的机动性。液压控制阀移动的行程大小与扇形齿板的转角大小成正比。

2）当车速高于 35km/h 时，如图 4-15b 所示，扇形控制齿板在步进电动机的控制下向图中正方向移动。假设这时转向盘仍向右转动，摆臂向左上方摆动，将液压控制阀输入杆和滑阀向左拉动，由转向油泵输送的高压油液进入后轮转向动力缸的右腔，结果使后轮向右偏转，即后轮相对于前轮同向偏转，因而使汽车高速行驶时的操纵稳定性显著提高。

3）当车速等于 35km/h 时，如图 4-15c 所示，扇形控制齿板处于中间位置，摇臂处于与大锥齿轮轴线垂直的位置。不管转向盘向左还是向右转动，液压控制阀输入杆均不产生轴向位移，后轮保持与汽车纵向轴线平行的直线行驶状态。

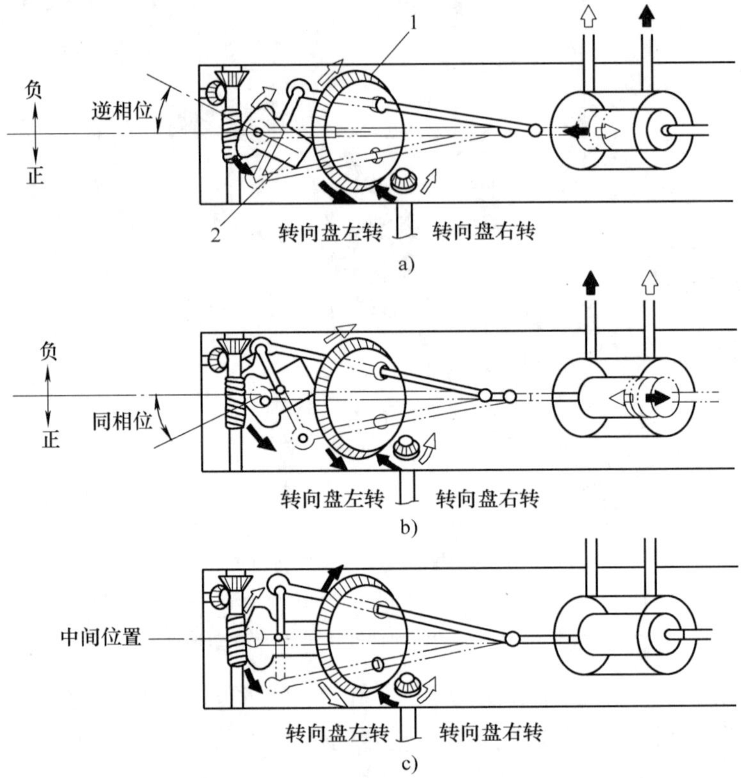

图 4-15

a）逆相位 b）同相位 c）中间位置

1—大锥齿轮 2—扇形控制齿轮

4.3 汽车转向电子控制系统诊断与检修

系统的电子控制单元具有故障自诊断功能，当电子控制单元检测到系统存在故障时即会显示出相应的故障码，以便采取相应的措施。当检测出系统的基本部件如转矩传感器、电动机、车速传感器等出现故障而导致系统处于严重故障的情况下，系统就会使电磁离合器断开，停止转向助力控制，确保系统安全、可靠。电子控制动力转向系统一般都具有故障自诊断功能，以监测、诊断系统的工作情况。当系统出现故障时，电子控制单元将其故障信息以代码形式显示出来，以使维修人员快速、准确地判断出故障类型及故障部位。

1. 警告灯的检查

当点火开关处于ON位时，警告灯应点亮，发动机起动后警告灯熄灭为正常；警告灯不亮时，检查灯泡是否损坏，熔丝和导线是否断路；若发动机起动后，警告灯仍亮时，首先应考虑该系统是否处于保险状态（只有常规转向工作，无电动助力），并通过其自诊断系统进行必要的检查。

2. 在诊断故障中的注意事项

当产生两个或更多的故障，故障码总从小的故障码号开始依次显示，记下显示的故障码。由于故障码（DTC）存储在 P/S 控制盒的备份存储器中，所以在维修后，一定要断开蓄电池负极接头至少 30s 以清除存储器中的故障码；转向柱总成不能分解，如果发现其中任何部件有缺陷，应整体更换；当更换转向柱总成时，必须小心不要引起撞击。一旦完成检查和维修，就应按表 4-1 所示步骤再检查系统。

清除存储在存储器里的故障码，进行规定试验。起动发动机观察 EPS 灯。检查是否显示故障码，确信故障排除。

表 4-1　诊断流程

步　骤	操　作	是	否
1	1）确定电池电压大约 11V 或更高。 2）在点火开关打开时，注意 EPS 灯。 3）在点火开关打开时，EPS 灯是否点亮大约 2s？	进入步骤 2	进行 EPS 指示灯线路检查
2	1）用连接线连接诊断端子两端。 2）用木楔楔住车轮，置 M/T 到中间（A/T 到 P 位）并拉起驻车制动。 3）起动发动机。 4）EPS 灯是否闪亮？	进入步骤 3	进行 EPS 指示灯线路检查
3	EPS 灯是否显示？	进行故障诊断	按照流程图及对应代码检查和修理

4.3.1　汽车转向电子控制系统诊断与检修方法

1. 转向盘自由间隙的检查

通过在轴向和径向移动转向盘，检查转向盘是否松动或发生“吱吱”声。如果发现缺陷，维修或更换。在发动机停止，汽车固定在地面朝前方的状态下，检查转向盘。转向盘自由间隙的范围：0～30mm（0～1.2in）如果转向盘运动不在规定自由间隙的范围内，按下例进行检查，如果发现缺陷，则更换。

1）转向横拉杆球头是否磨损。

2）下部球接头是否磨损。

3）转向轴接头是否磨损。

4）转向小齿轮或齿轮齿条是否磨损或破裂。

5）其他部件是否松动。

2. 转向力的检查

1）汽车停放在水平路面上，转向盘放置在平直向前位置。

2）检查轮胎充气压力是否符合指定要求（参阅轮胎指示）。

3）起动发动机。

4）在发动机怠速时，通过相切方向钩住转向盘上的弹簧秤测量转向力。转向力至少 35N。

3. ECU 控制盒拆卸

1）断开蓄电池负极电缆。

2）拆卸防尘罩。

3）拆卸所有连接端子插头。

4）拆卸 ECU 控制盒。

按拆卸过程的相反步骤进行安装。

4. 转矩传感器检修

1）拆卸转向柱防尘罩。从转向机总成上拆下转矩传感器及其插接器。

2）在点火开关 OFF 时，断开转矩传感器耦合器。

3）检查转矩传感器各端子之间的电阻。如果检查结果不符合要求，应更换转向机总成。

4）连接转矩传感器耦合器。安装转向柱防尘罩。

5. 电动机和离合器检修

1）拆卸转向柱防尘罩。

2）在点火开关 OFF 时，断开电动机和离合器插头。

3）检查电动机和离合器插头各端子之间是否连通。

4）在每一个状态，检查电动机和离合器插头的终端之间的电阻。

5）在每一个状态，检查电动机和离合器插头与搭铁之间的电阻。如果检查结果不符合要求，更换转向柱。

6）连接电动机和离合器插头。

7）安装转向柱防尘罩。

6. 车速传感器的检查

从变速器上拆下车速传感器，用手转动车速传感器的转子检查其能否顺利运转，若有卡滞则应予更换。测定车速传感器导线插接器的主侧端子及副侧端子之间的电阻值，其值等于 $(165 \pm 20)\ \Omega$ 为良好。如果检查结果不符合要求则必须更换车速传感器。

4.3.2 汽车转向电子控制系统常见故障分析与检修

1. 常见故障分析与检修

有些故障是不在车载诊断系统（自我诊断功能）上显示的。当通过车上诊断系统显示确信转向基本部件都是完好状态时，可按表 4-2 各故障可能产生的原因检查电动助力转向系统部件。

表 4-2 故障现象及原因

故障现象	可能的原因	修理方法
转向沉重	转向盘安装不正确（扭曲） 转矩传感器性能不良 电动机和离合器性能不良 转向柱故障 车速传感器性能不良	正确安装转向盘 检修转矩传感器 检修电动机和离合器 更换 更换
在直行时车总是偏向一侧	转矩传感器性能不良	检修转矩传感器
转向回正不良	转矩传感器性能不良 转向柱故障	检修电动机和离合器 更换

2. 案例分析

（1）案例一

1）故障现象：一辆 1989 年大发汽车公司生产的米拉 E-L70S 电力转向系统出现故障，动力转向失灵，行驶中动力转向就变得沉重。

2）故障诊断与检修：图 4-16 所示是自诊断的操作方法示意图。读取的故障码如表 4-3 所示。自诊断系统实际输出的故障码是 2，表示转矩传感器信号系统异常。

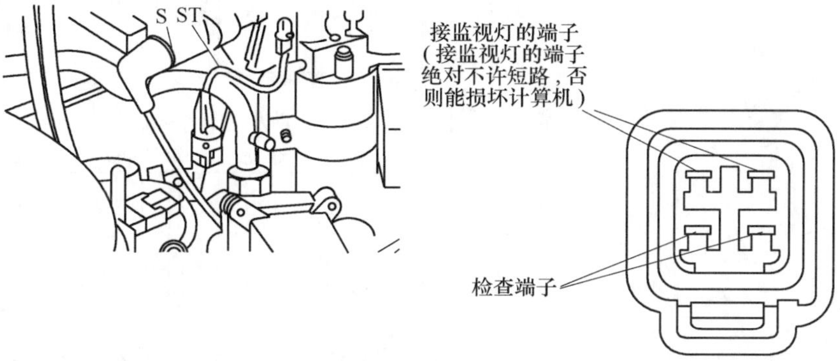

图 4-16　米拉 E-L70S 自诊断的操作方法示意图

表 4-3　故障码表

故　障　码	试验灯亮、灭	诊 断 项 目	诊 断 内 容
2	ON OFF	转矩传感器信号系统 ECU（L200）	转矩传感器本体异常 ECU 与转矩传感器间的导线断开或短路 ECU 不良（L200）
5		电动机温度	ECU 与温度传感器间导线断开

电力动力转向系统的电路如图 4-17 所示。转矩传感器是一种可变电阻，分压 ECU 电源，然后 ECU 感知操纵方向和操纵力的大小，相当于油压动力转向系统中的阀槽。查阅维修手册，当转向轮处于平衡位置时，转矩传感器输出的电压信号是 0V，向左打转向轮时输出电压为 1V，向右打转向轮时输出电压为 -1V，这样即为正常。实测电压确实不到 1V。

供给传感器的电源的两个端子电压，一个应为 3V，另一个应为 -3V，那么传感器两端应该有 6V 的电压降，实测只有不到 5V 的电压。但是根据这个数值也做不出是否良好的判断，因为维修手册并没有给出基准值，翻来覆去地考虑还是不得要领。按照检修流程图，测量转矩传感器的电阻值，实测电阻值在基准值范围之内，传感器是正常的。

从以上的检查结果考虑，应该是 ECU 供给的电源有问题。电力动力转向系统的组成零件有 ECU 和转向齿轮箱，另外就是把这两个零件连接成系统的导线束。无论是传感器、电动机哪一个零件不好，都没有单个零件供应，能供应的只有转向齿轮箱总成。因而，不管更换哪个零件（ECU 或转向齿轮箱），正确的概率都是 50%。新计算机与原来的计算机外观完全不同，而且插接器的形状和端子数也改变了。为此必须以适配器和导线束作为中介进行安装。不仅形状改变了，而且 ECU 供给转矩传感器的电源也变化了，两个电源端子不是 +3V 和 -3V，而是 0V 和 5V。转向轮处于中间位置时，转矩传感器的输出信号电压是 2.5V。这

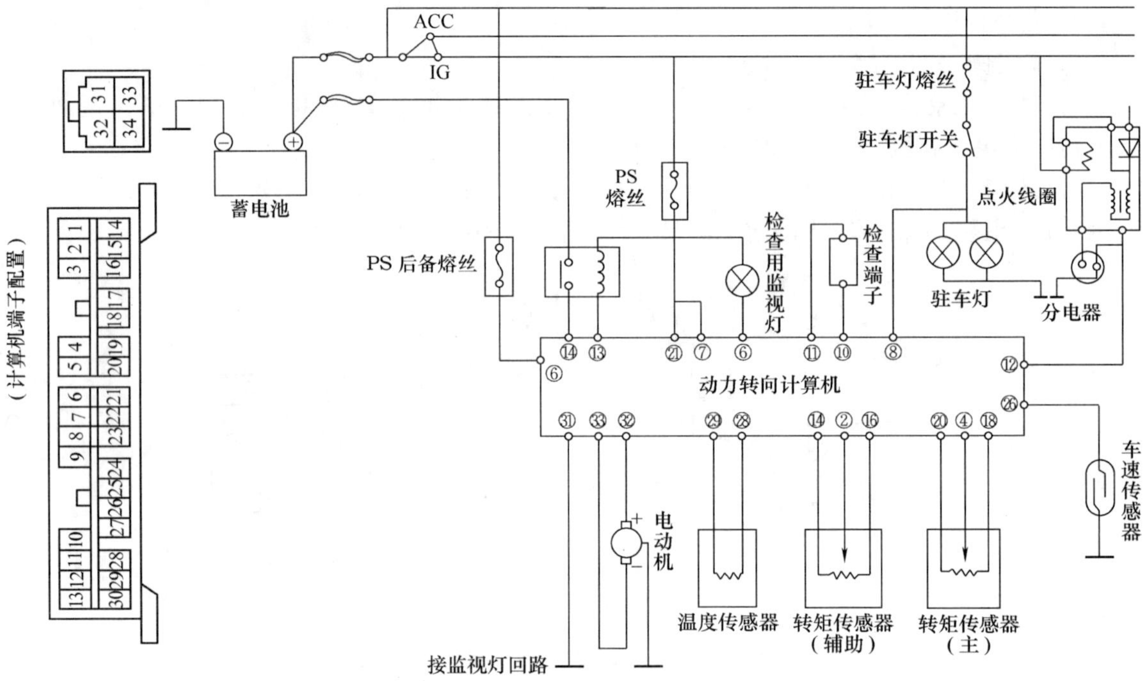

图 4-17　米拉 E-L70S 电力动力转向系统的电路图

种计算机是改进型 L200 车的计算机。换完计算机车辆恢复正常。这次故障，是 ECU 内部的直流变换器异常。

（2）案例二

1）故障现象：一辆 1989 年日产汽车公司生产的地平线 E-HR32 电力转向系统出现故障，转向就变得沉重。

2）故障检修：实际检测，发动机停止状态和发动机运转状态的转向力矩如表 4-4 所示。

表 4-4　发动机转向力矩

发动机状态	转向力矩/N · m
发动机停止状态（无助力）	19.6
修理前发动机怠速运转（停车）	3.92
修理后发动机怠速运转（停车）	1.96

从这张表可看出，发动机停止状态与发动机运转状态转向力矩还是有差别的，并不是完全没有转向助力。这辆车的动力助力系统是对应车辆速度提供助力量的车速感应型电子控制动力助力系统，其构成如图 4-18 所示。

其基本原理是以车速信号为基础控制 EPS（车速感应型电子控制动力助力系统）电磁阀的通电电流，以便控制电磁阀开度，进而改变（齿轮箱里）油缸的油压，从而改变助力量。实际上助力量与车速成反比，即车速越高，助力量越小。查阅修理手册，EPS 电磁阀通电时助力大，转向轮操作起来轻快。实测 EPS 电磁阀电压是 0V，车速为零时本来应该提供最大的助力，而实际相当于不提供助力，这样转向理应沉重。揭开加速踏板旁边的挡泥板侧

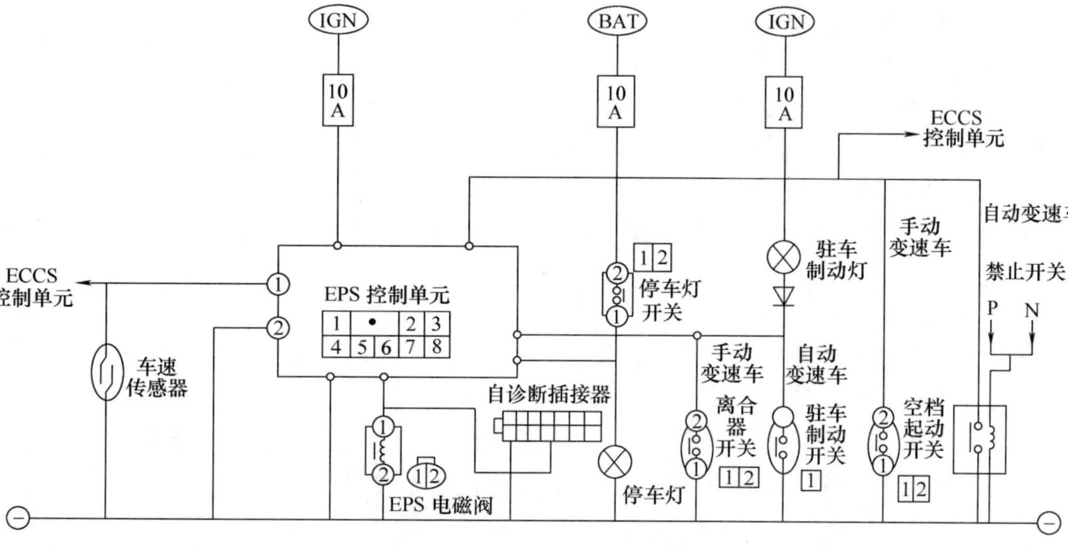

图 4-18　日产地平线 E-HR32 电力转向系统构成图

盖，测量 EPS 控制单元（计算机）的各端子电压、电源以及搭铁没有问题，传感器输入信号也没有异常。但是接 EPS 电磁阀的端子，即 EPS 控制单元的 7 号端子没有电压，因此断定 EPS 控制单元不良。查看控制单元内部，发现功率晶体管的管脚焊锡开裂，功率晶体管从印制电路底板上浮起来了。把功率晶体管的管脚重新焊牢，再次试验，问题就解决了。行驶中测量了 EPS 电磁阀的电压与车速的关系，列于表 4-5，仅供参考。

表 4-5　EPS 电磁阀电压与车速关系

车速/(km/h)	EPS 电磁阀电压/V
0	6.4
20	5.8
40	4.0
60	3.2
80	2.8

练习与思考题

一、填空题

1. 汽车转向系统可按转向的能源不同，分为＿＿＿＿＿＿和＿＿＿＿＿＿。
2. 动力转向系统按控制方式不同，可分为＿＿＿＿＿＿和＿＿＿＿＿＿。
3. 电子控制动力转向系统，根据动力源不同可分为＿＿＿＿＿＿和＿＿＿＿＿＿。
4. 传统液压动力转向系统主要由＿＿＿＿、＿＿＿＿、＿＿＿＿和＿＿＿＿等组成。
5. 整体式和半分开式液压动力转向系统，按照转向控制阀的形式不同可分为＿＿＿＿＿＿、＿＿＿＿＿＿和＿＿＿＿＿＿等几种结构形式。
6. 根据控制方式不同，液压式电子控制动力转向系统可分为＿＿＿＿＿＿、＿＿＿＿＿＿和＿＿＿＿＿＿三种形式。

7. 丰田雷克萨斯轿车电子控制动力转向系统主要有________、________、________、________和____________等组成。

8. 电动式动力转向系统需要控制电动机电流的方向和____________。

9. 电动式动力转向系统基本上是由____________、____________、____________、____________和减速机组成。

10. 液压式EPS是在传统的液压动力转向系统的基础上增设了__________、车速传感器和________等。

二、判断题

1. 为了有更好的“路感”，要求在低速行驶时应有较大的转向力，在高速时有较小的转向力。(　　)

2. 当动力转向系统发生故障或失效时，应保证通过人力能够进行转向操纵。(　　)

3. 转向液压泵的作用是将发动机产生的机械能转变为驱动转向动力缸工作的液压能，再由转向动力缸驱动转向车轮。(　　)

4. 转向动力缸是将转向液压泵提供的液压能转变为驱动转向车轮的转向助力执行元件。(　　)

5. 流量控制式EPS是根据车速传感器信号调节动力转向装置供应的油液压力，改变油液的输入输出流量，以控制转向力。(　　)

6. 反力控制式动力转向系统是一种根据车速控制电磁阀，直接改变动力转向控制阀的油压增益来控制油压的。(　　)

7. 电动式动力转向系统是一种根据车速控制电磁阀，直接改变动力转向控制阀的油压增益来控制油压的。(　　)

8. 转矩传感器的作用是测量转向盘与转向器之间的相对转矩。(　　)

9. 电动式EPS是利用直流电动机作为动力源，电子控制单元根据转向参数和车速等信号，控制电动机转矩的大小和方向。(　　)

三、简答题

1. 对转向系统有哪些要求?

2. 4WS车在低速和中高速时的转向特性是怎样的?

第5章 汽车悬架电子控制系统原理与检修

基本思路：

电控悬架是在传统悬架的基础上发展起来的，只是对悬架的三大机构（弹性元件、减振器和导向机构）进行改进和控制，增加许多新的功用，同样我们首先要对控制系统的三大要素（传感器、ECU、执行元件）中各零部件（积木）种类、形状、结构、作用和安装位置重点掌握，传感器要先区分有源传感器和无源传感器，有源传感器要了解信号源与电源电路电压（电流）的变化关系；无源传感器应了解信号源与产生电信号的变化关系，当然，对每个传感器的接线柱的名称和连接部位要特别注意。执行元件特别注意与其相连接部位和安装位置。电控悬架的学习，不同的结构有不同的思路，油气弹簧电控悬架的线路用油的流动路线、气的流动趋势、力的传动路线和电的流动路线把系统的零部件组成整体；空气弹簧电控悬架的线路用气的流动路线、力的传动路线和电的流动路线把系统的零部件组成一体来分析和研究。

5.1 汽车悬架电子控制系统概述

汽车的悬架装置是连接车身和车轮之间全部零件和部件的总称，主要由弹簧、减振器和导向机构三部分组成。由于悬架装置实现了车体和车轮之间的弹性支撑，有效地抑制、降低了车体与车轮的动载和振动，从而保证汽车行驶的平顺性和操纵稳定性，达到提高平均行驶速度的目的。目前汽车上的主导装备产品仍然是加工容易、成本低，由螺旋弹簧和液压筒式减振器所组成的普通悬架（从动悬架）。但在起步时，车尾下坐（下沉）；在急加速时，车尾下坐（下沉）；在制动时，汽车前部点头；在转向时，车身倾斜；在负载变化时，弹簧刚度不适宜；在路况变化时，剧烈颠簸，车高变小，影响行驶平顺性。

随着生活水平的提高，人们对汽车舒适性的要求也越来越高，舒适性是轿车最重要的使用性能之一。舒适性与车身的固有振动特性有关，而车身的固有振动特性又与悬架的特性相关。所以，汽车悬架是保证乘坐舒适性的重要部件。同时，汽车悬架作为车架（或车身）与车轴（或车轮）之间连接的机件，又是保证汽车行驶安全的重要部件。因此，轿车悬架往往列为重要部件编入轿车的技术规格表，作为衡量轿车质量的指标之一。传统的汽车悬架系统已不能满足人们的要求。人们希望汽车车身的高度、悬架的刚度、减振器的阻尼大小能随汽车载荷、行驶速度以及路面状况等行驶条件的变化而自动调节。为了满足人们对汽车舒适性的要求，20世纪90年代以来，在汽车电子技术以及高速公路飞速发展的同时，各汽车公司相继开发研制了电子控制悬架系统等提高汽车舒适性的电子控制系统，如图5-1所示。

随着汽车工程技术的进步，决定乘坐舒适性和操纵稳定性的汽车悬架技术得到了广泛重视和深入研究，在汽车工业领域中主动悬架受到日益广泛的重视，已成为悬架技术发展的重要趋势。

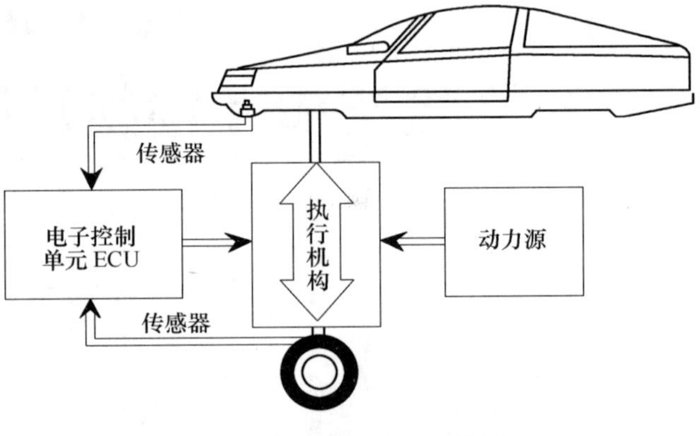

图5-1 电子控制悬架系统

轿车悬架包括弹性元件、减振器和支承稳定装置等三部分，这三部分分别起缓冲、减振和力的传递作用。从轿车上来讲，弹性元件多指螺旋弹簧，它只承受垂直载荷，缓和及抑制不平路面对车体的冲击，具有占用空间小、质量小及无需润滑的优点，但由于本身没有摩擦而没有减振作用。减振器指液力减振器，是为了加速衰减车身的振动，它是悬架机构中最精密和复杂的机械件。稳定支承装置是指车架的上下摆臂等叉形刚架、转向节等元件，用来传递纵向力、侧向力及力矩，并保证车轮相对于车架（或车身）有确定的相对运动规律。

现代汽车开始采用电子控制悬架系统。电子控制悬架系统可以根据悬架位移（车身高度）、车速、转向、制动器信号等，由电子控制单元控制相关执行元件，调整空气悬架中的压缩空气，改变其刚度和汽车车身的高度，以抑制车辆倾斜、制动时前部“点头”和高速行驶时后部“下坐”而使车身姿态发生的变化。因此，它能够较好保持汽车的乘坐舒适性和操纵稳定性。

5.1.1 汽车悬架电子控制系统的基本组成

电子控制悬架系统的英文名称是Electronic Control Suspension System，缩写为ECS，又称为电子调节悬架系统，英文名称是Electronic Modulated Suspension System，缩写为EMS。

电子控制悬架系统由传感器、控制开关、电控单元和执行器组成。传感器和控制开关向电控单元输入信号，电控单元接到信号后，向执行元件发出控制指令，执行元件产生一定的机械动作，从而改变车身高度、空气弹簧的刚度和减振器的阻尼。目前采用的电子控制悬架系统主要有以下几种类型：电子控制高度悬架系统；电子控制弹簧刚度悬架系统；电子控制阻尼减振器悬架系统；电子控制变刚度空气弹簧与变阻尼减振器悬架系统；电子控制变高度与变刚度空气弹簧和变阻尼减振器悬架系统，如图5-2所示。

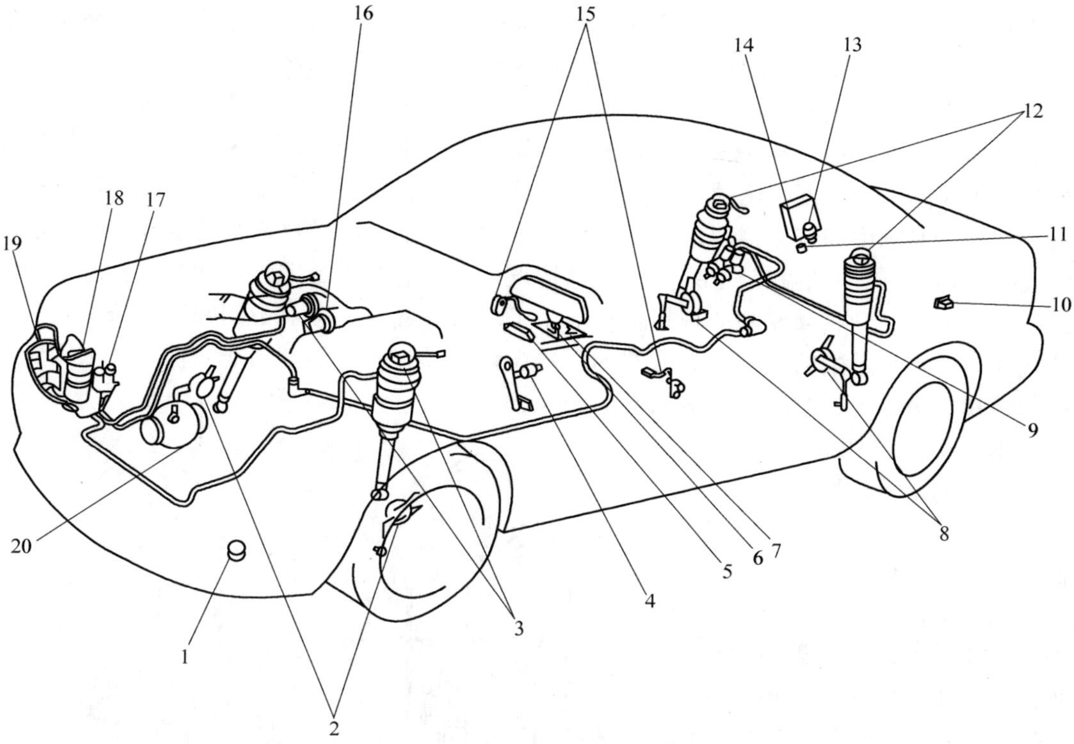

图 5-2　电子控制悬架的基本结构

1—1 号高度控制继电器　2—车身高度传感器　3—前悬架控制执行器　4—制动灯开关　5—转向传感器　6—高度控制开关　7—LRC 开关　8—后车身位移传感器　9—2 号高度控制阀与溢流阀　10—高度控制 ON/OFF 开关　11—高度控制连接　12—后悬架控制执行器　13—2 号高度控制继电器　14—悬架电脑　15—门控灯开关　16—主节气门位置传感器　17—1 号高度控制阀　18—高度控制压缩机　19—干燥器和排气阀　20—IC 调节器

车身高度控制系统的主要功用是当车内乘员或载荷变化时，自动调节车身高度，使汽车行驶稳定，提高乘坐舒适性。车身高度控制系统分为两大类型，一类是仅对两个后轮悬架进行控制；另一类是对全部四个车轮悬架进行高度控制。两种类型的控制原理基本相同。最早也是最简单的电脑控制悬架系统采用了空气弹簧进行控制。福特公司早期采用的电子控制变高度悬架系统，主要由高度传感器、电控单元、空气压缩机、空气压缩机驱动电动机、空气压缩机继电器、空气干燥器、空气排气电磁阀、空气软管和后轮空气减振器等组成。

5.1.2　汽车悬架电子控制系统的基本功能

汽车悬架是连接在车身与车轮之间的所有装置的总称。悬架的功用是将路面作用于车轮的垂直反力（支承力）、纵向反力（牵引力、制动力）、侧向反力以及由这些反力形成的转矩传递到车身上，保证汽车正常行驶。

电子控制悬架系统的功用是在汽车行驶路面、行驶速度和载荷变化时，自动调节车身高度、悬架刚度和减振器阻尼的大小，从而改善汽车的行驶平顺性（即乘坐舒适性）。

汽车行驶的平顺性和操纵稳定性是衡量悬架性能好坏的主要指标，但这是相互排斥的两个性能要求。平顺性一般通过车体或车身某个部位（如车底板、驾驶人座椅处等）的加速度响应来评价，操纵稳定性则可以借助车轮的动载荷来度量。不同的弹簧刚度和减振器阻尼力对应不同的车体加速度与轮胎负荷变化之间的关系，若降低弹簧的刚度，则车体加速度减小使平顺性变好，但同时会导致车体位移的增加，由此产生车体重心的变动将引起轮胎负荷变化的增加，对操纵稳定性产生不良影响；而增加弹簧刚度会提高操纵稳定性，但硬的弹簧将导致汽车对路面不平度很敏感，使平顺性降低。因此，理想的悬架应在不同的使用条件下具有不同的弹簧刚度和减振器阻尼，既能满足平顺性要求又能满足操纵稳定性要求。被动悬架因具有固定的悬架刚度和阻尼系数，在结构设计上只能在满足平顺性和操纵稳定性之间矛盾的折中，无法达到悬架控制的理想目标。为了使被动悬架能够对不同的道路条件具有一定的适应性，通常将悬架的刚度和减振器的阻尼设计成具有一定程度的非线性，如采用变节距螺旋弹簧和三级阻力控制的液压减振器等。

汽车被动悬架中常用的双筒液压减振器，如图5-3所示，以液压油液为工作介质，由于液体流过节流阀时产生与车体和车轮振动速度相反方向的节流阻力，从而起到衰减车体和车轮振动的效果。减振器工作时，将工作缸和活塞相对远离（相应于车轮弹向地面）的过程叫复原行程，而把工作缸和活塞相对移近（相应于车轮弹向车体）的过程叫压缩行程。汽车行驶时，减振器处于“压缩—复原”两个行程的连续交变过程中，工作液体流经工作缸中的活塞阀和工作缸与储油腔之间的底阀，两个阀之间的相互协调配合便构成了产生始终与振动方向相反的减振阻力。

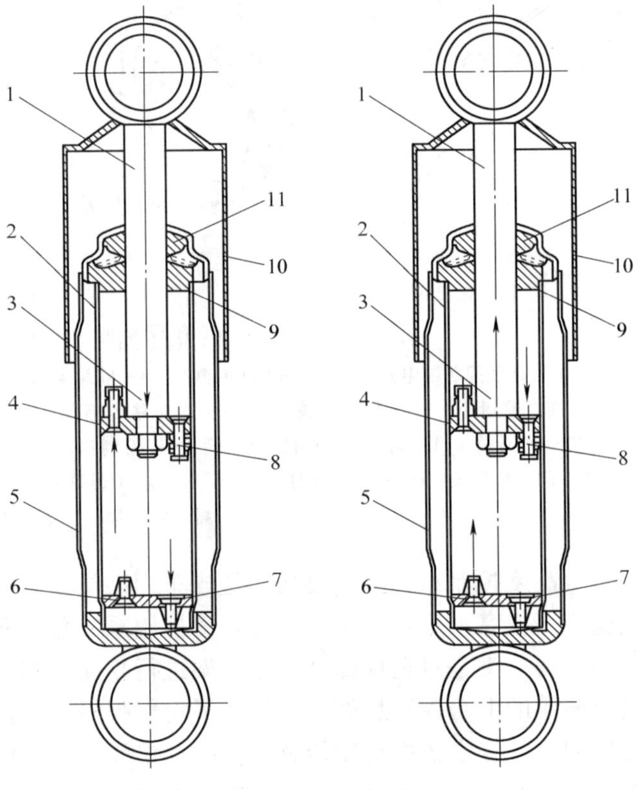

图5-3 双筒液压减振器

1—活塞杆 2—工作缸 3—活塞 4—伸张阀 5—储油缸 6—压缩阀 7—补偿阀 8—流通阀 9—导向座 10—防尘罩 11—油封

电子控制汽车悬架的基本目的是通过控制调节悬架的刚度和减振器阻尼，突破被动悬架的局限区域，使汽车的悬架特性与行驶的道路状况相适应，保证平顺性和操纵稳定性两个相互排斥的性能要求都能得到满足。

电子控制悬架系统的主要功能：

1）防倾斜控制功能。通过对车辆各悬架弹簧刚度和减振器阻尼力的控制，以抑制倾斜，使汽车姿势变化减至最小，以改善操纵性能。

2）防“点头”控制功能。通过对车辆各悬架弹簧刚度和减振器阻尼力的控制，以拟制汽车制动“点头”而使汽车的姿势变化减至最小。

3）防“下坐”控制功能。通过对车辆各悬架弹簧刚度和减振器阻尼力的控制，以抑制汽车加速时后部“下坐”，使汽车的姿势变化减至最小。

4）高车速控制功能。通过对车辆各悬架弹簧刚度和减振器阻尼力的控制，改善汽车高速行驶时的稳定性和操纵性。

5）不平稳道路控制功能。通过对车辆各悬架弹簧刚度和减振器阻尼力的控制，以控制汽车在不平坦道路上行驶时的乘坐舒适性。

6）跳动控制功能。通过对车辆各悬架弹簧刚度和减振器阻尼力的控制，以抑制汽车在不平坦道路上行驶时的颠簸。

7）自动角度控制功能。通过对车辆各悬架弹簧刚度和减振器阻尼力的控制，不管乘客和行李质量如何，使汽车保持水平位置。通过操纵高度控制开关使汽车的目标高度变成“正常”或“高”的状态。

8）高速行驶时高度控制功能。高度控制开关在“高”的位置时，汽车高度会降到“正常”状态，这样可改善高速行驶时的空气动力性和稳定性。

9）点火开关控制功能。当该开关断开后，因乘客和行李质量变化而使汽车高度变为高于目标高度时，能使汽车高度降低到目标高度，从而改变汽车驻车时的姿势。

5.1.3 汽车悬架电子控制系统的分类

1. 按有源和无源分

（1）半主动式悬架 半主动式悬架为无源控制，采用调节悬架减振器阻尼的方法。它不能对悬架的刚度和阻尼进行有效的控制，但可以根据汽车运行时的振动及行驶工况变化情况，对悬架阻尼参数进行自动调整。

（2）全主动式悬架 又称主动式悬架，是一种有源控制悬架，它的附加装置用来提供能量和控制作用力。主动式电控悬架可以在汽车行驶过程中，根据行驶状况，自动调整弹簧刚度和减振器阻尼以及前后悬架的匹配，抑制车身姿态变化，防止转弯、制动、加速等工况造成的车身姿态的改变，还可以根据路面起伏、车速高低、载荷大小自动控制车身高度变化，确保汽车行驶平顺性和操纵稳定性。

2. 按悬架介质的不同分

（1）油气式电子控制主动悬架 系统以油为介质压缩气室中的氮气，实现刚度调节，以管路中的小孔节流形成阻尼特性。

（2）空气式电子控制主动悬架 空气式主动悬架采用空气弹簧，通过改变空气弹簧中的主、副空气室的通气孔的截面积来改变气室压力，以实现悬架刚度控制，并通过对气室充气或排气实现汽车高度控制。

3. 按悬架调节的方式不同分

（1）分级调整式悬架 由驾驶人手动选择或ECU根据各传感器的信号自动选择，将悬架的阻尼/刚度分为2～3级进行调整。

（2）无级调整式悬架 即阻尼/刚度从小到大可实现连续调整的悬架系统。

电子控制悬架系统采用的控制方式有控制车身高度、控制空气弹簧的刚度和控制油液减振器的阻尼等。根据电子控制悬架系统的功能不同，目前采用的电子控制悬架系统主要有以下几种类型：

1）电子控制变高度悬架系统。

2）电子控制变刚度空气弹簧悬架系统。

3）电子控制变阻尼减振器悬架系统。

4）电子控制变刚度空气弹簧与变阻尼减振器悬架系统。

5）电子控制变高度变刚度空气弹簧和变阻尼减振器悬架系统。

5.2　汽车悬架电子控制系统主要零部件的结构及工作原理

装备电子控制主动悬架系统的汽车能够根据本身的负载情况、行驶状态和路面情况等，主动地调节包括悬架系统的阻尼力、汽车车身高度和行驶姿势、弹性元件的刚度在内的多项参数。

这类悬架系统大多采用空气弹簧（图5-4和图5-5）或油气弹簧（图5-6和图5-7）作为弹性元件，通过改变弹簧的空气压力或油液压力的方式来调节弹簧的刚度，使汽车的相关性能始终处于最佳状态。

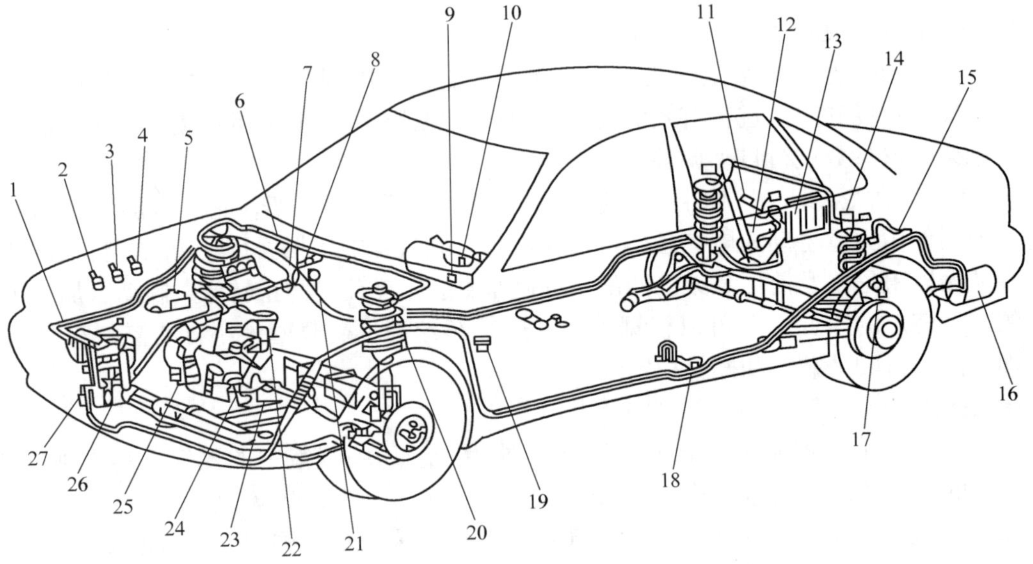

图5-4　空气弹簧电子控制主动悬架系统

1—前储气筒　2—回油液压泵继电器　3—空气压缩机继电器　4—电磁阀　5—ECS电源继电器　6—加速度计开关　7—节气门位置传感器　8—制动灯开关　9—车速传感器　10—转角传感器　11—右后车门开关　12—后电磁阀总成　13—电子控制单元　14—阻尼力转换执行器　15—左后车门开关　16—后储气筒　17—后高度传感器　18—左前车门开关　19—ECS开关　20—阻尼力转换执行器（步进电动机型）　21—加速度计位置　22—空气压缩机总成　23—G传感器　24—前高度传感器　25—系统禁止开关　26—空气干燥器　27—流量控制电磁阀总成

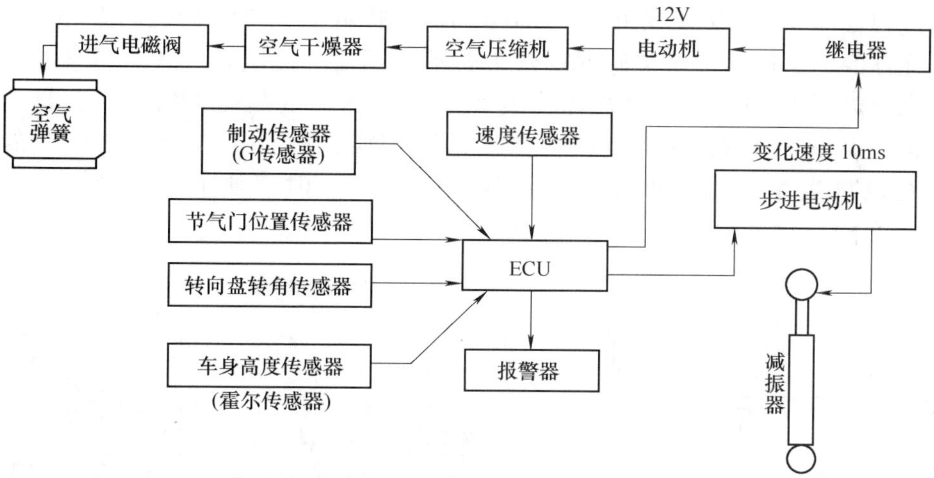

图 5-5 空气弹簧电子控制主动悬架组成

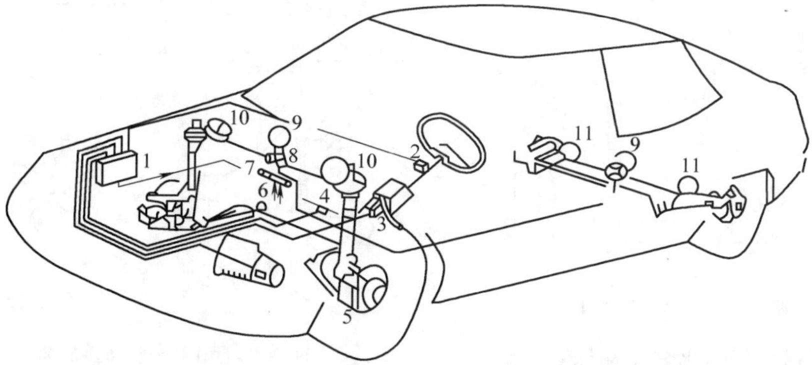

图 5-6 油气弹簧电子控制主动悬架系统

1—悬架 ECU 2—转向传感器 3—加速度传感器 4—制动压力传感器
5—车速传感器 6—车身位移传感器 7—电磁阀 8—辅助液压阀
9—刚度调节器 10—前油气悬架 11—后油气悬架

5.2.1 汽车悬架电子控制系统传感器的结构及工作原理

1. 车高传感器

检测车身与车桥的相对位移，反映车身的平顺性和车身高度，车高传感器信号可使 ECU 根据汽车载荷的大小，通过有关执行元件，随时对车身高度进行调节，保持车身高度基本不随载荷的变化而变化，还可以在汽车起步、转向、制动以及前、后、左、右车轮载荷相应发生变化时，随时调整有关车轮悬架的刚度，以提高汽车抗俯仰、抗侧倾的能力，以维持车身姿势基本不变。车高传感器用来把车身高度的变化（悬架变形量的变化）变换成传感器轴的旋转，并检测出其旋转角度，将其转变为电信号输入电控单元 ECU。车高传感器仅用于主动悬架系统，一般装有 3 个，其原因为三点确定一平面，如多于 3 个，则会出现调整干涉现象。车身高度传感器常用的有光电式车高传感器、片簧开关式车高传感器、霍尔集成电路式车高传感器。

（1）光电式车高传感器 光电式车高传感器安装位置如图 5-8 所示，光电式车高传感器工作过程如图5-9所示。光电式车高传感器的连杆的顶端与后悬架臂相连，车高的变化通过连杆的上下运动传至传感器。随轴转动的圆盘上，圆盘与连杆同轴，圆盘上制有把转动角度数码化的窄缝。遮光器由发光二极管和光敏晶体管组成。圆盘的转动可使遮光器的输出进行ON、OFF变换，依靠这种变换，ECU可以检测出圆盘的转动角度。当车身高度发生变化（即悬架变形量发生变化）时，轴驱动圆盘转动，从而使ECU检测出车身高度的变化。

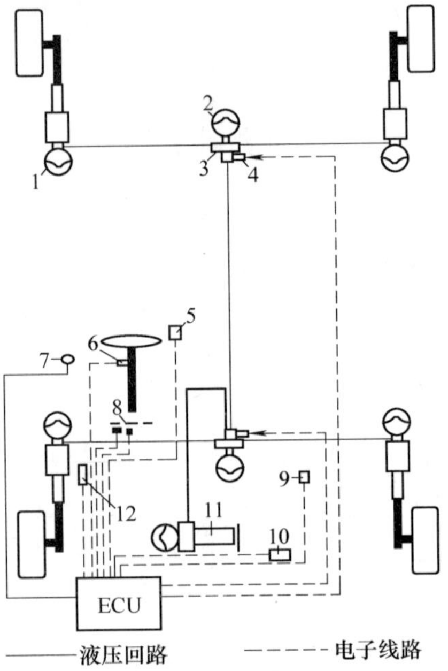

图5-7 油气弹簧电子控制主动悬架组成

1—油气弹簧 2—中间气体弹簧 3—悬架刚度调节器 4—电磁阀 5—控制开关 6—转角传感器 7—指示灯 8—制动与加速踏板位置传感器 9—制动压力传感器 10—车速传感器 11—油泵 12—车身位移传感器

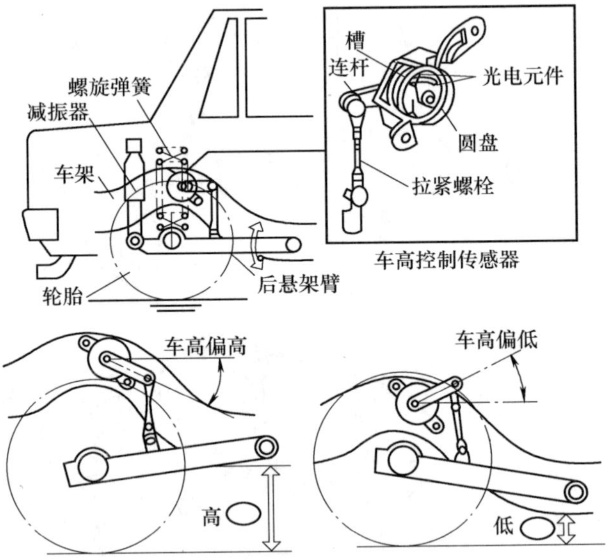

图5-8 光电式车高传感器位置

（2）片簧开关式车高传感器　片簧开关式车高传感器有四组触点式开关（图5-10），它们分别与两个晶体管相连，构成四个检测回路。用两个端子作为输出信号与悬架ECU连接，两个晶体管均受ECU“输出”端子的控制。该传感器将车身高度状态组合为四个检测区域，分别是低、正常、高、超高。

当车身高度为正常高度时，如果因乘员数量的增加，使车身高度偏离正常高度。此时片簧开关式车高传感器的另一对触点闭合，产生电信号送给ECU，ECU即判断车身高度偏低，输出电信号到车身高度偏低，输出电信号到车身高度控制执行器，促使车身高度恢复正常高度。

（3）霍尔集成电路式车高传感器　霍尔集成电路式车高传感器分别由两个霍尔集成电路和磁体等组成，如图5-11所示。其基本工作原理是：当两个磁体因车身高度的改变而产生相对位移时，将在两个霍尔集成电路上产生不同的霍尔电效应，形成相应的电信号，悬架的电控装置根据这些电信号作车身高度偏离调整高度的情况判别，从而驱动执行器作有关调整。由于两个霍尔集成电路和两个磁体安装时，它们的位置进行了不同的组合，可以将车身

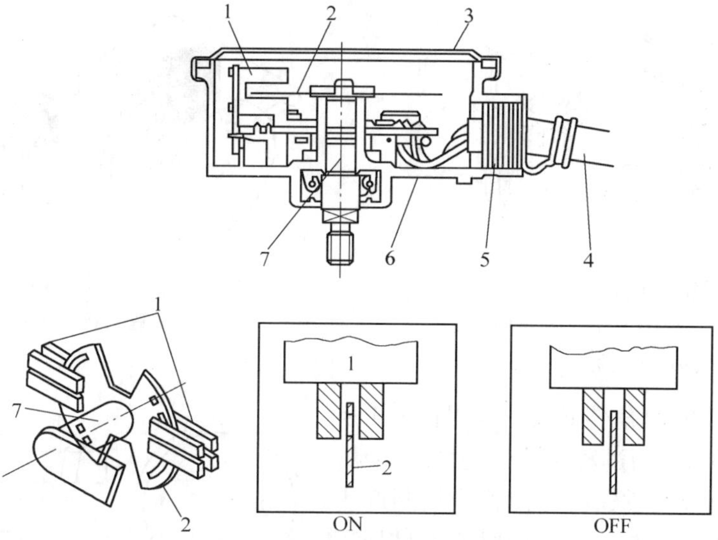

图 5-9　光电式传感器工作过程

1—光电耦合器　2—遮光器　3—传感器盖　4—导线　5—油封　6—传感器壳　7—转轴

高度状态分为三个区域进行检测。

2. 转向角传感器

检测转向盘转角，计算车身侧倾，转向角传感器装于转向轴管上，可向 ECU 提供汽车转向速率、转向角大小及转动方向信息，由 ECU 确定需调节哪些车轮的转向及调节量需要多大。该传感器主要用于对汽车悬架系统的侧倾刚度进行调节。它既适用于主动悬架系统，又适用于半主动悬架系统。工作中主要与车速传感器信号相配合，主要有光电式和磁感应式两种。

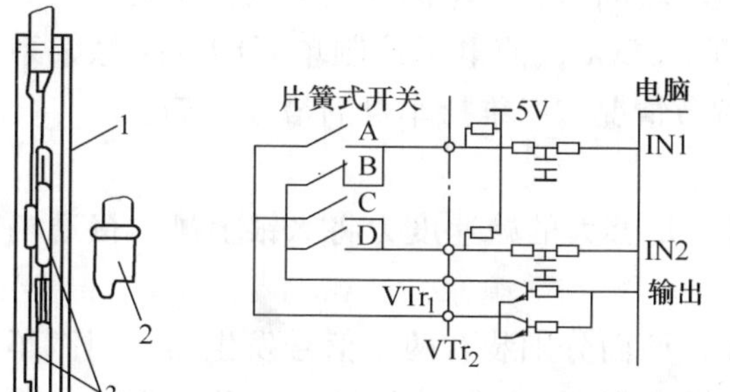

图 5-10　片簧开关式车高传感器

1—车高传感器　2—磁体　3—片簧开关

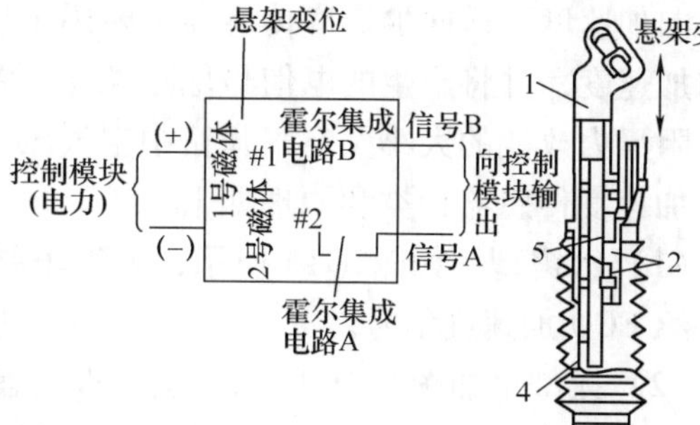

图 5-11　霍尔集成电路式车高传感器

1—传感器体　2—霍尔集成电路　3—弹簧夹

4—滑动轴　5—窗孔

（1）光电式转向角传感器　图 5-12 所示为转向角传感器安装位置和构造，图 5-13 所示为转向角传感器工作原理，在压入转向轴的圆盘中间，装有带窄缝的窄缝圆盘 2。传感器的遮光器 1（由发光二极管和光敏晶体管组成）以 2 个为一组，从上面套装在窄缝圆盘之上。窄缝圆盘上等距离均匀排列着窄缝，在随转向轴转动时，两个遮光器的输出随之进行 ON、OFF 变换。

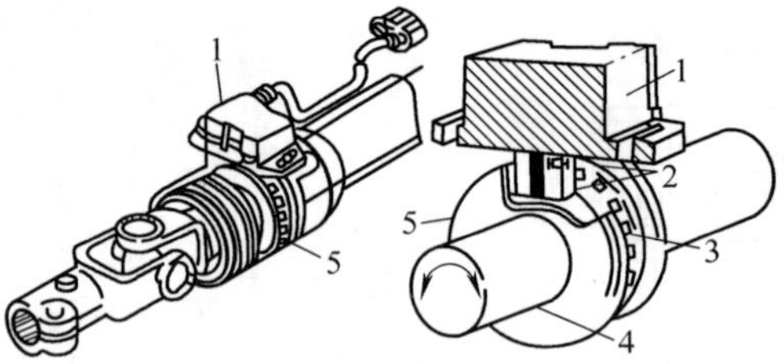

图 5-12

1—转向角传感器 2—遮光器 3—窄缝圆盘
4—转轴 5—圆盘

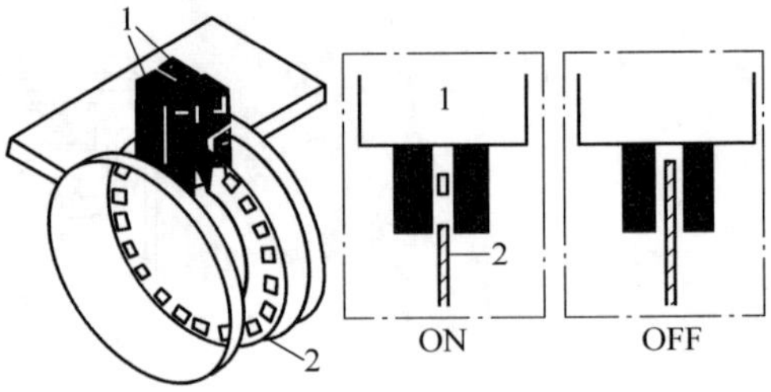

图 5-13

1—遮光器 2—窄缝圆盘

（2）磁感应式转向角传感器　如图5-14所示，当转向盘转动时，通过转向轴带动齿盘转动，齿盘的齿和齿隙交替通过铁心，使感应线圈产生交变的感应电动势。此电动势经传感器信号处理电路的放大、整流及整形后向电子控制器输出。电子控制器根据传感器输入的脉冲数确定转向盘的转动角度，根据A信号在下降沿时，B信号的高、低电平判断转向盘转动的方向。

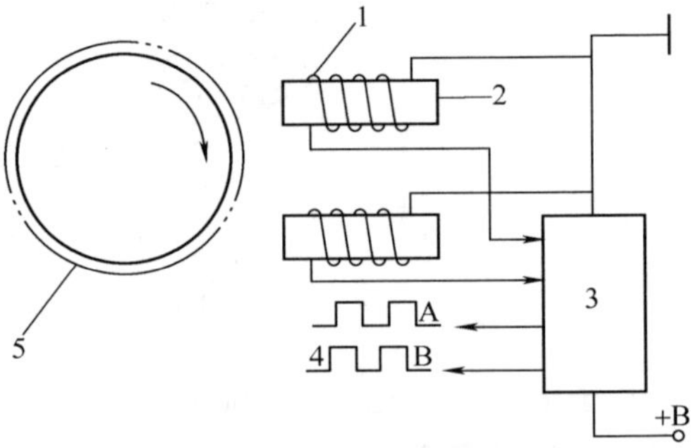

图5-14　磁感应式转向角传感器

1—感应线圈 2—永久磁铁 3—传感器集成电路
4—传感器输出信号 5—齿盘

3. 加速度传感器

检测车身振动，也可反映行驶的路面状况和车身横向运动状况，在车轮打滑时，不能以转向角和汽车车速正确判断车身侧向力的大小。可以利用加速度传感器直接测出车身横向加速度和纵向加速度。横向加速度传感器主要用于检测汽车转向时，汽车因离心力的作用而产生的横向加速度，并将产生的电信号输送给电子控制单元ECU，使电子控制单元能判断悬架系统的阻尼力改变的大小及空气弹簧中空气压力的调节情况，以维持车身的最佳姿势。

加速度传感器种类和原理如下：

（1）水银型　如图5-15所示，当汽车制动时，足够大的减速度力将水银上抛，接通电路，给ECU加速度信号。

（2）摆型　如图5-16所示，摆动板（遮光板）两面分别装有两个信号发生器，当汽车制动时，摆动板摆动信号发生器产生通（ON）或断（OFF）的脉冲信号。ECU根据通、断变换的速率就能计算出加速度来。

（3）应变仪型　如图5-17所示，当汽车制动时，悬架减速度产生的惯性力使半导体应变片发生弯曲变形，使其电阻变化，引起动态应变仪输出电压的变化；加速度越大，惯性力越大，输出电压越高。

4. 车速传感器（与发动机共用）

检测车轮转速，反映车速和计算车身的侧倾量，车速是汽车悬架系统常用的控制信号，汽车车身的侧倾程度取决于车速和汽车转向半径的大小。通过对车速的检测，悬架控制ECU调节电控悬架的阻尼力，进行车身姿态及车身高度控制，从而改善汽车行驶的安全性。

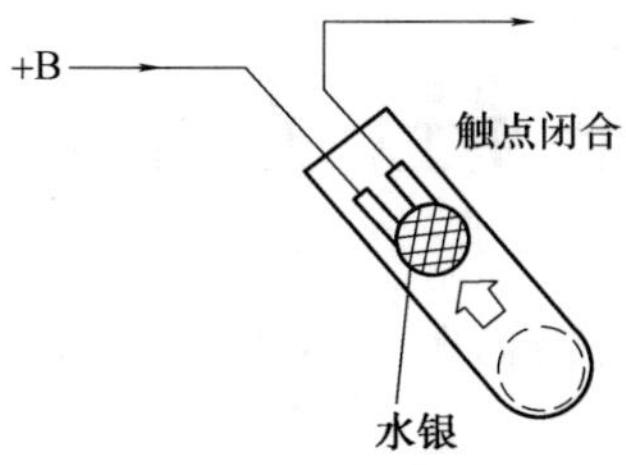

图 5-15　水银型加速度传感器

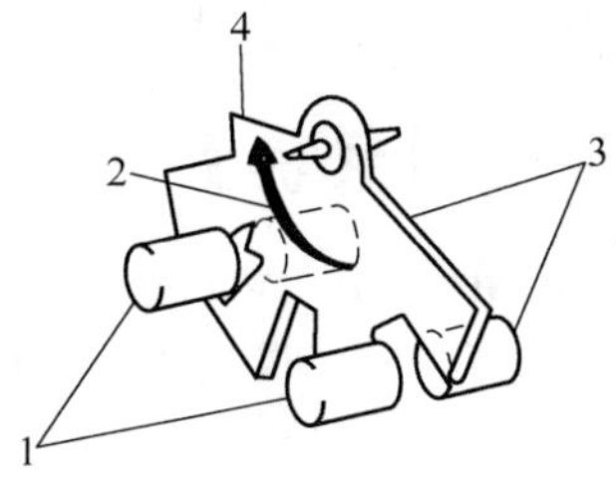

图 5-16　摆型加速度传感器

1—光电管　2—摆动方向

3—发光管　4—遮光板

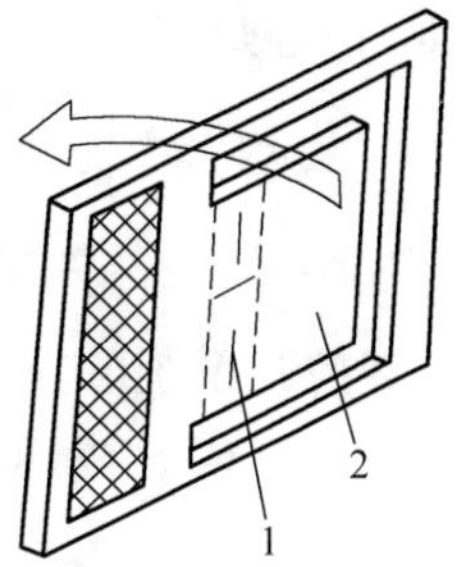

图 5-17　应变仪型加速度传感器

1—应变电阻　2—悬臂梁

5. 节气门位置传感器（与发动机共用）

检测节气门开度，反映汽车加速状况，汽车在急加速时，发动机 ECU 向悬架 ECU 提供节气门位置信息。悬架控制 ECU 根据此信号判断汽车的加速行驶工况，并适时地调整相关悬架的刚度，以控制车身的姿态（车身“仰头”）。

6. 加速踏板传感器（与发动机共用）

一些电子控制悬架系统装有加速踏板传感器，也是用于向悬架 ECU 提供汽车加速信息。

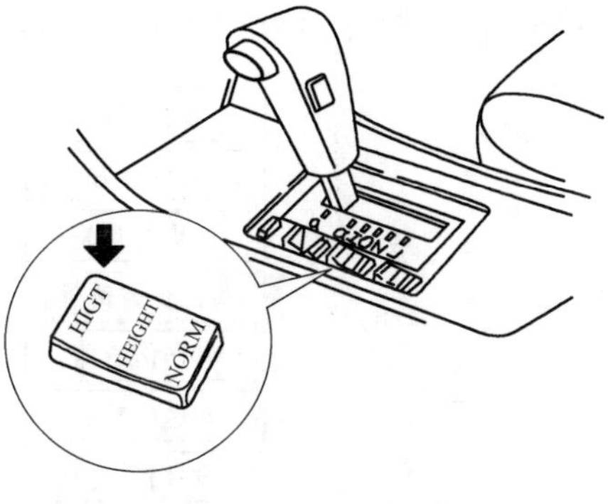

图 5-18　模式选择开关

7. 模式选择开关

如图 5-18 所示，在汽车的仪表板上或变速杆旁装有电控悬架系统的模式选择开关，可供驾驶人手动选择悬架的“软”和“硬”模式。也有的电子控制悬架系统无模式选择开关，由悬架电子控制器根据相关传感器的信号自动选择悬架的模式，从而确定选择模式来决定减振器的阻尼力大小。模式选择开关的不同组合，一般可使悬架系统有四种工作方式：自动、标准（Auto、Normal）；自动、运动（Auto、Sport）；手动、标准（Manu、Normal）；手动、运动（Manu、Sport）。如选择自动模式，悬架系统可以根据汽车行驶状态和车速等自动地调节减振器的阻尼力，以保证汽车乘坐的舒适性和操纵的稳定性。在手动模式下，悬架系统的阻尼力只有标准（中等）和运动（硬）两种状态的转换。

8. 制动开关

检测制动灯电路通断，判断汽车制动状况，用于向悬架 ECU 提供制动信息，悬架 ECU 根据制动开关提供的信号，并参考车速信号对相关悬架的刚度进行调整，以抑制车身“点头”。

9. 高度控制 ON/OFF 开关

控制开关可接通或关断电控单元 ECU 的 12V 电源，当空气悬架工作或其他系统工作时，必须接通开关。可强制停止悬架电脑对车身高度自动控制，防止车辆在维修时空气弹簧中的空气排出，导致发生车辆“趴下”现象发生。位置：安装在行李箱内，举升汽车时关闭，在顶起车辆或吊车时，务必要关断这个开关，如果没有关掉而顶起车辆，空气就会从气缸排出，当放下车辆时，车身底部就会撞到千斤顶，汽车不能行驶。

10. 门控灯开关

门控灯开关检测门控灯电路通断，判断乘员状况。

5.2.2 汽车悬架电子控制系统执行元件的结构及工作原理

悬架控制系统的执行机构可以是电磁阀、步进电动机或气泵电动机等，他们根据电脑的控制信号，准确、快速和及时地反应动作，实现对弹簧刚度、减振器阻尼或车身高度的调节。

1. 空气悬架电子控制系统执行元件的结构及工作原理

如图 5-19 所示，空气悬架电子控制系统执行元件主要有：压缩机、调压器、电动机、干燥器、排气阀、高度控制电磁阀和空气悬架等。空气弹簧（图 5-20）是利用压缩空气作弹簧的，其特点是通过调节空气弹簧的刚度达到调节目的。压缩机产生压缩气体，充入悬架系统的气缸，使车身高度上升，在发动机室的右前角。

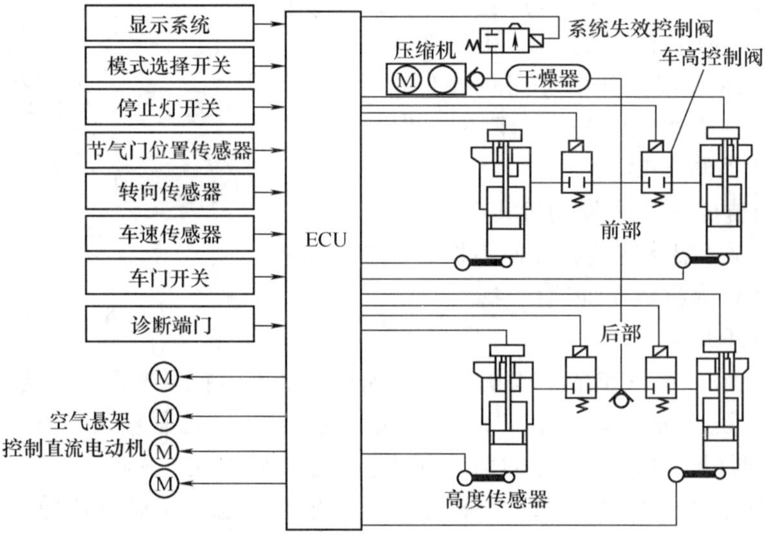

图 5-19 空气悬架电子控制系统

空气悬架的结构如图 5-21 所示，空气悬架刚度和阻尼力的调节，采用直流电动机作为执行元件。空气弹簧由主、副气室组成，密封的气体具有弹簧的功能，通过直流电动机控制主副气室之间的通道大小，实现空气弹簧刚度的调节。通过阻尼调节器控制阻尼孔的开闭，改变减振器的流道流通截面积，实现软、中、硬三种模式。

悬架刚度的调节是由步进电动机带动气阀转动，改变主、副气室之间通路的大小，从而改变刚度。如图 5-22 所示，气阀处于此位置时，大小气体通路全部被封住，主、副气室的气体不能相互流动，可压缩的气体容积最小，悬架处于高刚度状态。如果气阀顺时针转 60°，气阀将大气体通路打开，两气室之间的气体流量大，参加工作的气体容积增大，悬架处于低刚度状态。如果气阀逆时针转 60°，气阀将小气体通路打开，两气室之间的气体流量小，参加工作的气体容积减小，悬架处于中刚度状态。阻尼的调节如图 5-23 所示，转动调节杆，使转阀转动，转阀上的阻尼孔分别处于开闭状态，改变阻尼孔的节流面积，实现阻尼大小的调节。空气悬架系统高度调节控制过程：ECU 根据模式选择开关确定系统工作模式

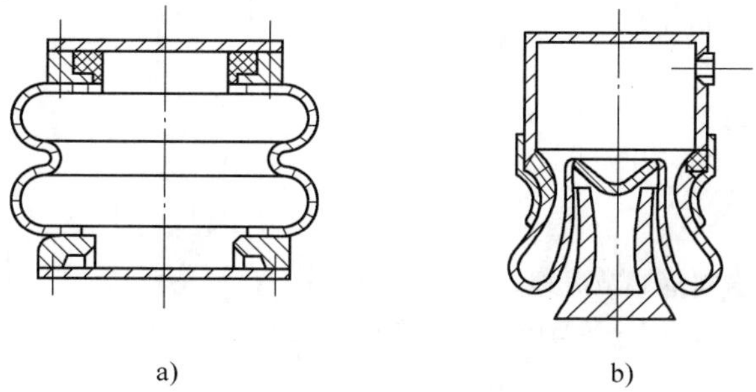

图 5-20 空气弹簧

a）囊式空气弹簧 b）膜式空气弹簧

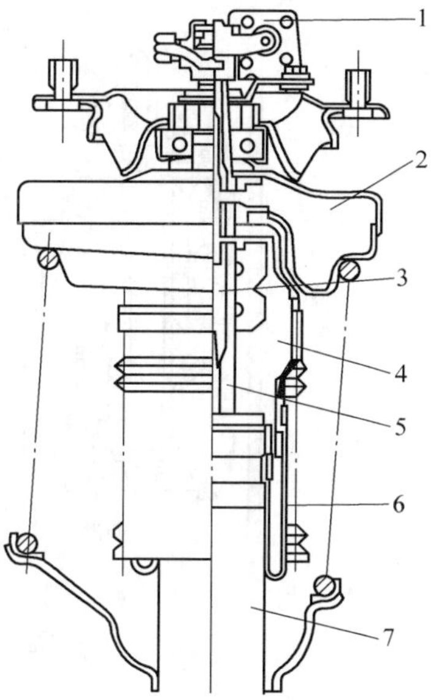

图 5-21 空气悬架结构

1—执行器 2—副气室 3—阻尼调节杆 4—主气室 5—减振器活塞杆 6—滚动膜 7—减振器边

（软、中、硬模式），发出控制信号，使空气控制阀工作并驱动高度调节执行器动作，调节悬架高度。高度传感器检测调节的结果并反馈到 ECU，ECU 进行分析判断后确定是否继续进行调节。

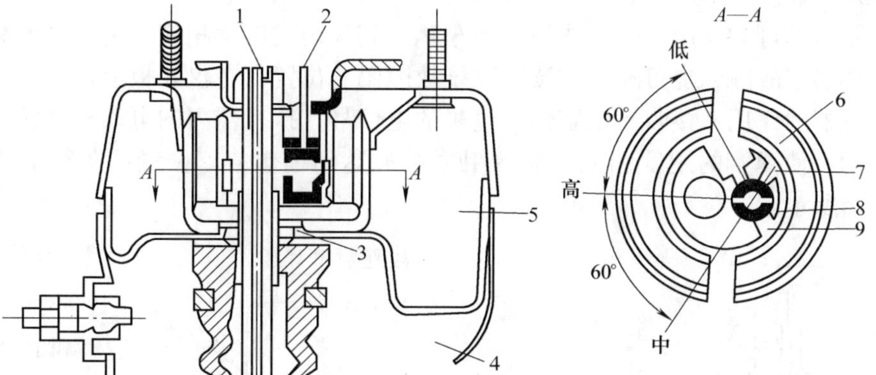

图 5-22 悬架刚度的调节原理

1—阻尼调节杆 2—气阀控制杆 3—主副气室通路 4—主气室 5—副气室 6—气阀 7—气体通路小孔 8—阀芯 9—气体通路大孔

高度控制电磁阀如图 5-24 所示，高度控制阀也称进气阀，用于控制进入或放出空气弹簧的压缩空气，从而改变弹簧和车身的高度。车身高度由气缸内的压缩空气量来决定，随着气缸内压缩空气量的增多而增高，随着气缸内压缩空气量的减少而降低。作用：当车身高度偏低，电脑就让压缩机产生压缩空气，稍后打开相应的进气阀，相应的气缸因

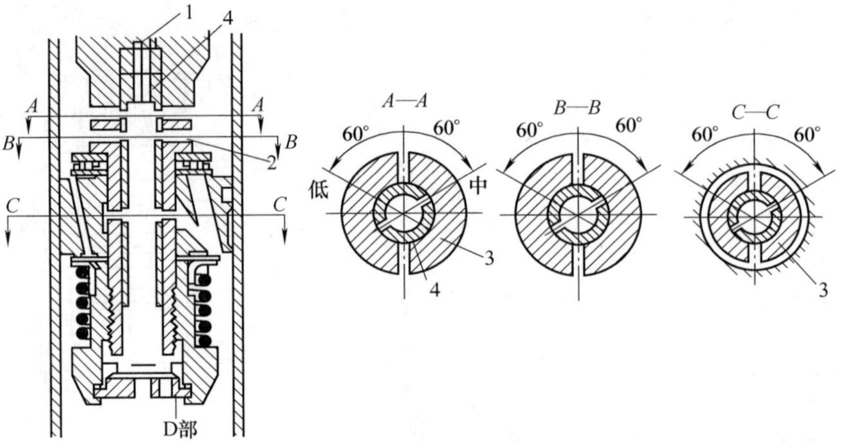

图5-23　阻尼调节原理

1—阻尼调节杆　2—阻尼孔　3—活塞杆　4—回转阀

得到空气而上升。安装位置：前面两个进气阀在压缩机附近，后面两个进气阀在车辆后桥附近。

干燥器的作用：除去压缩机所供应压缩空气的湿气。干燥器干燥剂一般用硅胶，可重复利用。位置：在压缩机的后部，紧跟压缩机，无论何时将干燥器从车上拆下，务必要密封空气管道连接处，以保持硅胶的初始性能。

排气阀的作用：车身高度由气缸内的压缩空气量来决定，随着气缸内压缩空气量的增多而增高，随着气缸内压缩空气量的减少而降低。当电脑判断车身高度偏高时，控制排气阀打开，相应气缸内的压缩空气就从排气阀排出。位置：在干燥器本体上。

高度控制指示灯的作用：提示作用，当车辆达到预定高度，相应的指示灯就亮起。可通过它提醒系统出了故障，也可通过它读取系统故障码。位置：在仪表板上。

悬架执行器的作用：接收到电脑传递过来的电信号，执行器内的电动机就转动，从而带动控制杆转动，使弹簧的刚度和减振器的阻尼系数达到理想值。位置：在每个减振器的顶部，如图5-25所示。

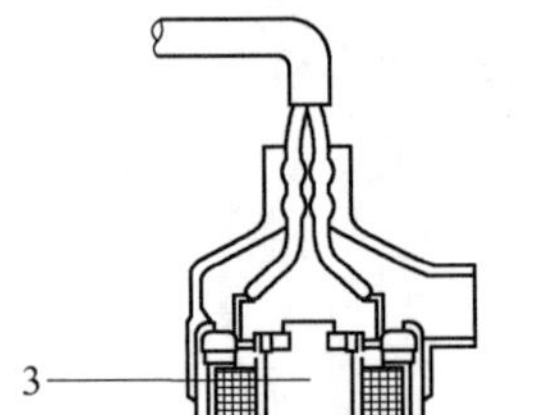

图5-24　高度控制电磁阀

1—柱塞　2—线圈　3—阀芯

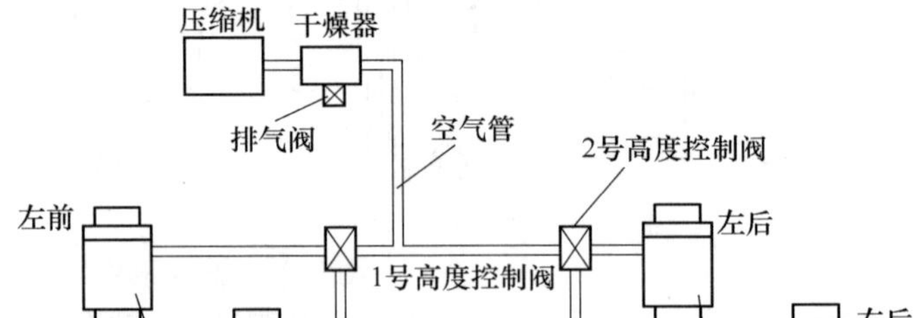

图5-25　悬架执行器示意图

2. 油气弹簧悬架电子控制系统执行元件的结构及工作原理

油气弹簧悬架电子控制系统（图 5-7）执行元件主要有：液压缸、气缸、伺服电动机、电磁阀等，执行机构的作用是执行控制系统的指令，一般为力发生器或转矩发生器，通过调节油气弹簧的刚度达到主动调节目的。其特点是执行器（液压缸）中所采用的介质是不可压缩的油液，故其响应的灵敏度较高。当执行器（液压缸）发生作用时，液压缸中的活塞从上、下两侧接受油压，一侧油压上升，另一侧油压下降，从而使活塞产生往复伸缩运动，以适应路面的凸凹，保持车身的平稳。

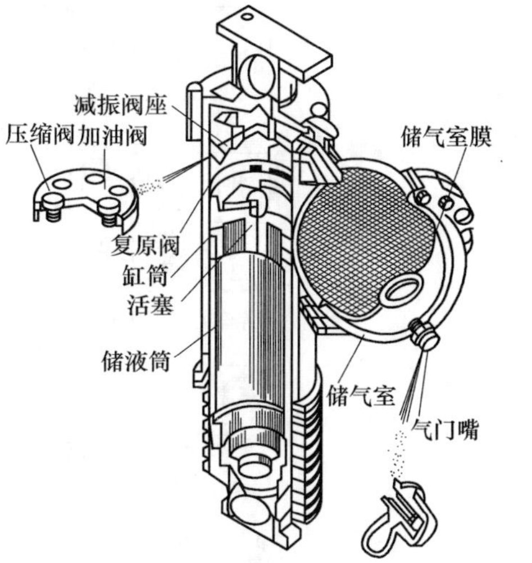

图 5-26　油气弹簧

如图 5-26 所示，油气弹簧是利用压缩氮气作为弹性元件，用油压来压缩密封氮气的一种弹性元件。油气弹簧的种类与结构如图 5-27 所示。油气弹簧的车高控制如图 5-28 所示。

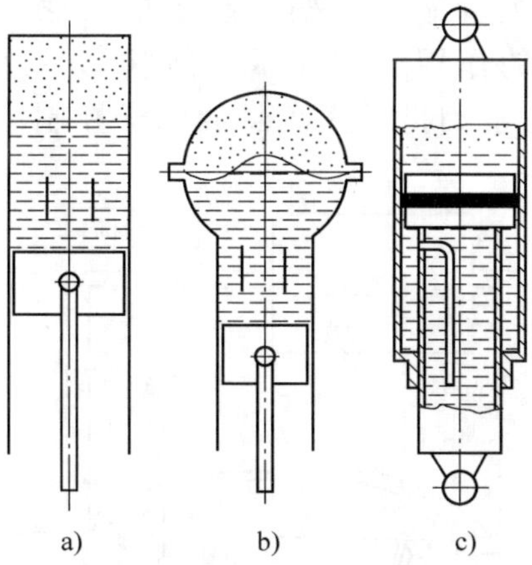

图 5-27　油气弹簧的种类与结构

a）油气不分隔式　b）油气分隔式　c）带反压气室式

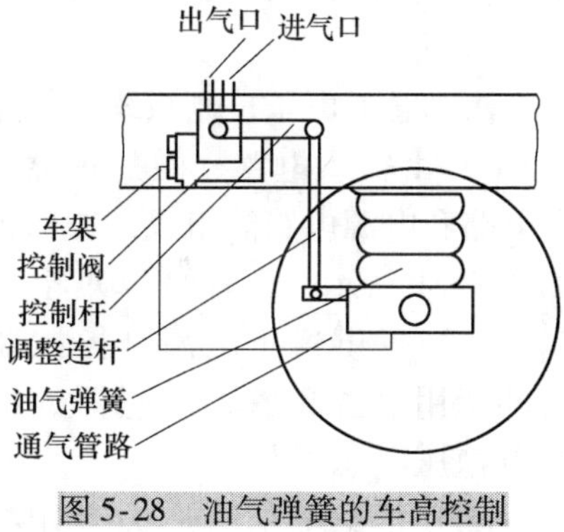

图 5-28　油气弹簧的车高控制

5.2.3　汽车悬架电子控制系统电控单元的工作原理及工作流程

汽车悬架电子控制系统电控单元的工作流程如图 5-29 所示：对汽车行驶时的各种传感器信号，如制动灯开关信号、车速传感器信号、模式选择开关信号、节气门位置信号等，经处理后确认汽车的行驶状态和路面情况（汽车是低速行驶还是高速行驶；是直线行驶还是处于转弯状态；是在制动还是在加速；自动变速器是否处在空档位置等），以确定各悬架减振器的阻尼力大小，并驱动执行器予以调节。

电子控制单元的基本工作原理如图 5-30 所示：各传感器和控制开关产生的电信号，经输入接口电路整形放大后，送入计算机 CPU 中，经过计算机处理和判断后分别输出各控制信号，驱动相关的执行器和显示器工作。控制信号有促使执行器改变

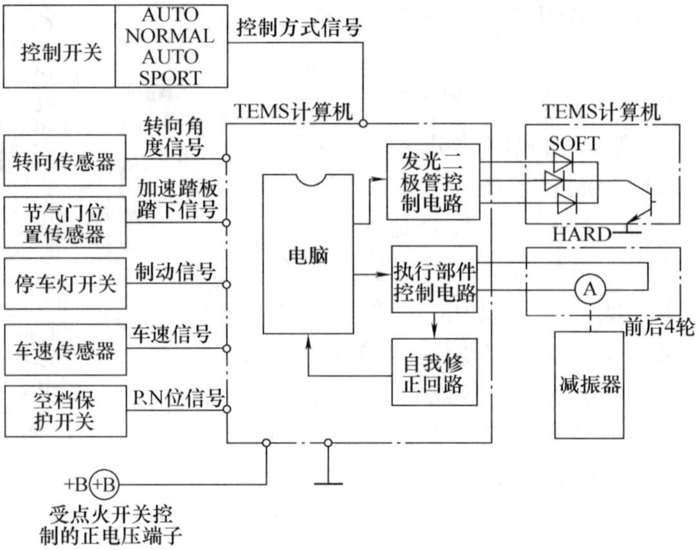

图 5-29　汽车悬架电子控制系统电控单元的工作流程图

悬架减振器阻尼力的阻尼控制信号和促使发光二极管显示悬架系统当前阻尼力状态的显示控制信号。汽车悬架电子控制系统指示灯的作用一是显示当前状态下悬架系统的阻尼力状况，二是显示 TEMS 系统是否工作正常和指示汽车悬架电子控制系统是否存在故障。

汽车悬架电子控制系统电控单元（ECU）由输入电路、微处理器、输出电路和电源电路等组成。线路连接如图 5-31 所示，具有如下功能：

（1）提供稳压电源　控制装置内部所用电源和各种传感器的电源均由稳压电源提供。

（2）传感器信号放大　用接口电路将输入信号（如各种传感器信号、开关信号、电压信号）放大，变换为适合输入控制装置的信号。

（3）输入信号的计算　电子控制单元根据预先写入只读存储器 ROM 中的程序对各种输入信号进行计算，并将结果与内存的数据进行比较，然后向执行机构（电动机、电磁阀、继电器等）发出控制信号。

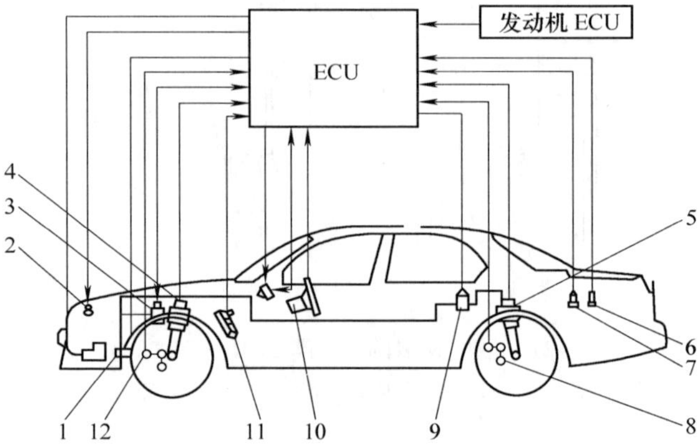

图 5-30　悬架控制系统电路原理简图

1—空气干燥器　2、6—继电器　3、9—排气电磁阀　4、5—悬架控制执行器　7—高度控制开关　8、12—车身高度（车高）传感器　10—转向传感器　11—停车灯开关

（4）驱动执行机构　悬架 ECU 将输出驱动信号放大，然后输送到各执行机构，如电动机、电磁阀和继电器等，以实现对汽车悬架的控制。

（5）故障检测功能　悬架 ECU 用故障检测电路来检测传感器、执行器、线路等的故障，当发生故障时，悬架 ECU 点亮故障指示灯。

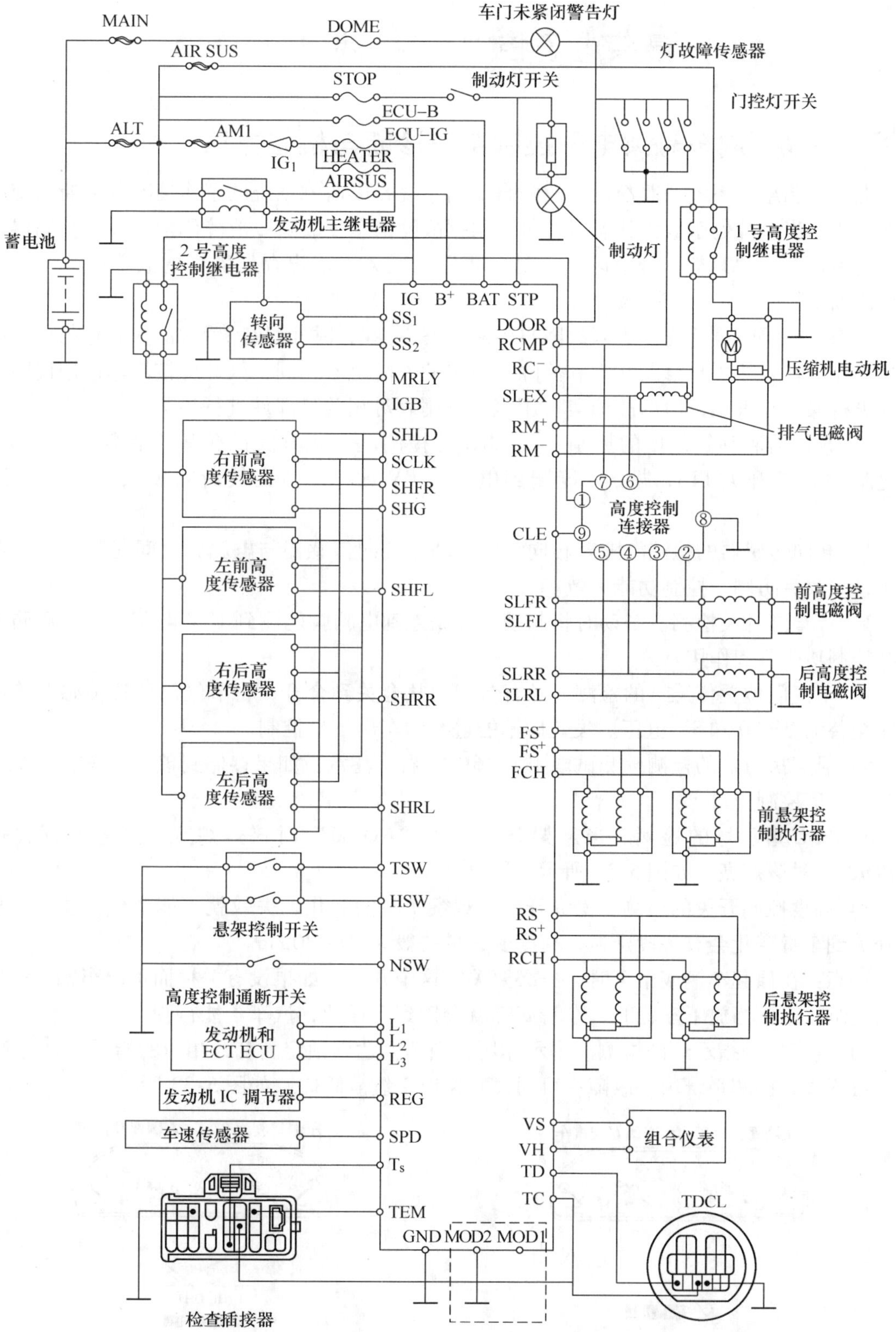

图 5-31　LS400 型汽车悬架系统电脑（ECU）插接器示意图和线路连接图

5.3 汽车悬架电子控制系统诊断与检修

5.3.1 汽车悬架电子控制系统诊断与检修方法

电子控制悬架系统一般都设有故障自诊断系统，以监测系统的工作情况及诊断系统所出现的故障。当系统处于故障状态时，电脑根据故障信息把故障以故障码形式存入存储器，并通过仪表板上的“悬架系统故障指示灯”提示驾驶人。读出存储器中的故障码，可快速准确地诊断出故障类型、部位及故障原因。

读取故障码时，首先要进入故障自诊断状态，诊断并排除故障后应清除故障码。不同种类的汽车，进入故障自诊断状态和清除故障码的方法也不相同，因此应按汽车使用说明书的要求进行操作。根据读取的故障码可用汽车万用表对相关零部件进行检测。

1）减振器和弹簧刚度的控制开关 LRC 的检测。变化开关的位置在控制开关 LRC 连到电脑脚（或开关 LRC 端子）能测到电压为 0V 或 12V，失效后驾驶人不能控制悬架刚度。

2）转向传感器的检测。随着转向盘的转动在转向传感器与电脑脚之间能测到 0V 或 5V 电压，失效后防侧倾控制功能失效。

3）停车灯开关检测。制动时将制动灯开关连到电脑脚能测到 12V 电压，失效后防车头下沉控制功能不起作用。

4）节气门位置传感器的检测。随着节气门从全关到全开，将节气门位置传感器连电脑脚能交替测量到 0 和 5V 电压。失效后不能进行防车尾下坐控制。

5）悬架执行器的检测。测试电阻 3～6Ω 左右，注意：如果存储到该故障码，系统不进行悬架刚度控制。

6）LRC 指示灯的检测。当悬架开关处于“NORM”时该灯熄灭，当悬架开关处于“SPORT”时该灯亮，如图 5-32 所示。

7）高度控制开关的检测。操纵开关，观察车身的变化，失效就不能变化。注意：从操纵开关到车身变化会有一段延迟，高度变化量一般为 10～30mm。

注意：在顶起车辆或吊车时，务必要关断这个开关，如果没有关掉而顶起车辆，空气就会从气缸排出，当放下车辆时，车身底部就会撞到千斤顶，汽车不能行驶。

8）高度控制指示灯的检测。提示作用，当车辆达到预定高度，相应的指示灯就亮起。可通过它提醒系统出了故障；可通过它读取系统故障码，如图 5-33 所示。

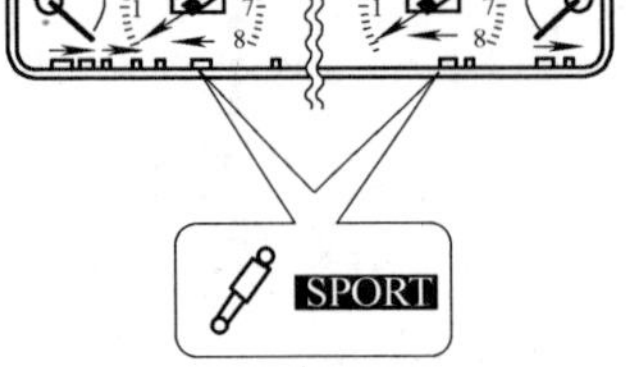

图 5-32　LRC 指示灯

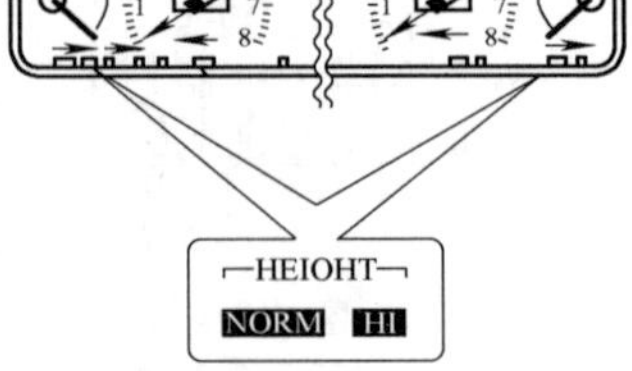

图 5-33　高度控制指示灯

9）高度传感器的检测。读到相关故障码后用汽车万用表检测每个车轮高度传感器，找出有故障高度传感器，更换或修复后，调整。在车身高度不正常时，可以调整高度传感器控制连杆。注意：当系统有该故障码时，则不进行稳定车身高度和悬架刚度控制。把点火开关关闭又打开，就能恢复控制功能。

10）空气弹簧总成的检测。减振器是否发热、漏油，自动回位、阻力和平顺性情况如何，阻尼系数是否可变；气缸是否会漏气等。

11）高度控制压缩机的检测。通电电流：14A以下；运转加电测试压力：大于800kPa；密封：不能漏气。注意：当压缩机的工作电流过大时，会记忆故障码，在点火开关打开70min后自动恢复正常。

12）干燥器。无论何时将干燥器从车上拆下，务必要密封空气管道连接处，以保持硅胶的初始性能。

13）排气阀的检测。电阻：20Ω，不能漏气。注意：存储该故障，系统不进行自动稳定高度，开关点火开关就能恢复。

14）高度控制阀的检测。电阻：9～15Ω，不能漏气。注意：存储该故障，系统不进行自动稳定高度，开关点火开关就能恢复。

5.3.2 汽车悬架电子控制系统常见故障分析与检修

汽车悬架电子控制系统常见故障有悬架控制一点也不起作用和汽车高度控制不起作用。

当悬架控制一点也不起作用时应检修如下系统：悬架控制执行器、诊断座TC线路、诊断座TS线路、LRC开关线路、空气弹簧总成、悬架控制执行器的电源线路、电脑。

当汽车高度控制不起作用时应检修如下系统：发电机调节器、汽车高度控制电源电路、汽车高度控制开关、汽车高度控制通断开关、车身高度传感器和悬架电脑。

1）故障现象：一辆1993年产别克林荫大道（PARK AVENUE）轿车，尾部趴下起不来了，导致底盘后部离地距离很小，严重影响了车辆行驶的通过性。

2）故障检修：该车装备了自动悬架系统，它是通过气压调节减振支杆，使车辆在承受较大负载时能够保持后部的高度调整。首先观察轮胎，但并未发现异常。然后仔细询问用户该车故障发生时的具体情况，用户反映该车的故障是在底盘被碰过一下后突然出现的。根据这一线索，初步判定为充气管破裂或减振器气囊漏气。于是用举升器将车支起，查看气管与减振器的情况。但观察减振器的气囊表面完好，不像漏气的样子，减振器也未漏油，看来与底盘被碰关系不大。

根据相关资料可知：别克林荫大道为了防止系统泄漏或通风阀始终打开，压缩机最长运行时间为7min。如果真是存在泄漏现象，在打开点火开关时，系统应该运行才对。此时从简单方面入手，查看了一下压缩机及传感器线路的连接情况，但没发现插头虚接的情况。看来问题没那么简单，因系统是独立的，与检测仪不能通信，也就不能通过数据流或故障码来对其检测了。接下来通过电路图（图5-34）进一步研究故障所在。仔细查看电路图可知，系统是由1个高度传感器和空气压缩机单元等组成。由浅入深，先检查熔断器，发现靠近转向柱左下方仪表板上的12、17号熔断器均是好的。然后拔掉压缩机总成线束插头，用万用表直接测量电动机的B脚、D脚电阻为2.4Ω。为了确认电动机是否能够正常工作，用两根带熔丝的跨线，B脚接正极，D脚接负极，压缩机能够正常运转。由此可以判定问题在于系统其他部分。此时用试灯检查插头B脚、D脚的供电及搭铁情况，结果D脚搭铁情况正常，但B脚无电。重新接好压缩机总成插头，拔下高度传感器，其位于汽车后部车身与悬架之间。用一根带熔丝的跨线一端接在高度传感器的B脚，另一端搭铁，观察压缩机还是不能运转。此时用万用表测量压缩机一端B脚有12.34V的电压。继续用跨线替代高度传感器，已经能够清晰地听到继电器的吸合声，看来线路上肯定存在接触不良的问题。于是拔掉副驾驶人侧仪表板右下方继电器中心的G号继电器，用一个试灯检查其插座上的1脚、5脚均有电，将灯接在1号、2号脚之间，打开点火开关30～50s后灯亮，情况均正常。若此时用跨线短接1脚、4脚，接好其他连接部分，压缩机恢复正常。

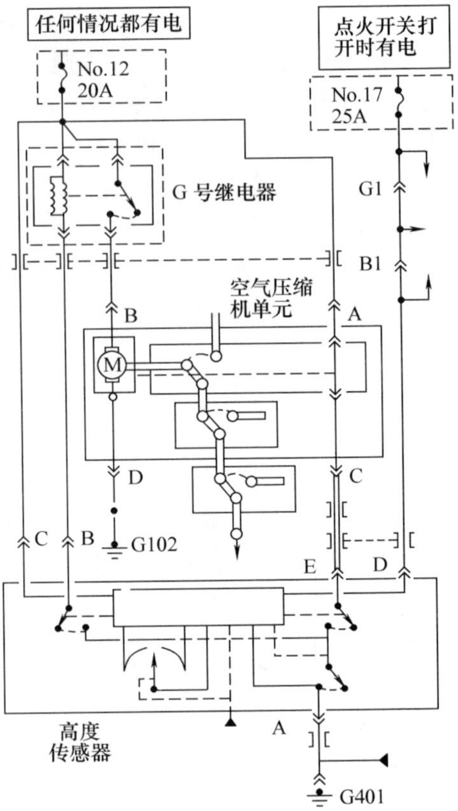

图5-34　电路图

难道该车的继电器有问题？为了证实这一点，找来了一个性能完好的继电器进行替换试验，此刻可以听到压缩机发出了一连串“哒哒……”的响声，只见车后部渐渐升了起来，ELC系统恢复了正常。

事后打开了存在故障的继电器，发现其触点存在烧蚀氧化的现象。可继电器触点有问题为什么还能清晰地听到吸合声呢？这说明继电器还未完全失效，也许因为某种原因导致触点氧化后出现虚接现象，使得触点处产生较大电阻，不能通过正常电流。因此，即使测量电压符合标准，但也不能使压缩机运转。

5.4　电磁悬架技术

电磁悬架也常称为磁流变液减振器悬架。磁流变液是一种以碳氢化合物为基础的合成油，其中含有很多直径为3～10μm的磁悬浮微粒。磁场的变化会按照磁力线方向改变磁悬浮微粒的排列状态。这是一种新型智能材料。它可用于智能阻尼器（即磁流变液减振器），制成阻尼力连续顺逆可调的新一代高性能、智能化减振装置。该装置结构简洁，功耗极低，控制应力范围大并可实现对阻尼力的瞬间精确控制，且对杂质不敏感。工作温度范围宽，可在－50～140℃内工作。磁流变液减振器可以直接通过普通低伏电源（一般的蓄电池）供电，避免高伏电压带来的危险和不便。与传统的汽车减振器相比，其运动部件大为减少，几乎无碰撞，故噪声低。目前主要应用车型有奥迪TT、凯迪拉克SLS、凯迪拉克CTS。电磁悬架系统的工作过程是：当路面不平引起车轮跳动时，传感器迅速将信号传至控制系统，控制系统发出指令，将电信号发送到各个减振器的电子线圈，电流的运动产生磁场，在磁场的作用下，减振器中的电磁液的密度改变，控制车身，达到减振的目的。如此变化说起来复杂，却可以1s进行1000次，可谓瞬间完成。电磁悬架系统可以快速有效地弥补轮胎的跳动，并扩大悬架的活动范围，降低噪声，提高车辆的操控准确性和乘坐舒适性。电磁悬架系统是由车载控制系统、车轮位移传感器、电磁液压杆和直筒减振器组成。在每个车轮和车身连接处都有一个车轮位移传感器，传感器与车载控制系统相连，控制系统与电磁液压杆和直筒减振器相连。奥迪磁流变悬架如图 5-35 所示。

图 5-35　奥迪磁流变悬架的基本结构

如图 5-36 所示，电磁线圈未通电：减振器油内的磁悬浮微粒呈杂乱无序状态，彼此之间没有力的作用。在活塞运动时，这些微粒与油液一同被从活塞孔压出。这时的减振力（阻尼力）相对较低，该力取决于减振器油的基本黏度值。电控电磁线圈已通电：微粒会按照磁场的磁力线方向排列，特别是活塞孔内聚集了一长串微粒。这就提高了油液与孔壁的摩擦力，因而也就提高了流变压力和减振力（阻尼力）。

奥迪磁流变悬架每个减振器的伸长和压缩都是单独调节的。在不到 1ms 内控制单元就可计算出控制减振器所需要的电流大小。

系统出现故障时的表现如下所述：

1）如果某个减振器的电控功能出现故障，那么只将这个减振器关闭，警告灯就接通并会存储该故障。

2）如果多个减振器的电控功能出现故障，那么所有减振器都被关闭，警告灯就接通并会存储该故障。

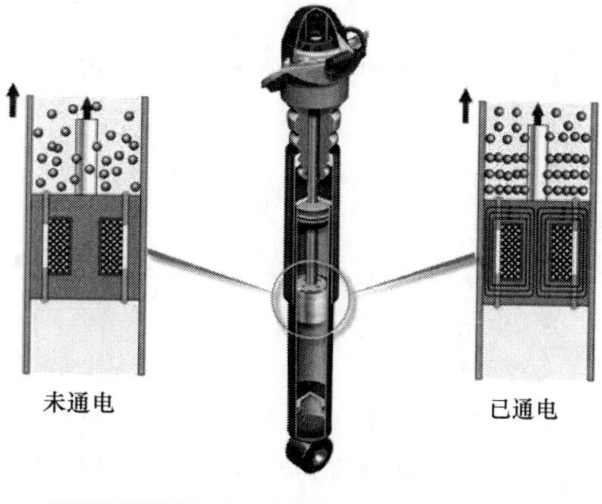

图 5-36　奥迪直筒减振器的结构示意图

3）如果识别出控制单元处理器出现故障，那么就用恒定电流来控制减振器，警告灯就接通并会存储该故障。

4）如果传感器信号以及 CAN 总线信息不可靠，那么会根据故障的具体情况启动各种应急程序，以便还能尽可能好地进行减振器调节。这时警告灯就接通并会存储这些故障。

练习与思考题

一、填空题

1. 电子控制悬架系统的功能有__________、__________、__________。

2. 电子控制悬架系统按传力介质不同可分为__________和__________。按控制理论不同可分为__________和__________。

3. 主动悬架根据频带和能量消耗的不同，可分为__________和__________。按驱动机构和介质不同可分为__________和__________。

4. 汽车电子控制悬架系统主要由感应汽车运行状况的各种传感器、开关、__________及__________组成。

5. 汽车电子控制悬架系统应用的传感器有__________、__________、__________、__________等。

6. 汽车电子控制悬架系统应用的开关有__________、__________、__________和__________等。

7. 汽车电子控制悬架系统的执行机构有__________，可调节弹簧高度和弹性大小的弹性元件等。

8. 加速度传感器常用的有__________和__________两种。

9. 车身高度传感器常用的有__________、__________、__________。

10. 悬架电子控制单元的ECU一般由__________、__________、输出电路和电源电路等组成。

11. 可调阻尼力减振器主要由__________、__________、__________、__________等构成。

二、判断题

1. 装有电子控制悬架系统的汽车无论车辆负载多少，都可以保持汽车高度一定，车身保持水平。(　　)

2. 装有电子控制悬架系统的汽车在高速行驶时，可以使车高降低，以减少空气阻力，提高操纵的稳定性。(　　)

3. 装有电子控制悬架系统的汽车可以防止汽车急转弯时车身横向摇动和换档时车身纵向摇动。(　　)

4. 无级半自主动悬架在转向、起步、制动等工况时能对阻尼力实施有效的控制。(　　)

5. 转向盘转角传感器用于检测转向盘的中间位置、转动方向、转向角度和转动速度。(　　)

6. 在电子控制悬架系统中，电子控制单元根据车速传感器和转角传感器的信号，判断汽车转向时侧向力的大小和方向，以控制车身的侧倾。(　　)

7. 在车轮打滑时，能以转向角和汽车车速正确判断车身侧向力的大小。(　　)

8. 当选择手动档时，悬架系统的阻尼力只有标准（中等）和运动（硬）两种状态的转换。(　　)

9. 为改变汽车的侧倾刚度，可通过改变纵向稳定杆的扭转刚度来实现。(　　)

10. 在检测汽车电子控制空气悬架时，当用千斤顶将汽车顶起时，应将高度控制ON/OFF开关拨到ON位置。(　　)

11. 在检测汽车电子控制空气悬架时，在开动汽车之前，应起动发动机将汽车的高度调整到正常状态。(　　)

三、简答题

1. 汽车电子控制悬架系统的一般工作原理是怎样的？

2. 悬架电子控制单元ECU的功能有哪些？

3. 操纵高度控制开关检查汽车高度变化情况的步骤是怎样的？

4. 汽车高度如何调整？

第6章 汽车安全气囊系统原理与检修

基本思路：

SRS系统虽说是一个被动安全系统，但是对它的学习和操作如何强调和要求都不过分，不管是教材、参考资料还是汽车使用说明书、维修手册，只要提到有电气、焊接或在其相关零部件附近作业都有特别警告和要求（因为里面有引爆炸药）。本系统独立的零部件不多，执行元件主要有气囊组件、警告灯及插接器；传感器就是碰撞强度传感器和安全防护碰撞传感器，对其种类、形状、结构、作用、安装位置和工作特性要全面掌握，对传感器和执行元件的线路连接及插接器的结构、特征和性能要特别注意，在实际测量、检修和拆装时一定要严格遵守操作规程，决不能盲目和草率，在本章第三节多次强调其注意事项。在本章再次强调：动手之前先动脑，只有这样才会事半功倍，否则会造成严重危害。对本章的学习关键把握电的流动路线，但要记住：除了车上有电源外，操作人员的身上有静电、电焊机电烙铁都通电、万用表等量具内带有电源都可能引爆炸药。

6.1 汽车安全气囊系统概述

汽车在给人们带来方便、快捷的同时，自其诞生之时起也带给了人类继战争之后又一大灾难，每年都有成千上万的人死于车祸，更有许多人因车祸受伤致残。车祸迫使人们更加关注汽车的安全性，同时也迫使汽车生产厂家在汽车上装备乘员安全保护装置。汽车乘员安全保护装置可分为主动保护装置和被动保护装置两种。主动保护装置能够依靠其本身的结构来保证汽车在行驶过程中的安全性。如制动防抱死系统，它能够在汽车制动时防止汽车侧滑、甩尾，从而保证乘员的安全。被动保护装置能够在汽车发生事故时，保护乘员或减轻乘员的伤害程度。安全带和安全气囊（Supplemental Restraint System，简称SRS）就属于汽车乘员被动保护装置。其中安全带在被动保护过程中起主要作用，而安全气囊在被动保护过程中仅起辅助作用，它可以弥补佩带安全带后仍不能保护汽车乘员面部、胸部的缺陷。

随着高速公路的发展和汽车性能的提高，汽车的行驶速度越来越快，特别是由于汽车拥有量的迅速增加，交通越来越拥挤，使得事故更为频繁，所以汽车的安全性就变得尤为重要。当汽车发生事故时，对乘员的伤害是在瞬间发生的。例如，以车速50km/h进行正面撞车时，其发生时间只有1/10s左右。为了在这样短暂的时间中防止对乘员的伤害，必须设置安全装备，目前主要有安全带、防撞式车身和安全气囊防护系统等。由于很多事故是难以避免的，因此被动安全性也非常重要，安全气囊作为被动安全性的研究成果，从1952年就取得了专利，但在应用推广中经历了许多波折，足足走过了30多年的漫长路途。直至1984年，汽车碰撞安全标准（FMVSS208）在美国经多次被废除后又重新被认可并开始实施，其中规定从1995年9月1日以后制造的轿车前排座前均应装备安全气囊，自此才确认了安全气囊的作用。如今，种类也发展为正面气囊、侧面气囊和安全气帘等。各国生产的中高级轿车，大多数都装有安全气囊。

6.1.1 汽车安全气囊系统的基本组成

驾驶人处的安全气囊是存放在转向盘衬垫内，因此，当转向盘上标有“SRS”或“Airbag”字样，就可知此车装有安全气囊。安全气囊系统主要由传感器、微处理器、气体发生器和气囊等主要部件组成，如图6-1所示。

传感器和微处理器用以判断撞车程度，传递及发送信号；气体发生器根据信号指示产生点火动作，点燃固态燃料并产生气体向气囊充气，使气囊迅速膨胀。气囊装在转向盘毂内紧靠缓冲垫处，其容量约为50～90L不等，气囊的布料具有很高的抗拉强度，多以尼龙材质制成，折叠起来的表面附有干粉，以防安全气囊粘着在一起在爆发时被冲破；为了防止气体泄漏，气囊内层涂有密封橡胶；同时气囊设有安全阀，当充气过量或囊内压力超过一定值时会自动卸放部分气体，避免将乘客挤压受伤；气囊中所用的气体多是氮气。

典型的气囊系统包括两个组成部分：探测碰撞点火装置（或称传感器）和气体发生器的气囊（或称气袋）。当传感器开关起动后，控制线路即开始处于工作状态，并借着侦测回路来判断是否真有碰撞发生。如果讯号是同时来自两个传感器的话才会使安全气囊开始作用。由于汽车的发电机及蓄电池通常都处于车头易受损的部位，因此，安全气囊的控制系统皆具有自备的电源以确保作用的发挥。在判定施放安全气囊的条件正确之后，控制回路便会将电流送至点火器，借着瞬时快速加热，将内含的氮化钠推进剂点燃。在近乎爆炸的化学反应快速发生的同时，会产生大量无害的以氮气为主的气体，将气囊充气至饱满的状态，并借着强大的冲击力，气囊能够冲开转向盘上的盖而完全展开，以保护驾驶人头部不受伤害。同时在推进剂点燃的过程之中，点火器总成中的金属网罩可冷却快速膨胀的气体，随即气囊可由设计好的小排气口排气，以发挥逐渐缓冲功能，并避免在车身仍继续移动时阻碍碰撞后的视线。需要特别说明的是，传感器只有在满足了一定的条件下才会工作。安全气囊的传感器的设计有很多种，有一部分是采用摆锤或杠杆式开关，还有的是弹簧负载的转轮式，此外还有用水银开关的产品。但不论感测器开关形式如何，都必须有足够的撞击力才能使得开关起动，同时这个撞击力必须来自正的方向才行。通常这个撞击力约等于以车速25～50km/h左右碰撞固定物所产生的结果。当汽车受到这种高速碰撞时，装在车前端的碰撞传感器和装在

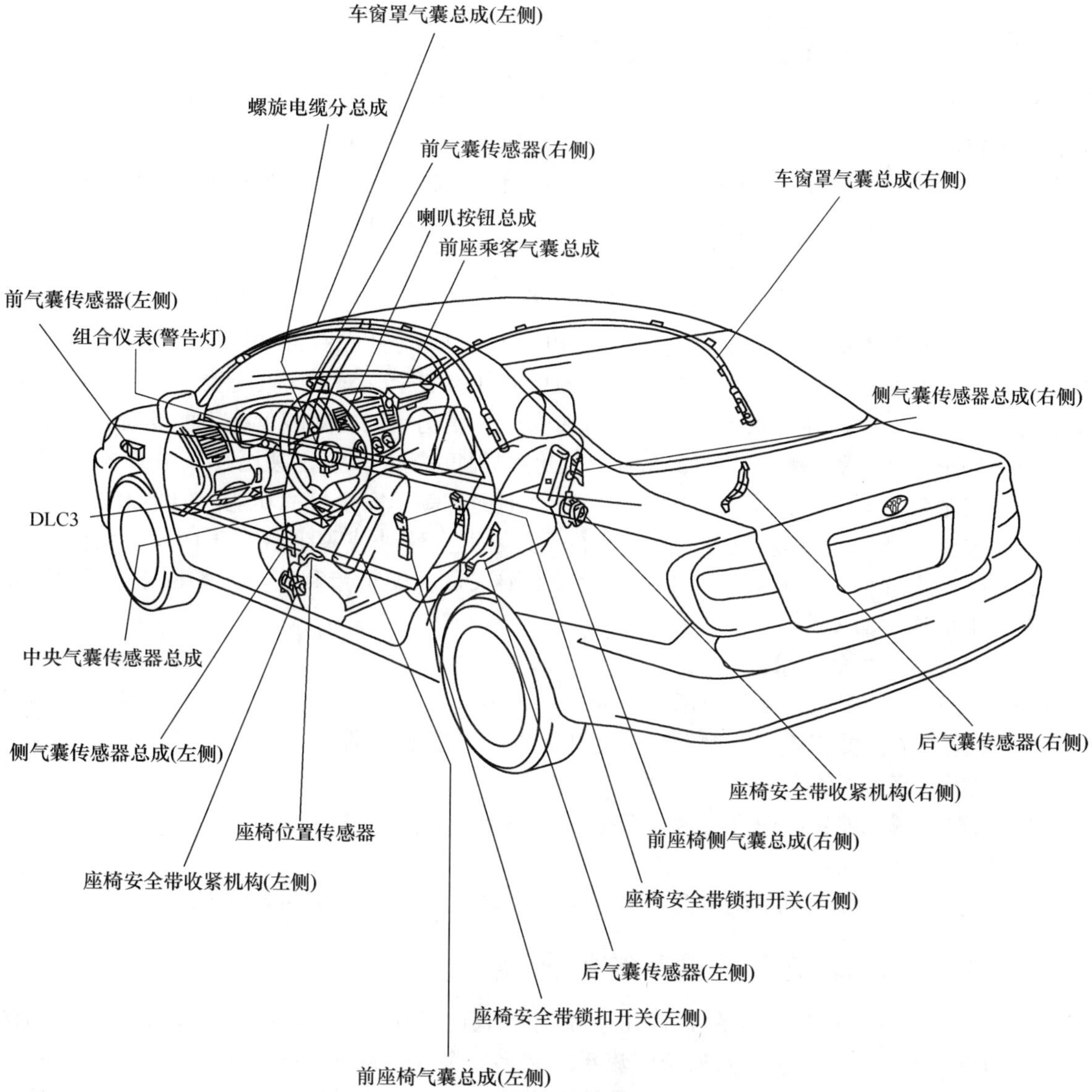

图 6-1　汽车安全气囊系统的组成

汽车中部的安全传感器，就可检测到车辆突然减速，并将这一信号迅速传递给安全气囊系统的控制电脑，电脑在经过分析确认之后，才会引爆安全气囊包内的电热点火器，使气囊发生迅速膨胀。据计算，安全气囊必须在发生汽车碰撞后的 0.01s 内微处理器开始工作，0.03s 内点火装置起动，0.05s 内高压气体进入气囊，0.08s 内气囊向外膨胀，0.11s 内气囊完全胀大，此后，驾车者才会撞上气囊。可见，气囊的打开与否与撞击角度和撞击速度都有关，一般来说在汽车翻转、轻微碰撞、侧面碰撞或后面碰撞时，气囊均不会打开，比如桑塔纳 2000 升级版在车身正面左右各 30°以内受到重创时才会打开安全气囊。另外，对于撞击速度而言，安全气囊系统测定的是撞击后车辆的减速度，因此，在做安全碰撞实验时，一般都是让车笔直地撞在不能移动且不能变形的墙上。

6.1.2 汽车安全气囊系统的基本功能

当汽车发生碰撞时，汽车与汽车或汽车与障碍物之间的碰撞称为一次碰撞。一次碰撞后，汽车速度将急剧变化，驾驶人和乘员会受到惯性力的作用而运动，并与车内的转向盘、风窗玻璃或仪表板等构件发生碰撞，这种碰撞称为二次碰撞。在车辆事故中，导致驾驶人和车内乘员遭受伤害的主要原因是二次碰撞。为了减轻或避免驾驶人与乘员在二次碰撞中遭受伤害，汽车上装备了座椅安全带和安全气囊系统等被动保护装置。

安全气囊的主要作用是在驾乘人员使用安全带的情况下，遇有意外碰撞时有助于减轻胸、头和面部在碰撞时受伤。安全气囊可将撞击力均匀地分布在头部和胸部，防止脆弱的乘客肉体与车身产生直接碰撞，大大减少受伤的可能性。安全气囊对于在遭受正面撞击时，的确能有效保护乘客，即使未系上安全带，防撞安全气囊仍足以有效减低伤害。据统计，配备安全气囊的车发生正面碰撞时，可降低乘客受伤的程度高达64%，甚至在其中有80%的乘客未系上安全带！至于来自侧方及后座的碰撞，则仍有赖于安全带的功能。但是，人们往往认为有了安全气囊，就没有必要系安全带了。实际上在驾驶或乘坐装有正面安全气囊的车辆，同样要系上安全带；如果发生正面碰撞，驾乘人员在安全带和安全气囊的双重作用下，才能有效地保障生命安全。

汽车对安全气囊的要求：

1）可靠性高：安全气囊的使用年限为7~15年。

2）安全可靠：能正确区分制动减速度和碰撞减速度的区别。

3）灵敏度高：当汽车发生碰撞时，在二次碰撞前打开。

4）有防误爆功能：减速度过低，轻微碰撞不能引爆。

5）有自动诊断功能。

6）电控安全气囊要有备用电源，当汽车发生碰撞电源损坏后还能引爆安全气囊。

6.1.3 汽车安全气囊系统的分类

目前汽车采用的安全气囊系统（SRS）普遍都是电子式安全气囊系统。按SRS气囊的数量可分为单一安全气囊系统、双安全气囊系统和多安全气囊系统。按安全气囊系统的功用可分为正面安全气囊系统和侧面安全气囊系统两大类。可用于保护整个上身和面部。无论安全气囊系统的气囊数量多少，均可采用一个SRS专用电脑控制。

6.2 汽车安全气囊系统主要零部件的结构及工作原理

安全气囊系统主要组成零部件及安装位置如图6-2所示。

6.2.1 汽车安全气囊系统传感器的结构及工作原理

安全气囊传感器在防撞安全气囊系统中用来测定碰撞强度，将其碰撞强度转换成电信号，输入电子控制装置，作为是否起动防撞气囊的计算参数，又叫碰撞传感器。

防撞安全气囊系统采用的碰撞传感器按功能可分为碰撞强度传感器和防护碰撞传感器两大类。碰撞强度传感器按安装位置分为前碰撞传感器（包括左前碰撞传感器、右前碰撞传

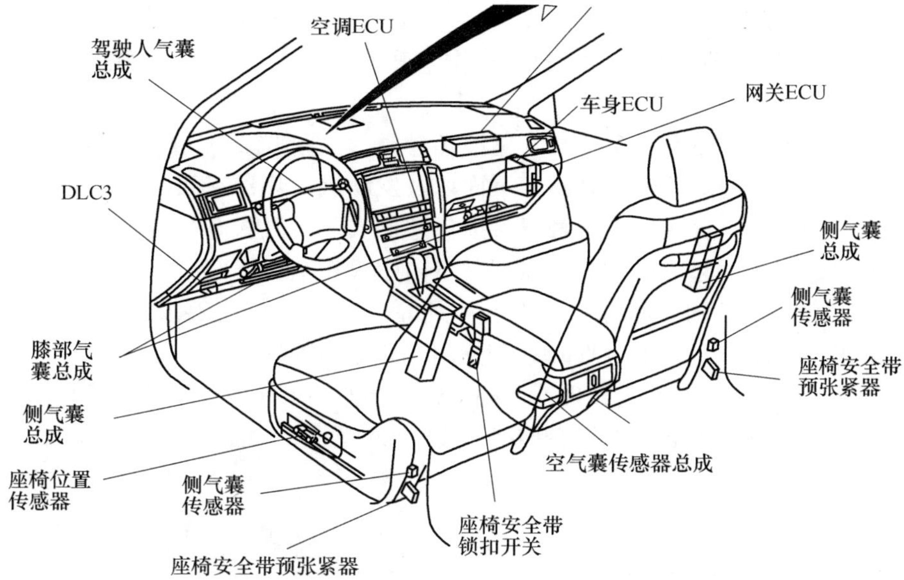

图 6-2　安全气囊系统主要组成零部件及安装位置

感器，分别安装在驾驶室间隔板左、右侧及中部）和中央碰撞传感器（安装于安全气囊 ECU 内部的碰撞传感器，用于检测汽车受碰撞程度）。当以车速高于 40km/h 左右撞到障碍物时，前碰撞传感器会动作，欲使气囊打开。防护碰撞传感器又叫做安全碰撞传感器或侦测碰撞传感器，也叫做保险传感器（安装在安全气囊 ECU 内部，通常有两个安全传感器）。防护传感器与碰撞强度传感器串联，它的作用是防止前碰撞传感器短路造成气囊误打开，它的信号供电脑确定是否发生碰撞。当 SRS 电脑的插接器端子短路时，由于防护传感器的作用，触点不闭合，会使气囊电路始终断开，从而可避免气囊误爆。

1. 碰撞传感器

对于各汽车制造厂生产的车辆，碰撞传感器的安装位置不尽相同，而且碰撞传感器的名称也不统一，例如有些碰撞传感器按照工作原理也称为加速度（减速）传感器。

按照用途的不同，碰撞传感器分为触发碰撞传感器和防护碰撞传感器。触发碰撞传感器也称为碰撞强度传感器，用于检测碰撞时的减速度或惯性，并将碰撞信号传给气囊电脑，作为气囊电脑的触发信号；防护碰撞传感器也称为安全碰撞传感器，它与触发碰撞传感器串联，用于防止气囊误爆。

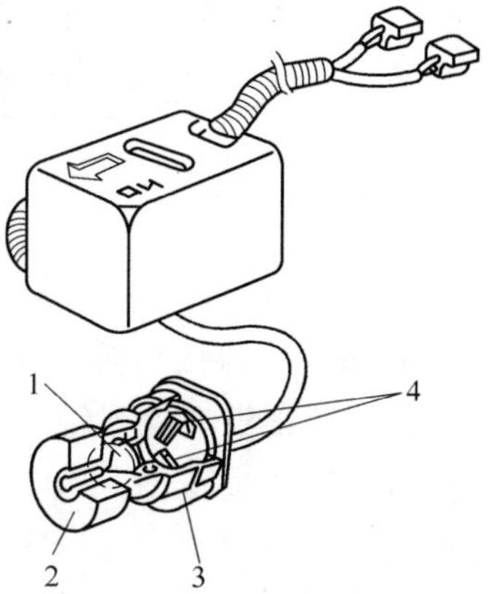

图 6-3　滚球式传感器

1—滚球　2—磁铁　3—导管　4—触点

按照结构的不同，碰撞传感器分为机电式碰撞传感器、电子式碰撞传感器以及机械式碰撞传感器。防护碰撞传感器一般采用电子式结构，触发碰撞传感器一般采用机电结合式结构或机械式结构。机电结合式碰撞传感器是利用机械的运动（滚动或转动）来控制电气触点动作，再由触点断开和闭合来控制气囊电路的接通和切断，常见的有滚球式（图6-3）和偏心锤式（图 6-5）碰撞传感器。电子式碰撞传感器没有电气触点，目前常用的有电阻应变式和压电效应式两种。机械式碰撞传感器常见的有水银开关式，它是利用水银导电的特性来控制气囊电路的接通和切断。

对于早期的汽车，一般设有多个触发碰撞传感器，安装位置一般在车身的前部和中部，例如车身两侧的翼子板内侧、前照灯支架下面以及发动机散热器支架两侧等部位。随着碰撞传感器制造技术的发展，有些汽车将触发碰撞传感器安装在气囊电脑内。防护碰撞传感器一般都与气囊电脑组装在一起，多数安装在驾驶室内中央控制台下面。

（1）滚球式传感器结构及原理　如图6-4所示，当滚球有足够惯性力时，脱离永久磁铁碰撞控制电极触点动作，再由触点的结合控制气囊电路的导通。

（2）偏心锤式传感器的结构与原理　偏心锤式传感器的工作原理是利用偏心锤机械运动控制电器触点动作，再由触点的断开与结合控制气囊电路的通断，如图6-5～图6-7所示。

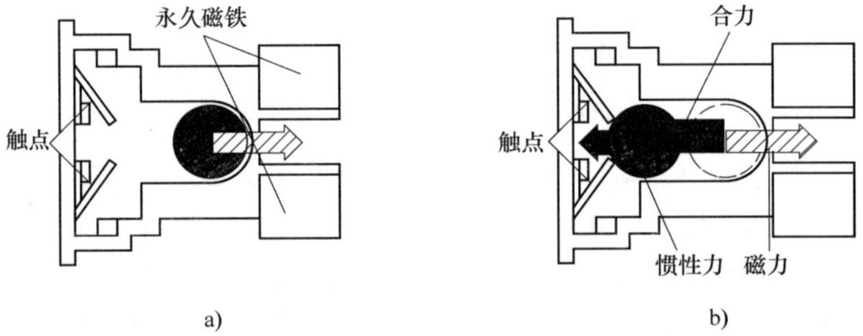

图6-4　滚球式传感器结构及工作原理
a）静止状态　b）工作状态

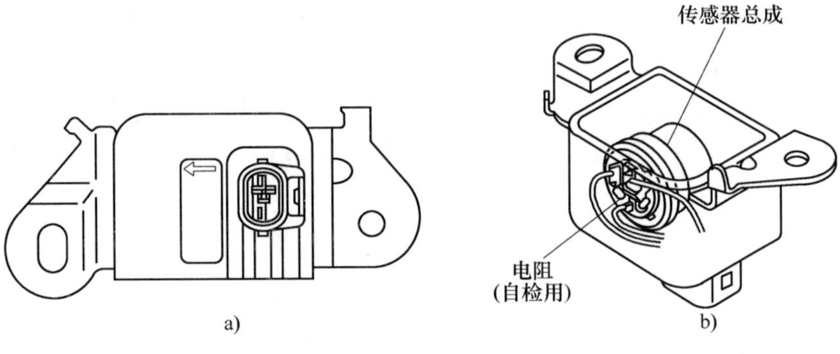

图6-5　偏心锤式传感器

（3）电子式碰撞传感器（图6-8）　目前常用的有电阻应变计式和压电效应式两种。电子式碰撞传感器没有电器触点，在发生碰撞时应变电阻发生变形，使电阻发生变化、传感器输出信号电压发生变化，当电压值超过预定值时，气囊被触发；或者压电晶体在碰撞时发生变化而使输出电压变化，当变化的电压达到预定值，气囊被触发。

2. 安全传感器

如图6-9所示，水银开关式碰撞传感器是利用水银导电的特性控制气囊电路的通断。

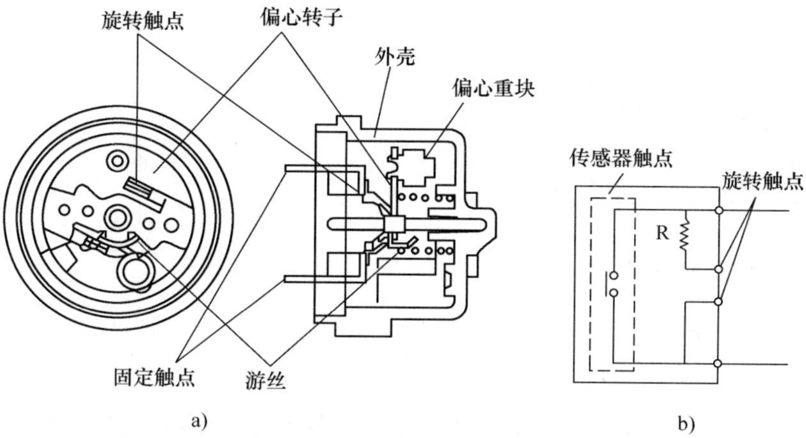

图 6-6 偏心锤式传感器的结构

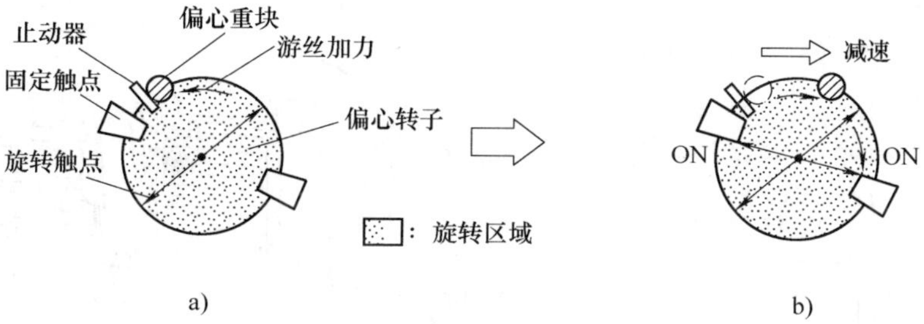

图 6-7 偏心锤式传感器工作原理

图 6-8 电子式碰撞传感器

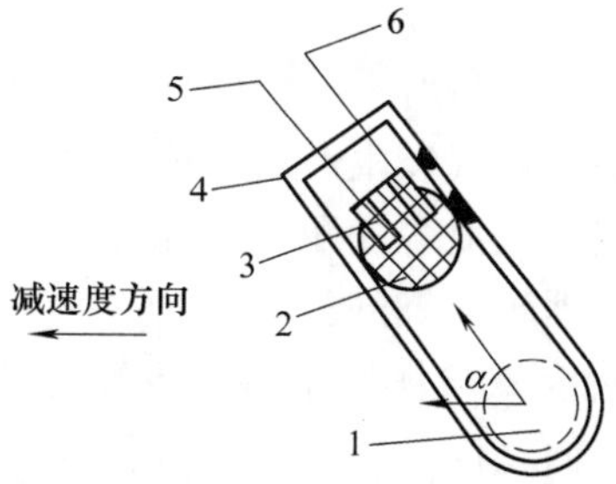

图 6-9 水银开关式碰撞传感器

1—水银原位置 2—水银移动位置 3—盖塞 4—外壳
5—电源电极 6—至气囊点火器电极

3. 座椅位置传感器

它附于驾驶人座椅的滑轨上，如图 6-10 所示。用于检测座椅位置的滑动位置。座椅位置传感器与一个霍尔 IC 相对的另一端则是磁铁部分，如图 6-11 所示。通过座椅位置传感器来检测、判断座椅位置，传感器后移座椅位置后移，传感器前移座椅位置前移。当安装座椅位置传感器时，首先在座椅位置传感器和下滑轨部分之间要插入一个 1mm 塞尺。然后按住座椅位置传感器，再拧紧安装螺栓到规定转矩。

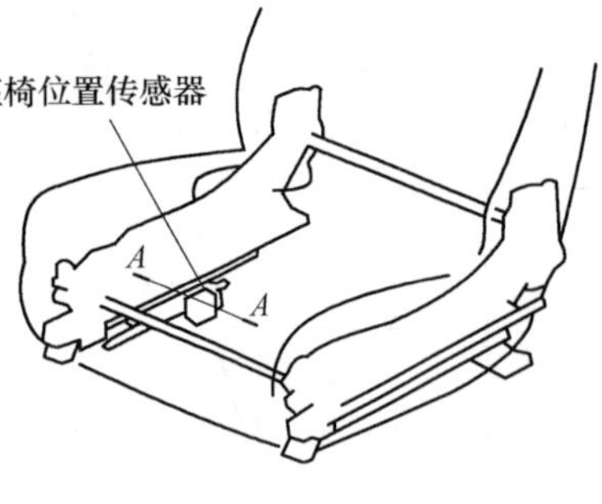

图 6-10

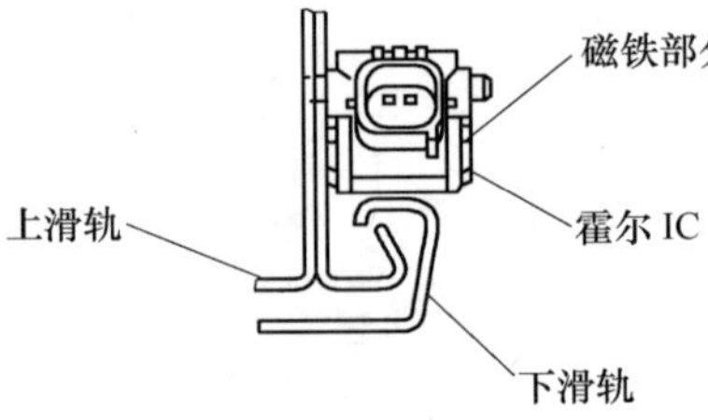

图 6-11

6.2.2 汽车安全气囊系统执行元件的结构及工作原理

安全气囊系统执行元件主要有气囊组件、警告灯及插接器等。

1. 气体发生器

如图 6-12 所示，气体发生器有压缩气体式（冷式）、燃烧式（热式）和混合式三种。

（1）压缩气体式 主要与机械式传感器及控制器连用。由于其产气量少、充气速度慢等缺点，应用较少。

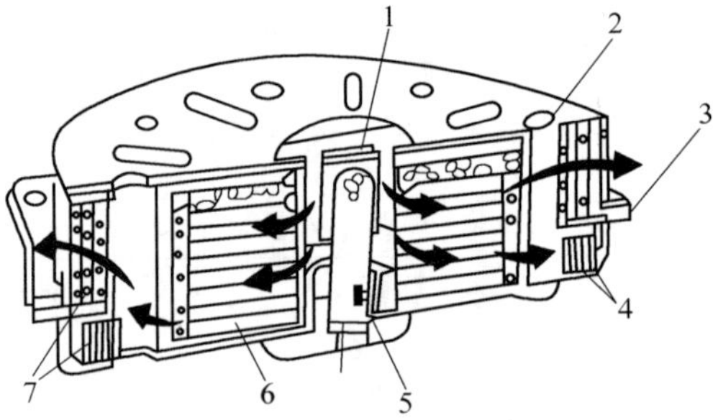

图 6-12 气体发生器

1—点火剂 2—铆钉 3—激光束焊 4、7—过滤器 5—点火器 6—气体发生剂

（2）燃烧式气体发生器 通过燃烧剂燃烧产生大量气体，产气量大，容易控制，应用较多。燃烧剂有叠氮化钠等种类。叠氮化钠燃烧产生无害的氮气，但产生大量的热量和固体颗粒，所以要采取降温、过滤等相应措施。为防止火药产生的热量对乘员造成伤害，有些气袋内部涂有隔热涂层。叠氮化钠溶于水后有毒，对环保不利。各气袋生产厂家都在发展新型的燃烧剂。可燃气体是其中的一种，它将氢气和氧气按一定比例混合加压储存在储气瓶中。它燃烧后产生水，没有固体颗粒，燃烧前也没有害，是一种理想燃烧剂。

（3）混合式气体发生器 该发生器是用少量的燃烧物质产生足够的热量，使得压缩气体迅速膨胀而充满气袋。其产气量大，而产生的热量少，是今后的发展方向。

气体发生器安装在转向盘中的支架上，由气体发生剂、点火器（传爆管）和过滤器等组成。气体发生器的外壳是用钢板冲压件焊接和铆接而成，有的壳体是用铝合金锻造，再用摩擦焊接而成。目前气体发生器使用的气体发生剂主要是氮化钠合剂，该合剂燃烧后产生氮气。为使氮化钠充分燃烧，需加入助燃剂。在使用过程中，它通常制作成片状，通过改变片剂厚度来调节气体发生器的特性。

2. 点火器

点火器外包铝箔，安装在气体发生器内部中央位置。其功用是在前碰撞传感器和防护传感器将气囊电路接通时，引爆点火剂，产生热量使充气剂分解。点火器的所有部件均装在药筒内，如图 6-13 所示。点火剂包括引爆炸药和引药。引出导线与气囊插接器插头连接，插接器（一般都为黄色）中设有短路片（钢质弹簧片）。当插接器插头拔下或插头与插座未完全结合时，短路片将两根引线短接，防止静电或误通电将电热丝电路接通而造成气囊误爆开。

3. 过滤器

过滤器具有两方面的作用，一是冷却生成的气体，二是滤出燃烧后产生的杂质。一般采用金属纤维毡加陶瓷纤维纸作过滤介质。当点火器中的点火剂引燃气体发生剂后，燃料迅速燃烧产生大量氮气，并达到 1000℃ 的高温，气体通过冷却层降温后进入过滤器，经过多次过滤，除去烟尘和灰尘，从气体喷口喷入气囊，使气囊在瞬间充满气体。虽然氮气是无毒气体，但是氮化钠的副产品有少量的氢氧化钠和碳酸氢钠（白色粉末）。这些物质是有害的，清洁气囊及气囊引爆或更换时，应保证通风良好并采取防护措施。

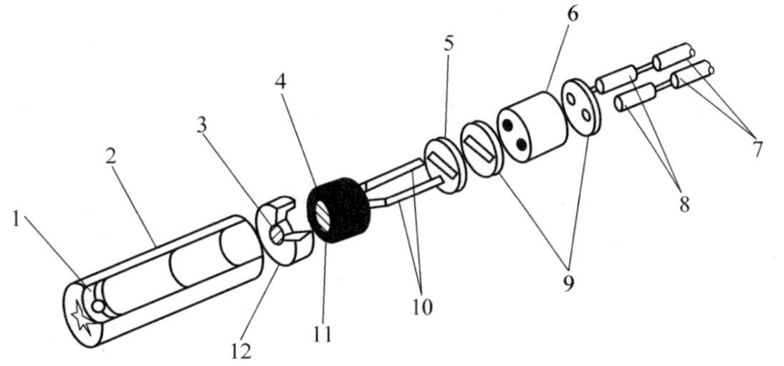

图 6-13　点火器组件图

1—引爆炸药　2—药筒　3—引药　4—电热丝　5—陶瓷片　6—永久磁铁　7—引出导线　8—绝缘套筒　9—绝缘垫片　10—电极　11—电热头　12—药托

4. 气囊

一种体积比较大，即使乘客不系安全带也能起到良好的保护作用，主要在美国市场使用，因为美国法规对安全带的佩戴没有强制性；一种体积较小，与安全带配合使用，是将安全气囊与三点式安全带共同组成一个乘员保护系统使之达到最佳的乘员保护效果。这种气囊主要在欧洲市场应用，因为欧洲对安全带的佩戴有强制性要求。

驾驶人侧气囊安装在转向盘的中部，副驾驶座气囊安装在工具箱上方的仪表板内。气囊盖板上标有“AIR BAG”字样。气囊安装在充气装置上部的盒中，表面用塑料护罩遮住。气囊一般由尼龙制成，其面上有一些小的排气孔，当汽车因碰撞而使气囊充气、保护乘员及驾驶人的头部及胸部时，气囊上的小孔在充气后立即开始排气，这样使气囊更柔软，起到了缓冲作用，同时也免致气囊妨碍视线及影响人员离开车辆，如图 6-14 所示。

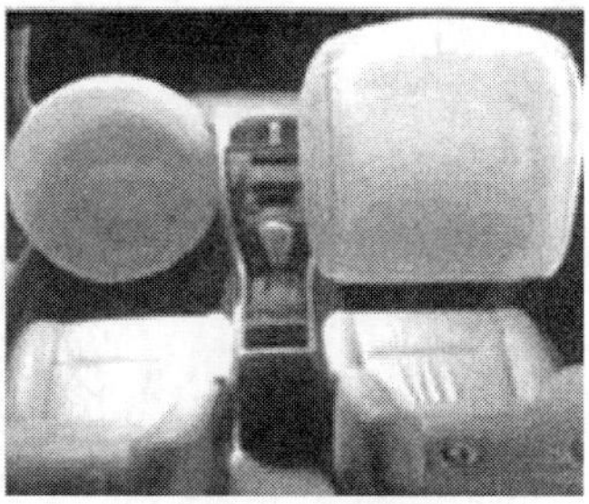

图 6-14　安全气囊

5. 衬垫

衬垫是气囊组件中的一个重要组成部分，使用了很薄的水基发泡剂制成，所以质量特别轻。平时它作为转向盘的上表面把气囊与外界隔离开，既起到了维护作用，也起到了装饰作用。气囊展开时，它在气囊爆发力的快速作用下及时断开，并且对气囊展开过程毫无阻碍。

6. 螺旋形电缆

由于驾驶人安全气囊安装在转动的转向盘上，为实现活动端与静止端转向柱的电气连接，故采用螺旋形电缆来实现转向盘旋转时运动一端与固定端的电气连接。螺旋形电缆的簧管采用正反两个转向盘绕，并用螺栓固定在转向柱的顶部。其功能是实现活动端与静止端的电气连接，保证转向盘自由转动。由于与螺旋电缆串联的触发器阻抗很小，所以对螺旋电缆阻抗偏差的要求非常严格，否则将影响诊断系统对触发器故障的正确诊断，如图 6-15 所示。

7. SRS 警告灯

如图 6-16 所示，SRS 警告灯安装在驾驶室仪表盘下面，并在表面相应位置制作有气囊动作图形或“SRS”、“AIR BAG”或“SRS AIR BAG”字样表示，安全气囊警告灯可反映安全气囊系统的工作情况。

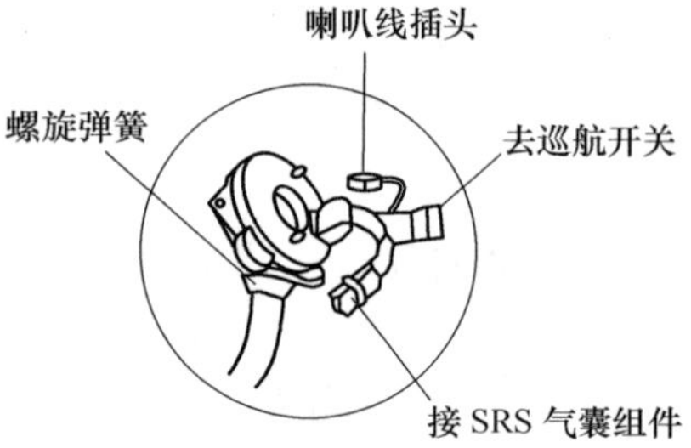

图 6-15　螺旋形电缆

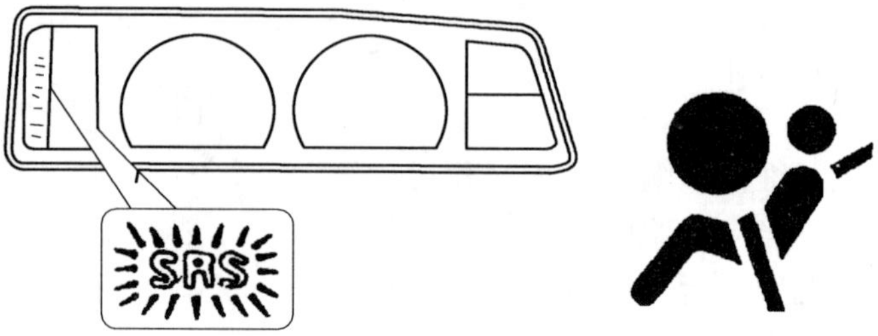

图 6-16　安全气囊警告灯图形

8. 插接器

安全气囊系统的所有插接器通常采用黄色（或红色），以便与其他插接器相区别。插接器使用镀金端子，以确保电气接触良好。插接器分段后，气囊侧点火器的电源端和地线端会自动短接，可防止由于误通电或静电作用而造成触发器误触发引爆气囊，如图 6-17 所示。安全气囊系统插接器采用双重锁定机构，防止插接器脱开，如图 6-18 所示。另外 SRS 控制单元的插接器中还设有一个自检机构，如图 6-19 所示，如果插接器插接不良就会使气囊系统故障灯常亮。安全气囊系统线束与整车配线总成连成一体，绝大部分车系气囊线束装在一个黄色的波纹管内或用黄色导线作为安全气囊系统专用线束，工作可靠，检修方便。

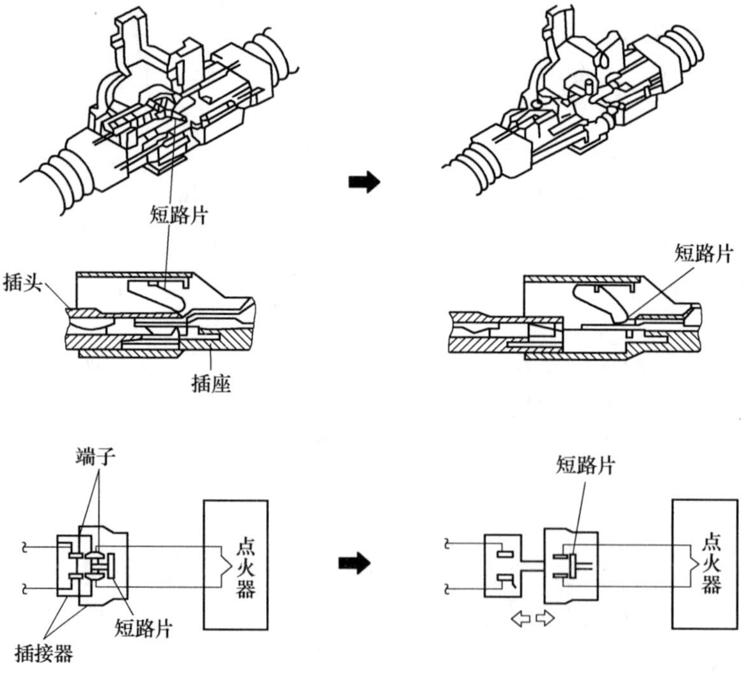

图 6-17　安全气囊系统防止安全气囊误引爆机构

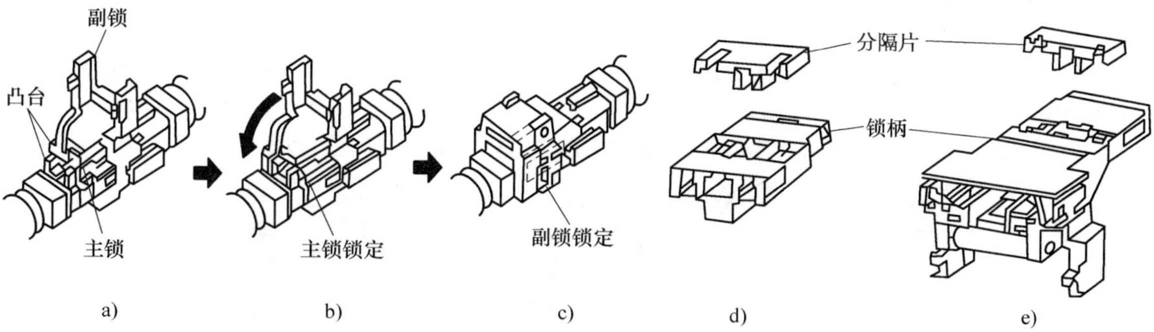

图 6-18　安全气囊系统插接器双重锁定机构

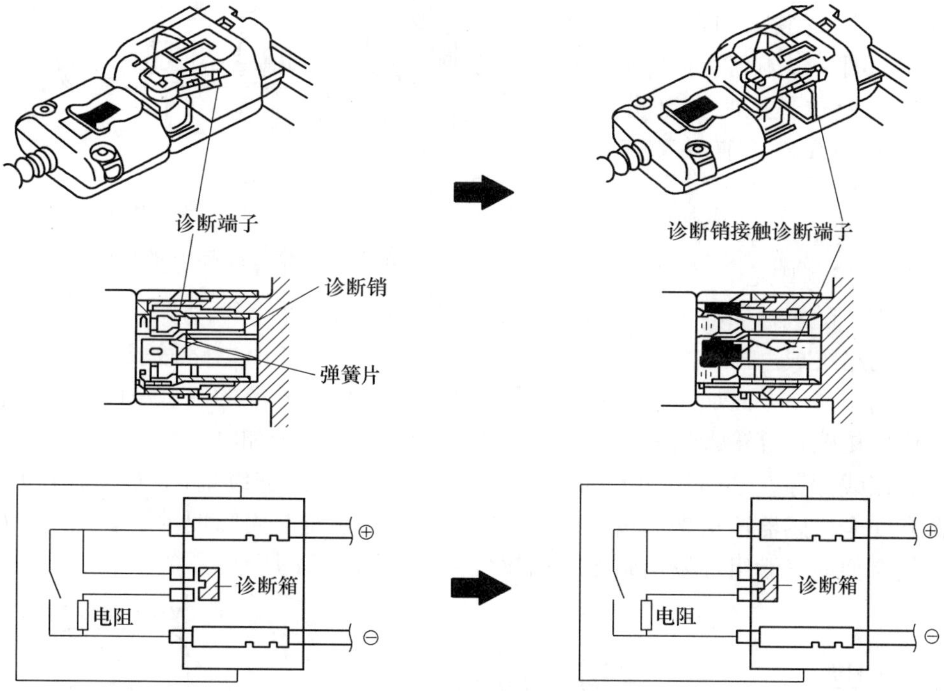

图 6-19　安全气囊系统电路插接器自检机构

6.2.3　汽车安全气囊系统电控单元的工作原理及工作流程

安全气囊 ECU 的结构如图 6-20 所示。

安全气囊系统的工作程序：安全气囊的全部动作完全是由电脑的程序控制，按照人们事先设计的工作内容与步骤按部就班地逐条执行的。汽车在速度为 50km/h 时与前面障碍物相撞，安全气囊引爆过程如下：

1）撞车 10ms 后，达到引爆系统引爆极限，点火器（传爆管）引爆，产生大量的炽热气体。此时，驾驶人由于惯性仍然坐着。

2）20ms 后驾驶人开始移动，但还没有到达气囊。

3）40ms 后气囊已完全胀起，驾驶人逐渐向前移动，安全带被拉长，人的部分冲击能量已被吸收。

4）60ms后驾驶人已经开始沉向气囊。

5）80ms后驾驶人的头部和身体上部沉向气囊。气囊的排气口打开，其中的气体在高压下匀速地逸出，以吸收能量。

6）100ms后车速已降为0，这时对车内的乘员来说，危险期已经结束。

7）110ms后驾驶人向前移动已经达到最大距离，随后身体开始后移，回向座位。这时大部分气体已从气囊中逸出，前方又恢复了清晰的视野。

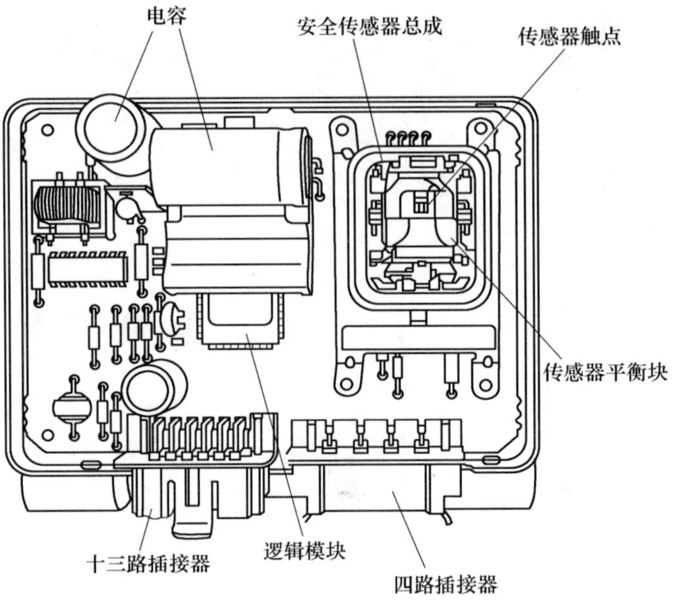

图6-20　安全气囊ECU的结构

电子控制装置（ECU）是安全气囊系统的控制中心，主要由微处理器CPU、随机存储器RAM、只读存储器ROM、放大器、驱动器、输入/输出（I/O）接口等电子电路组成。ECU的核心部件是单片机，一般与其他电路做成两块印制电路板，外壳用金属制作。一方面加强机械强度，另一方面为了屏蔽外界的电磁波的干扰。它通过牢固的插接件把传感器等输入信号及点火器、报警器等输出信号和电子控制器连接起来，一般电路图上的接线标号就是插接件上的标号。SRS ECU功能是连续监测汽车行驶过程中，碰撞传感器和安全传感器输送来的信号，经计算处理后，确定是否需要给气囊充气。如果需要给气囊充气，便向气囊组件发出指令，引爆气囊，如图6-21所示。

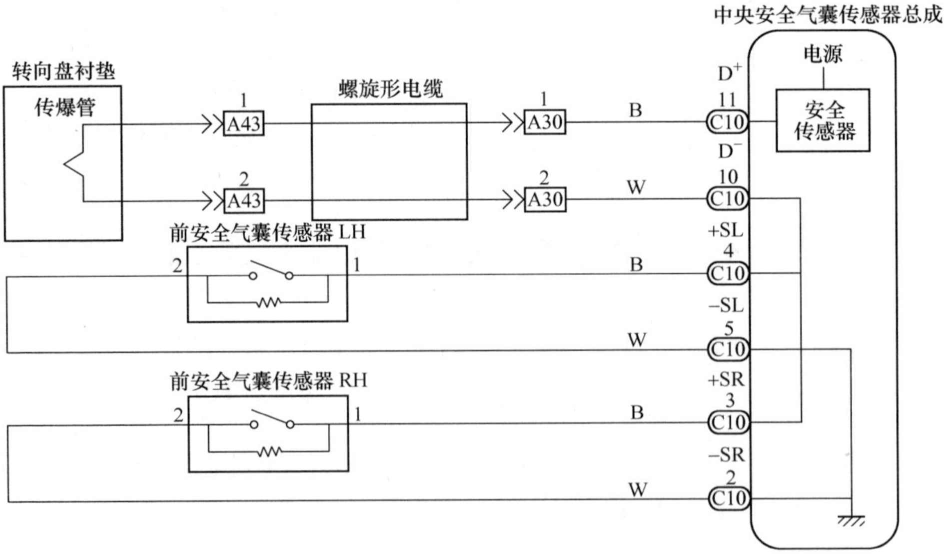

图6-21　安全气囊系统工作原理及工作流程

此外，SRS 控制单元（ECU）还不断地对系统中的主要部件和外部电路进行诊断检测。一旦系统有故障被微电脑自我诊断系统检测出来，微电脑便通过串行通信接口输出诊断数据，并驱动仪表板上的 SRS 警告灯使其点亮。

带自动收紧式安全带的安全气囊系统工作原理及工作流程如图 6-22 所示。

自动收紧式安全带的作用是当车辆以较低速度行驶发生碰撞时，收紧式安全带动作，防止乘员遭受伤害；当车辆以较高速度行驶发生碰撞时，安全气囊与收紧式安全带同时作用，以减轻伤害程度。

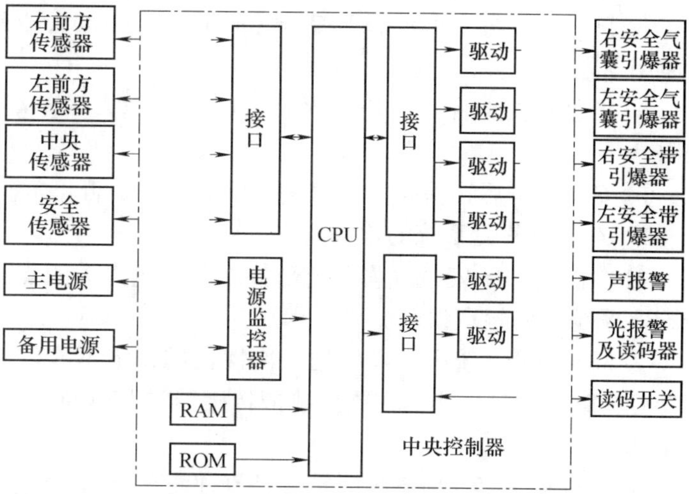

图 6-22　带自动收紧式安全带安全气囊系统工作流程

自动安全带收紧器分为电子式和机械式两种。电子式自动收紧式安全带系统由碰撞传感器、电子控制器、安全带、带扣锁、安全带收紧器和安装附件组成，其中传感器和电子控制器与安全气囊系统共用。

安全带收紧器由收紧机构、收缩机构和紧急锁紧收缩器（ELR）等组成。电子式收紧器由 SRS 系统传感器和电子控制器控制其工作；机械式收紧器带有自己的收紧传感器，可检测减速惯性力，并据此点燃气体发生器，此外还有一个安全装置来锁定此传感器。

收紧机构由气体发生器（与安全气囊系统的气体发生器工作原理相似）、缸筒、活塞以及与活塞连在一起的拉索组成，当汽车遭受碰撞且减速度达到前碰撞传感器和防护传感器设定值时，安全带控制系统的防护传感器将接通安全带点火器电源电路，前碰撞传感器信号输入 SRS ECU，SRS ECU 将立即发出控制指令接通安全带收紧器点火器电路，收紧器动作，由气体发生器释放出的大量气体推动活塞向下运动。由于拉索与活塞连在一起，所以活塞带动拉索，使鼓轮带动轴转动，并在 8ms 内将安全带收紧 10～15cm，确保乘员身体不会前移。

电控单元在向安全带收紧器点火器发出点火指令的同时，还要向气囊点火器发出点火指令，引爆气囊点火器。因此，在座椅安全带收紧的同时，驾驶席气囊和乘员席气囊将同时爆开，吸收碰撞产生的动能，从而达到保护驾驶人和乘员的目的。

6.3　汽车安全气囊系统诊断与检修

安全规范：除原设计的线束外，严禁将其他线束接到气囊系统线束上；禁止使用万用表以及其他能产生电流的仪器检测点火器；存放安全气囊时，应按照气囊向上和插接器向下的方式放置，万一误爆时，这样放置的危险性较小；不要试图用工具打开安全气囊的气袋或点火器，并禁止对其加热；维修焊接前应拆掉蓄电池正极；连接电气线束前，认真检查线束是否处于断电状态。

1）对安全气囊进行任何拆卸工作前，应先进行下列操作：

① 先接通点火开关，检查仪表板上安全气囊指示灯工作是否正常。

② 关闭点火开关，拔出钥匙。断开蓄电池正极，等待 2min 以上，如果安全气囊指示灯工作异常，断开蓄电池正极后应该等待 10min，再进行操作。拆卸转向盘时，应使用专用工具将转向柱锁定在“直向前”的位置，以保证控制装置和螺旋线束在安装中不会被损坏。

③ 只能安装与原车零部件编号相同的配件，点火器是有失效期的，要遵守配件上注明的使用期限。

④ 接通蓄电池后，打开点火开关时，维修人员不要将身体处在安全气囊打开的轨迹之内。

⑤ 安装完毕后，检查安全气囊指示灯运行是否正常。

2）对安全气囊系统的检修要求。

① 在检查 SRS 安全气囊系统部件之前，应先关闭点火开关，拔下 SRS 系统熔断器，防止 SRS 系统电路触点误触。

② SRS 安全系统电器零件均一次性使用，绝不能修复碰撞传感器，左前和右前碰撞传感器更换时应同时更换。在更换碰撞传感器时，应使用新品，不能使用其他不同型号车辆上的零部件。

③ 在检修汽车其他系统时，应特别注意 SRS 系统电路连线是用黄色导线与其他系统电线相区别，在检修之前应关闭点火开关，拔下 SRS 系统熔断器，防止 SRS 系统带电。

④ 安全气囊系统的水银开关式防护传感器在更换后，不能随意扔掉，因为水银有毒，应作有害物品处理。

⑤ 当碰撞传感器摔碰或其壳体、支架、导线插接器有损伤时，应当更换新件。

⑥ 前碰撞传感器和 SRS 系统的其他部件不能放在太阳下暴晒或接近火源。

⑦ 在 SRS 系统的零部件表面均标有标牌或注意事项，使用时应遵照执行。

⑧ 碰撞传感器的动作有方向性，安装时应注意传感器壳体上的箭头的指向，一定要按规定方向安装。日本日产和马自达汽车使用说明书规定指向汽车后方。丰田汽车及其他大部分汽车前碰撞传感器安装时则要求传感器壳体上的箭头必须指向汽车前方。

⑨ 前碰撞传感器的定位螺栓和螺母必须经过防锈处理，拆卸或更换前碰撞传感器时，必须同时更换螺栓和螺母。

⑩ 前碰撞传感器的导线插接器装有电路连接诊断机构。安装插接器时，插头和插座应当插牢固。当插接器插头与插座未插牢时，自诊系统会检测出来，视为故障，并将以故障码的形式存入存储器中。

6.3.1　汽车安全气囊系统诊断与检修方法

1. 检修安全气囊的注意事项

1）安全气囊系统的故障是很难确认的，当安全气囊系统出现故障时，自诊断系统提供的故障码就成为故障诊断的重要依据。因此在检查和排除安全气囊系统故障时，应首先获取故障码。必须在拆下蓄电池负极电缆端子之前调取故障码。

2）检修、测试安全气囊系统各零部件必须在将点火开关转到锁止（LOCK）位置并且将蓄电池负极电缆端子拆下 20s 或更长一些时间（车型不同，时间也不同）后才能进行。因为安全气囊系统配有备用电源，若从蓄电池上拆下负极搭铁端子不到规定时间就开始维修工作，会很容易因备用电源而导致气囊误胀开，造成严重事故。另外，汽车音响系统、防盗系统、时钟、电控座椅和电控座椅安全带收紧系统等均具有存储功能，当蓄电池负极电缆端子拆下之后，存储的内容将会失去，因此，在检修之前，应将存储系统的内容做好记录，以便在维修工作结束后，重新设置其存储内容并调整时钟。

3）汽车在行驶过程中，即使只发生了撞击强度不大的轻微碰撞而 SRS 气囊并未胀开，也应对前碰撞传感器、驾驶人和乘员 SRS 气囊组件、座椅安全带收紧器进行检查。

4）安全气囊系统对零部件的工作可靠性要求极高，所有零部件均为一次性使用，碰撞传感器、SRS 气囊组件、SRS 电脑、安全带收紧器等部件决不能重复使用。如需要更换零部件时，应使用本车型安全气囊系统的新件，切勿使用不同型号车辆的零部件。在零部件表面上，均标有说明标牌或注意事项，检修和使用时必须遵守。

5）在检修汽车过程中，如有可能对安全气囊系统的传感器产生冲击作用的振动，则应在检修工作前拆下碰撞传感器，以防 SRS 气囊误胀开。

6）前碰撞传感器、SRS 电脑、安全气囊组件不得暴晒或接近火源。

7）绝对不能检测点火器（引爆管）的电阻，否则有可能导致气囊引爆。检测其他部件和检测安全气囊系统故障时，必须使用高阻抗（至少大于 10MΩ/V）的电压/电阻表，即最好使用数字式万用表。如果使用指针式万用表，由于其阻抗小，因此表内电源的电压加到气囊系统上就有可能引爆气囊。

8）当安全气囊系统检修工作完成之后，必须对 SRS 指示灯进行检查。当点火开关转到接通（ON）或辅助（ACC）位置时，SRS 指示灯亮 6s 左右自动熄灭，说明安全气囊系统正常。

9）安全气囊系统的防护碰撞传感器采用了水银开关式传感器。由于水银蒸气有剧毒，因此传感器更换之后，换下的旧传感器不能随意毁掉，应当作为有害废物处理。当车辆报废或更换 SRS 电脑时，应当拆下水银开关式传感器总成并作为有害废物处理。

10）在拆卸或搬运 SRS 气囊组件时，气囊装饰盖一面应当朝上，不得将 SRS 气囊组件重叠堆放，以防万一气囊误胀开，造成严重事故。

11）碰撞传感器的动作具有方向性，安装前碰撞传感器时，传感器壳体上的箭头必须指向汽车前方。

2. 汽车安全气囊系统故障诊断程序

（1）弄清 SRS 类型　仔细观察警告灯的闪烁情况，不同类型的安全气囊其结构、性能都不会相同，其维修方法也不尽相同。按点火方式分：机械式——红旗轿车及 1993 年前生产的丰田 COROLA 轿车等；电信号式——由 SRS 电脑控制触发点火信号，目前绝大多数轿车 SRS 都采用此种类型。按气囊布置分：单安全气囊（只装在驾驶人侧）；双安全气囊（驾驶人侧和乘客侧各有 1 个安全气囊）；后排安全气囊（装在前排座椅上）；侧面安全气囊（装在车门上或座椅扶手上，防止乘员受侧面撞击）。此外，要认真仔细地观察警告灯（SRS 灯、SIR 灯或 AIR BAG 灯）的工况，有些车型 SRS 的故障从警告灯就可以进行判断：如马自达车系 SRS 有故障时，AIR BAG 灯会自动闪出故障码，无需跨接检查插接器；再如 1993 年款福特车，SRS 灯亮即表示诊断线路或 SRS 电脑有故障，SRS 灯不亮表示 SRS 灯线路或诊断监视系统无电源，SRS 灯快速闪烁表示所有的碰撞传感器都断电。一般轿车如果 SRS 系统出现断路，SRS 警告灯就会亮（可先检查灯泡有无损坏），有故障码显示。如果点火开关置于 OFF 位置 SRS 警告灯还会亮，极有可能是警告灯电路短路。

（2）调故障码　一旦弄清是SRS有故障，调取SRS故障码是最简便、快捷的故障诊断方法，但有些车型调SRS故障码需要专用仪器，还需要故障码表，如果手头既无仪器又无故障码表，只好按下述方法靠检查和用简单仪器参数测试来诊断故障。

（3）解除SRS工作　为了安全地对SRS系统进行检查和进行必要的电压、电阻等测试，必须对安全气囊进行解除，即解除处于工作状态下的安全气囊。

SRS一般的解除工作步骤是：

1）摘下蓄电池负极电缆。

2）等待约90s，待SRS电脑中的电容器（第2电源）放电完毕。

3）摘下驾驶人侧气囊组件插接器，如果引线线路接头内安装有短路片或短路棒，即可进行下面步骤；如果没有，必须用跨接线短接接头线端；如果是1994年后生产的本田车，必须使用在通路板内的红色短路插接器连接；如果是机械式安全气囊，应当将安全气囊锁定机构（在转向盘左侧下面的防护盖内）的解除螺钉逆时针方向旋出。

4）摘下乘客侧气囊插接器，按上述“3)”方法进行短接。

5）重新接上蓄电池负极电缆。

（4）检查与参数测试

1）检查。检查传感器外壳、托架有无变形、裂纹及安装松动等缺陷；检查SRS电脑线路连接、传感器连接及连接检查机构、过电检测机构是否可靠；检查各线路插接器和安全带收紧机构及双锁式插接器是否有损坏等。

2）测试。测试碰撞传感器的电阻、电压值；测试SRS电脑输入、输出电压值；测试各线路是否断路、短路等。有些车型SRS灯一直亮，没有故障码显示，一般是由于电源电压过低或备用电源电压过低，SRS电脑未将故障码存入存储器中所引起的。此外，在SRS的故障诊断过程中，可以参照同类型（不同牌号）SRS来分析故障原因和位置，也可更换某个零件做对比试验，还可采用症状模拟诊断，特别是诊断“间歇”性故障，症状模拟更是必不可缺少的。

（5）检查SRS工况　维修好的SRS系统，应进行如下检测：接通点火开关，SRS警告灯应亮约6s后熄灭，这表示SRS故障排除，工作正常，否则应重新检修。

3. 安全气囊的拆装程序

（1）拆卸汽车安全气囊应严格遵循的程序

1）戴好防火手套和防护镜。

2）拆卸转向盘两侧盖（覆）板。

3）拧下两侧面的固定螺栓。

4）小心地拿开气囊组件。

5）用小一字螺钉旋具将黑色的塑料锁片向外拨开，并且小心地逆时针旋转发生器与传感器，直到发生器与传爆器座同转向盘配合槽对齐。轻轻地将发生器与传爆器从转向盘接口处拿出。

6）将前轮转到正前方的位置，如果还需继续使用该转向柱和转向盘，则应标出转向盘同转向柱的相对位置，然后拆卸转向盘的固定螺母，取出螺母和垫圈，拆下转向盘。

（2）安全气囊的安装　在安装安全气囊之前，应注意：带上防火手套和防护镜；处理SRS系统时，不要使用碰撞型的工具；操作SRS系统时，禁止吸烟。

安装SRS系统的转向盘时，应按下述步骤进行：

1）检查转向盘中间的D形支柱有没有裂纹或破损，如果这个D形支柱有任何形式的损坏，就不要再安装此转向盘，必须更换。

2）安装转向盘时，先将前轮调整到正前方的位置后，再将转向盘对准正前方的位置套入转向柱的花键轴上，安装平垫圈和螺母，并拧紧转向盘固定螺母，拧紧力矩为35N·m。

3）紧握转向盘向各个方位移动，以查看转向盘或转向柱是否有松动，如有松动应在装发生器与传爆器前加以拧紧或修复。

4）转动转向盘时，要保证没有摩擦或干涉，在安装发生器—传爆器总成前，所有的障碍和干涉必须排除。

安装发生器—传爆器时，要带上防火手套和防护镜，然后轻轻地将发生器—传爆器拿起放在转向盘接口上对准卡槽位置，接着按顺时针方向旋转（大约40°）发生器—传感器直到被锁止，使弹簧受力。当黑色的塑料锁片卡入发生器的卡槽中，就会听到"咔咯"的声音，这时发生器—传感器总成已安装好。

（3）安装SRS组件总成的步骤

1）在拆封新的组件时，首先查看是否有异物落入，以确保组件内没有任何物体。

2）将组件中的销钉与接头底板以及转向盘上的孔对准，然后将组件牢固地压在发生器—传感器总成上，并保证在组件上的固定支架孔对准转向盘两侧的孔，如果这些固定支架没有安装到位，就会造成在组件上盖子不能完全盖严，影响外观效果，注意在安装时，不要击打及敲击组件和转向盘的任何部位。

3）安装螺栓，保持组件上的压力，使外壳扣合完好，从一侧向另一侧交替安装4个螺栓，拧紧力矩为7～11N·m。

4）最后，装好两侧盖板。

配备安全气囊可以大大提高车辆的被动安全性，在发生事故时能有效地保护驾驶人的生命安全，但只有正确地使用、维修，才能使安全气囊在关键时候有效发挥作用，否则不但影响其作用的发挥，而且还可能造成其他伤害。

4. 安全气囊故障码的读取与清除

不同的汽车安全气囊故障码的读取与清除方法不一样，在检修安全气囊时要参考汽车维修手册。

（1）丰田汽车安全气囊故障码的读取与清除　读取故障码：将点火开关转到ACC或ON位，等待至少20s，用一根导线跨接故障检测插头上的Tc和E1端子，这时就可以由SRS指示灯闪烁的次数来读取故障码。如果SRS指示灯以2次/s的频率闪烁，表示系统无故障是正常码，或表示蓄电池电压过低。

清除故障码：SRS系统的故障排除后，必须进行清除故障码的工作，否则原来的故障码仍存留在电脑的记忆中，SRS指示灯还会亮或闪烁。清除故障码的步骤如下：

1）将点火开关置于OFF位，用跨接导线连接检测插头DLC2的Tc和AB端子。

2）将点火开关置于ACC或ON位，等待至少6s。

3）由Tc端子开始，使Tc和AB端子分别交替搭铁2次，每个端子搭铁要在（1.0±0.5）s内完成，搭铁要绝对可靠，最后使Tc端子保持搭铁。

4）数秒后，SRS指示灯将以2次/s的频率闪烁正常码，故障码即被消除，否则再重复消码的步骤，直至闪烁正常码为止。

清除故障码过程中需要注意的几个问题：

1）在第1）步时，一定要将Tc和AB端子先跨接6s以上。

2）在第3）步时，注意不能使Tc和AB端子同时搭铁，一个端子刚一脱离搭铁，另一端子应立即搭铁，且动作要连贯、准确。

3）对SRS系统的任何电路进行检查时，不要使用指针式万用表，要使用数字式万用表进行检查。

（2）日产安全气囊故障码读取与清除　在NISSAN车系的安全气囊系统中自我诊断系统有三种模式：

Ⅰ：使用者模式（故障警告灯亮）。

Ⅱ：目前故障码模式。

Ⅲ：记忆故障码模式。

读取故障码：

1）打开驾驶人侧车门，在7s内ON-OFF车门开关（室内灯自动开关）5次以上，然后再将点火开关ON，即进入“（Ⅱ）目前故障码模式”，由“SRS”灯读取故障码。

2）若再ON-OFF车门开关一次，维持点火开关在ON位置7s以上，即进入“（Ⅲ）记忆故障码读取模式”。

3）将点火开关OFF再ON，即回到模式Ⅱ。

4）再点火开关OFF再ON，即回到模式Ⅰ。

清除故障码：只要依故障码代号进行修护完成后，拆开蓄电池线，再装回即可清除故障码。

5. 安全气囊部件的检修

安全气囊主要部件的安装位置如图6-23所示。

（1）驾驶人安全气囊的拆装　驾驶人侧安全气囊的分解如图6-24所示。

1）驾驶人侧安全气囊的拆卸。松开转向柱调节装置，向上尽量拉出转向盘，将转向盘置于垂直位置。

按图6-24中箭头所示方向转动Torx扳手（T30）90°（从前看为顺时针），以松开定位爪7。将转向盘回转半圈，以松开另一个定位爪。

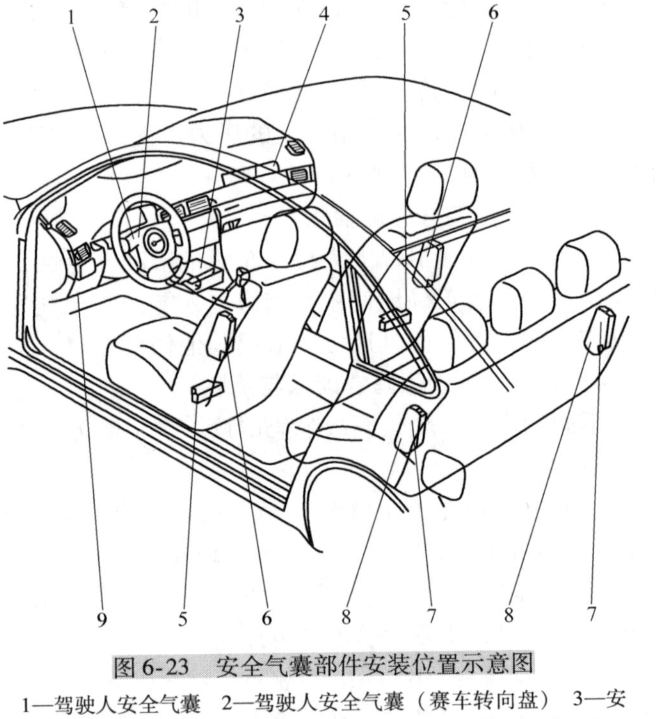

图6-23　安全气囊部件安装位置示意图

1—驾驶人安全气囊　2—驾驶人安全气囊（赛车转向盘）　3—安全气囊控制单元　4—副驾驶人安全气囊　5—横向加速度传感器　6—侧面安全气囊　7—后座侧面安全气囊（折叠式靠背）　8—后座侧面安全气囊（固定式靠背）　9—自诊断插头

拔下安全气囊插头3和除静电插头4，缓冲面朝上放置安全气囊。

2）驾驶人侧安全气囊的安装。安装驾驶人侧安全气囊时要保证插头和安全气囊正确入位（可听见）。注意车内不可有人。最后打开点火开关并接上蓄电池地线。

3）转向盘的拆装。拆卸转向盘时，先拆下安全气囊，将转向盘置于中央位置（车轮摆正），拧下螺栓 5，拔下插头 2 和 10（图 6-24）。

安装转向盘时，使转向盘在中央位置时（车轮摆正）装上。要确保插头正确入位（可听见）。更换螺栓 5，以 60N · m 拧紧，最后装上安全气囊。

（2）带滑环的回位弹簧的拆装　将驾驶人侧安全气囊和转向盘拆下，将转向柱完全拉出并向下，如图 6-25 所示。拧下螺栓 1（2 个，拧紧力矩为 2.8N · m），取下夹块 2。

如图 6-26 所示，拧下箭头所示的两个十字螺栓，螺栓的拧紧力矩为 0.6N · m。拆下转向开关上部装饰件 1。安装时，将上半部插入下半部的定位爪内，向下摆动并拧紧。

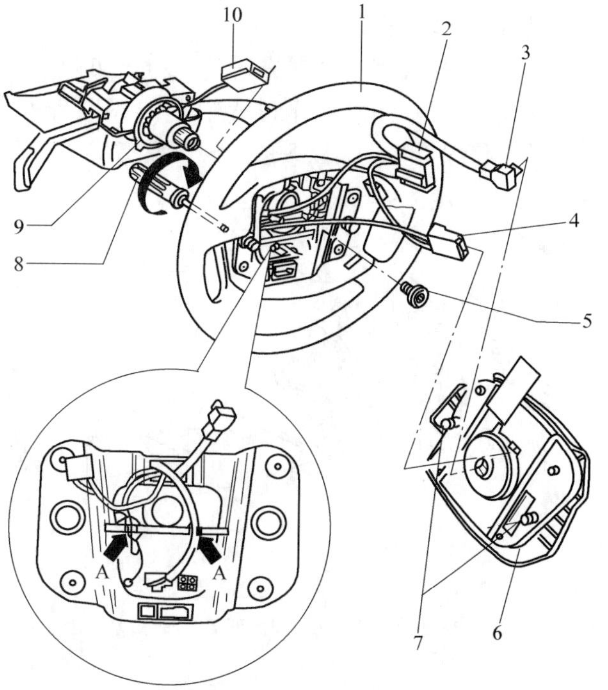

图 6-24　驾驶人侧安全气囊分解图

1—转向盘（将松开的线固定到箭头，A 所示的位置）　2—螺旋弹簧插头　3—安装气囊插头　4—除静电插头　5—内多角螺栓（60N · m）　6—安全气囊　7—定位爪　8—Torx 扳手（T30）　9—带滑环的回位弹簧　10—转向盘加热插头

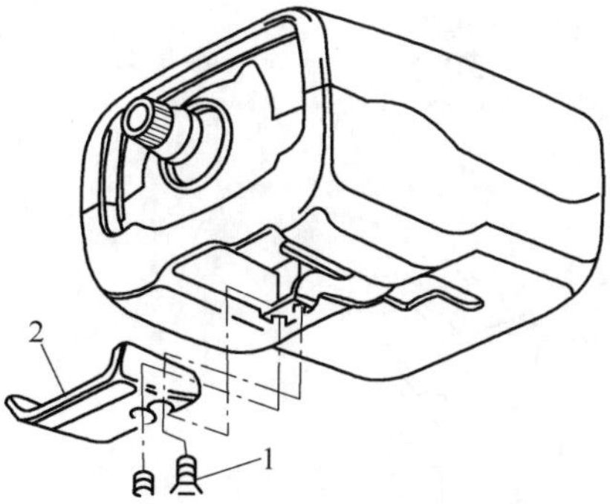

图 6-25　拆卸夹块

1—螺栓　2—夹块

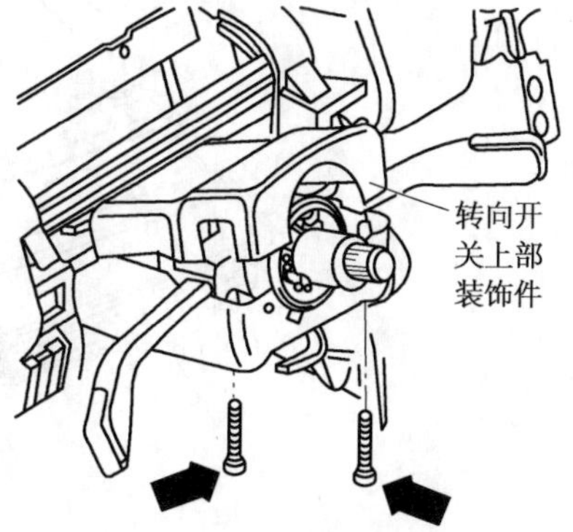

图 6-26　拆卸转向开关上部装饰件

如图 6-27 所示，拧下螺栓 2（2 个），螺栓的拧紧力矩为 0.6N · m。拆下转向开关下部装饰件 3。如图 6-28 所示，拔下插头 1，松开定位爪（箭头），从转向开关上拉下带滑环的回位弹簧。

（3）副驾驶人侧安全气囊的拆装　副驾驶人侧安全气囊分解如图 6-29 所示。副驾驶人侧安全气囊有不同型号，仪表板与副驾驶人侧安全气囊应匹配。

拆卸副驾驶人侧安全气囊，断开蓄电池地线，拆下杂物箱，拔下插头 6。注意千万不要拔下副驾驶人侧安全气囊上的红色脚插头。拧下螺母 4（4 个），拆下安全气囊，要将缓冲面朝上放置安全气囊。

安装副驾驶人侧安全气囊时确保插头6入位（可听见），装上安全气囊。打开点开关，接上蓄电池地线。注意操作过程中车内不得有人。安全气囊触发后必须更换的部件有支架2、螺母3和螺母4、螺栓5、安全气囊支架7。

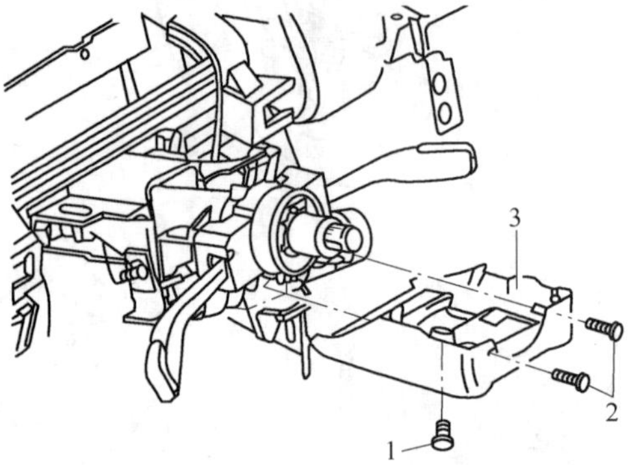

图6-27　拆卸转向开关下部装饰件

1、2—螺栓　3—转向开关下部装饰件

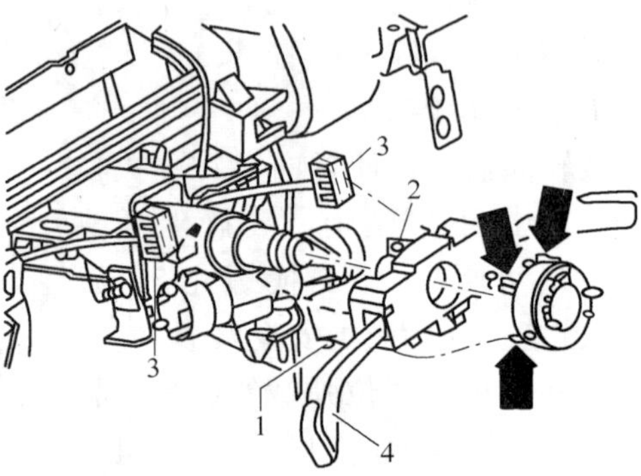

图6-28　拆卸带滑环的回位弹簧

1—插头　2—螺栓　3—插头　4—转向开关

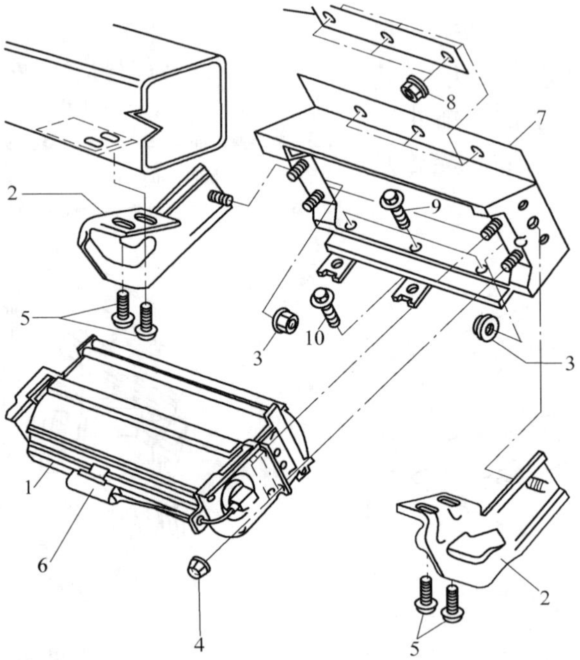

图6-29　副驾驶人侧安全气囊分解图

1—副驾驶人安全气囊　2—支架　3—螺母（2个，18N·m）　4—螺母（9N·m）　5—螺栓（4个，9 N·m）　6—插头　7—安全气囊支架　8—螺母（3个，4.5N·m）　9—螺栓（3个，4.5N·m）　10—螺栓（1个，4.5N·m）

如图6-30所示，用螺钉旋具撬起插头1的定位凸起2，按箭头3方向拔下插头。断开蓄电池地线。拆下中央副仪表板前部。拆下左后和右后脚坑出风口导流板的插入件。如图6-31所示，松开插头2的定位卡夹，从控制单元1上拔下插头2，拧下螺栓3(3个)，拆下控制单元。更换控制单元后需重新编码。

(4)侧面安全气囊的拆装　侧面安全气囊的分解如图 6-32 所示。

拆卸驾驶人/副驾驶人侧面安全气囊时,断开蓄电池地线,拆下靠背装饰件,松开侧面安全气囊 1 周围的面罩,松开插头 3 的定位,从侧面安全气囊 1 上拔下插头 3,拧下两个螺栓 2。为了清楚起见,图中未画消声垫。小心地松开侧面安全气囊的定位爪 5,拆下侧面安全气囊 1,缓冲面向上放置安全气囊。

安装驾驶人/副驾驶人侧面安全气囊时,不要切开定位爪 5 周围的消声垫,抬起消声垫,将安装孔扩大 5.5mm,将消声垫铺到靠背支架上,将侧面安全气囊 1 固定到消声垫上,插入螺栓 2,抬起消声垫,装上螺母并拧至 5.5N · m。从安全气囊上揭下标有使用寿命的标签并将其贴到 B 柱的旧标签上面。从安全气囊上揭下数据标签,将其贴到座椅的标签上。最后接上蓄电池地线。注意操作过程中车内不得有人。

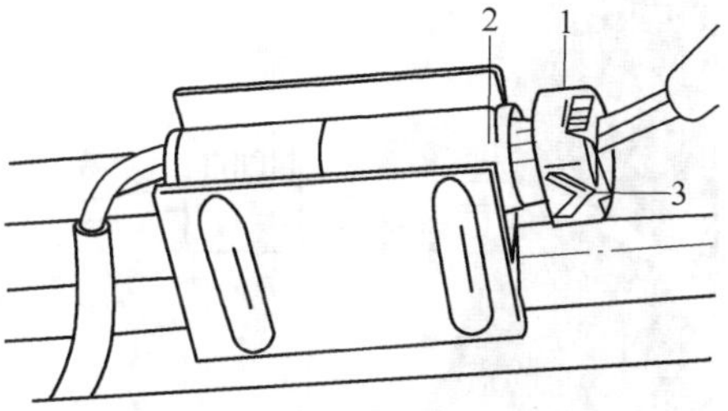

图 6-30　拆卸安全气囊插头

1—插头　2—定位凸起　3—箭头

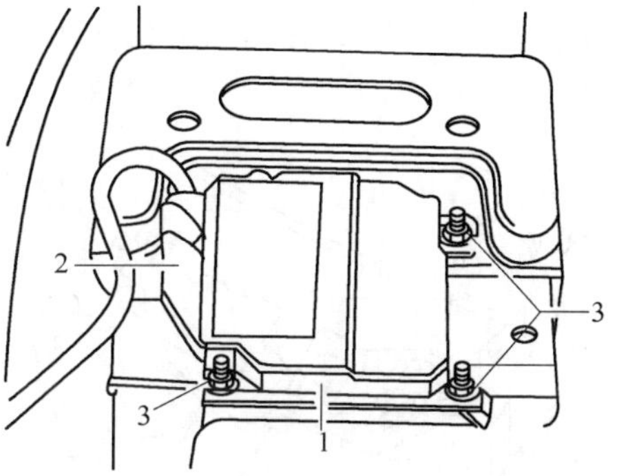

图 6-31　拆卸安全气囊控制单元

1—控制单元　2—插头　3—螺栓(6N · m)

(5)后座侧面安全气囊(固定靠背)的拆装　拆下后座椅,如图 6-33 所示。拧下螺栓 2(2 个),取下侧面安全气囊 1。

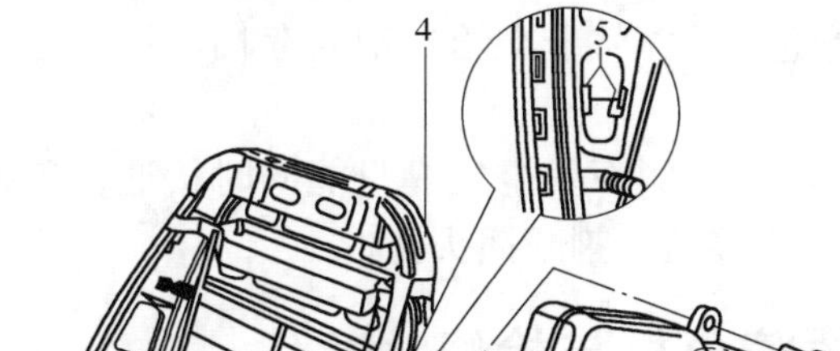

图 6-32　侧面安全气囊分解图

1—侧面安全气囊　2—螺栓(5.5N · m)

3—插头　4—靠背框架　5—定位爪

图 6-33　后座侧面安全气囊的拆装

1—侧面安全气囊　2—螺栓

（6）横向加速度传感器的拆装　横向加速度传感器装在前座椅上，左右各一个。两个传感器是相同的。安装时箭头指向外侧。

1）横向加速度传感器的拆卸。断开蓄电池地线，拆下前座椅。拆下A柱下部装饰板，松开门槛内侧装饰件，拔下横向加速度传感器1的插头2，拧下螺栓3（2个）。拆下横向加速度传感器，如图6-34所示。

2）横向加速度传感器的安装。横向加速度传感器的安装按拆卸的相反顺序进行。

打开点火开关，关上车门，接上蓄电池地线。注意车内不可有人。

（7）后座侧面安全气囊的断开/接通

1）后座侧面安全气囊的断开。拆下后座椅。左右侧面安全气囊只能同时切断，单独切断一个是不可能的。左右C柱上各有一个插头。

拔下定位凸起2，按箭头方向拔下插头1，如图6-35所示。

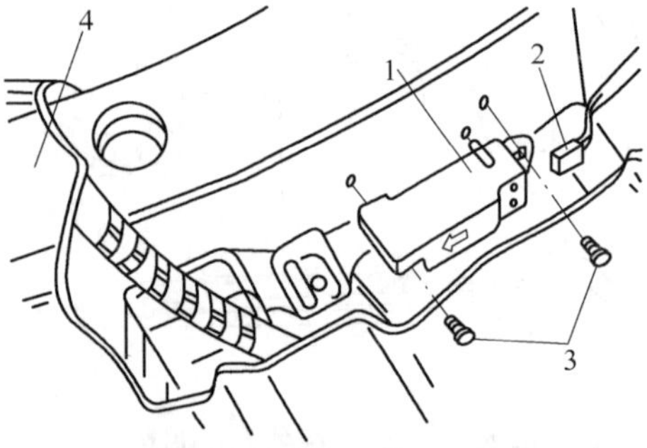

图6-34　拆卸横向加速度传感器

1—横向加速度传感器　2—插头

3—螺栓（6N·m）　4—装饰件

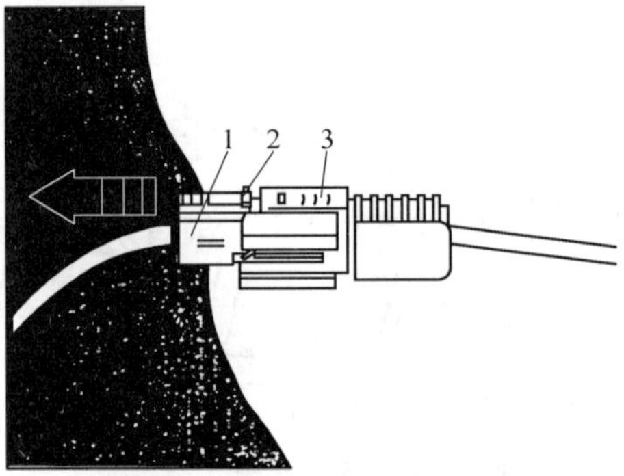

图6-35　断开后座侧面安全气囊

1—插头　2—定位凸起　3—插座

用扎带固定松开的插头，装上后座椅，贴上已断开的侧面安全气囊标签。将安全气囊控制单元编码从204或206改为104或106。填上登记卡，并将卡交给经销商存档。将登记卡第三联交给用户，放在随车文件里。

2）后座侧面安全气囊的接通。拆下后座椅。左、右侧面安全气囊只能同时接通，单独接通一个是不可以的。左、右C柱各有一个插头均应接通。割断插头扎带。

6.3.2　汽车安全气囊系统常见故障分析与检修

以雷克萨斯400型轿车安全气囊的检修为例。

1. 安全气囊的构成与工作原理

雷克萨斯400型轿车安全气囊由转向盘和副驾驶座气囊总成、中央控制器碰撞传感器、气囊故障警告灯及左右安全带预紧器等元件组成。当车辆发生碰撞时，前振动传感器将振动信号转变为电信号传输给中央控制器（电脑），中央控制器经过分析后作出判断并发出指令引爆双安全气囊及安全带预紧器的雷管，安全带向后收紧，同时双安全气囊爆炸张开，吸收驾驶人和乘客的冲撞能量，有效地保护驾驶人和乘客的安全。

2. 中央控制器（电脑）接头端子说明

中央控制器如图6-36所示，接头B的端子说明列于表6-1，接头A的端子说明列于表6-2。

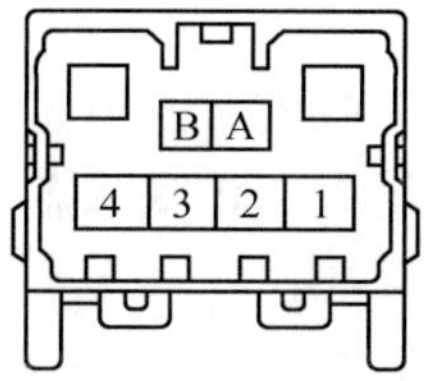

a)

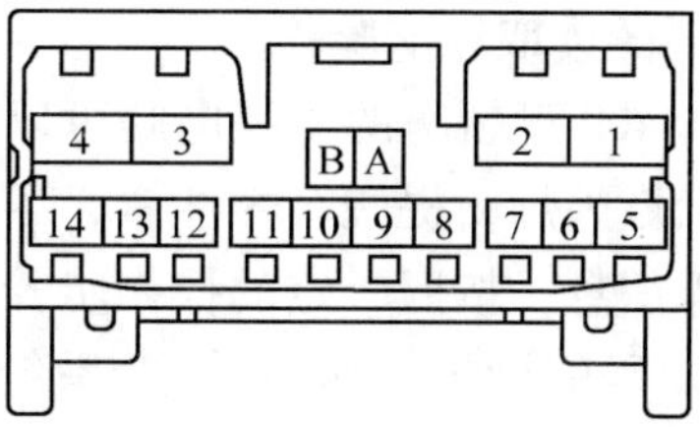

b)

图 6-36 中央控制器接头

a）接头 B b）接头 A

表 6-1 接头 B 端子

序 号	代 码	端 子
1	PR +	右安全带雷管
2	PR -	右安全带雷管
3	PL -	左安全带雷管
4	PL +	左安全带雷管

表 6-2 接头 A 端子

序 号	代 码	端 子
1	P^-	前副驾驶座雷管极
2	P^+	前副驾驶座雷管极
3	D^+	驾驶座雷管极
4	D^-	驾驶座雷管极
5	E1	搭铁
6	E2	搭铁
7	Tc	诊断
8	+ SR	右前安全气囊感应器
9	- SR	右前安全气囊感应器
10	- SL	左前安全气囊感应器
11	+ SL	左前安全气囊感应器
12	CA	SRS 故障警告灯
13	IG_2	电源
14	ACC	电源

3. 故障码的读取和清除

雷克萨斯 400 型轿车的主控电脑可以对系统自检，当发现系统内有故障时，主电脑就会指令故障指示灯闪烁，提醒车主注意，尽快检修系统，同时系统处于休眠状态，主控电脑还自动记忆故障信息，按照一定的操作步骤就可以读出系统的故障码。

（1）故障码的读取　安全气囊系统故障警告灯位于仪表板上，正常情况下，当点火开关开至 ACC 或 ON 档位时，SRS 故障灯会亮起，6s 后自动熄灭，表示系统工作正常。如果点火开关打开后，故障灯长期不灭，则表明系统有故障。可以按以下方法读取故障码：

1）打开点火开关到 ACC 或 ON 档位，等待约 20s。

2）用一短接线将自诊断插头上 Tc 脚及 E1 脚短接，如图 6-37 所示。

3）观察 SRS 故障灯闪烁规律，便可获得故障信息。安全气囊故障码是依据指示灯闪烁而显示的十进制故障码，其闪烁故障码 11 和 31，如图 6-38 所示。一般在 4s 以后，SRS 故障灯开始闪烁显示故障码，先以 0. 5s 的间隔闪烁显示故障码的十位数，在十位数闪烁显示结束后，再隔 1. 5s 开始以 0. 5s 的间隔闪烁显示个位数，两个故障码之间的闪烁间隔为 2. 5s。

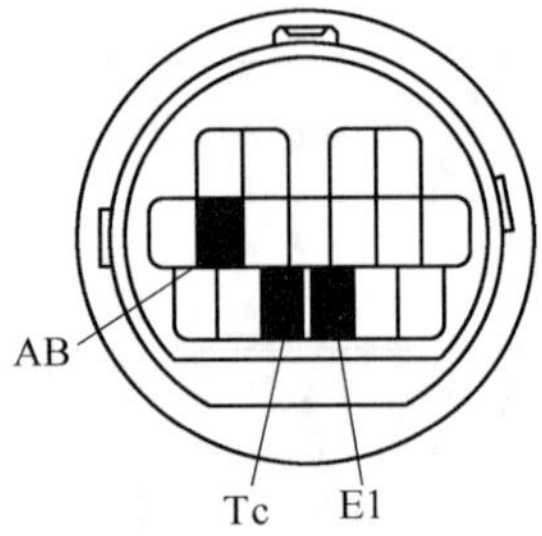

图　6-37

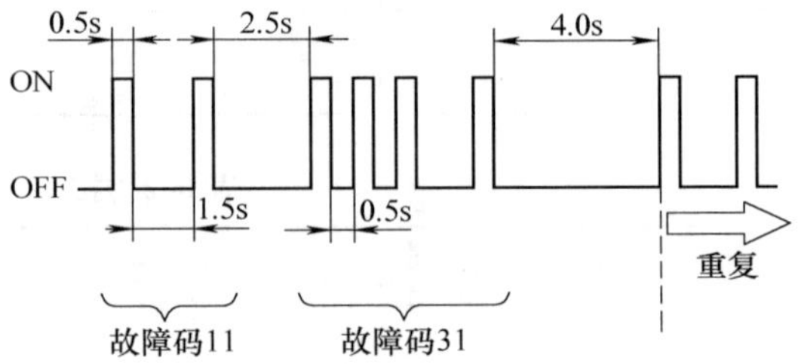

图　6-38

（2）故障码的清除　根据故障码内容（表 6-3）逐一排除故障后，可按以下操作步骤清除故障码。

表 6-3　雷克萨斯 400 型轿车安全气囊故障码

故　障　码	故障码内容	故 障 区 域
11	前安全气囊感应器或线路短路（或雷管）；主控电脑故障	雷管；前安全气囊感应器；中心回转线盘；中央控制电脑；线路
12	雷管线路短路（至 B +）	雷管（转向盘、副驾驶座安全气囊、安全带收紧装置）；中心回转线盘；中央回转控制电脑；线路
13	转向盘安全气囊雷管短路，CD + G 至 D 之间	转向盘；中心回转线盘；中央控制电脑线路
14	转向盘安全气囊雷管线路开线	转向盘；中心回转线盘；中央控制电脑；线路
15	前安全气囊感应器开路 前安全气囊感应器短路	前安全气囊感应器；中心回转线盘；中央控制电脑；线路

（续）

故 障 码	故障码内容	故 障 区 域
22	SRS 故障警告灯故障	SRS 故障警告灯；中央控制电脑；线路
31	中央控制电脑	中央控制电脑
53	副驾驶座安全气囊雷管线路短路	副驾驶座安全气囊雷管；中央主控制电脑
54	驾驶座安全气囊雷管开路	副驾驶座安全气囊；中央主控制电脑；线路
63	PL 雷管线路短路	LH 安全带收紧器；中央主控制器；线路
64	PL 雷管线路开路	LH 安全带收紧器；中央主控制器；线路
73	PL 雷管线路开路	LH 安全带收紧器；中央主控制器；线路
74	PL 雷管线路短路	LH 安全带收紧器；中央主控制器；线路

1）用跨接线短接 Tc、AB 端子。

2）点火开关开至 ON 或 ACC 位置。

3）按顺序依次将 Tc、AB 与 E1 端子短接两次（注意短接时间不得少于 1s），最后将 Tc 与 E1 一直短接，SRS 故障灯会以间隔 0.2s 的频率闪烁，表示故障码已被清除。

4. 典型案例分析

（1）案例一

1）故障现象：一辆广州本田 2.3L 雅阁轿车，安全气囊系统 SRS 故障灯亮。

2）故障排除：首先读取故障码。将 SRS 短路插头与仪表板左侧维修插头相连接，SRS 指示灯不显示任何故障码，故障灯常亮不熄。广州本田雅阁轿车 2.3L SRS 系统电路如图6-39所示。故障灯常亮不熄，往往是因为仪表总成中 SRS 指示灯电路故障，或者插头之间线路断路或短路，熔丝熔断。另外，结合该车症状，SRS 控制装置本身或其电源电路装置出现故障，导致故障灯常亮不熄的可能性极大。清除故障码，接通点火开关，如果 SRS 指示灯亮并在 6s 后熄灭，说明只是间歇性故障，结果灯不熄灭。关闭点火开关，检查驾驶人侧仪表板下熔丝/继电器盒内 2 号熔丝（10A）是否熔断，结果也没问题。

断开蓄电池负极电缆并等候 3min，断开驾驶人侧气囊 2 芯插头 D1o、副驾驶人侧气囊 2 芯插头 Plo 和 SRS 主线束 18 芯插头 Uo，重新连接蓄电池负极电缆。

接通点火开关，测量 Uo 插头 3 号端子与搭铁线之间的电压值为 12V，说明主线束没有断路。接下来检查 SRS 控制装置。用一条跨接线将 SRS 主线束 18 芯插头 Uo 的 6 号端子与 3 号端子连接，此时 SRS 指示灯熄灭，说明 SRS 控制装置出现故障或 Uo 插头接触不良。经查，Uo 插头完好无损，端子没有锈蚀、弯曲现象，看来 SRS 装置有故障。后经查证，该车在两次气囊爆炸后，维修人员错误地认为 SRS 控制装置没受到任何损伤，于是就只更换了气囊组件，而没有更换 SRS 控制装置。

与一般汽车 SRS 系统不同的是，该车碰撞传感器安装在 SRS 控制装置的内部。当车辆发生碰撞时，碰撞传感器和安全传感器将检测出汽车碰撞的强度信号，并将强度

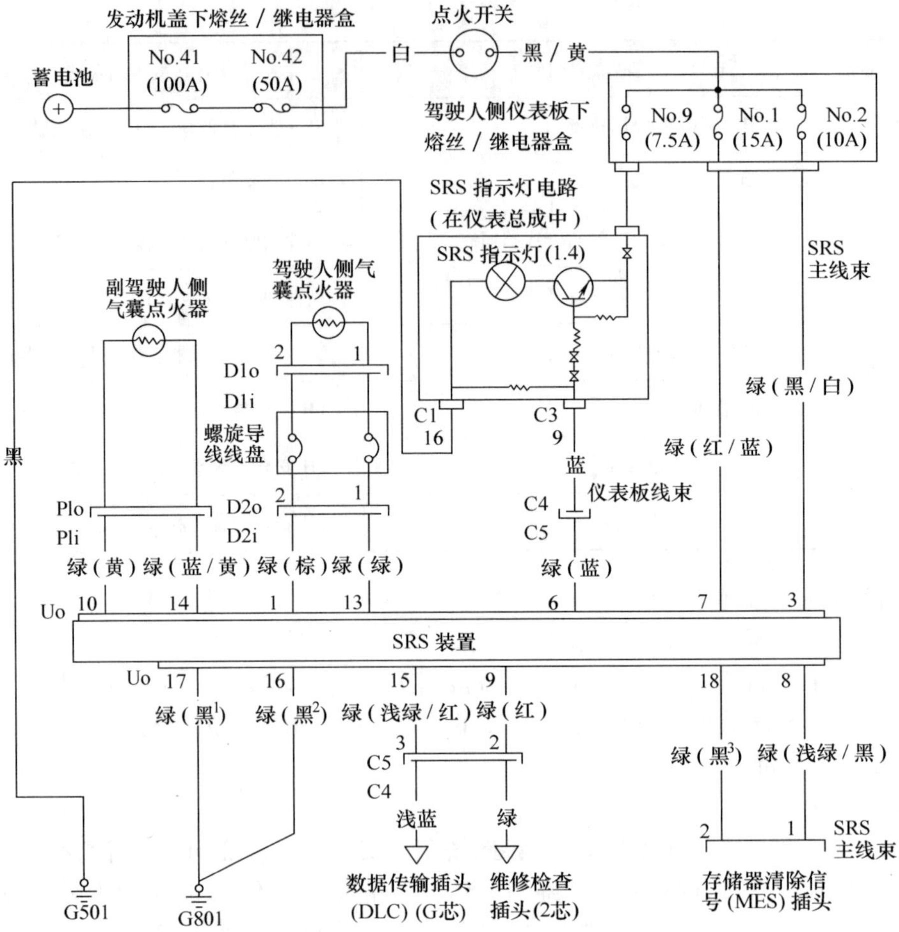

图6-39 广州本田雅阁轿车2.3L SRS系统电路图

信号输入SRS控制装置的微处理器，一旦冲击力超过设定极限值，安全气囊就会被引爆。

该车因SRS系统事故后只换气囊没换SRS控制装置，新的气囊组件与原来的SRS控制装置在程序设定上不相匹配，从而导致该车在不该引爆时，气囊引爆伤人。

不换SRS控制装置有时可能会侥幸消掉故障码，但这样具有极大的安全隐患。经更换相匹配的SRS控制装置，故障灯熄灭，SRS系统恢复正常。

（2）案例二

1）故障现象：一辆1993款沃尔沃（VOLVO）740型轿车仪表板上SRS故障指示灯在汽车行驶中突然发亮。

2）故障检修：沃尔沃740型轿车装备的SRS安全气囊系统由碰撞传感器、SRS电脑、SRS气囊、点火装置和SRS故障指示灯等组成，其控制线路如图6-40所示，驾驶人与副驾驶人侧SRS气囊点火器以及座椅安全带收紧器的电阻值均为（2.15±0.35）Ω。

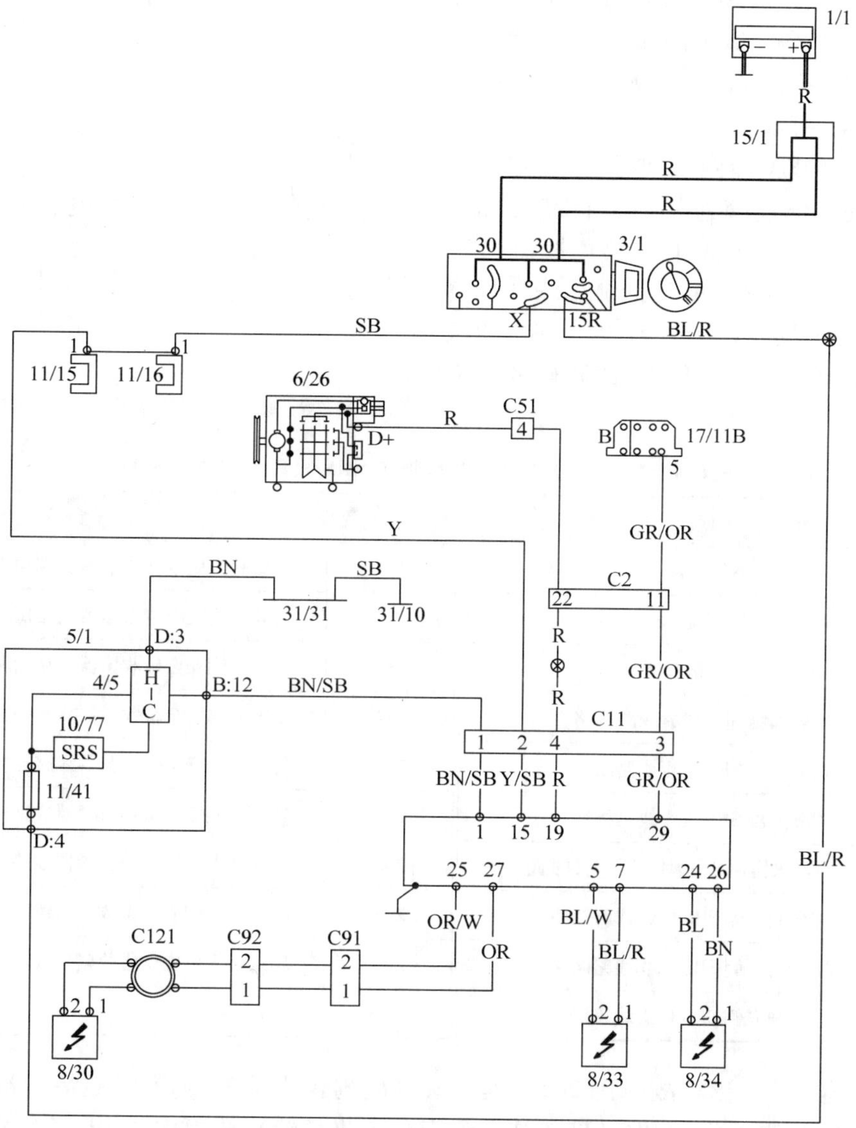

图 6-40　沃尔沃 740 型轿车 SRS 系统电路

1/1—蓄电池　3/1—点火开关　4/5—SRS 灯安全电路　6/26—交流发电机　8/30、8/33、8/34—引爆管　10/77—SRS 警告灯　11/15—熔丝　15/1—正极端子　17/11B—诊断测试插孔　31/10—右 A 立柱搭铁点　31/31—继电器盒内搭铁片　C2—左 A 立柱接头　C11—中央控制台插头　C51—左减振弹簧插头　C91—中央控制台插头　C121—螺旋电缆

1993 款沃尔沃 740 型轿车在发动机室右侧、右前减振器支柱前面装备有一个故障诊断插座，该故障诊断插座分为 A 插座和 B 插座两部分，如图 6-41 所示。在插座 A 上设有一个红色发光二极管 LED，LED 旁边设有一个诊断按钮（黑色），还有一根诊断线。诊断线一端与 A 插座及电脑相连，另一端为备用插头，将其插到某一插孔时，便可对相应的控制系统进行诊断测试（插到 B 插座的 5 号插孔中，便可对 SRS 气囊系统进行诊断测试）。A、B 插座上都有 6 个插孔，每个插孔分别为某一控制系统的诊断触发端子。

由于仪表板上的SRS故障指示灯在车辆行驶过程中点亮，所以首先利用随车故障自诊断系统读取故障码，其方法如下：

① 将诊断线插到诊断插座B的第5插孔中，如图6-41所示。

② 将点火开关转到“ON”位置并等待15s以上，使SRS电脑进入故障自诊断状态。

③ 按下诊断插座A上的黑色按钮约1s后松开，此时诊断插座A上的红色LED灯将闪烁复合型（3位数）的故障码。1993款沃尔沃740型轿车SRS气囊系统故障码的含义如表6-4所示。

图6-41　沃尔沃740型轿车SRS系统故障诊断座

表6-4　1993款沃尔沃740型轿车SRS气囊系统故障码表

故障码	代码含义	故障码	代码含义
111	SRS气囊系统正常	224	副驾驶人侧SRS气囊线路与电源线路搭接
112	碰撞传感器不良	231	驾驶人侧安全带收紧器线路短路
127	SRS指示灯线路不良	232	驾驶人侧安全带收紧器线路断路
211	驾驶人侧SRS气囊线路短路	233	驾驶人侧安全带收紧器线路搭铁
212	驾驶人侧SRS气囊线路断路	234	驾驶人侧安全带收紧器线路与电源线路搭接
213	驾驶人侧SRS气囊线路搭铁	241	副驾驶人侧安全带收紧器线路短路
214	驾驶人侧SRS气囊线路与电源线路搭接	242	副驾驶人侧安全带收紧器线路断路
221	副驾驶人侧SRS气囊线路短路	243	副驾驶人侧安全带收紧器线路搭铁
222	副驾驶人侧SRS气囊线路断路	244	副驾驶人侧安全带收紧器线路与电源线路搭接
223	副驾驶人侧SRS气囊线路搭铁		

通过上述方法，读得故障码242，其含义是副驾驶人侧安全带收紧器线路断路。经检查，发现图6-40中8/34元件（副驾驶人侧安全带收紧器）线束中的BL颜色线已被磨断，重新接好包扎、装复、按下述方法清除故障码后，试车，故障排除。

① 再次读取故障码。

② 当LED灯闪烁完故障码后再次发亮时，按下黑色按钮5s以上的时间后松开。

③ 待LED灯再次发亮时，再次按下黑色按钮5s以上时间后松开即可。

（3）案例三

1）故障现象：一辆上海别克GLX轿车安全气囊灯常亮。

2）故障检查：车接上专用的诊断设备TECH2，检测车身部分的安全气囊，就是进入不了相关的程序。由此可以认为最大可能是SRS的SDM安全气囊诊断模块有问题，也有可能是相关的线路接触不良、断路造成的。

拆下座椅，拿出SDM，发现SDM已被泡水，其上已布满水碱。看来这辆车是事故车，车内进过水。

3）故障排除：更换SDM后，安全气囊灯熄灭，用专用工具检测，SRS系统恢复正常。

练习与思考题

一、填空题

1. 为防止SRS系统气囊误引爆，SRS系统一般布置了__________、__________和保险传感器。

2. 为确保SRS系统工作的可靠性和安全性，一般SRS系统配备了防止气囊意外引爆的插接件，有__________的插接件和__________的插接件。

3. 安全气囊主要由__________、__________、__________、ECU组成。

4. 安全气囊的整个工作过程时间约为____________________。

二、简答题

1. 简述SRS系统气囊安全引爆的原理。

2. SRS的主要零部件及其作用是什么？

3. 检修安全气囊有哪些注意事项？

第7章 汽车仪表电子控制系统原理与检修

基本思路：

汽车电子仪表成为一个集感觉、识别、分析、信息库存、适应和控制六大功能于一体的，提供车辆行驶信息、保障安全驾驶的智能化系统，是现代汽车身份和发展的标志。从表面上看，该系统灯多、表多、电线多。对许多初学者来说一看到就头疼，如果用“积木法”来学习和研究就很容易，每个显示项目只有一个传感器（开关）、一到两根线、一个处理单元和一个显示器，除共用电源外，其他相对独立互不干涉。对本章的学习和研究只要以电的流动路线为线索，对每个显示项目逐一进行研究就不难融会贯通了。

7.1 汽车仪表电子控制系统概述

当今世界，由于汽车排放、节能、安全和舒适性等性能不断提高，使得汽车电子控制程度也越来越高。汽车电子控制装置必须迅速、准确地处理各种信息，并通过电子仪表显示出来，使驾驶人及时了解并掌握汽车的运行状态，妥善处理各种情况。现在，汽车的故障诊断、全球导航和定位系统的大量、复杂的信息服务已开始大量地装备到汽车上，汽车电子仪表作为信息显示终端能够完成这些任务。汽车电子仪表显示装置不仅具有能提供大量、复杂信息的优点，而且还具有高精度和高可靠性、一表多用的功能、外形设计美观自由度高、满足小型化和轻量化的要求等特点，因此电子仪表显示装置成为现代汽车的发展新潮流。

7.1.1 汽车仪表电子控制系统的基本组成

仪表板元件由组合速度表、电子控制仪表板与警告/指示灯面板。速度表、里程表、短途用记录仪与油量计数字式组件等组成。2000 款奔驰 E280 电子组合仪表如图 7-1 所示，广州本田雅阁汽车电子组合仪表如图 7-2 所示，道奇捷龙汽车电子组合仪表如图 7-3 所示。

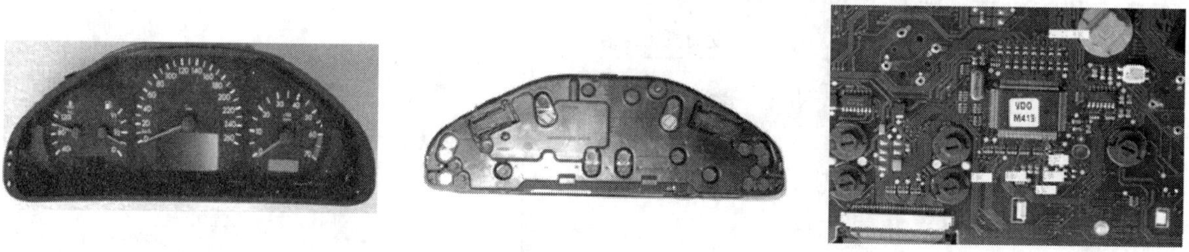

a) b) c)

图 7-1 2000 款奔驰 E280 电子组合仪表

a）电子组合仪表正面 b）组合仪表后壳 c）电子组合仪表电路板

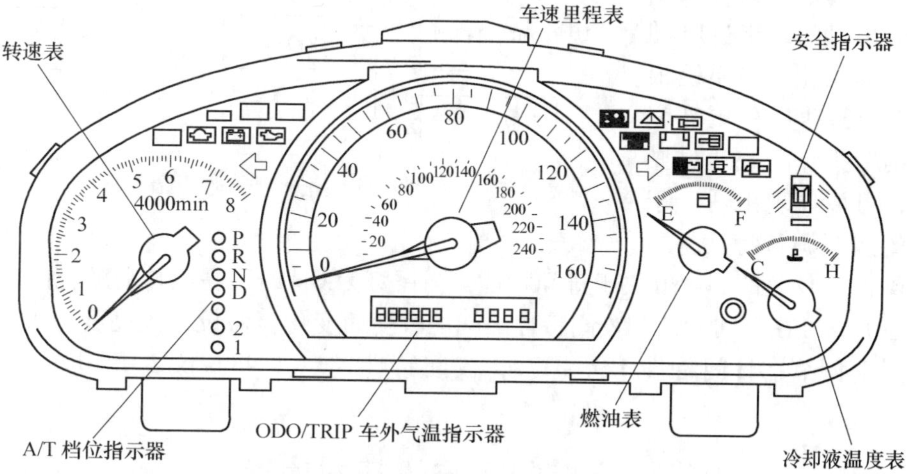

图 7-2 广州本田雅阁汽车电子组合仪表

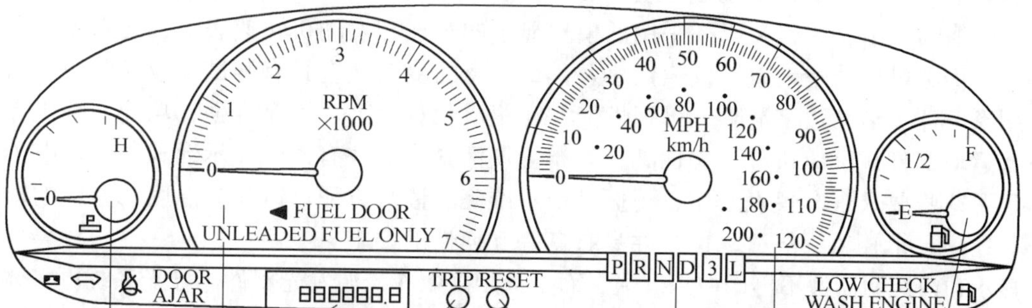

图 7-3 道奇捷龙汽车电子组合仪表

皇冠组合仪表系统如图7-4所示，是夜光显示型组合仪表，采用 LED（发光二极管）照明元件，包括刻度板、仪表指针、指示灯。通过在保护板里应用烟色丙烯酸和 LED，夜光显示型仪表实现了极好的可视性，并且 LED 具有很高的亮度和对比度，可以照亮各种指针和刻度盘。车速表和转速表的驱动电动机改成了步进电动机。里程表/短距离里程表和冷却液温度表均采用 LCD（液晶显示器）。另外，A/T 换档范围指示灯以“S”模式显示在里程

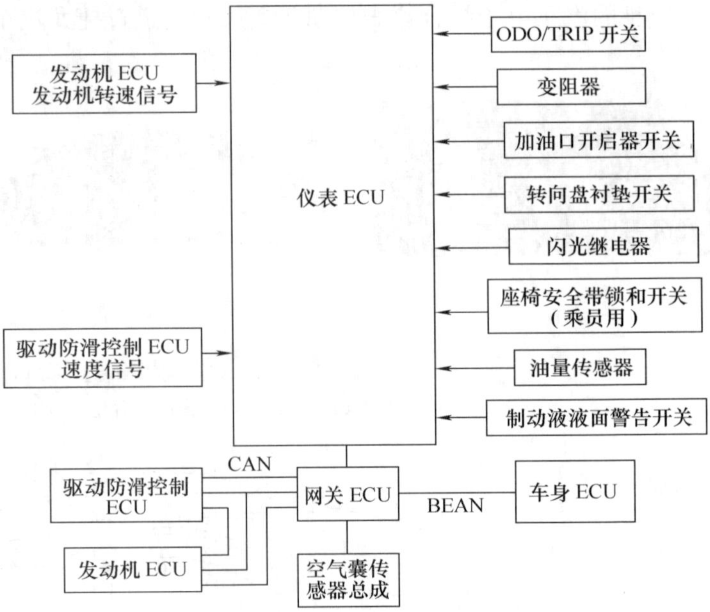

图7-4　皇冠组合仪表系统图

表/短距离里程表的LCD上。车速表和转速表的指针运动从交叉线圈式改为步进电动机式。这样使得指针的运动更细微，指针重量更轻，结构更紧凑。在步进电动机的仪表中，通过接通蓄电池端子使组合仪表电池为ON时，步进电动机立刻初始化并能识别与步进电动机并联的指示表的0位。然而，初始化后如果点火开关闭合60s或更长时间，步进电动机就会重新初始化。当系统根据日照传感器提供的外围亮度检测信号确定为日间或通过操作变阻器，可以体现出适合于各种条件的照明调节特性。当尾灯为OFF时，仪表的亮度取决于日间特性。当尾灯为ON时，亮度自动随着传感器提供的外围亮度检测信号在日间特性和夜间特性之间的改变而变化。假设最大亮度为1，仪表照明在以下范围中调节：日间特性1/1～1/8，夜间特性1/3～1/48。仪表ECU控制组合仪表照明。

7.1.2　汽车仪表电子控制系统的基本功能

利用电子显示技术，也就是薄型平面电子显示器技术做成的汽车平面仪表显示数字及信息，十分清晰明了，它代替以往采用的模拟显示的车速和发动机转速表等，使驾驶人在开车的同时，仍然可以清楚地看到仪表数字及其他信息的变动。它具有测试反应速度快、指示准确、图形设计灵活、数字清晰、可视性能好、集成化程度高、可靠性强、功耗低等优点。由于没有运动部件，反应快，可靠性高，其布置灵活紧凑，并有最佳显示形式。汽车电子仪表除满足了这些要求汽车仪表耐用、耐振、指示准确、读数方便，以及受温度、湿度的影响小之外，还满足了轻巧、舒适、美观并具有良好互换性的要求。

显示和内照明器件不再用白炽灯泡，而是选用高效冷光源发光器件，导光系统更多体现出光学领域的新技术。CCD摄像后视系统改用电子摄像显示后视系统，驾驶人的视野范围将更宽。自动导航和定位系统将是未来汽车仪表上不可缺少的部分，包括全球卫星定位系统和电子地图等。未来汽车将具备完善的通信系统，其计算机系统会与公共互联网相连，以便充分共享信息资源，处理通信作业将是汽车仪表计算机系统工作内容的一部分。此外汽车仪表的计算机系统具备对娱乐、空调等设备进行监管的功能，可以自动控制这些设备或支持驾驶人远程操纵。

电子仪表采用电子显示器件和高压驱动器集成电路，既提高了测试精度，又可将数字信息输入汽车电脑内，实现了车速与里程等参数的数据分析和计算，使汽车具有更多的自控功能。转速表、电压表、燃油表、油压表和冷却液温度表则采用线性集成电路，方便配接各类电子传感器件。汽车电子仪表成为一个集感觉、识别、分析、信息库存、适应和控制六大功能于一体，提供车辆行驶信息、保障安全驾驶的智能化系统。

汽车电子仪表面板，通过汽车电脑采集处理不同传感器信号，不仅可把各种传感器检测到信息，如车速、发动机转速等原封不动地显示出来，而且还能把经电脑处理、计算、分析后的信息，如燃油消耗和行车里程等综合信息显示出来。另外，带有诊断程序的汽车电脑还能在汽车行驶过程中，根据发动机、传动系及行驶系等各机件的运行情况，及时显示出故障诊断的警告信息，驾驶人想检查时也能随时调出多重显示，或采用按钮开关实现有选择的显示。

7.2 汽车仪表电子控制系统主要零部件的结构及工作原理

现代汽车的组合仪表看起来十分复杂，但由于其整个系统是按不同的显示功能、由不同的独立装置组合而成的，所以只要深入了解系统的内部结构和各独立装置之间的相互联系，就不难弄懂其工作原理，也不难掌握各仪表装置及整个系统的维修方法。主要包括机油压力表、冷却液温度表、燃油表、电流表、里程表、发动机转速表和数字钟等。

奥迪 A6 轿车的组合仪表称为“Highline”型，其中有 LCD 多功能显示屏。多功能显示屏上有带收音机频率显示和电话数据显示的自检系统、外部温度显示、车载计算机显示、自动变速器的档位显示。在车速里程表上有一个 LCD 显示屏，其上显示总行驶里程和日行驶里程。指示灯集成在车速里程表和转速表内。

7.2.1 汽车仪表信号控制和显示元件及其电路

现代组合仪表最突出的特点是功能的模块化、系统化、集成化，通常要组装一块仪表，只需将几个功能模块在定制 PCB 的基础上联合起来，就可以得到一个完整的系统。目前，汽车组合仪表以指针式仪表为主，各个表头（最常见的有车速表、转速表、温度表、燃油表）都是独立的模块，提示/警告灯由 PCB 板上的灯泡或者发光二极管实现。组合仪表上显示的数据、信号来源及显示方式如表 7-1 所示。

表 7-1 组合仪表显示内容

数　据	信号来源	显示方式
车速	车速传感器或轮速传感器	指针刻度式或数显
发动机转速	转速传感器或发动机 ECU	指针刻度式或数显
冷却液温度	冷却液温度传感器或发动机 ECU	指针刻度式或数显
燃油量	燃油传感器或发动机 ECU	指针刻度式或数显
里程（累计、小计）	车速传感器或轮速传感器的积分数据	数码轮式或数显
提示/警告灯	车上各系统（如转向、发电机、制动系统等）	灯泡或发光二极管

目前主流品牌汽车上主要使用的是第三代电子式组合仪表和第四代采用 CAN 总线的电子式组合仪表（第一代机械式组合仪表和第二代电磁式组合仪表逐步被取代）。

第三代电子式组合仪表：各个表头均采用步进电动机驱动；背景光照明和提示/警告灯一般均采用发光二极管；里程显示采用液晶显示屏（LCD，逐点或段码显示）；各信号进入仪表后，由单片机处理后驱动步进电动机转动从而带动指针转动。LCD 中还可以显示平均油耗、油箱余油量可行驶里程数、档位，做成一个较简单的行车电脑。第四代采用 CAN 总线的电子式组合仪表，与第三阶段主要区别在于信号均通过 CAN 总线进行通信。除具备第三阶段的优点外，由于采用了 CAN 通信，故大大减少了线束，在这方面降低了成本。整车根据功能、系统划成了几个节点，使整车系统简单化、明朗化。

电子组合仪表的基本控制如图 7-5 所示。

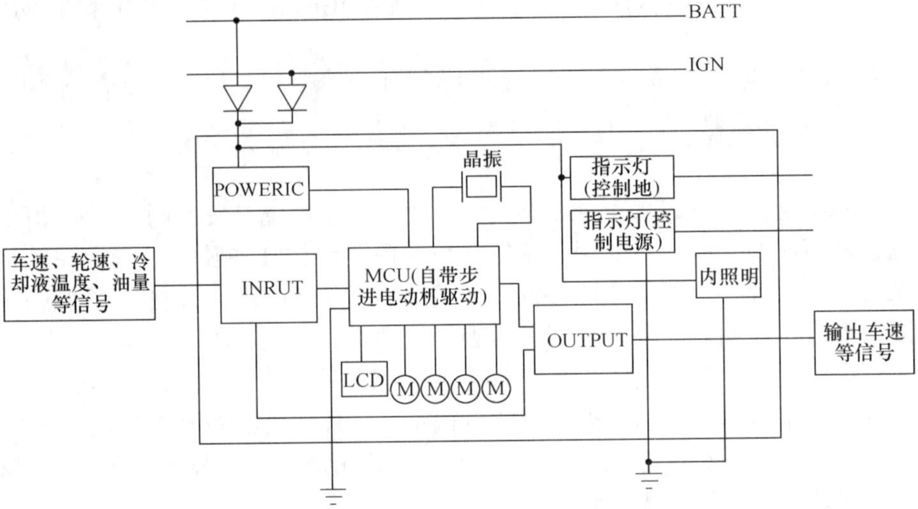

图 7-5　电子组合仪表电路示意图

电源芯片：将点火开关电源稳压到（5±0.1）V，为主芯片提供工作电源。如图 7-6 所示，其中 470μF 电容的主要作用：①蓄电池掉电时，供电给组合仪表保存累计里程；②吸收波动大的干扰。两个 0.01μF 电容的主要作用：滤波，滤掉高频干扰。如电源芯片 TLE4275，驱动电流可达到 500mA。

输入电路（信号采集电路）：车速、转速信号采集电路如图 7-7 所示，其中 C1—1000pF 电容主要是考虑到 ESD（电磁冲击）；C6—0.01μF 是滤波电容，需要根据信号的有效频率进行调整，可从 0.01μF～470pF；R13—100K 电阻是保证当输入信号是高电平时，A 点电压在 3.5～5V。

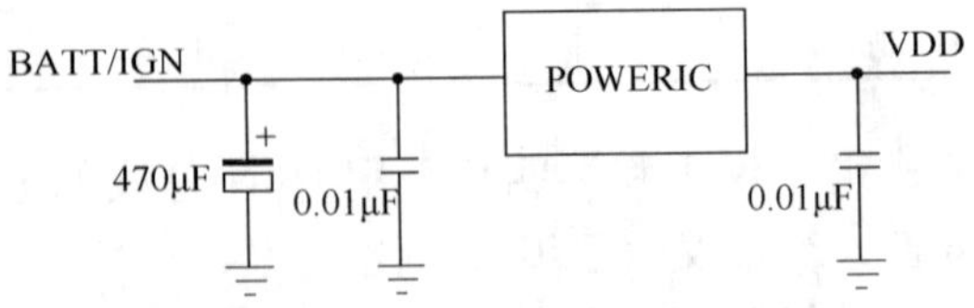

图 7-6　电子组合仪表电路电源电路

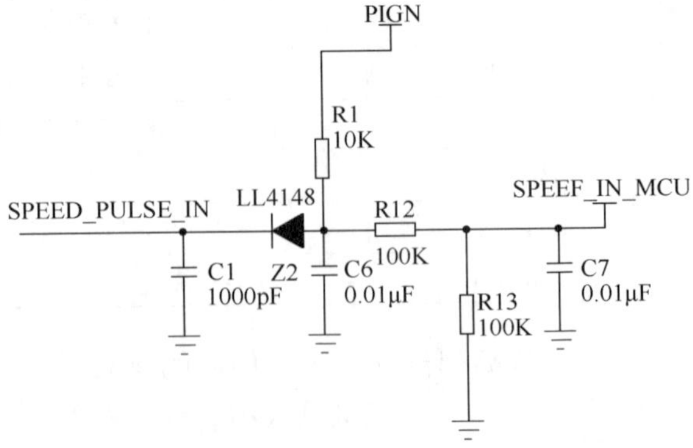

图 7-7　电子仪表车速、转速信号采集电路

冷却液温度、油量信号采集电路：如图 7-8 所示，其中 100K 的电阻是当 Rx 开路、IGN 加载到 MCU 上时，对 MCU 的保护，由 MCU 能够承受的漏电流值决定。MCU 将采样到的 V2 与 VDD 比较得到 A，将采样到的 V1 与 VDD 比较得到 B。A、B 已知后根据公式计算出 Rx，查表得到对应的冷却液温度或油量。V2、V1 与 VDD 的比较都是通过程序实现的。

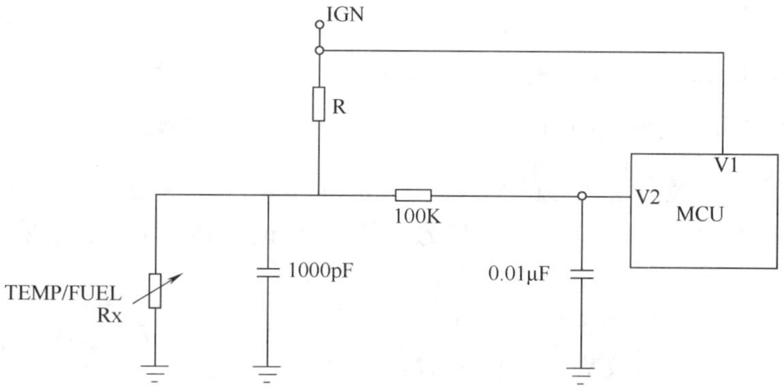

图 7-8　电子仪表冷却液温度、油量信号采集电路

输出电路（如输出车速信号给其他系统）：如图 7-9 所示，Q4 BCW66 的作用：当 T1 导通，而接收电路短路到点火开关电源时，A 点为高电平，Q4 BCW66 导通。Q4 BCW66 导通后，B 点变为低电平，T1 截止，防止 ce 极被击穿。

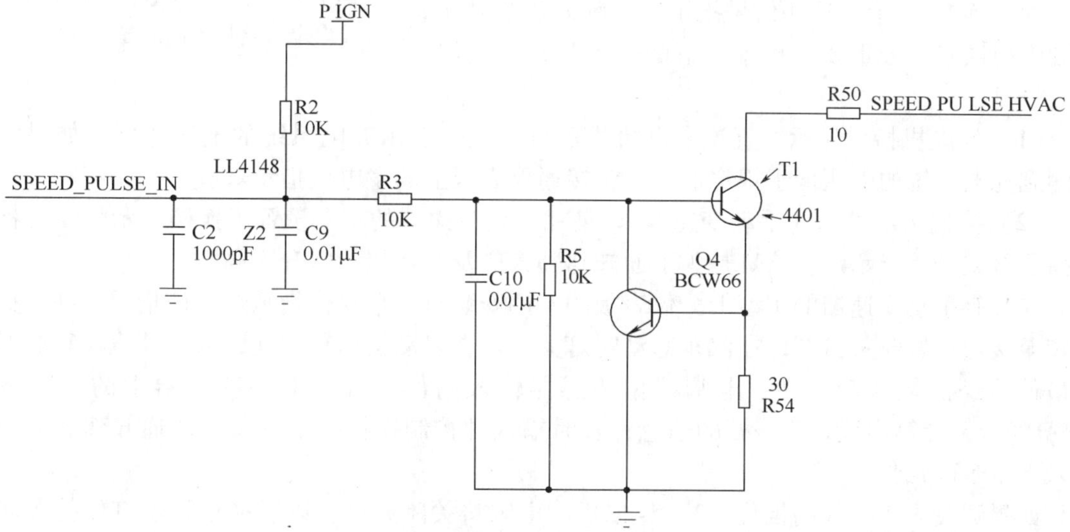

图 7-9　电子仪表输出电路

驱动电路（此部分电路可集成在主芯片中）：主要是驱动步进电动机。步进电动机的运行是依靠单片机提供脉冲给它，单片机对其输出脉冲并不是连续不断地一直输出，而是输出一些脉冲后停一段时间。另外还有其他电路，如内部照明电路如图 7-10 所示，指示电路如图 7-11 所示。

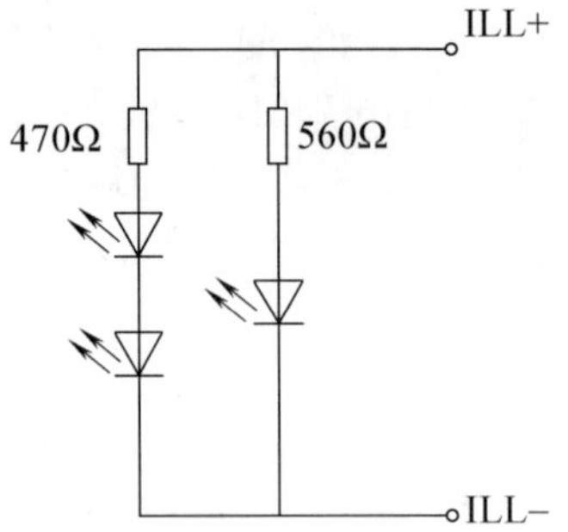

图7-10　内部照明电路

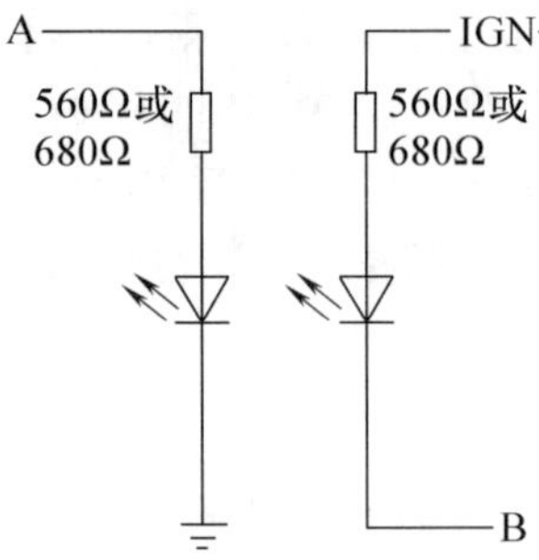

图7-11　指示电路

电子式组合仪表已经有了成熟的平台，故很多厂家都有一套成熟的程序。针对不同的仪表，软件工程师一般只需在程序中修改信号频率（车速、转速）、信号采样值（冷却液温度、燃油）等。

多功能显示器一般是电脑控制的各种发光二极管LED，其显示代表的区域由仪表板上的各种图标或文字来表示，显示的内容由图标或文字以及LED的亮灭情况来表示；有的还带有由电脑直接控制的显示屏，如图7-12所示。

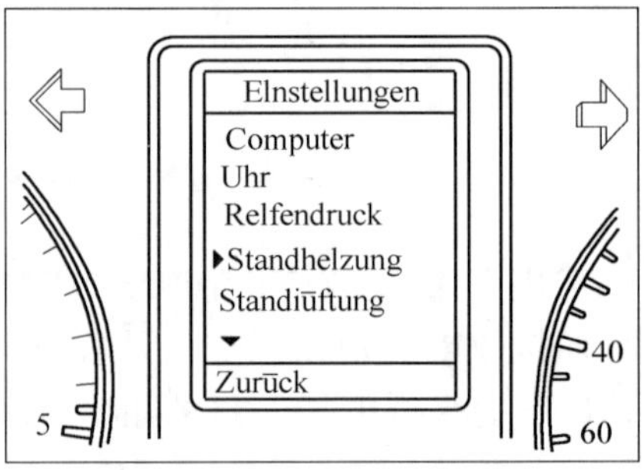

图7-12　奥迪A6组合仪表上由电脑直接控制的显示屏

仪表板除了前面讲过的仪表显示之外，还集中了各种控制单元控制的LED信号指示的显示。随着汽车电控技术的发展，仪表板上的LED信号指示也越来越多，如图7-13所示。这些信号指示给驾驶人驾车时和驾驶中提供着十分重要的提示。下面介绍几种新增加的信号显示。

（1）发电机指示显示　直流发电机指示灯发亮，表示充电系统的电压过低。如果电脑检测到充电系统的电压低于规定值时，将接通仪表板上的发电机指示灯。

（2）换档指示显示（手动变速器）　使用手动变速器的车上设置了换档指示灯，也称档位指示灯或升档指示灯。该灯是为了通知驾驶人应及时换档，即升入高档。

在装有手动变速器的车型上，仪表板的左侧安装有一个换档指示灯。该指示灯在点火开关转至接通位置时被打开，在汽车起动时灯关闭。在发动机运行期间，为了使汽车行驶时具有最佳的经济性和动力性，电脑根据传感器输入的信息和存储在存储器中的参考数据（MAP值），计算出换入高一档的信息；及时输入并控制换档指示灯发亮，通知驾驶人应该换入下一个高档位。

如果驾驶人未换入高档位，3～5s以后，电脑将关闭此灯，以后换档指示灯保持关闭状态直到停止加速且恢复换档指示灯的工作范围。

（3）摄像显示　Cam Car摄像机系统使用了铅笔大小的前后摄像机，装在汽车的前后两侧，提供绕过障碍物的视野。覆盖角可达22°，在300m的距离上相当于116m宽的视场。

仪表板上的两个附加显示屏一般显示侧面的后向视野，但如果驾驶人想绕过障碍物了解前面的情况，可以按下一个按键，将显示切换到两个前向摄像机摄取的画面，这样驾驶人就能绕着弯地看到前面的东西了，减少了视线受到封堵的情况和可能出现的严重的安全隐患。

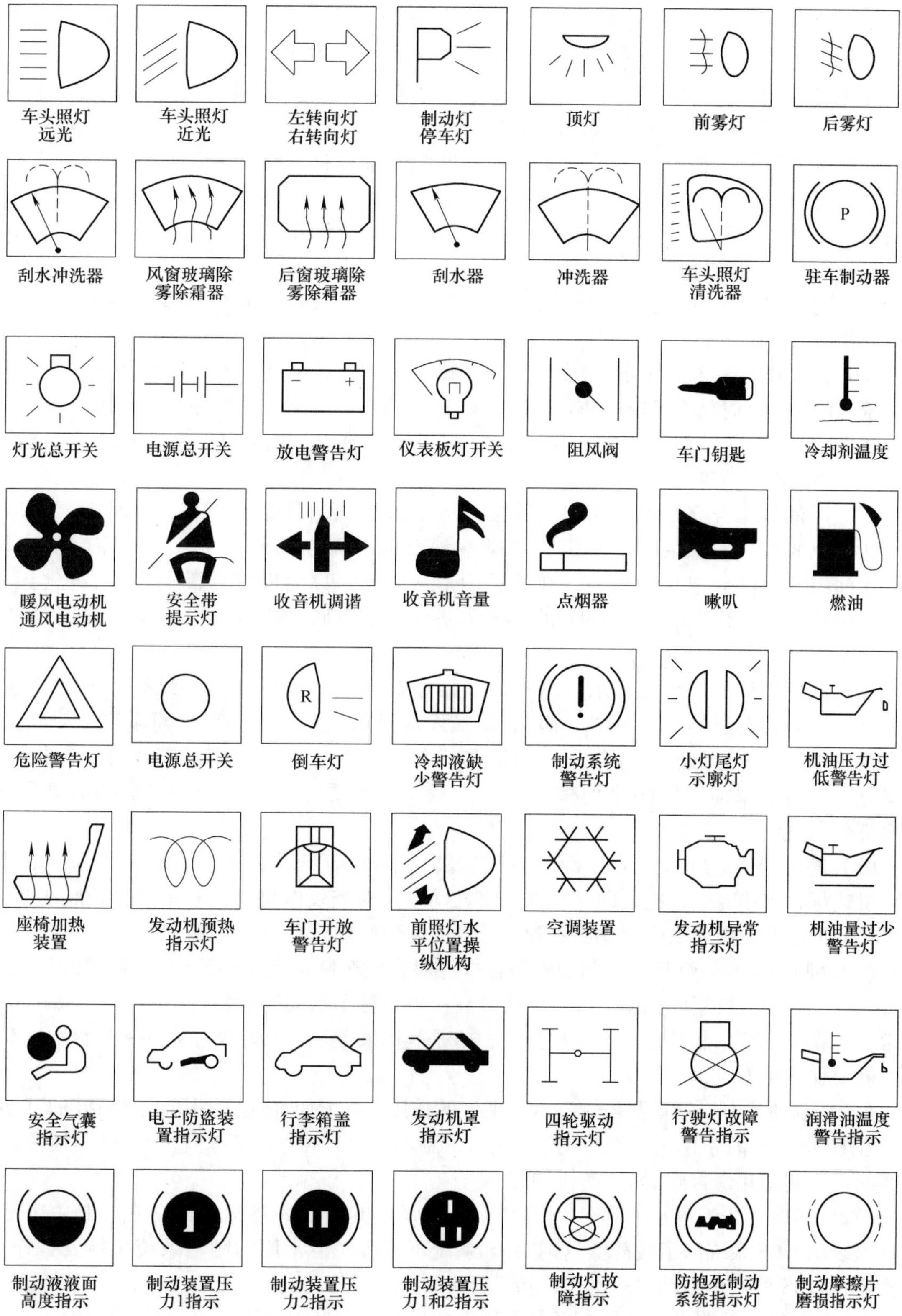

图 7-13　汽车的指示标识信号与符号

(4) 警告灯显示　汽车在正常行驶时，警告灯亮或是蜂鸣器叫，是在警告驾驶人该部件将要发生故障，需要及时补充或修理，但短时间内汽车仍能行驶。一般情况下，汽车起动时，打开点火开关，各指示警告灯亮，此时电脑控制系统先进行自检，如果各系统正常，警告灯就熄灭；如果某一个警告灯继续亮着则表示此系统有故障。

(5) 发动机故障警告灯显示　发动机故障警告灯在打开点火开关时点亮，起动发动机后立即熄灭，此时表示发动机各项功能正常，否则就表示发动机控制系统中有故障。发动机故障诊断系统同时负责检查发动机的各个电子控制系统，并把它的各种故障用故障码存储起来，随时可以用专用仪表检测出来，以便于检修。如果发动机故障警告灯灯光闪烁，则说明三元催化转换器可能损坏，如果继续行驶就应降低速度，需要及时送修理厂检修。

(6) 机油压力警告灯显示　机油压力过低，会使需要润滑的各部件严重磨损，因此，机油压力警告灯亮时就要及时检查机油压力降低的原因。如果是油量不足，就要补充机油，并检查供油系统有无泄漏；如果机油量足够，警告灯仍亮着，那就可能是机油滤清器或油路堵塞，应送汽修厂清理。

(7) 燃油量警告灯显示　在油箱储量接近下限时燃油量警告灯亮，这时必须添加燃油。切忌把油箱内的燃油用尽，因为电动输油泵就安置在油箱底部，并且靠燃油冷却。一旦燃油用尽，就会把空气吸入，在油路中形成气阻，以后即使灌满了燃油，也会因气阻而不能把燃油送往发动机，而且电动油泵没有燃油在周边冷却，也容易因温度过高而发生危险。

(8) 冷却液液面警告灯显示　冷却液液面过低，冷却液液面警告灯亮。因冷却液液面过低，散热器会过热，甚至“开锅”，影响发动机工作，此时必须立即添加冷却液。但一定要使用同一牌号规格的冷却液。如果在行车途中发生冷却液液面警告灯亮，作为临时措施，也可以添加常用的食用蒸馏水。注意：千万要等散热器冷却以后再打开盖子，以免烫伤。

(9) 充电警告灯显示　充电警告灯亮应及时检查电气线路，查明和消除故障。如果在发动机运行时突然闪亮，应立即停车并关闭发动机，检查发电机的传动带是否松脱或断裂。如果传动带已有破损那么就要小心驾驶，并立即开到修理厂更换传动带。

(10) 制动液警告灯显示　制动液警告灯一般为驻车制动和制动液液面指示共用。正常时打开点火开关，拉紧驻车制动杆，警告灯亮；松开驻车制动杆后警告灯应熄灭。如果警告灯常亮着就表示驻车制动杆没有放松到底，或是制动液不足，必须添加制动液，否则汽车制动时就要加倍用力。

(11) 制动片磨损限量警告灯显示　现代的乘用车和轻型车上采用了前盘后鼓的制动结构，在制动片（摩擦片）磨损到一定限度时，制动片磨损限量警告灯就会点亮，提醒驾驶人及时更换制动片，否则就会造成制动失灵。

(12) ABS 警告灯显示　当 ABS 警告灯在发动机起动后不熄灭，或是在行驶中突然闪亮，就表示 ABS 系统出了故障。这时 ABS 系统不工作，但常用的制动系统仍能发挥作用，要按不带 ABS 的汽车制动方式操作，随后应去修理厂检修。

(13) 安全气囊警告灯显示　当点火开关打开时安全气囊警告灯应点亮，数秒后该灯应立即关闭。如果不关闭或行驶时该灯开始闪亮，则表示安全气囊有故障。此时并不影响汽车的运行，但是安全气囊将有可能不工作，应去特约维修点检查。

（14）正时传动带警告灯显示　正时传动带一旦断裂会给发动机运行带来严重的后果，因此有的汽车上装有正时传动带警告灯。当汽车行驶到一定里程需要更换时，正时传动带警告灯亮，表示正时传动带需要更换。

（15）保养灯显示　2003 款丰田和雷克萨斯车系的机油保养灯“MAINT REQD”有三种显示状态：行驶里程在 8045km（5000mile）以下时，如果点火开关转到“ON”，保养灯点亮 3s 后熄灭，表示灯泡及线路正常；行驶里程超过 8045km（5000mile）但少于 11263km（7000mile）时，如果打开点火开关，保养灯点亮 3s 后，将闪烁 12s 再熄灭，提醒驾驶人已经到了保养里程，应更换机油；行驶里程超过 11263km（7000mile）时，如果打开点火开关，保养灯持续点亮，警告驾驶人车辆已经超过保养里程。

雅阁（2.4L、3.0L）乘用车仪表板上设置的保养灯，当行程表里程达 9600 ~ 12000km 时，打开点火开关，保养灯亮 2s。而超过 12000km 时若车辆仍未进行保养，打开点火开关后保养灯会一直闪亮，以提示车主及时保养。

（16）柴油滤清器警告灯显示　柴油滤清器警告灯仅在柴油车上使用。当柴油滤清器沉积杯内积水达到约 200mL 时，警告灯亮，要停车把积水排出。柴油中有水会影响发动机的运行并加速高压油泵的磨损。

应该说明，并不是每一种汽车仪表板都有上述各种信号显示灯，而在一些高档乘用车上会有更多的信号显示灯，检查维护应视配置不同而异。

7.2.2 汽车仪表电子控制系统电控单元的工作原理及工作流程

仪表板电脑的主要功能是将车身电脑和发动机电脑送来的信号进行计算、分离、译码处理后再送至各个显示终端，即各种汽车仪表和功能显示器来显示汽车各系统的工作状况。图 7-14 所示为电脑信号处理示意图。

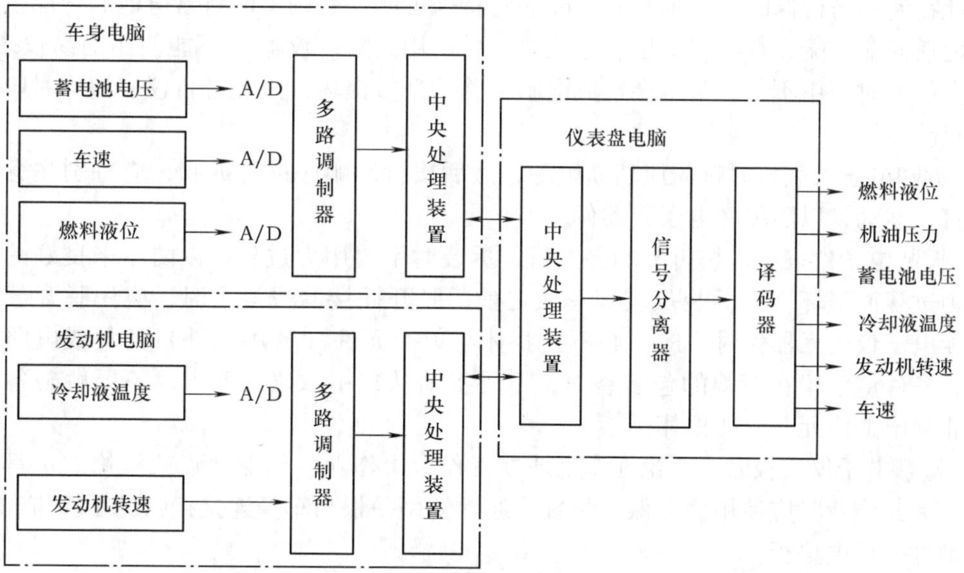

图 7-14 电脑信号处理示意图

汽车车身电脑系统是用来控制除发动机之外的车辆多种功能的装置，其主要控制对象是暖气、通风和空调系统等。为实现对上述系统的控制，车身电脑不仅要从发动机电脑获取有关发动机和车辆工况的信息，如发动机转速、发动机冷却液温度、车辆行驶速度，而且还需获取与之相关的一些其他信息，如蓄电池电压、机油压力、燃料液位、动力转向开关位置、空调系统离合器状态、通风系统空气控制门的位置以及车辆内部温度和外界气温等。要实现对上述信息的处理，车身电脑需要有一个信息处理系统来处理所收集的信息。其中模数转换器（A/D）可将各传感器送来的模拟信号转变为数字信号，时钟脉冲计数器保证输入的信息可按正确的顺序进行处理并便于与发动机电脑交流数据。一般的汽车电脑系统可在发动机电脑和车身电脑之间以 8000B/s 以上的速度交流信息。工作中，由于车身电脑需要采集多个来源、不同工况的信息，所以一般均采用多路传输信息采样系统。例如，车身电脑的中央处理装置，要检查冷却液温度、发动机转速以及其他多种输入信息。而在这些信息中，有些如发动机冷却液温度，因其变化速度和幅度不大，无需经常检查；有些如发动机转速，因其变化速度和幅度很大，必须经常检查。所以，电脑是按可编程的只读存储器（PROM）编定的程序有规则地检查信息输入和进行处理的。此外电脑还需利用可消除存储器存储里程表读数供电子显示装置使用，利用随机存储器计算输入的数据。

7.3 汽车仪表电子控制系统诊断与检修

汽车电子仪表板上的部件都比较精密，对维修使用的要求也较严格，测试时必须严格遵守生产厂家维修手册中的有关规定，测试和维护修理时，应特别注意以下事项。

1）现代汽车电子化仪表比较精密，对检修技术要求较高，检修时应遵照各汽车实用维修手册中的有关规定，必要时，电子化仪表装置应送专业维修单位检修。

2）现代汽车电子化仪表显示板与母板（逻辑电路板）不仅较容易损坏，而且价格也较贵，因此在使用与检修时应多加小心，除非有特殊说明，否则不能将蓄电池的全部电压加在仪表板的任何输入端，在检查电压、电阻时，应使用高阻抗仪器（不能使用简易仪表），若检修汽车仪表时使用不当，常常会造成电脑电路的严重损坏，因此进行仪表检修时应特别注意这一点。

3）拆卸电子仪表板时首先应切断电源，然后按拆卸顺序进行拆卸，应特别注意拆卸时不能敲打、振动，以防损坏电子元器件。

4）拆装电子仪表板应按拆装顺序进行，拆装时不要用力过猛，以防本来良好的元器件由于用力过猛而损坏。在拆装仪表板总成之前，脱开插接器或端子时，应先脱开蓄电池端子。更换电子仪表元器件时，应小心不让身体与更换元件（备用元件）的集成电路引线端子接触，备件应放置在镀镍的包装袋内，不要提前从袋中取出，取出时不要触碰各部分插头，防止静电造成元器件的损坏。

5）检修电子仪表板时，不论在车上或在工作台上作业，作业地点或维修人员都不能带有静电。为此作业时应使用静电保护装置，通常使用一根与车身连接接铁的手腕带和放置一个电子部件的导电垫板。

6）发动机运行时不能将蓄电池断开，因为这会引起瞬间的反电势，导致仪表损坏。

7）电子仪表使用冷阴极管，应注意冷阴极管插接器上通电后存在高压交流电，因此通电后不得接触这些部位。

8）在处理电子式车速/里程表的电路板时，必须使用原来的塑料盒，以免因静电感应而损坏。若不慎碰触电路板的插头时，将会使仪表的读数消除，此时就必须送给专业维修人员维修后才能使用。

7.3.1 汽车仪表电子控制系统诊断与检修方法

如果奥迪A6汽车组合仪表控制单元查到其故障存储器中有故障，“dEF”将显示在多功能显示屏上，此时应更换组合仪表。组合仪表不可分解，但装有普通灯泡的指示灯可更换。如有需要，在保修期内应整体更换组合仪表。填写好的故障报告单应与损坏的组合仪表一同返回，损坏的组合仪表必须用原包装返回。更换组合仪表后可用V. A. G1551来设置新换上的组合仪表里程数及技术保养周期。

指示仪表由微处理器控制，具有很强的自诊断功能。如有故障发生，故障码会存入组合仪表的故障存储器里。用V. A. G1551或V. A. G1552可读出这些故障。表7-2为组合仪表故障码表。

表7-2 组合仪表故障码表

V. A. G1551打印信息	可能的故障原因	故障排除
00562—机油油面/机油温度传感器G266 ● 断路/对正极短路 ● 对地短路 ● 不可靠信号	● 机油油面/机油温度传感器G226与组合仪表板间导线断路或短路 ● 机油油面/机油温度传感器G266损坏 ● 传感器内电子部件损坏	● 按电路图查找故障 ● 排除导线断路 ● 更换机油油面/机油温度传感器G266
00667—外部温度信号 ● 断路/对正极短路 ● 对地短路 ● 不可靠信号（显示错误，不予考虑）	● 组合仪表与空调控制和显示单元E87之间断路或短路 ● 空调控制和显示单元E87损坏	● 按电路图查寻故障 ● 排除导线断路 ● 进行空调自诊断
00668—车上30号接线电压 ● 电压过低	● 蓄电池接线已拆下 ● 控制单元或传感器导线断路或短路	● 按电路图查寻故障，排除导线断路或短路故障 ● 清除故障码并继续观察车辆
00771—燃油表传感器G ● 断路/对正极短路 ● 对地短路	● 燃油表传感器G或燃油表传感器G169与组合仪表板间导线断路或短路 ● 燃油表传感器G或G169与组合仪表之间导线断路或短路 ● 燃油表传感器G或G169损坏	● 按电路图查寻故障 ● 排除导线断路 ● 更换机油油面/机油温度传感器G或G169
00779—外部温度传感器G17 ● 断路/对正极短路 ● 对地短路	● 导线断路或短路 ● 外部温度传感器G17损坏	● 按电路图查寻故障并排除导线断路短路故障 ● 更换外部温度传感器

（续）

V. A. G1551 打印信息	可能的故障原因	故障排除
01039—冷却液温度传感器 G2 ● 断路/对正极短路 ● 对地短路	● 冷却液温度传感器 G2 与组合仪表间导线断路或短路 ● 冷却液温度传感器 G2 损坏	● 按电路图查寻故障，排除导线断路或短路故障 ● 更换冷却液温度传感器 G2

如果组合仪表控制单元查到其故障存储器中有故障，“dEF”将显示在多功能显示屏上，此时应更换组合仪表。组合仪表不可分解，但装有普通灯泡的指示灯可更换。如有需要，在保修期内应整体更换组合仪表。填写好的故障报告单应与损坏的组合仪表一同返回，损坏的组合仪表必须用原包装返回。更换组合仪表后可用 V. A. G1551 来设置新换上的组合仪表里程数及技术保养周期。

1. 奥迪 A6 组合仪表的拆装

组合仪表不可分解。拆卸组合仪表时，无需拆下转向盘，但为清楚起见，仪表图中均未画出转向盘。拆卸组合仪表前，先查询故障码，另外，还要用 V. A. G1551 检查技术保养周期显示和里程表显示，并记下显示值。

（1）组合仪表的拆卸　如图 7-15 所示，将转向盘连同调整装置全部拉出并向下调整，向上压护板的侧面并将护板从仪表板上取下。如图 7-16 所示，松开两个十字头螺钉，向前拉出组合仪表。切断组合仪表后部的电线扎带，松开插头上的卡爪，并拔下插头。

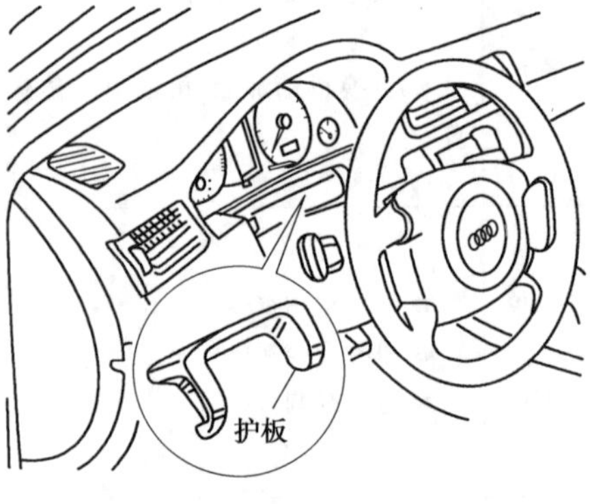

图 7-15　拉出转向盘

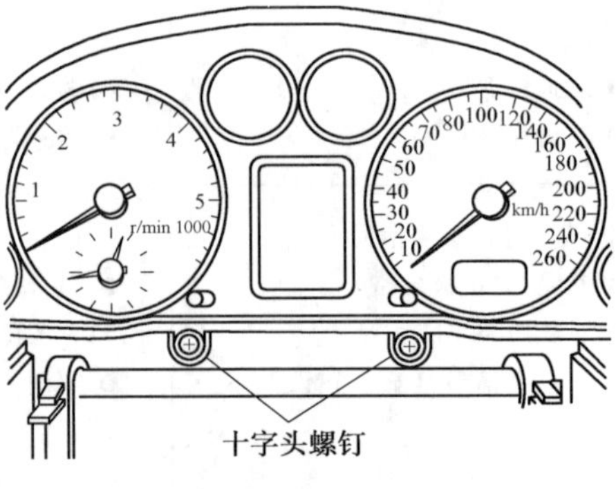

图 7-16　组合仪表

（2）组合仪表的安装　插好插头并将线束固定到组合仪表后的夹紧装置上。安装按与拆卸相反的顺序进行。安装后检查功能。如果功能正常，编制组合仪表代码，进行防盗器控制单元、保养周期显示和里程表显示自适应。

2. 奥迪 A6 车组合仪表上的多孔插塞连接

奥迪 A6 车上所有警告灯均为发光二极管，如果一个警告灯损坏，必须更换组合仪表。

Highline 型组合仪表的插头连接如图7-17所示。插头触点的功能如表 7-3 所示。

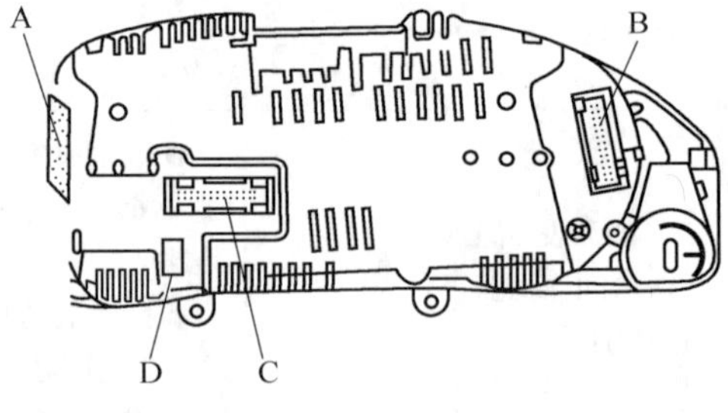

图 7-17　Highline 型组合仪表的插头连接

A—多孔插头（32 脚，绿色）　B—多孔插头（32 脚，蓝色）　C—多孔插头（32 脚，灰色）　D—遥控时钟多孔插头（4 脚，黑色奥迪 A6 国产型不接）

表 7-3　组合仪表插头触点功能

图　示	触　点	功　能
多孔插头，32 脚，蓝色 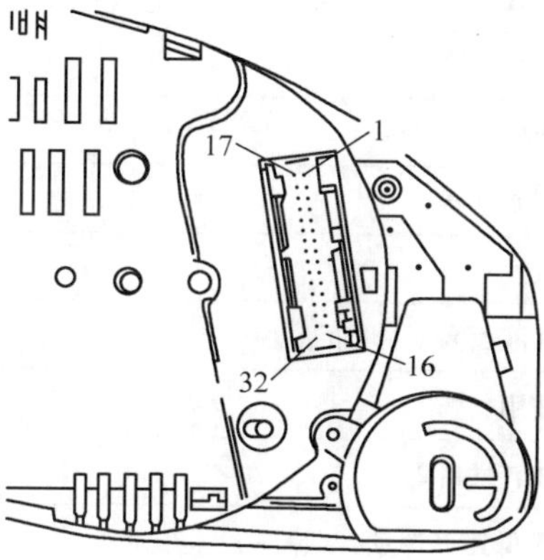	1	接线柱 15
	2	制动衬块磨损
	3	速度表输出 1
	4	未使用
	5	燃油表传感器
	6	燃油箱报警 2
	7	接线柱 31（传感器搭铁）
	8	冷却液温度
	9	接线柱 31（负荷搭铁）
	10	机油压力 2（高压）
	11	转速信号
	12	空调关闭
	13	电子节气门（E-Gas)/预热指示
	14	自动水平调节
	15	接线柱 58d
	16	挂车转弯信号
	17	远光灯
	18	左转向灯
	19	未使用
	20	接线柱 58s
	21	驾驶人侧车门接触开关
	22	冷却液不足显示
	23	接线柱 30
	24	接线柱 31（负荷搭铁）
	25	燃油消耗信号
	26	右侧驻车灯
	27	左侧驻车灯
	28	车速表输入
	29	制动器
	30	S 触点
	31	车速表输出 2
	32	ESP/ASR

（续）

多孔插头，32脚，绿色

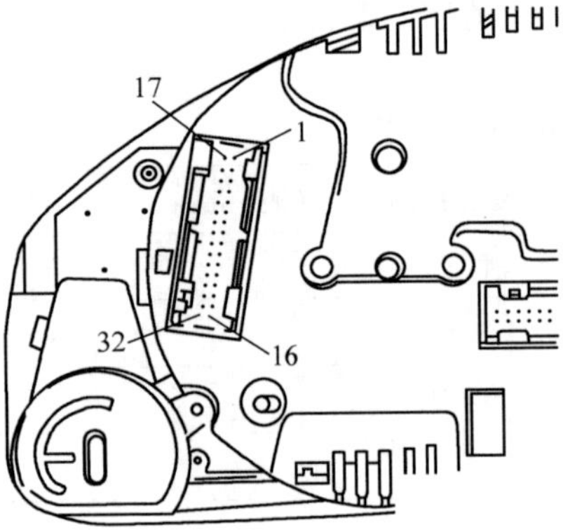

图　示	触　点	功　能
多孔插头，32脚，绿色	1	未使用
	2	脉冲转发器
	3	未使用
	4	未使用
	5	W线
	6	未使用
	7	右转向灯
	8	外部蜂鸣器
	9	外部锣声
	10	安全气囊
	11	停车时间输出
	12	接线柱61
	13	驻车制动器
	14	检查
	15	机油液面高度/机油温度
	16	未使用
	17	脉冲转发器2
	18	CAN低速（驱动）（高+）
	19	CAN低速（驱动）（低-）
	20	CAN低速（驱动）（屏蔽）
	21	ABS
	22	CAN低速（舒适）（高+）
	23	CAN低速（舒适）（低-）
	24	CAN低速（舒适）（屏蔽）
	25	发动机罩
	26	油箱盖
	27	安全带锁
	28	K线
	29	外部温度输入
	30	接线柱58de（外部变光电位计）
	31	变速杆位置显示
	32	前照灯照程控制

（续）

图　示	触　点	功　能
	1	菜单控制开关（菜单）
	2	菜单控制开关（输出 A）
	3	菜单控制开关（输出 B）
	4	菜单控制开关（输入）
	5	CAN 高速显示（高＋）
	6	CAN 高速显示（低－）
	7	CAN 高速显示（屏蔽）
	8	未使用
	9	未使用
	10	未使用
	11	收音机频率显示起动信号
	12	收音机频率显示时钟信号
多孔插头，32 脚，灰色	13	收音机频率显示数据信号
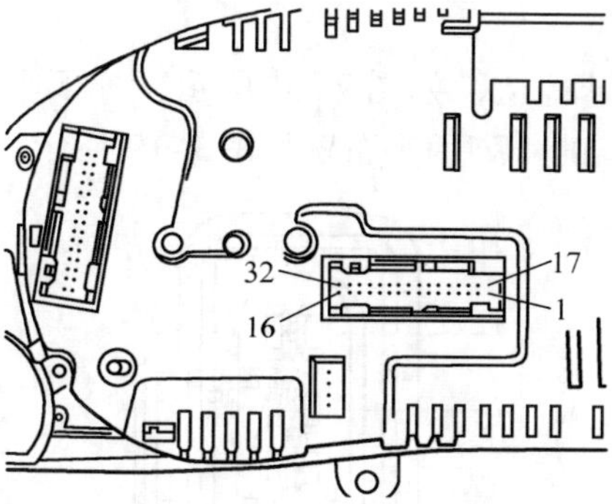	14	制动灯
	15	清洗液液面高度
	16	尾灯/近光灯（灯泡监控）
	17	车载计算机，左
	18	车载计算机，右
	19	车载计算机重新设定
	20	停车加热遥控输入
	21	夏天/冬天转换
	22	停车加热装置接通
	23	导航系统电键支路 1
	24	导航系统电键支路 2
	25	自动通信电键支路
	26	未使用
	27	未使用
	28	未使用
	29	未使用
	30	未使用
	31	未使用
	32	未使用

3. 检查车速信号

如果确定了车速表上的车速显示有故障，应检查车速表是否接收到信号。连接 V. A. S5051 或 V. A. G1551，读取测量数据块，选择显示组号 001 并进行试车。如果 V. A. G1551 上显示车速值，但它不等于组合仪表上的车速显示，说明组合仪表损坏，必须更换。如果 V. A. G1551 显示屏上未显示车速值，应检查组合仪表上多脚插头信号，拆卸组合仪表，将 V. A. G1598 用 V. A. G1598/25 接到 32 脚蓝色插头，将 V. A. G1526 接到触点 28 和汽车搭铁间，靠听觉来检查导线是否导通，在汽车被前后推动时（约 1m），检测仪上的振鸣信号应多次接通和断开。如检查不正常，必须检查接车速传感器的导线。按电路图检查导线连接，如导线正常，应更换车速传感器。

4. 检查燃油表传感器 G 的信号

如果组合仪表上的燃油量指示有故障，应检查组合仪表是否接收到信号。连接 V. A. S5051 或 V. A. G1551，读取测量数据块，选择显示组号 002。如果 V. A. G1551 显示屏上显示燃油量，但它不等于组合仪表上显示的燃油量，说明组合仪表损坏，必须更换。如果 V. A. G1551 显示屏上未显示燃油量，应检查组合仪表上的多脚插头信号。

拆卸组合仪表，将 V. A. G1598 用 V. A. G1598/25 接到 32 脚蓝色插头上，将 V. A. G1526 接到触点 5 和触点 7（传感器搭铁）之间测量电阻，油箱全满时电阻值应为约 270Ω；油箱全空时电阻值应为约 70Ω。如果未达到规定值，按电路图检查组合仪表和燃油表传感器间导线连接。如果测得值为 0 或∞，说明油箱内有断路或短路处。如果既无短路也无断路，应检查燃油表传感器 G。

5. 燃油表传感器 G 的触点布置

前轮驱动车的燃油表传感器在行李箱内地毯下。移开地毯，如图 7-18 所示，拧下十字头螺钉（箭头），并取下盖，拔下插头。燃油表传感器 G 的 4 脚插头布置如图 7-19 所示。

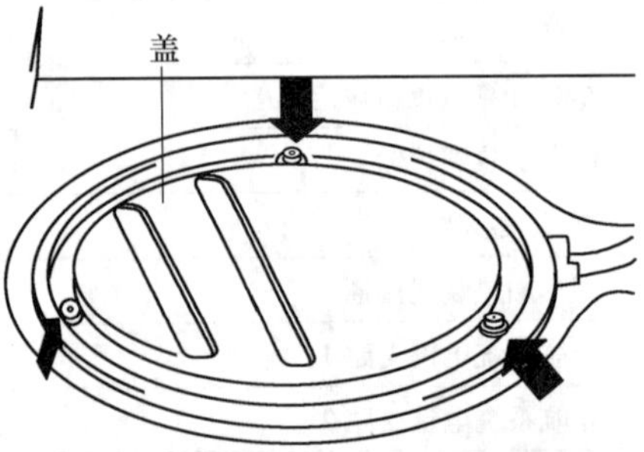

图 7-18　拆卸燃油表传感器插头

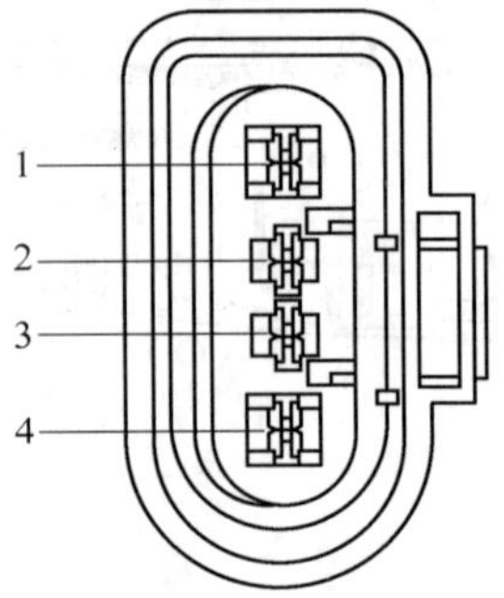

图 7-19　燃油表传感器插头

1—燃油泵正信号　2—从燃油表传感器到组合仪表的导线（燃油表指示）　3—燃油表传感器搭铁（传感器搭铁）　4—燃油泵搭铁

6. 检查燃油表传感器 G

拧下行李箱装饰板下面的连接法兰护板。如图 7-20 所示，松开并拔下 4 孔插头（箭头），用万用表 V. A. G1526 检测传感器触点 2 和 3 之间的电阻值（图 7-21）。

需要说明的是要想测量油箱满或油箱空时的燃油表传感器电阻，应拆下燃油表传感器，并将传感器浮子置于上止点或下止点处。油箱空时触点 2 和 3 之间的电阻应为约 55Ω（传感器在下止点）；油箱满时触点 2 和 3 之间的电阻值应为约 270Ω（传感器在上止点）。如果达到规定值，说明组合仪表有故障，应更换组合仪表。如果未达到规定值，更换燃油表传感器 G。

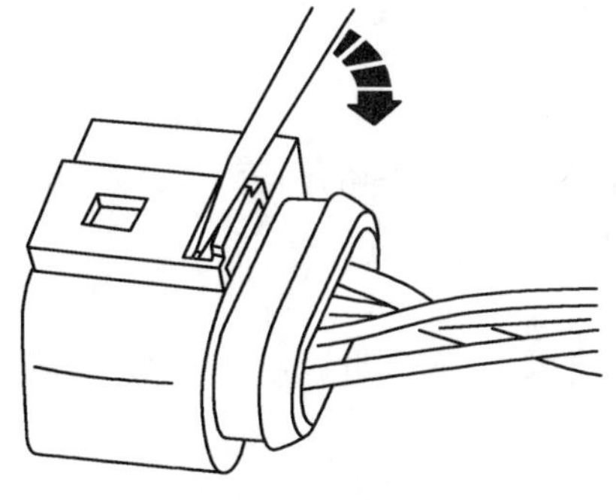

图 7-20　燃油表传感器 4 孔插头

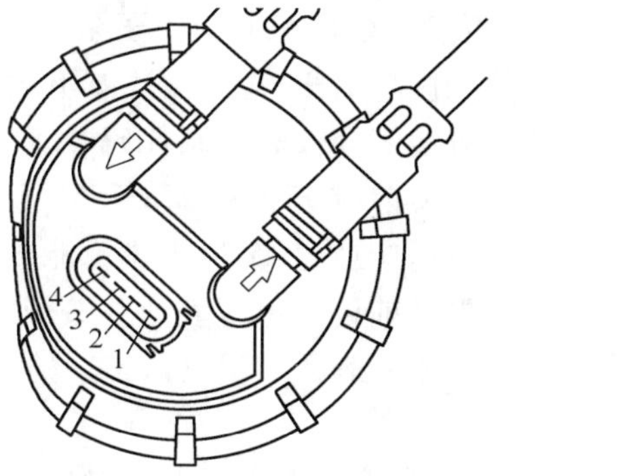

图 7-21　检测传感器触点间电阻

7. 检查燃油消耗信号

起动发动机，注意组合仪表上的燃油消耗显示（也可试车）。

燃油消耗显示可能有下面三种情况：

1）一直显示 0. 0L/100km，可能是信号线对蓄电池负极短路。关闭点火开关，将检测盒接到发动机控制单元上，拆下组合仪表。

将 V. A. G1598 用 V. A. G1598/25 接到 32 脚蓝色插头上，将 V. A. G1526 的正极检测线接到 V. A. G1598/25 的触点 25 上，将负极检测线接到发动机控制单元检测盒上和发动机控制单元附属的燃油消耗信号触点上，测量其电阻。电阻值应小于 2Ω。将 V. A. G1526 的正极检测线接到发动机控制单元检测盒上和附属燃油消耗信号触点上，将负极检测线接到蓄电池负极，测量其电阻，电阻值应大于 9MΩ。如果达到规定值，说明导线连接正常。

2）一直显示 51L/100km，可能是信号线断路。关闭点火开关，将检测盒接到发动机控制单元上。拆下组合仪表，将 V. A. G1526 用 V. A. G1598/25 接到 32 脚蓝色插头上，将 V. A. G1526 正极检测线接到 V. A. G1598/25 触点 25 上，将负极检测线接到发动机控制单元检测盒上和发动机控制单元附属燃油消耗信号触点上，测量其电阻，电阻值应小于 2Ω。将 V. A. G1526 正极检测线接到发动机控制单元检测盒上和其附属燃油消耗信号触点上，将负极检测线接到蓄电池负极上，测量其电阻，电阻值应大于 9MΩ。如果达到规定值，说明导线连接正常。

3）显示的油耗无意义或在不断变化。进行燃油消耗显示自适应。

8. 检查冷却液温度传感器 G2 的信号

如果组合仪表上的冷却液温度显示有故障，应检查组合仪表是否收到信号。

连接 V. A. S5051 或 V. A. G1551，读取测量数据块，选择显示组号 003。如果 V. A. G1551 显示屏上显示冷却液温度，但它不等于组合仪表上显示的冷却液温度，说明组合仪表损坏，必须更换。如果 V. A. G1551 显示屏上未显示冷却液温度，应检查组合仪表上的多脚插头信号。拆下组合仪表，将 V. A. G1598 用 V. A. G1598/25 接到 32 脚蓝色插头上，将 V. A. G1526 接到触点 8 和触点 7（传感器搭铁）之间测量电阻。电阻值在冷却液温度 60℃应为约 259Ω；在冷却温度 90℃应为约 107Ω；在冷却液温度 120℃应为约 40Ω。如未达到规定值，检查接冷却液温度传感器的导线。如果导线正常，必须更换冷却液温度传感器 G2。

9. 更换组合仪表的操作要求

更换组合仪表时，必须注意下述内容：

1）应给组合仪表编制代码。

2）更换前应记下 V. A. G1551 上显示的测量数据块 10 ~ 15 中的内容。

3）自适应通道 42 ~ 44 应不能被新组合仪表接受。

4）更换前记下里程表数并按规定输入。

5）对于程表是英里（mile）的，里程表的可变技术保养周期显示（SIA）自适应可用英里来进行。

更换组合仪表后进行下述操作：

1）给组合仪表编制代码，并进行油耗显示自适应（在固定值改变时）。

2）进行多功能显示的语言种类选择。

3）进行停车加热系统自适应。

4）进行燃油表传感器特性曲线自适应（在固定值改变时）。

5）进行保养后行驶里程自适应。

6）进行保养后时间自适应。

7）进行机油质量自适应。

8）进行总耗油量自适应。

9）输入行驶里程。

10）更换组合仪表后进行防盗器自适应。

11）适配车钥匙。

保养后（更换机油 + 检查），应重新设定保养周期。可以用 V. A. G1551 D“自适应”功能状态来重新设定技术保养周期显示（SIA）。另外也可以在修理后不用 V. A. G1551/1552 来进行保养周期的复位，其步骤设定如下：

1）关闭点火开关。

2）按下组合仪表上的日行驶里程表复位按钮，同时打开点火开关。

3）按开日行驶里程表，显示屏出现“SERVICE IN ???? km”（还有 × km 须保养）或“SERVICE”（保养）。

4）在 5s 内向左转动组合仪表上钟的调节按钮，直到“SERVICE ???? km”或“SERVICE”复位。此时显示屏上出现：“SERVICE IN 15000km”（15000km 保养）。

5）关闭点火开关。

7.3.2 汽车仪表电子控制系统常见故障分析与检修

1. 常见故障的检测

现代汽车电子仪表显示系统的故障，一般都出在传感器、插接器、导线、个别仪表及显示器上。检修时应先将传感器电路断开或拆下，用检测设备对他们进行逐个检查。

（1）传感器的检测　首先将传感器的电路断开或拆下传感器，用仪器进行逐个检查。对各种电阻式传感器的检查，通常是采用测量其电阻值的方法来判断它的好坏，即把所测得的电阻值与其规定的标准电阻值相比较，判断传感器有无故障，若所测的值小于规定的数值，表明传感器内部短路；否则传感器内部短路或接触不良。传感器一般是不可拆、不可维修的元件，若有故障只能更换新件。

（2）插接器的检查　采用电子仪表的汽车，往往需要很多插接器把电线束连到仪表板上去。这些插接器一般都采用不同颜色，以便辨认它属于哪一部分的连接。为保证其连接牢固、可靠，插接器上都设有闭锁装置。检查时可用眼看或手摸的方法进行，插接器装置要齐全、完好，插头、插座应接触可靠、无锈蚀。仪表电路工作中用手触摸插接器，应没有明显的温度感觉，若温度过高，说明该插接器接触不良，应查明原因，予以排除。

（3）个别仪表故障诊断　若电子仪表板上个别仪表发生故障，应检查与此仪表相关的各个部分。首先应检查各导线的连接情况，包括各插接器的接触状况，线路是否破损、搭铁、短路或断路等；然后再用检测设备分别对该仪表及传感器进行检测，查明故障原因，予以修复，必要时更换新的元件。

（4）显示器故障检修　一旦电子仪表板上的显示器部分笔画、线路出现故障，应将仪表板上显示器件调整到静态显示状态，仔细观察是否还有别的故障，就此时出现的故障，使用检测设备对与此相关的电路或装置进行认真检查。若仅有一、二笔画或线段不发亮或不显示，则说明逻辑电路板通过多路传输的脉冲信号正确，可能是显示装置的部分线段工作不正常，遇此情况应作进一步检查，属于接触不良的应加以紧固，确保其电路畅通；若是电子器件本身的问题，通常应更换显示器件或电路板。

2. 电子仪表故障的诊断方法

一般来说，使用电子化仪表的汽车都采用电子控制，其中包括对电子化仪表系统的控制，即来自各种传感器信号处理和仪表的显示都是由电脑控制的。使用电脑控制的汽车一般都具有故障自诊断系统，包括对电子化仪表系统进行自检，检查电子仪表系统功能是否正常，并对其故障进行诊断，对于多数车辆来说，只要按下计算机上的相应按钮，即开始对汽车进行自检，若有故障，就可以读出故障码，然后，通过查阅有关手册，就可以了解故障码代表的故障原因，找出相应的处理方法。对于汽车仪表装置的故障诊断，除了依靠车载计算机自诊断系统进行自诊断以外，还可以使用专门的检测设备，对其进行检测和诊断。这些检测设备属于外接设备，可以直接插入汽车电脑的相应插槽内使用。现代汽车上的电子仪表的作用越来越大，随之产生的故障也相应增多，现介绍几种诊断故障的简易方法。

（1）拆线法　当汽车电器仪表读数异常，通过分析、推断可能是传感器内部或传感器与指示仪表间的导线存在搭铁故障时，常采用拆线法进行检查，即通过拆除有关接线柱上的导线，来判断故障的原因及部位。以电磁式燃油表为例，当传感器内部搭铁或浮子损坏，以及传感器与燃油表间的导线搭铁时，无论油箱内油量多少，接通点火开关后，燃油表指针总指向“0”，此时可采用拆线法进行检查。首先，拆下传感器上的导线，若此时燃油表指针向“I”处移动，则为传感器内部搭铁或浮子损坏；若指针仍指向“0”，则应拆下燃油表上的传感器接线柱导线，若仪表指针向“I”移动，为燃油表至传感器间的导线搭铁；若指针仍不动，则可能是燃油表内部损坏或其电源线断路。

（2）搭铁法　当汽车电器仪表读数异常，通过分析、推断可能是传感器搭铁不良或损坏，以及传感器与指示仪表间的导线存在断路故障时，常采用搭铁法进行检查。通过导线将有关接线柱搭铁，可判断故障的原因及部位。接通点火开关后，对于电磁式燃油表无论油箱存油多少，燃油表指针均指向“I”；对于双金属片式燃油表，燃油表指针则均指向“0”，以上情况均说明相应仪表传感器可能搭铁不良、损坏，或者是传感器与指示仪表间的导线存在断路故障，此时，可利用搭铁法进行检查。首先，将传感器与导线相连的接线柱搭铁，若指针转动，说明传感器损坏或搭铁不良；若指针不转动，可用导线将指示仪表上接传感器的线柱搭铁，若指针转动，则为传感器与指示仪表间的导线存在断路故障；若指针仍不转动，则说明指示仪表内部损坏或其电源线断路。

（3）短接法 在其他电器仪表工作均正常、只有与稳压器相连的仪表（如燃油表、电磁式冷却液温度表等）不工作时，可利用短接法进行检查。用导线将稳压器的输入、输出端短接，这时与稳压器相连的仪表指针若立即偏转，则为稳压器内部存在故障。

（4）对比法 电器仪表读数不准时，可采用对照比较法进行校验检查。在相同的工况条件下，比较被校验的仪表与标准仪表的读数，从而可判断被校验仪表的技术状况。例如：检验汽车电流表时，可将被试电流表与标准电流表及可变电阻串联在一起，接通蓄电池电流，逐渐调小可变电阻，比较两个电流表的读数，若相差超过20%，则为电流表存在故障，应予以修复或更换。

3. 常用的检测方法

现代汽车的许多电子仪表板都是电脑进行控制，同时具有自检功能。只要给出指令，电子仪表板的电子控制器便会对其主显示装置进行系统地检查，若出现故障，便以不同的方式警告驾驶人，显示系统出现故障，同时将出现故障部位的故障码储存，以便维修时将故障码调出，指出故障部位。当确认仪表板有故障时，应进行检测。

（1）用快速检测器进行检测 快速检测器能发出模拟各种传感器信号，用它能够迅速测出故障的部位。如在使用测试器向仪表板输入信号时，仪表板能够正常显示，说明传感器或其电路有故障。若显示器仍不能显示，再将测试器直接接在仪表板的有关输入插座上，此时若显示器能正常显示，说明线束和插接器有故障，否则表明仪表板有故障。

（2）用电脑快速测试器进行检测 电脑快速测试器能够模拟燃油的流量和车速传感器的信号，同样把测试器所发出的信号从不同部位输入，即可检验传感器、线束对号电脑和显示装置工作是否正常。

（3）用液晶显示仪表测试器进行检测 用液晶显示仪表测试器进行测试时，直接在仪表板上，能为仪表板和信息中心提供参照输入信号，这就可检测出信息中心的工作状态。这种测试的目的是，对仪表板有无故障做进一步的验证。

4. 案例分析

（1）案例一

1）故障现象：一辆一汽生产的奥迪A6轿车，仪表板上制动指示灯报警。

2）故障分析与检修：出现此种报警情况，一般意味着至少一个制动灯坏了。经制动试验，左侧制动灯果然不亮，更换后再踩制动踏板，左、右两侧及高位灯全亮了。本以为维修至此已经结束，然而在要交车时，挂上D位后仪表板显示报警。但此刻制动灯全亮，再做进一步检查，发现右侧灯泡与左侧外形一样，但功率的瓦数不一致。经询问车主，得知此车前一段时间换过右侧制动灯泡，但不是在专业服务站，换完后灯全亮也报警，由于在外地就没来查。为什么会出现这样的情况呢？原因在于报警系统的功能是由一个灯光控制器来完成的，它感知的是此线路中的电流大小。由于两个灯泡功率瓦数不一样，致使实际电流值与正常电流值有了偏差，所以才会报警。另外，在遇到高位制动灯不亮的故障时，不可以从某一侧制动灯上直接接线供给电源，只能从头至尾查线路看哪里有断路或短路，否则制动灯会一直报警。配件是否为正厂配件，型号是否与原件相符，对于保证汽车的性能太重要了。尤其体现在电路的配件上，越高档的车对此要求越严格。

（2）案例二

1）故障现象：一辆奥迪100型轿车，驾驶人反映该车正常行驶时里程表上下跳动且时有时无。

2）故障检修：接到车的第一感觉认为可能是传感器有故障，更换了一个新的传感器，进行路试，故障依旧。拔下传感器插接器，用万用表测量传感器线路信号，一切正常。更换了一块里程表，故障消失了。可第二天该车又回来了，问题仍没有彻底解决。拆下仪表板，仔细查看仪表板线路板，发现线路板和里程表相连处有一处焊点开焊了。

3）故障排除：把开焊处焊接好，组装好仪表板。再次路试，一切正常，故障彻底排除了。

（3）案例三

1）故障现象：一辆上海别克GL轿车，行驶153210km。进厂时车主报修散热器风扇运转不停且组合仪表无显示。

2）故障检修：由于进厂后发动机一直未熄火，当打开发动机盖时，看到散热器风扇正在运转。随后观察组合仪表，发现除发动机故障指示灯点亮外，其他的发动机转速表、油量表和发动机冷却液温度表等均无显示。据车主讲，该车此前行驶一直正常，只是因为看到发动机太脏而用高压水枪对发动机舱部分进行了冲洗，之后便出现了故障。由此，我们判断可能是某处的线路因渗水而出现了短路或接触不良的现象。但就在我们将要检查散热器风扇电路时，散热器风扇却停止了运转，所以只好对组合仪表的故障进行检查。

由于发动机能正常工作，只是组合仪表不工作，判断故障可能出在组合仪表的电源部分。为了确定在点火开关打开至ON位置后组合仪表是否有部分显示，将发动机熄火即关闭点火开关，然后再打开，同时对组合仪表的显示进行观察，结果一拧点火开关，起动机即开始运转，随即发动机被起动。在此过程中，组合仪表中仍然只有发动机故障指示灯点亮，松开点火钥匙后，又发现该钥匙不能自动回位，也就是起动机随着发动机一直运转。见此情况，将点火开关稍往回一转，起动机便停止了运转，发动机也处于正常的怠速状态。紧接着又进行两次试车，均是刚才的情况，似乎是点火开关没有档位。总不会是点火开关出现问题吧？但想了想故障出现的经过，又觉得与此关系不大。于是暂将点火开关这一部分放置在一边，分别对发动机室和驾驶室内熔丝盒中与组合仪表相关的熔丝进行检查，未发现有熔断的。此时看到组合仪表中的发动机故障指示灯点亮，于是决定用诊断仪进行辅助诊断。

在驾驶侧右下方找到OBD Ⅱ诊断插座，将其与诊断仪连接好后，起动发动机使其怠速运转，然后操作诊断仪进入上海通用别克车系，在主菜单中选择“动力控制系统”并按确认键本想选择“读取故障码”功能，可由于一时的疏忽，选择了“清除故障码”功能并按下了确认键，随后，便看到诊断仪屏幕出现了“系统正常”的字样，再看组合仪表，发动机故障指示灯熄灭。退出此系统后，选择组合仪表系统，按下确认键后，出现的是“系统正常”。由此看来，故障还是可能出现在线路中。

针对故障的起因及检查结果，重点对发动机部分的各搭铁点及主线路进行检查，结果在检测到发动机右侧熔丝盒附近的线束时，发现将线束来回一动，组合仪表的指示即可恢复正常，为了准确判断是否与此线束有关，于是在活动线束的同时，对组合仪表进行观察，发现组合仪表出现断续工作的现象。

3）故障排除：将该熔丝盒拆下，看到其附近的线束上布满了水珠。用压缩空气将这部分的线束整个吹干后，起动试车，组合仪表显示正常。同时在起动时发现，点火开关也恢复了正常，即有档位并且在发动机起动后松开钥匙，也能自动回位。此时再活动线束，无故障出现。将所拆部件装复，经过一段时间的试车，故障未再出现。

练习与思考题

一、填空题

1. 汽车常见的仪表有________、________、________、________、________、________、________等。

2. 机油压力表简称________表或________表，其作用是________________。

3. 汽车电子仪表具有________________、________、________、________、________、________等功能。

4. 报警装置由________和________组成。

5. 制动器警告灯受________和________开关控制。

二、简答题

1. 现代汽车电子仪表和传统汽车仪表相比具有哪些不同的功能？
2. 现代汽车电子仪表集中了哪些控制单元控制的 LED 信号显示？
3. 维修汽车电子仪表系统注意哪些事项？

第8章 汽车自动空调控制系统原理与检修

基本思路：

对汽车自动空调控制系统的学习，分为两个部分，先要掌握汽车的空调，再在空调的基础上增加自动控制系统，如果不把空调的“积木”叠好，自动空调就无从谈起。空调的“积木”叠好后，自动控制部分同样就是传感器、控制单元和执行元件三大“积木”。自动空调控制系统的传感器以温度或与温度有关的传感器为主；自动空调控制系统的执行元件大多为电动机及其连动机构，这些零部件较常见，基本原理都很清楚，重点就在它们所处的位置及特定的功用。汽车空调部分的学习，制冷系统要以制冷剂的流动路线为线索来研究；采暖系统乘用车要以发动机冷却液为线索来研究；通风系统以空气的流动路线为基础；自动控制部分的关键就是电的流动路线。

8.1 汽车自动空调控制系统概述

汽车空调器在经历了手动空调器和自动空调器两个发展阶段后，目前已出现了用微电脑控制的自动空调器。手动式的空调器只能按驾驶人所设定的鼓风机空气温度和鼓风机转速不断运行，而自动空调器则通过检测车内温度、车外温度和太阳辐射等，根据驾驶人所设置的温度，自动调节鼓风机空气温度和鼓风机转速，从而将车内温度保持在设定的温度。自动温度控制（ATC）系统根据驾驶人选择的“设置温度”自动调节车内温度，而与外界的温度变化无关，这是应用了电脑，也称控制单元，它能接收多个传感器传来的输入信号，控制单元利用这些输入信号（包括设置温度）自动地控制 ATC 系统的出口空气量、空气温度和空气分布。

8.1.1 汽车自动空调控制系统的基本组成

汽车自动空调控制系统的基本组成如图 8-1 所示。

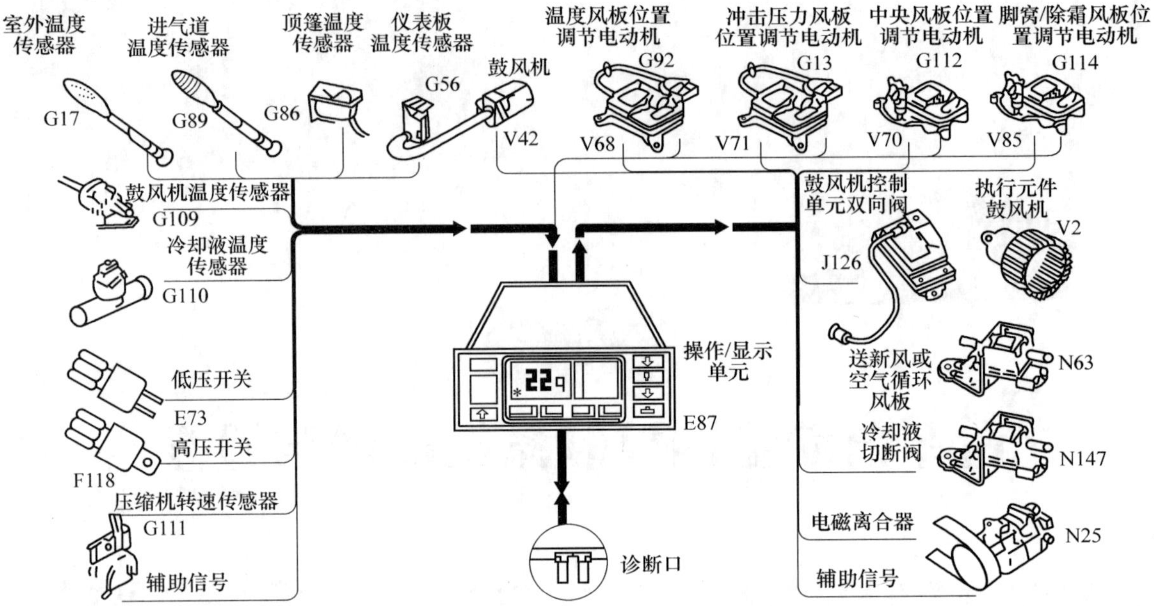

图 8-1　自动空调控制系统的基本组成

全自动空调系统由冷气、热风、送风、操作、控制等分系统组成。其中，冷风系统中有压缩机、冷凝器、蒸发器；热风系统有加热、水阀等；送风系统有风机、风道、吸入与吹出风门等；操作系统有温度设定与选择开关；控制系统有控制单元、传感器、各种转换阀门、执行元件等。另外，全自动空调系统还具备自诊断功能，以利于对电控元件及线路故障的检修。在微电脑控制的自动空调器中，每个传感器独立地将信号传送至空调器的 ECU，空调器 ECU 根据预先编制程序的标准，识别这些信号，从而独立地控制一个或多个执行器，如图 8-2 所示。

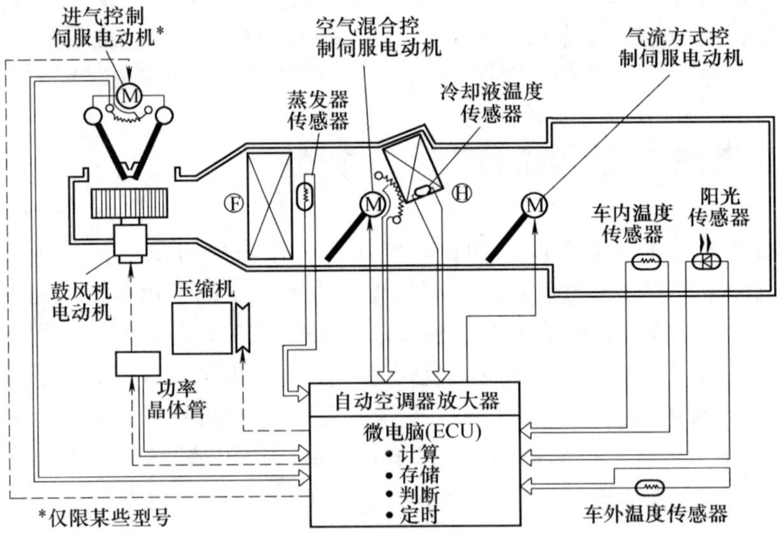

图 8-2　自动空调系统示意图

汽车空调制冷系统主要部件的作用如下。

（1）压缩机　压缩机的功用是把蒸发器中吸收热量后产生的低温低压冷冻剂蒸汽吸入

后进行压缩，升高其压力和温度之后送往冷凝器，使冷冻剂在冷却循环中进行循环，由蒸发器吸收的热量在通过冷凝器时散发掉。

（2）冷凝器与蒸发器　冷凝器是一种热交换器，其作用是将压缩机排出的高温、高压气态制冷剂的热量吸收并散发到车外空气中，用冷凝风扇强制循环车外空气进行冷却，使气态制冷剂变为液态制冷剂。

蒸发器也是一种热交换器，冷凝器使气态工质放出热量而成液体；而蒸发器则使液态工质吸收热量而变成气体。冷凝器与蒸发器的结构相似，冷凝器串接在空调系统的高压回路，承受的压力较大；而蒸发器则串接在系统的低压回路。冷凝器的进口在上面，出口在下面；蒸发器正相反，进口在下面，出口在上面。

为保证良好的通风散热性，冷凝器一般安装在散热器前面且与散热器在同一垂直平面内，中型客车安装在车身两侧或车身后侧并用高速冷凝风扇提高散热能力。

（3）膨胀阀　膨胀阀安装于蒸发器的入口上，从冷凝器、储液干燥器输出的液态制冷剂经膨胀阀节流后，急剧膨胀降压降温为低压蒸汽，然后进入蒸发器中吸收车内空气的热量。另外，膨胀阀还可以根据制冷负荷自动调节制冷剂的流量，达到控制车内温度的目的。

（4）储液器　储液器的作用是储存液态工质。在汽车空调系统中，由于压缩机受车速、负荷及外界气候变化的影响比较大，有了储液器，系统中的工质容量就不必加注得十分精确，同时也可补偿工质的漏损，储液器还具有过滤和干燥作用，储液器安装在冷凝器的出口处。

8.1.2　汽车自动空调控制系统的基本功能

（1）空气混合门控制（自动温度控制）　空气混合门是自动控制的，它使车内温度维持在预定值上，这取决于设置温度、环境温度、车内温度和太阳光照。

（2）风扇速度控制　吹风机速度自动地受到设置温度、环境温度、车内温度和太阳光照及空气混合位置等因素的控制。当风扇开关置于 AUTO（自动）时吹风机电动机开始逐渐增加气流量。当发动机冷却液温度偏低时，风扇停止工作以免冷空气吹向地板区。

（3）进气门控制　进气门自动地受到设置温度、环境温度、车内温度和太阳光照及A/C（空调）开关 ON 或 OFF 等因素的控制。

（4）出气门控制　出气门自动受到设置温度、环境温度、车内温度和太阳光照等因素的控制。

（5）自诊系统　自诊系统置于自动放大器内，它能迅速判断问题的所在。

操作装置的功能如图 8-3 所示。

1）自动开关。压缩机、空调进气门、空气混合门、通风模式及鼓风机速度是自动控制的，所以车内温度将达到并保持在操作者所选择设定的温度。只有在发动机运转中，冷气空调功能才能作动。

2）ECON 开关。该开关用于压缩机不运转时的全自动控制，当压缩机没有运转时，系统将无法除去热量（冷）或除湿，因此，在设定的温度高于车外温度时，系统将维持车内温度于设定的温度。

3）OFF 开关。在压缩机及鼓风机关闭时，空气进气门设定在外部空气位置。然后，模式门设定在 FOOT 足部位置。在 OFF 位置时 ATC 系统会使用车子的“Flow Through”气流通

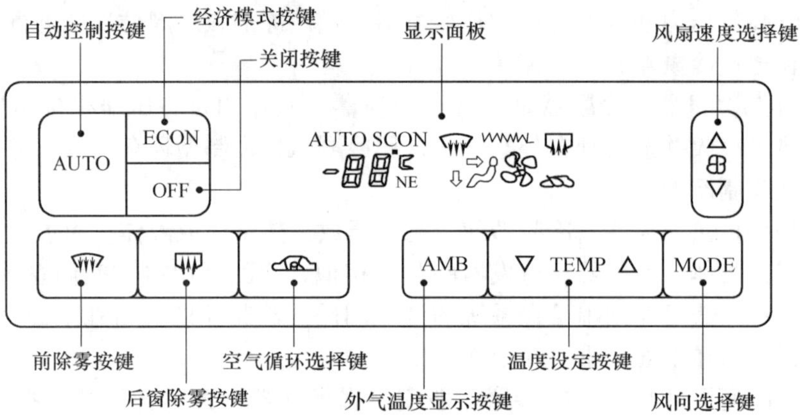

图 8-3 汽车自动空调操作装置

风来试着依系统最后设定的温度维持车内的温度。

4）风扇开关。鼓风机速度的手动控制，有四个速度可选择（如显示面板所示）：低速、低中速、中高速和高速。

5）风向模式开关。风向模式的手动控制，有四个模式可选择（如显示面板所示）：面部、双向、足部和除雾/足部。

6）REC 循环开关。ON 位置：车内空气在车内循环；OFF 位置：恢复自动控制。当选用 AUTO DEF 或 F/D 模式时，REC 循环被取消，按下空气循环选择键恢复 REC。

7）DEF 开关。模式门定于除雾位置，进气门也置于外部空气位置，在外部温度约为 2℃（35°F）或以上时，压缩机会作动。

8）车外温度显示。按下 AMB 按键（AMB 会显示出来）可显示当时车外环境温度，5s 后将自动回归原来状态。

9）后窗除雾器开关。按下按键（会显示出来），此时由后窗玻璃上的除雾线进行除雾，约 15min 后将自动关闭（不显示）。

8.2 汽车自动空调控制系统主要零部件的结构及工作原理

奥迪汽车自动空调控制系统的主要组成零部件如图 8-4 所示。

8.2.1 汽车自动空调控制系统传感器的结构及工作原理

汽车自动空调控制系统主要传感器如图 8-5 所示。

（1）车外温度传感器　一般有两个，一个安装在蒸发器壳体上，在停车或车辆低速行驶时，准确测量外部温度。一个安装在散热器附近，在车辆行驶中提供准确的外部温度。控制单元同时记录两个外部温度传感器的检测值，并选用较低的温度值，以保证车辆在静止和运动时，车内均可获得最佳的空气调节。

（2）车内温度传感器　内部温度传感器一般也有两个，一个安装在仪表板上方，位于抽吸内部空气鼓风机气流处；一个安装在室内照明灯壳体内并卡于壳体内侧。

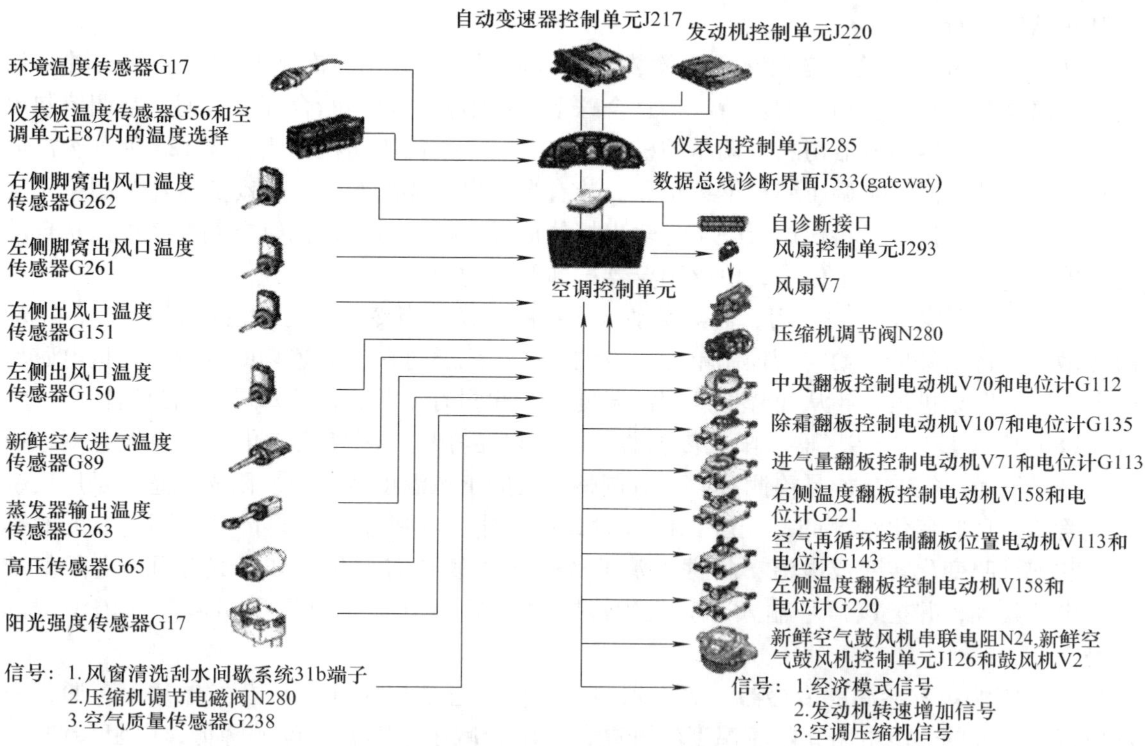

图 8-4　奥迪汽车自动空调控制系统调节原理示意图

（3）鼓风机温度传感器　鼓风机温度传感器位于鼓风机后面的采暖设备上，用来确定蒸发器出口处的空气温度。该温度值是一个控制变量，用以控制温度风板的动作。

（4）冷却液温度传感器　汽车空调系统使用的冷却液温度传感器，一种有单独的冷却液温度传感器，另一种通过发动机电脑获得冷却液温度信号。自动空调系统所采用的冷却液温度传感器都采用负温度系数的热敏电阻，也就是热敏电阻随着温度的升高，电阻会减小；随着温度的降低，电阻会增大。冷却液温度传感器的作用是测量加热器温度，修正混合门的位置。防止发动机在高温下压缩机工作，起保护作用。在冷却液温度太低，且取暖工况时，为了防止吹出冷风，在冷却液温度低于系统设定温度时，鼓风机会低速工作或不工作，一般安装在加热器的冷却液出口处。

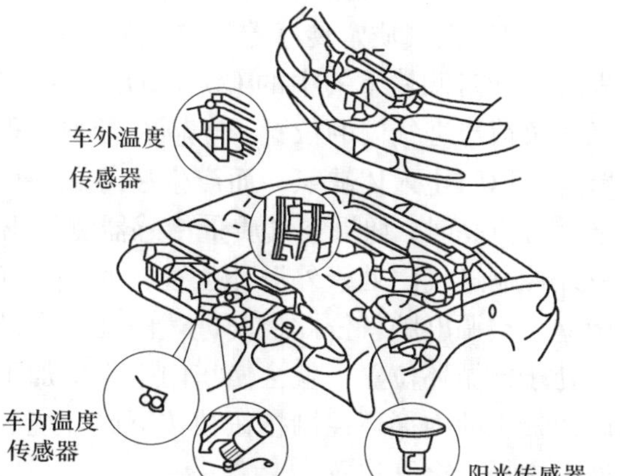

图 8-5　汽车自动空调控制系统主要传感器

（5）压力开关　压力开关安装在空调回气管路上，空调制冷剂压力降得太低或升得太高时，压力开关便将相应信号传送至空调控制器，空调控制器收到这些信号，便会输出信号控制压缩机通断。

（6）自动断合开关 自动断合开关装在加速踏板下面，用于车辆爬坡或全速行驶时切断空调离合器，减轻发动机的负荷。一旦全踩下加速踏板，自动断合开关接通，空调控制单元通过电磁离合器继电器切断空调压缩机电磁离合器，空调压缩机停止工作12s后再次接通电磁离合器继电器，空调压缩机继续工作。装有自动变速器的车辆，自动变速器控制单元接受一个断合开关信号，将根据行驶条件输出档位信号，换入低档。同时空调控制单元从自动变速器控制单元获得一个信号，电磁离合器被断开大约10s。

（7）冷却液热敏开关 用于监测发动机冷却液温度，当冷却液温度达到120℃时，冷却液热敏开关将信号传递给空调控制单元，空调控制单元通过调节装置切断空调压缩机电磁离合器，降低发动机负荷，从而降低冷却液温度。与此同时，散热器冷却风扇加速运转。

（8）阳（日）光传感器 阳光传感器一般安装在容易检测日照变化的仪表板上侧，前风窗玻璃下面，它的功能是检测日照量以调整空调的出风温度及风量。阳光传感器是用光敏二极管检测日照变化情况的，光敏二极管对日照变化反应敏感，而其自身又不受温度的影响，它把日照变化转变成电流，根据电流的大小可以知道日照量。如果光照强，电阻值减小，电流就大，并把该信号输入计算机中，以便空调ECU修正日照所引起的车内温度的升高。

（9）空调蒸发器温度传感器 蒸发器出口温度传感器安装在空调蒸发器片上，通常采用负温度系数的热敏电阻，随着温度的升高，电阻会减小；随着温度的降低，电阻会增大。蒸发器温度传感器的作用是检测蒸发器表面空气温度的变化，并将检测到的温度信号与空调设定的调节信号加以比较，从而控制空调压缩机电磁离合器的通断，修正混合门位置，防止蒸发器出现结冰现象。有些车型有两个蒸发器温度传感器，其中一个是用来修正混合门位置，一个是用来防止蒸发器结霜。

（10）空气质量传感器 空气质量传感器主要测量空气湿度、环境温度、外界空气污染程度（通过测量空气中的CO、CO_2、NO_x含量），空调ECU根据测量结果，控制压缩机的工作负荷与进气门的位置。车辆在行驶过程中进气门应处于外循环位置，才能保证车内空气新鲜，以防止人体缺氧，而产生疲劳、头痛和恶心等。当环境温度大于一定值、空调面板的指示灯点亮时，如果空气质量传感器测量出的外界空气质量比车内空气质量好，空调电脑就依此控制进气门处于外循环位置；如果空气质量传感器测量出的外界空气质量比车内空气质量差，空调电脑就依此控制进气门处于内循环全开位置，如车辆行驶在多尘环境时，进气门如处于外循环位置，就会使车内空气更加不新鲜，所以此时应暂时处于内循环位置。如果空调面板上的内循环控制按钮被按下或环境温度太高，空气质量传感器不起作用，进气门则会处于内循环全开位置。

（11）静电式冷媒流量传感器 有些汽车自动空调上装有静电式流量传感器，可用于检测冷媒流量。带电式流量传感器内部有多个电极。静电式冷媒流量传感器接在储液罐和膨胀阀之间，通过传感器的流量发生变化时，电极间的电容量也发生变化，再经振荡电路把变化着的静电容量转换成频率，输入到空调控制ECU中，ECU再把这种传感器输入的脉冲信号变换成电压，并判断冷媒数量是否正常。当出现异常时，则利用监控显示系统报警。

（12）压缩机转速传感器 压缩机转速传感器安装在压缩机上，采用磁阻式结构。压缩机工作时，产生磁力切割线，然后输出脉冲电压给空调控制器。当压缩机传动带打滑或断裂时，空调控制器便切断电磁离合器继电器的控制信号，使压缩机停止工作。万一压缩机由于某种原因锁止，该安全装置便会断开压缩机离合器及怠速提升控制阀，以防止压缩机烧毁。同时，该装置还使空调的指示灯闪烁，通知驾驶人制冷装置发生了故障。

除以上传感器以外，在有些轿车的空调系统中，还安装了烟雾浓度传感器（烟雾传感器一般设在后空调装置内。当点火开关接通且空调处于 AUTO 方式时，烟雾传感器开始检测烟雾，并将信号发送给空调 ECU，使后送风机电动机低速运转）、湿度传感器和温度设定控制器。烟雾浓度传感器将检测到的烟雾浓度信号输送至空调 ECU，ECU 根据此信号控制空气交换器工作，以保持车内空气清新；湿度传感器用于检测车窗玻璃结露情况，当车内湿度过大处于结露状态时，ECU 根据湿度传感器信号控制空调以除霜方式工作，从而保持车内成员的良好视野；温度设定控制器是一个电位器，安装于仪表板的右侧，通过电阻设定温度，可以得到关闭温度控制、最大冷气位置和最大暖风位置。

8.2.2　汽车自动空调控制系统执行元件的结构及工作原理

电控自动空调的执行元件一般包括控制伺服电动机、风机电动机及压缩机电磁离合器。有的汽车电控自动空调的执行机构由真空变换电磁阀、动力执行机构（又称真空膜盒）以及风量控制机构等组成。伺服电动机的安装位置如图 8-6 所示。

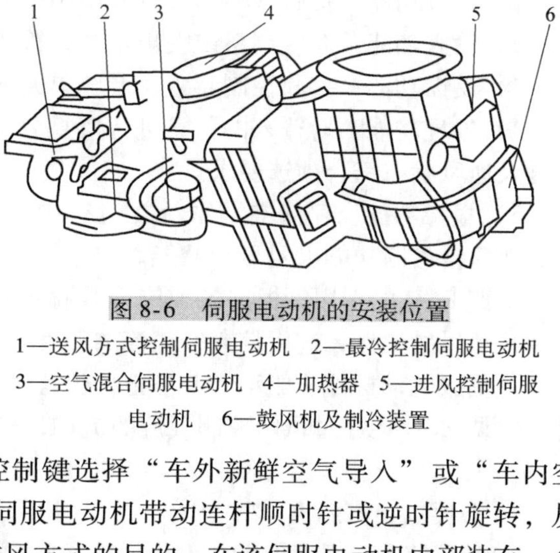

图 8-6　伺服电动机的安装位置

1—送风方式控制伺服电动机　2—最冷控制伺服电动机　3—空气混合伺服电动机　4—加热器　5—进风控制伺服电动机　6—鼓风机及制冷装置

（1）进风控制伺服电动机　位于鼓风机侧面，通过电动机正向或反向转动，可进行新鲜、循环空气的风门切换，并可按一定比例引入新鲜空气。此外，在对玻璃窗进行除霜时，也可进行新鲜空气和循环空气的自动切换。进风控制伺服电动机控制空调的进风方式，电动机的转子经连杆与进风挡风板相连。当驾驶人使用进风方式控制键选择“车外新鲜空气导入”或“车内空气循环”模式时，空调 ECU 即控制进风控制伺服电动机带动连杆顺时针或逆时针旋转，从而带动进风挡风板闭合或开启，以达到改变进风方式的目的。在该伺服电动机内部装有一个电位计，它随电动机转动，并向空调 ECU 反馈电动机活动触点的位置情况。

（2）送风方式控制伺服电动机　在暖风装置侧面，操纵位于控制板上的气流方式控制开关，使电动机正向或反向转动以控制风门位置。当驾驶人操纵面板上的某个送风模式键时，空调电控单元使电动机上的相应端子搭铁，而电动机内的驱动电路据此使电动机连杆转动，将送风控制挡风板转到相应的位置，打开某个送风通道。当驾驶人按下“自动控制”键时，空调电控单元（ECU）根据计算结果（送风温度），在吹脸、吹脸脚和吹脚三者之间自动改变送风方式。

（3）空气混合伺服电动机　安装在暖气装置的底部，经连杆操纵空气混合控制风门和鼓风机转速控制开关。当驾驶人进行温度控制时，空调电控单元（ECU）首先根据设置的温度及各传感器输送的信号，计算出所需要的出风温度，并向空气混合伺服电动机发出指令，使空气混合伺服电动机连杆顺时针或逆时针转动，改变空气混合风门的开启角度，从而改变冷、暖空气的混合比例，调节出风温度使之与计算值相符。

（4）最冷控制伺服电动机　最冷控制伺服电动机的风门有全开启、中等开启和全闭三个位置。当空调电控单元使某个位置的端子搭铁时，电动机驱动电路使电动机旋转，带动最冷控制风门处于相应的位置上。

（5）压缩机电磁离合器　压缩机电磁离合器有定圈式和动圈式两种形式，其工作原理基本相同。在线圈通电时产生磁场，吸引吸铁使之与带轮结合，吸铁与带轮连为一体，带轮因而带动压缩机工作。

（6）鼓风机　由电动机和鼠笼式风扇组成，鼓风机工作时，推动空气通过蒸发器或加热器的心体。为便于散热，鼓风机控制模块安装在风道上，与空气混合门连接的鼓风机转速控制开关（包括自动空调器放大器、鼓风机电阻器和功率晶体管）自动改变鼓风机转速，冷却液温度控制开关则用于预热控制。

8.2.3　汽车自动空调控制系统电控单元的工作原理及工作流程

空调电控单元具有以下五个方面的功能：

1）接收功能：接收传感器装置发出的空调系统工作信息。

2）输入功能：向空调系统发出指令，输入温度、通风、除湿等预选要求。

3）反馈功能：接收控制装置、调节单元的调节反馈信息。

4）处理功能：对输入的信息进行反复分析、处理，向执行装置发出控制信息，使车内温度及通风状态符合预选要求。

5）报警功能：存储空调系统在运行中出现的故障及有关运行信息，具有自动报警功能、故障自诊断功能以及显示功能。

空调ECU的作用是根据各种传感器输入的电信号和设定的温度，通过空气混合风门来改变冷热风的比例，进而控制空气流的温度。当车内的温度达到设定值时，空调ECU发出指令使伺服电动机停止驱动，并且把此位置存入记忆，同时空调ECU具有自诊断功能。另外，空调ECU还通过风门控制气流的流向，通过进气风门控制其进气是来自车内还是来自车外。

1. 必要的出气温度（TAO）

TAO是使车内温度保持在设定温度所必要的鼓风机空气温度。这是空调器ECU根据温度控制开关或控制杆的状态以及来自传感器（即车内温度传感器、车外温度传感器、阳光传感器）的信号计算出来的。

空调器ECU根据这个TAO使自动空调器放大器输出驱动信号至伺服电动机和鼓风机电动机，实现自动控制系统（除压缩机控制外）运行。如图8-7所示，如果温度控制开关或控制杆置于MAX COOL（最大冷风）或MAX WARM（最大暖风）位置，则微电脑就采用一固定值，而不进行计算，这样做是为了提高灵敏度。

2. 温度控制

（1）配置　温度控制系统包括车内温度传感器、车外温度传感器、阳光传感器、蒸发器传感器、温度设定电阻器、空气混合控制伺服电动机和空气混合控制伺服电动机放大器等

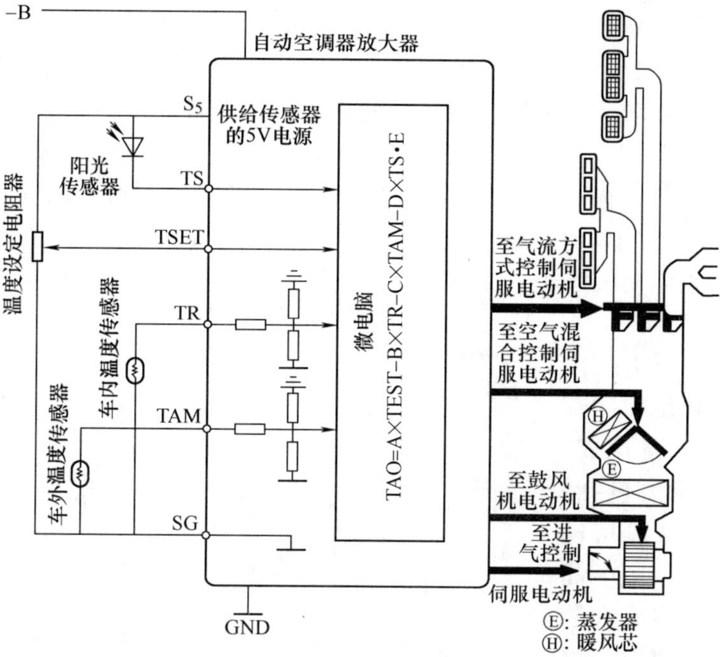

图 8-7　出气温度控制图

部件。在微电脑控制的自动空调器中，取消了诸如鼓风机转速控制开关之类的可编程开关。

（2）运行　安装在自动空调器放大器内的微电脑，根据计算所得的 TAO 和来自蒸发器传感器的信号（TE），计算空气混合控制风挡的开度。SW（开度信号）允许空气混合控制伺服电动机确定电源方向，如图 8-8 所示，自动空调器放大器内的微电脑驱动空气混合控制伺服电动机，从而控制鼓风机空气温度。

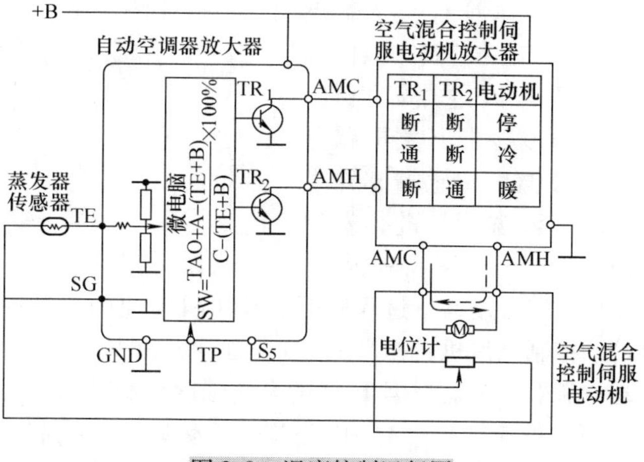

图 8-8　温度控制运行图

1）当 SW 接近 0 时。当计算所得的 TAO 和来自蒸发器传感器的温度信号 TE 几乎相等时，SW 就接近 0。这时，安装在自动空调器放大器内的微电脑就关断 TR_1 和 TR_2，防止空气混合控制伺服电动机放大器将电流送至空气混合控制伺服电动机，从而使空气混合控制风门保持在当时的位置不变。

2）当 SW 小于 0 时。当 TAO 小于 TE 时，$SW<0$，表明需要降低鼓风机空气温度。这时，安装在自动空调器放大器内的微电脑接通 TR_1，关断 TR_2。这就允许空气混合控制伺服电动机放大器将电流送至空气混合控制电动机，使电动机转至 COOL（冷）侧，从而移动空气混合控制风门，以降低鼓风机温度。同时，安装在空气混合控制伺服电动机内的电位计，检测到空气混合控制风门实际已移动的角度。如果这样所得的值与 SW 值相等同，微电脑就

关断 TR_1，以使伺服电动机停转。

3）当 SW 大于0时。当 TAO 大于 TE 时，SW>0，表明需要提高鼓风机空气温度。这时，安装在自动空调器放大器内的微电脑关断 TR_1，接通 TR_2，使空气混合控制伺服电动机放大器将电流送至空气混合控制伺服电动机，使电动机转至 WARM（热）侧，从而移动空气混合控制风门，以提高鼓风机空气温度。同时，安装在空气混合控制伺服电动机内的电位计，检测到空气混合控制风门实际已移动的角度，如果所得的值与 SW 值相等同，微电脑就关断 TR_2，以使伺服电动机停转。

3. 鼓风机转速控制

鼓风机转速控制由鼓风机转速控制开关电路和冷却液温度控制开关电路构成。鼓风机转速控制开关包括：自动空调放大器、鼓风机电阻器和功率晶体管。功率晶体管根据来自空调器放大器的 BLW 端子的鼓风机驱动信号，改变流至鼓风机电动机的电流，从而改变鼓风机转速。功率晶体管有一个熔点为114℃的温控熔丝，以保护晶体管不致因过热而损坏。冷却液温度控制开关电路是由冷却液温度传感器感知发动机冷却液温度，进行发动机预热控制，如图8-9所示。

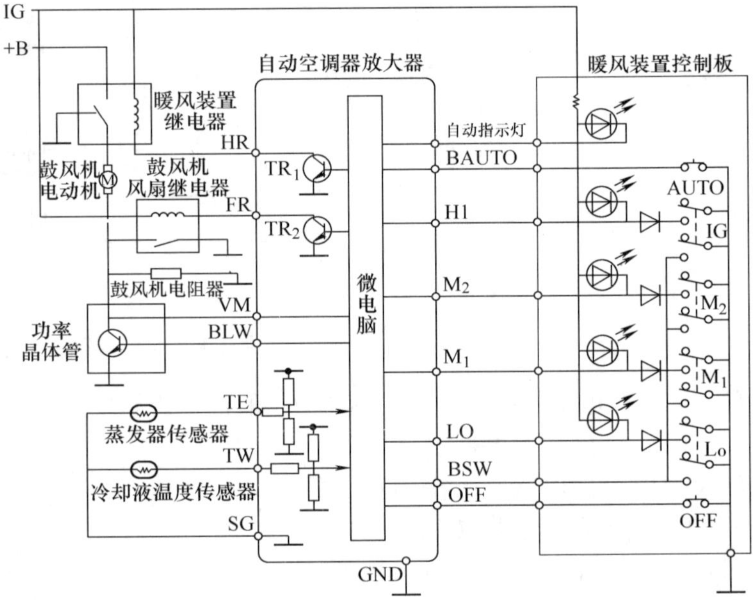

图8-9 鼓风机控制电路图

鼓风机转速控制运行过程如下：鼓风机转速的自动控制过程与温度控制相似，是根据 TAO 值自动控制鼓风机转速。AUTO（自动）开关位于暖风装置控制板上。当这个开关接通时，自动空调器放大器根据 TAO 的电流强度控制鼓风机转速，如图8-10所示。

（1）低速运转 AUTO 开关位于暖风装置控制板上。当这个开关接通时，安装在自动空调器放大器内的微电脑接通 TR_1，起动暖风装置继电器。这使电流从蓄电池流至暖风装置继电器，然后流至鼓风机电动机，再流至鼓风机电阻器，最后搭铁。这样，就使鼓风机电动机低速运转。同时 AUTO（自动）和 Lo（低速）指示灯亮，如图8-11所示。

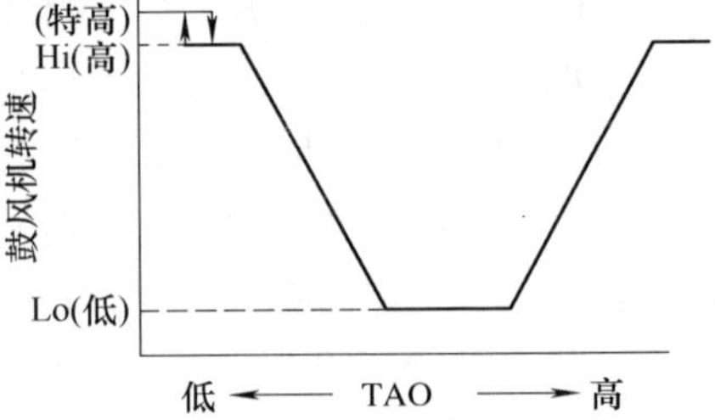

图8-10 鼓风机转速与 TAO 值的关系

（2）中速运转 如图8-12所示，当 AUTO 开关接通时，与低速控制时一样，起动暖风装置继电器。安装在自动空调器放大器内的微电脑（ECU），将从 TAO 值计算所得的鼓风机驱动信号，经 BLW 端子输出至功率晶体管。于是，电流从蓄电池流至暖风装置继电器，然后至鼓风机电

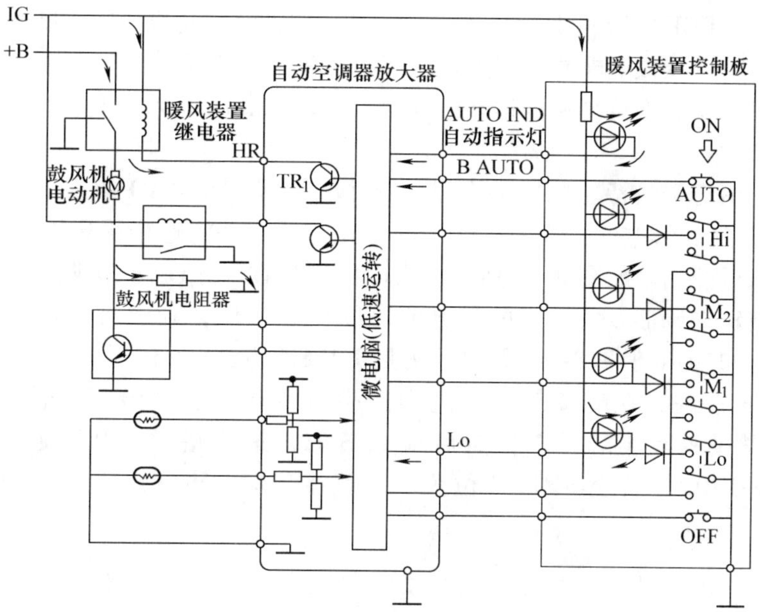

图 8-11　鼓风机低速运转电路运作图

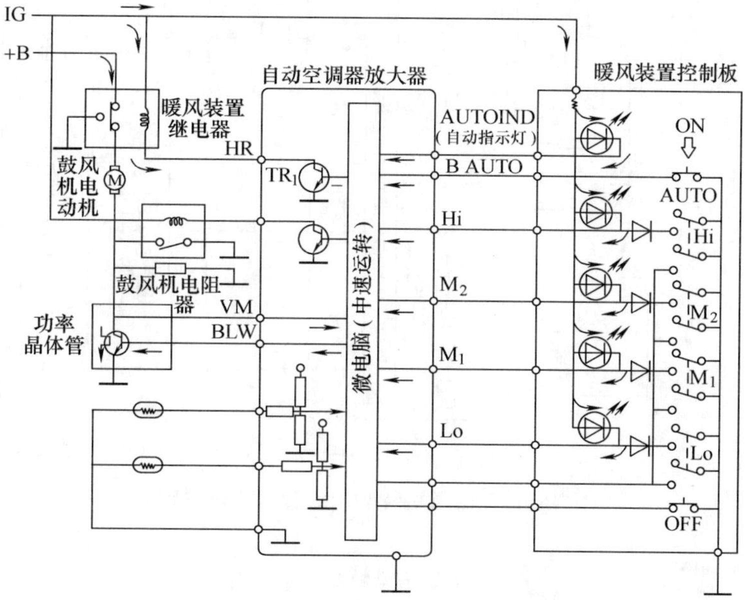

图 8-12　鼓风机中速运转电路运作图

动机，再流至功率晶体管和鼓风机电阻后搭铁。这样，就使鼓风机电动机以相应于鼓风机驱动信号的转速运转。同时 AUTO（自动）指示灯点亮，Lo（低）、M_1（中 1）、M_2（中 2）、Hi（高）指示灯也根据情况可能发亮。

从功率晶体管进入自动空调器放大器的 VM 端子的信号，是反映鼓风机实际转速的信号。微电脑（ECU）参考这个信号校正鼓风机驱动信号。

（3）特高速度运转　如图 8-13 所示，当 AUTO 开关接通时，允许安装在自动空调器放大器内的微电脑（ECU）接通 TR_1 和 TR_2，驱动暖风装置继电器和鼓风机继电器。于是，电流从蓄电池流至暖风装置继电器，然后至鼓风机电动机，再至鼓风机风扇继电器后搭铁。这样，就使鼓风机电动机以特高速度运转。同时，AUTO 和 Hi 指示灯亮。

4. 进气控制

进气控制仅用于某些特定国家的车型。这个控制是根据 TAO 值来确定 RECIRC（循环空气）或 FRESH（新鲜空气）是否作为当时工作方式，并将这个决定输出至进气控制伺服电动机，从而执行控制。如图 8-14 所示，当电压施加在端子①与②或①与③上时，电动机起动。内置于自动空调器放大器中的微电脑，参考 TAO 值，确定何种方式作为当前工作方式，并根据这一决定（在图 8-14 中的示例是 FRESH 方式），接通 FRS（新鲜空气）晶体管。这使触点 B 搭铁，在端子①与③之间产生电压差，这一电压差使电流从端子①流至电动机，经移动触点至端子③，然后至 FRS Tr，最后搭铁，从而起动电动机，使移动触点离开 RECIRC 位置至 FRESH 位置。这就将移动触点从触点 B 拉开，进入 FRESH 方式。

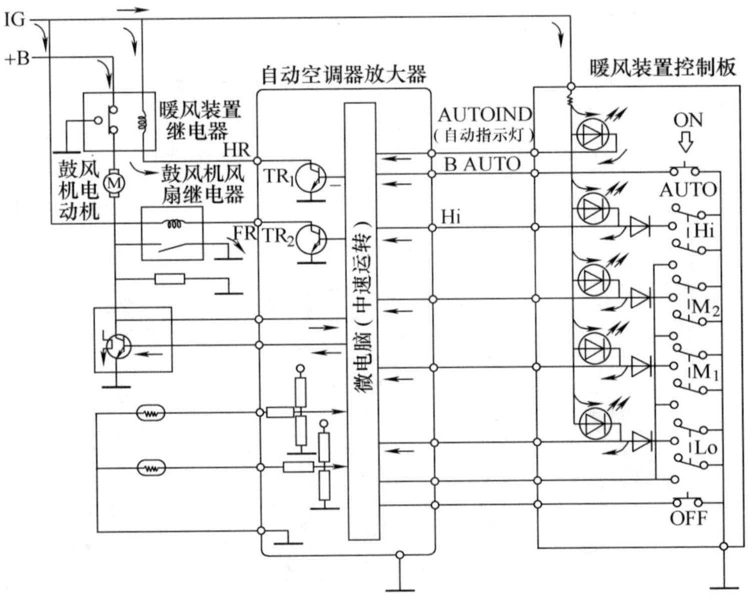

图 8-13　鼓风机特高速运转电路运作图

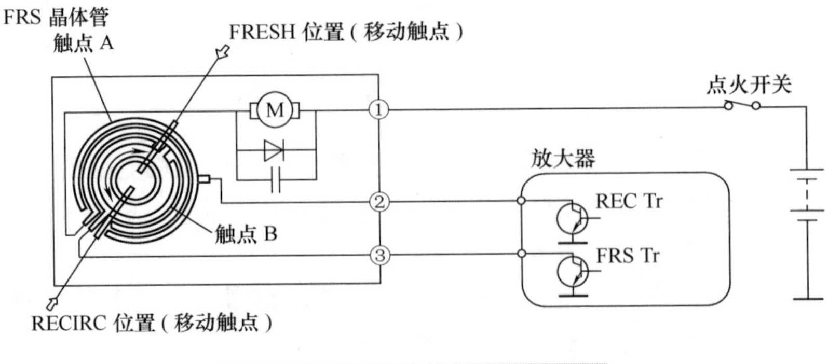

图 8-14　进气内外循环控制电路图

若微电脑参考 TAO 值，确定这个系统当前要在 RECIRC 方式工作，其运作程序与进入 FRESH 方式相似。进气控制还有一个新鲜空气强制进气控制。当按下 DEF 开关时，就强制将进气方式转至 FRESH，清除风窗玻璃内侧上的雾气，并防止雾气继续形成。进气控制还有一个功能是改变新鲜空气与循环空气之比，其工作原理与温度控制相同。

5. 气流方式控制（出气控制）

在放大器控制自动空调器中，当按下暖风装置控制板上的自动方式开关“AUTO”时，气流方式改变至 FACE、BI-LEVEL 或 FOOT 方式（视温度控制杆的位置而定）。当温度控制杆从冷移至暖时，不管压缩机是否运转，若暖风装置控制板上的 AUTO（自动）方式接通，则气流方式都从 FACE 方式移至 FOOT 方式。

如图 8-15 所示，当温度控制杆从暖移至冷时，若压缩机运转，AUTO 方式接通，气流方式从 FOOT 方式移至 BI-LEVEL 方式；若压缩机不运转，AUTO 方式接通，则气流方式仍为 FOOT 方式。当温度控制杆从中点移至冷时，不管压缩机是否运转，若 AUTO 方式接通，则气流方式从 BI-LEVEL方式移至 FACE 方式。

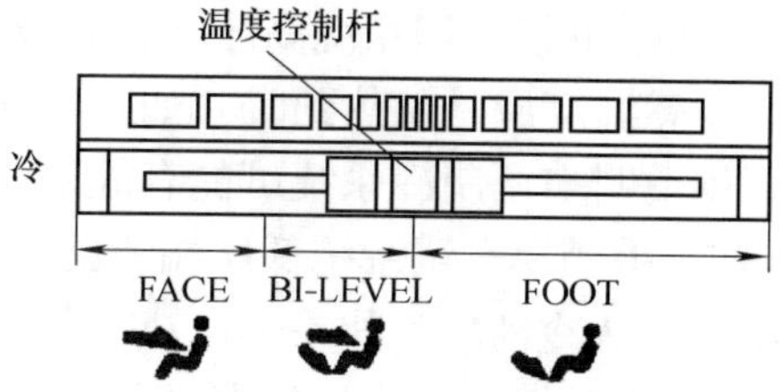

图 8-15　气流方式与温度控制杆位置

微电脑控制自动空调器的气流方式的控制与放大器控制自动空调器的基本一样，是由自动空调器放大器传送信号至伺服电动机，伺服电动机正向或反向转动，经连杆使气流方式控制风门位置改变，其运行方式如图 8-16 所示。

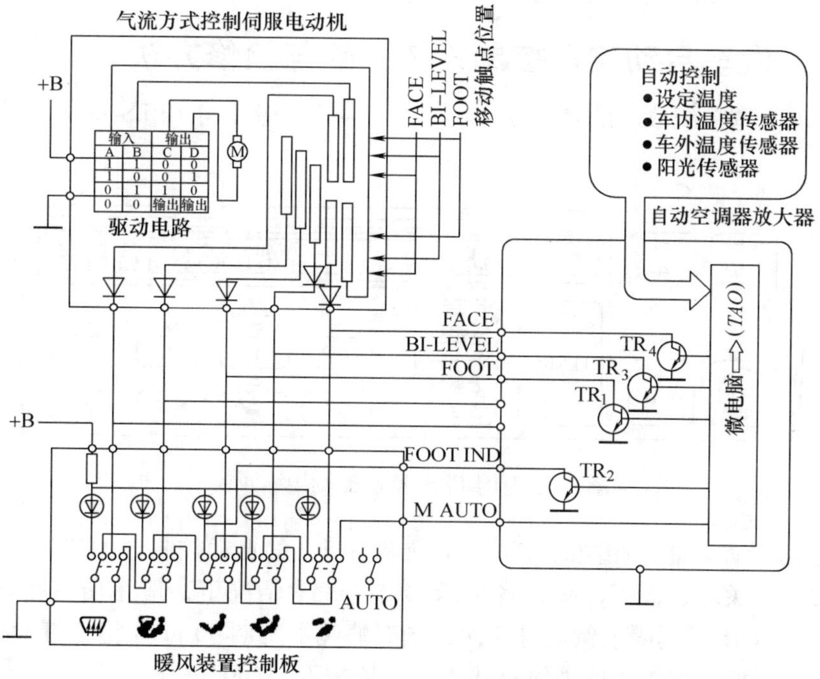

图 8-16　气流方式控制原理图

8.3 汽车自动空调控制系统诊断与检修

当汽车空调系统出现不工作或工作不正常等故障时，会有一些外观表现。通过直观的检查（眼看、手摸、耳听）能简便地诊断故障所在，迅速排除故障。

1）察看制冷系统部件如各管路的接头处和阀的连接处、各软管及软管接头处、压缩机油封、前后盖板、密封垫及加油塞等处有无渗漏（可用肥皂泡法）。

2）察看冷凝器、蒸发器等表面处有无刮伤变形。

3）通过观察干燥罐的两个检视窗检查干燥罐的温度和制冷剂的情况。

4）用手触摸空调系统高压端管路及部件。从压缩机出口→冷凝器→干燥罐→膨胀阀进口处，手感温度应是从热到暖。如果中间的某处特别热，则说明其散热不良；如果这些部件发凉，则说明空调制冷系统可能有故障。

5）用手触摸空调系统低压端管路及部件。从干燥罐出口→蒸发器→压缩机进口处，手感温度应是从冷到凉。如果不凉或是某处出现了霜冻，均说明制冷系统有异常。

6）检查压缩机进出口端温度差。接通空调开关，使制冷压缩机工作10～20min后，用手触摸压缩机进出口两端，压缩机的高、低压端应有明显的温度差。否则可能是已完全无制冷剂或制冷剂严重不足。

7）用手检查导线插接器连接是否良好，空调系统线路各插接器应无松动和发热。

8）监听空调压缩机有无异响，观察压缩机工作是否正常，以判断空调系统制冷不良的故障出自压缩机还是压缩机的控制电路。

8.3.1 汽车自动空调控制系统诊断与检修方法

电控全自动空调系统故障的自诊断，以丰田LS400为例，丰田LS400的空调操纵面板如图8-17所示。

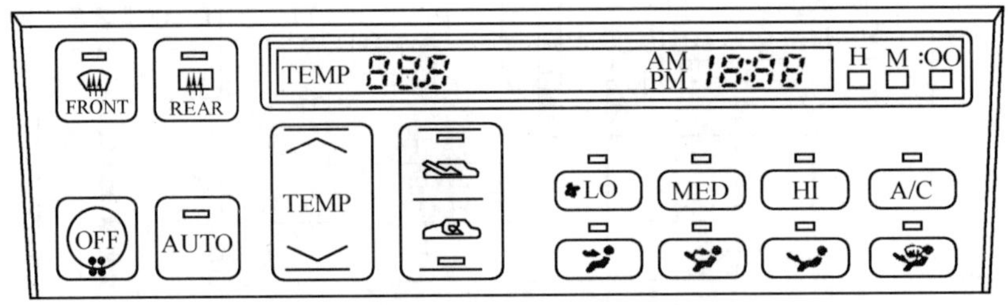

图8-17 丰田LS400的空调操纵面板

（1）指示灯检查功能 在同时按下空调操纵面板上的自动控制“AUTO”开关和车内空气循环“REC”开关时，即可以检查各指示器灯。正常情况下，应是所有指示器灯及显示屏上的指示符号以1s的间隔连续闪烁4次，同时蜂鸣器鸣叫40 ms。指示灯检查结束后，故障码检查便自动开始。如想要取消检查状态，必须按下“OFF”开关。

（2）故障码检查功能 指示灯检查完成后，该系统自动进入故障码检查状态。空调电脑内存储的故障码由仪表板上的温度显示屏进行数字显示。如果想要缓慢显示故障码，则按

"TEMP" 开关，每按一次"TEMP" 开关，改变一步显示。显示屏显示的故障码有两种：一种是曾经存在但已经排除的故障（历史故障）；另一种是目前仍然存在的故障（现存故障）。对历史故障只显示其故障码，而对于现存故障，在显示故障码的同时蜂鸣器鸣叫。如果同时存在多个故障，则按从小到大的顺序依次显示故障码。丰田 LEXUS 车系空调电脑控制系统的故障码如表 8-1 所示。

表 8-1 丰田 LEXUS 车系空调电脑控制系统的故障码

故障码	故障内容
00	系统正常
11	车内温度传感器损坏或其线路开路或短路
12	车外温度传感器损坏或其线路开路或短路
13	蒸发器温度传感器损坏或其线路开路或短路
14	冷却液温度传感器损坏或其线路开路或短路
21	阳光传感器损坏或其线路开路或短路
22	压缩机锁止或其传感器线路开路或短路
31	冷暖气混合门位置损坏或其线路开路或短路
32	换气循环混合门位置传感器损坏或其线路开路或短路
33	（1）冷暖气混合门位置传感器电路开路 （2）冷暖气混合伺服电动机线路开路或短路 （3）冷暖气混合伺服电动机锁住
34	（1）换气循环混合门位置传感器损坏或其线路开路或短路 （2）换气循环混合门伺服电动机电路开路或短路 （3）换气循环混合门伺服电动机锁住

故障排除后，将 2 号熔断器盒中的 DOME 熔断器拔出 10s 以上，即可清除故障码。

（3）执行器功能检查　故障码检查结束后，再按下"REC"开关，即可进入执行器检查状态，此时空调电脑依次使各电动机离合器工作，检查时根据表 8-2 所示，对照显示屏显示的检查故障码及相应执行器的工作状态，即可检查执行器工作是否正常。

表 8-2 执行器工作对照表

序号	检查代码	鼓风机转速	进风方式	送风方式	空气混合	磁吸状况
1	20	停止	新鲜导入	脸（最冷）	冷（全闭）	断开
2	21	低速	新鲜导入	脸（最冷）	冷（全闭）	断开
3	22	中速	混合方式	脸（最冷）	冷（全闭）	吸合
4	23	中速	内气循环	吹脸	冷（全闭）	吸合
5	24	中速	新鲜导入	脸脚双向	冷热（半开）	吸合
6	25	中速	新鲜导入	脸脚双向	冷热（半开）	吸合
7	26	中速	新鲜导入	吹脚	冷热（半开）	吸合
8	27	中速	新鲜导入	吹脚	热（全开）	吸合
9	28	中速	新鲜导入	吹脚/除霜	热（全开）	吸合
10	29	高速	新鲜导入	除霜	热（全开）	吸合

8.3.2　汽车自动空调控制系统常见故障分析与检修

空调系统常见故障主要有制冷系统不制冷、无冷气和冷气不足，其原因和排除方法如表8-3所示。引起这些故障的原因除了空调原因外，还有可能是车辆本身的原因引起空调系统产生故障。

表8-3　空调系统常见故障与排除

故　障	故障原因	故障现象	故障排除
无冷气	空调压缩机V形带松动打滑或断裂	传动带挠度大于10~15mm	检查、调整或更换 修理或更换
	熔丝熔断、继电器损坏、电器元件接触不良、调温器及温度感应元件失灵	压缩机不能起动	检修、更换损坏零件
	空调压缩机损坏，内部有泄漏	低压侧压力高，高压侧压力低	修复或更换
	制冷剂管路及系统有泄漏		
	蒸发器鼓风机不工作		修理或更换
冷气不足	制冷剂不足 制冷剂过多 冷凝器有故障	高低压侧压力均低 高低压侧压力均高 高低压侧压力均高	找出泄漏处，补充制冷剂 放掉多余制冷剂 清洁冷凝器，调节风扇轮张紧度
	系统中有空气	高低压侧压力均高，窥视镜中见到气泡	更换干燥剂，抽真空、重新充注制冷剂
	蒸发器鼓风机不转或转速不够	蒸发器大量结霜，出风量不足	检查鼓风机开关、电阻器，或更换鼓风机
	散热器变形 膨胀阀开度过大	高低压侧压力均高，低压侧管路结冰或大量结霜	清除污垢，校正变形 调整膨胀阀过热度，检查或更换感温元件

1. 车辆本身的原因引起空调系统的故障

1）发动机散热器内冷却液不足引起冷却液过热，导致高压侧温度升高，空调制冷效果下降。

2）散热器风扇传动带张紧度不足引起打滑，导致冷却不良、温度升高。

3）散热器面罩堵塞，通风不畅，引起冷凝器冷却不良。

4）蓄电池电流过载、发电机故障引起充电不足或电压调节器失灵等原因，都会造成蓄电池失效，影响空调系统正常工作。

5）当发现有噪声、振动问题时，首先要检查、分析发生源来自车辆本身还是空调系统，然后对症排除故障。

2. 相关功能的检测

（1）检测记忆功能

1）按下温度控制开关UP直到显示32°C。

2）按下OFF开关。

3）将点火开关转至 OFF 位置。

4）将点火开关转至 ON 位置。

5）按下 AUTO 开关。

6）确认设定的温度保持在先前的温度。

7）按下 OFF 开关。

（2）检查鼓风机

1）按下风扇开关 UP。鼓风机应该以低速运转。风扇标志上应该有一个叶片点亮。

2）再次按下风扇开关 UP，并继续检查鼓风机的转速及风扇标志，直至检查完所有的转速。

3）保持鼓风机以最高转速运转。

（3）检查出风情况

1）按下 MODE 开关和 DEF 开关。

2）每个位置指示器应该改变形状。

3）确定排出的气体符合表 8-4 所示的空气分配。

表 8-4　空气分配表

空气排除流量			
模式门位置	空气排出/分配		
	通　风　口	底　　部	除　霜　器
	100%	—	—
	60%	40%	—
	16%	72%	12%
	16%	60%	24%
	16%	—	84%

（4）检查再循环

1）按下再循环（REC）开关一次，再循环 LED 点亮。

2）按下新鲜空气（FREF）开关一次，新鲜空气 LED 点亮。

3）倾听进气门位置的变化（可听到鼓风机声音的轻微变化）。

（5）检查温度上升

1）按下温度控制开关 UP 直到显示 32°C。

2）检查出风口是否有热风。

（6）检查温度下降

1）按下温度控制开关 DOWN 直到显示 18°C。

2）检查出风口是否有冷气。

（7）检查 A/C 开关

1）按下 AUTO 开关和 A/C 开关。

2）A/C 开关 LED 转至 ON 位置。确定压缩机离合器接合（听声或目视检查）。

（8）检查自动模式

1）按下 AUTO 开关。

2）显示屏应显示 AUTO。确认出风和鼓风机转速取决于环境、车内及设定温度。

3. 电路故障检修

（1）电源电路　点火开关在 ACC 档时，若空调显示器无显示即为 ACC 电源故障。

（2）鼓风机电路　打开风扇和空调，若鼓风机不转则应检查取暖继电器。取下继电器并连接继电器座 4、5 脚，鼓风机应转。否则，如测继电器 1、3 脚有电压为继电器损坏。连接继电器座 4、5 脚，若风机不转，则为风机送风电阻或电源故障。若风机不能调速多为功率晶体管损坏（在蒸发器组件内），若无高速为高速继电器损坏。

（3）空气混合风门及电路检修　混合风门不正常会引起无冷气，冷气不足等故障。拆下空调控制器（但插接器仍连着），接通点火开关，调定温度及空气混合风门应起作用，同时测量混合风门传感器端子 TP 和 SG 的电压应随设定温度能连续变化。冷气最足为 4V，暖气最足为 1V。若不正常可取下取暖组件，脱开空气混合伺服电动机插座，测 1-3 脚电阻为 4.7～7.2kΩ，4-5 脚间电阻约在 1～4kΩ 间变化，2-6 脚之间（即电动机两端）不应开路或短路。

（4）进气风门及传感电路　进气风档传感器装在伺服电动机组件内。打开点火，按 REL/FRS 开关，进气风门应能在新鲜空气和再循环之间转换，此时测量传感器端子 TP 和 SG（即 16 针插座 13 与 16 脚）间电压，在新鲜空气时约 1V，再循环时应为 4V。若不正常，脱开进气伺服电动机组件接头，测 1-3 脚间电阻应为 3.7～5.7kΩ，4-5 脚间应导通。

（5）方式伺服电动机电路　当 AUTO（自动）开关接通时，控制方式伺服电动机可使出风自动在吹脸和吹脚方式间转换。当 AUTO 开关断开时，由手动开关选定某一位置。检修时先固定在执行器检查方式，按下 TEMP 开关，使其进入步进方式，再依次按该开关，气流变化方式从吹脸最冷，到吹脚和除霜方式依次变化。否则可取下取暖组件，拔去方式伺服组件插头，使 6 脚接电源正，7 脚接电源负，然后将电源负极依次接 1～5 脚，则工作方式也应按上述顺序变化，否则即为组件损坏。在步进方式下，1～5 脚的电压应依次为 0。

（6）冷气最足伺服电动机　本电路可使风门在开、半开、关三个方式之间转换，当风吹向脚时，该风门一直关闭，检修时可设定到执行器检查状态，在步进方式根据风量和风门运转噪声检查风门能否转换。若不能转换，可拆下取暖器组件，脱开冷气最足伺服电动机插头，把电源正极接 4 脚，负极接 5 脚，然后使 1～3 端子依次与电源负极相连，若风门位置不能转换，为电动机组件损坏，若正常则为配线或 ECU 损坏。

（7）各温度传感器　拆下仪表板 1 号下罩，脱开车内温度传感器及车外温度传感器（车外温度传感器在前散热器护栅内），测其电阻，25°C 时应为 1.6～1.8kΩ，温度越低阻值越大。拆下蒸发器温度传感器，其电阻在 0℃时为 4.5～5.2kΩ，在 15℃时为 2～2.7kΩ。

（8）阳光传感器　拆下杂物箱脱开阳光传感器插接器，测其反向电阻，当传感器用布蒙住时，阻值为无穷大，灯光照射时约 4kΩ，当灯逐渐移开时阻值逐渐增大。

（9）压缩机同步传感器　压缩机每转一转该传感器可向 ECU 发送 4 个脉冲。若压缩机传动带或电磁离合器打滑，空调 ECU 将使压缩机停止工作，且指示器以 1s 间隔闪烁。检查时必须脱开压缩机同步传感器连线，阻值约为 6.5kΩ。

（10）压缩机电路　电磁离合器的供电是由空调 ECU 通过发动机 ECU 及空调继电器供给的。接通点火开关，开风扇和空调，离合器应吸合。若不吸合，可脱开电磁离合器引线，直接送 12V 电源，不吸合为离合器损坏，若吸合则为供电电路故障，可依次检查空调继电器（在 5 号接线盒内）、发动机 ECU 和空调 ECU 对应脚的电压。

（11）压力开关　当系统压力低于 0.2MPa 或高于 2.7MPa 时，压力开关应断开而使压缩机停止工作。检修时可接上压力表，若压力在规定范围内压力开关不通，则为压力开关损坏。

4. 案例分析

（1）案例一

1）故障现象：一辆上海通用别克 GS 乘用车，行驶过程中，空调出风口的冷风出风量逐渐减小，再过一段时间后，又恢复正常。

2）故障诊断排除：首先使空调系统工作，过了一段时间，的确出现客户所述的间歇性制冷的故障现象。在制冷能力下降时，观察压缩机的工作情况，发现压缩机能够一直吸合。连接好空调压力表，测试系统内的高、低压端压力，数值正常。利用车辆专用检测仪 TECH2 进行检测，无故障码存储，读取 ECU 内有关空调的数据流，没有发现异常。

询问车主后得知，该车前一段时间由于空调不凉，在外面修理厂充加过制冷剂，于是怀疑该车制冷剂纯度不够。通过制冷剂纯度分析仪测试制冷剂成分后发现，系统存在 28% 的 R12。因为别克乘用车空调系统添加的制冷剂应为 R134a，于是排空系统内的制冷剂，并更换压缩机压力调节阀，用氮气清洗空调管路并抽真空后填充纯正的 R134a 制冷剂，再次打开空调试验，故障排除。

3）故障分析：别克轿车装备的是变排量空调压缩机。空调系统工作时，空调控制系统不采集蒸发器出风口的温度信号，而是根据空调管路内压力的变化信号控制压缩机的压缩比来自动调节出风口温度。在制冷的全过程中，压缩机始终是运转的，制冷强度的调节完全依赖于装在压缩机内部的压力调节阀来控制。当空调管路内高压端的压力过高时，压力调节阀缩短压缩机内活塞行程以减小压缩比，这样就会降低制冷强度。当高压端内压力下降到一定程度，低压端压力上升到一定程度时，压力调节阀则增大活塞行程以提高制冷强度。由于该车空调系统制冷剂内混入了 R12，造成系统内压力控制不良，制冷强度上升。在此状态下工作一段时间后，过低的温度使蒸发器外壁结霜，空调出风口无风，当蒸发器外壁的霜融化后系统又恢复正常。因为过低的温度已经改变了压力调节阀内部弹簧的弹性系数，所以压力调节阀也应更换。在日常维修空调的过程中发现加错制冷剂的情况时有发生，这种情况在年代比较久的进口车上比较常见。维修人员在加注空调制冷剂之前，一定要确定车辆使用制冷剂的种类，以免造成严重后果。

（2）案例二

1）故障现象：一辆奥迪 100 2.6E 汽车空调不凉。

2）故障诊断排除：经检查该车空调压缩机运转正常，用手摸空调低压管有冰手的感觉，说明空调的制冷系统工作正常，但就是从出风口吹出的风不凉。将空调控制面板的温度调至 18℃或最低并处于内循环状态，空调仍旧不凉。该车装备自动空调，其与手动空调的区别在于冷暖风门和各出风口的风道风门转换采用电动伺服机构控制来代替手动空调拉筋的控制。参照手动空调的检修思路，在检查自动空调的冷暖风门时，发现控制面板的温度无论由热（H）调到冷（L）或由冷调到热时，控制冷暖风门转换的电动伺服机构始终不动。由于此时风门处于暖风位置，故使得冷风不是直接通过蒸发器由风道吹出，而是还要经过暖风散热器，由此导致吹出的风不凉。于是拆下电动伺服机构检查，结果发现调节电动机已损坏。

更换电动伺服机构后进行温度调节，冷暖风门转换正常，空调冷风恢复正常，故障排除。

练习与思考题

一、填空题

1. 汽车空调系统由____________、____________、____________和____________等四部分组成。

2. 全自动空调，在开关处于AUTO位置时，系统中的ECU根据____________、外界温度传感器和____________所送来的信号，自动控制车内温度、湿度、鲜度及强度。

3. 汽车自动空调系统主要由输入元件包括____________传感器、____________传感器、蒸发器温度传感器、____________、____________、____________、____________、开关以及其他发动机电脑输入信号等。

4. 汽车自动空调系统主要空调执行机构包括____________、____________、压缩机等组成。

二、简答题

1. 汽车空调制冷系统的主要零部件有哪些？安装在什么位置？各起何作用？
2. 汽车自动空调系统的传感器有哪些？起何作用？安装在何位置？
3. 请详细说明自动空调系统鼓风机转速自动控制过程。

第9章

汽车轮胎监测系统原理与检修

基本思路：

汽车轮胎监测系统的零部件不多，并且相对独立与其他系统几乎没有关联，包括一个信号发射装置和一个信号接收显示装置，如有损坏不需修理应直接更换。本章的学习重点就是系统零部件的位置、作用及拆装方法。对本章的学习从表面上看要以信号的传输线路来分析，而各零部件的内部仍然要以电的流动路线来研究。

9.1 汽车轮胎监测系统概述

随着道路交通的进一步改进，汽车行驶速度越来越高，据有关部门统计，在高速公路上发生的交通事故中，由于汽车爆胎所引起的占有极高的比例，占据了高速公路上交通事故的70%。轮胎监控系统（TPMS）则能防患于未然，保持标准的车胎气压行驶和及时发现轮胎漏气是避免轮胎故障发生的关键。非标准气压行驶，将会使轮胎寿命缩短。TPMS能实时监测轮胎的压力及温度，并分别在压力过高、过低、轮胎被扎和温度过高时发出警示，从而起到保障行车安全、延长车胎寿命的作用。

9.1.1 汽车轮胎监测系统的基本组成

轮胎压力监测系统（TPMS）的工作是通过射频收发来实现的，由轮胎模块和监视器模块组成。如图9-1所示，远程轮胎压力监视模块（Remote Tire Pressure Monitoring，简称RT-PM）直接安装在每个轮胎内测量轮胎压力和温度，并将测量得到的信号通过高频无线电波（RF）发射出去。一个TPMS系统有4个或5个（包括备用胎）RTPM模块。中央监视器接收RTPM模块发射的信号，将各个轮胎的压力和温度数据显示在屏幕上，供驾驶人参考。如果轮胎的压力或温度出现异常，中央监视器会根据异常情况，发出不同的报警信号，提醒驾驶人采取必要的措施。

9.1.2 汽车轮胎监测系统的基本功能

轮胎压力监测系统主要用于在汽车行驶过程中对轮胎气压、温度进行实时自动监测，并对出现的异常情况进行实时报警，是驾驶人和乘员的生命安全保障预警系统。

9.1.3 汽车轮胎监测系统的分类

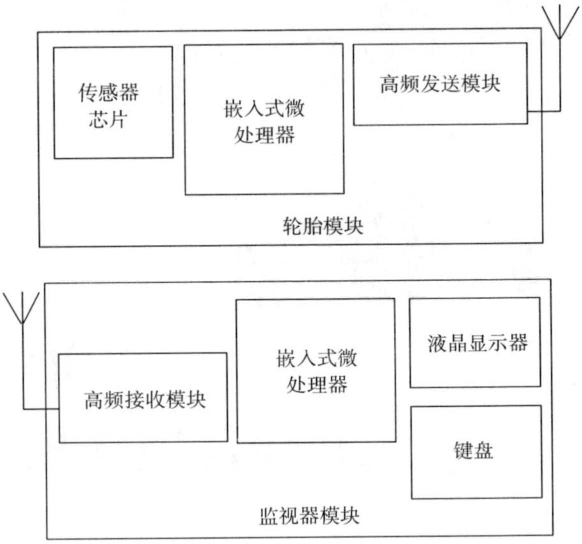

图9-1 轮胎压力监测系统结构框图

目前，TPMS的实现形式主要有两种，即基于车轮转速的TPMS（Wheel-Speed Based TPMS），又叫间接式TPMS；基于压力传感器的TPMS（Pressure-Sensor Based TPMS），又叫直接式TPMS。间接式TPMS是通过汽车ABS系统的轮速传感器比较车轮之间的转速差别，来确定轮胎压力的变化，这种方式现在用得不多。直接式TPMS是在每个轮胎内使用压力传感器和温度传感器，然后把采集到的压力和温度信号通过有线或无线的方式传送到汽车驾驶室内的主控制器进行处理，目前大多数TPMS采用无线的方式进行压力和温度数据的传送。

9.2 汽车轮胎监测系统主要零部件的结构及工作原理

9.2.1 汽车轮胎模块的结构及工作特征

轮胎模块由传感器、微处理器、发射芯片、电池和天线组成，如图9-2所示。模块板使用印制天线，所有组件都焊接到模块板一端，Tx板应安装在轮胎内缘，发送器板用三颗螺钉安装在轴承座上，使用硬环氧保护轴承座边缘的安全，使用尼龙带可以提供更好的安全保护，如图9-3所示（也有一部分安装在轮胎的气门嘴上）。

1. 传感器

传感器（压力/温度传感器）如图9-4所示，它是一种表面微型机械式电容性电脑电系统（MSMS）压力传感器。其特点为：专门的TPMS气压和温度传感器、CMOS工艺、低功耗、3V工作电压、带有MCU唤醒功能的集成低频振荡器、8位数字输出；全部功能集成在单一芯片上，降低了功耗，适合条件要求苛刻的电池供电系统；测压范围为0～637kPa，测温范围为－40～125℃。它具有四种工作模式，即待机/复位、压力测量、温度测量和数据输出，可以通过设置S0和S1引脚选择相应的模式，如表9-1所示。由表9-1可以发现，传感器在不同的工作模式下，需要的工作电路不同，从而达到降低功耗的目的。

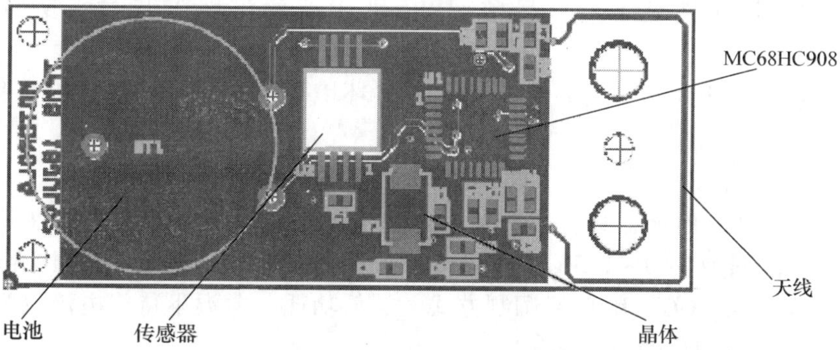

图 9-2　TPMS 轮胎模块平面图

图 9-3　轮胎模块安装位置

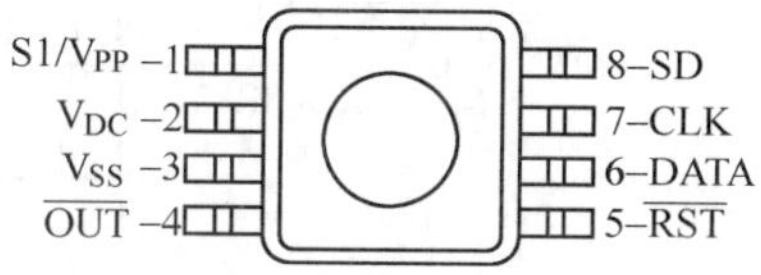

图 9-4　MPXY8020/8040 压力和温度传感器

表 9-1　传感器工作模式

S0	S1	工 作 模 式
0	1	待机（耗电 600nA）
0	1	测量压力（时间 500μs）
1	0	测量温度（时间 500μs）
1	1	数据输出

2. 微处理器

微处理器如图 9-5 所示，其主要特点有：

（1）高性能 RISC 技术　仅需学习 35 条指令，这给程序的编写、调试、修改带来极大的便利，便于软件模拟 SPI 串口及开漏极引脚。

（2）极低的功耗水平　在 1MHz 时钟频率下工作电流约为 100μA，而在休眠情况下的典型工作电流仅为 1nA。

（3）工作温度范围宽　汽车温度范围为 –40 ~ 125℃。

（4）彻底的保密性　PIC 以保密熔丝来保护代码，在烧入代码后熔断熔丝，其他人再也无法读出，除非恢复熔丝。目前，PIC 采用熔丝深埋工艺，恢复熔丝的可能性极小。

（5）自带看门狗定时器 为系统提供了恶劣环境下的自复位功能，提高程序运行的可靠性。

3. 发射芯片

发射芯片如图9-6所示，其特点是采用微型3mm×3mm的16引脚QFN封装，3V工作电压，汽车温度范围为-40～125℃、快速开启振荡器（200μs）、自带锁相环PLL和高效功率放大器，支持ASK、OOK和FSK调制方式，超低功耗（常温下待机电流仅为0.2nA），可调节的FSK偏移，可编程的时钟输出。

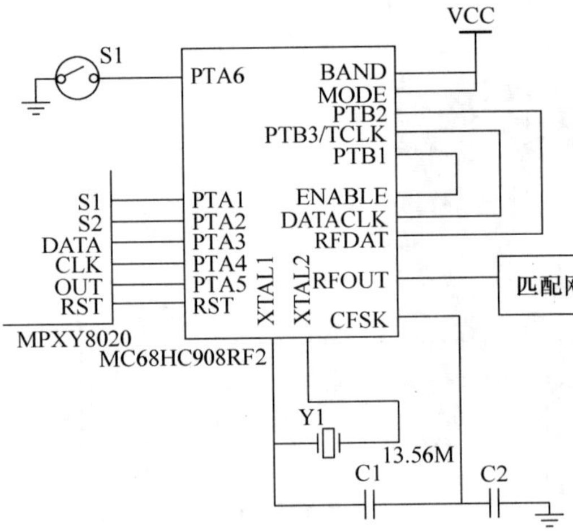

图9-5 MC68HC908RF2 闪存 MCU 和 UHF 发送器

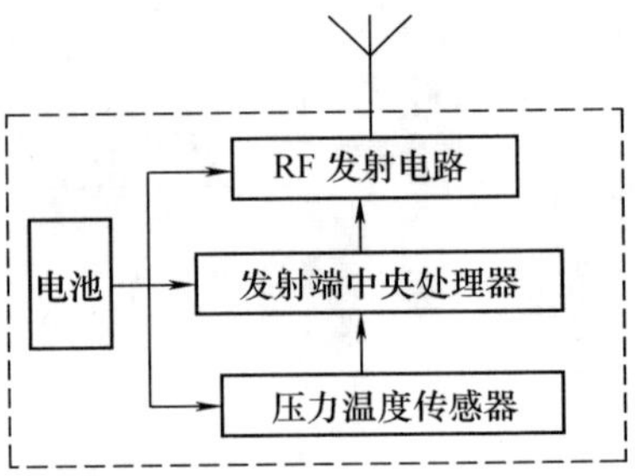

图9-6 发射芯片示意图

9.2.2 汽车轮胎监测系统监视器模块的结构及工作特征

监视器模块主要由接收芯片、微处理器、LCD显示器和按键组成，如图9-7所示。

1. 接收芯片

接收芯片如图9-8所示，它是一个单片集成射频接收器。其特点有：一般采用LQFP24封装，快速唤醒（1ms），内含660kHz的中频带通滤波器，完整的压控振荡器（VCO），可消除镜像的混频器，自动对接收到的曼彻斯特编码解码（FSK工作模式），曼彻斯特编码时钟再生电路，SPI接口，可用于设计433.92 MHz的OOK/FSK接收电路。

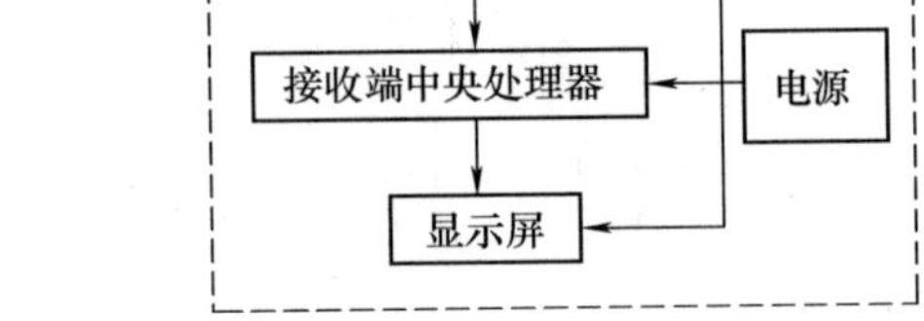

图9-7 TPMS 监视器模块示意图

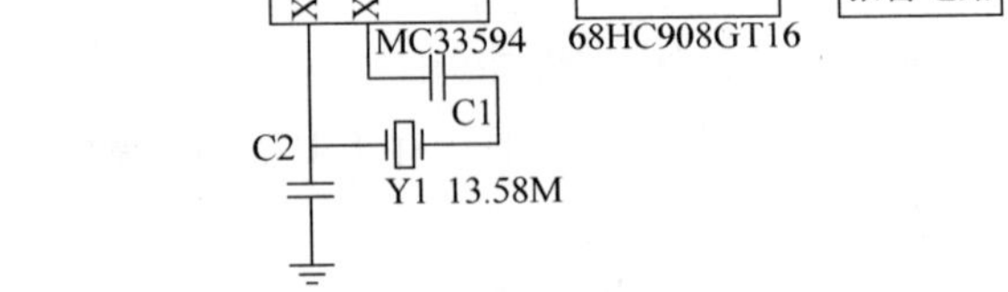

图9-8 MC33594 UHF 接收芯片

2. 微处理器

监视器模块的微处理器是一款采用 68HC08 架构的 8 位微控制器，资源齐全、尺寸小，适合监控器模块的功能要求以及汽车的运行环境。其主要资源包括：1 个 CAN 模块、1 个 SPI 模块、1 个 ESCI 模块、2 个双通道 16 位定时器接口模块、8 路 10 位 A/D 通道、1 个基本时钟模块、37 个通用输入输出引脚、8 位键盘唤醒端口。该控制器采用 PLL 锁相环技术，能够产生最高 8MHz 的总线频率。

3. LCD 显示器

LCD 显示器一般选择点阵式液晶显示器，具有如下特点：192×64 点阵，可视区范围大（外形尺寸 113.0mm×71.0mm×9.5mm，可视区为 97.0mm×48.0mm），内置液晶控制驱动器，单 5V 供电/双电源供电可选，工作温度范围宽（-20～70℃），采用 LED 背光且 EL 背光可选，强光下显示效果好。

9.3　汽车轮胎监测系统诊断与检修

1. 调整轮胎压力监控系统

为了让轮胎压力监控系统进入就绪状态，按下述步骤操作：

（1）校正轮胎压力

1）检查车轮（包括备用车轮）的轮胎压力。

2）必要时按油箱盖内侧贴签上的数据校正轮胎压力。

（2）存储轮胎压力

1）按下旋转/按压按钮，出现子菜单 SET（设置，即 EINSTE LLEN）。

2）转动旋转/按压按钮，将选择箭头移到 TYPE PRESSURE（轮胎压力，即 REIFEN-DRUCK）上。

3）将选择箭头移到 STORE PRESSURE（存储压力，即 DRUCKE SPEICHERN）上。

4）按下旋转/按压按钮，此时出现一个小钩。该系统确认已成功存储轮胎压力：CUR-RENT TYRE PRESSUES ARE BEING STORED（已存储当前充气压力）。

5）将选择箭头移到 BACK（返回，即 ZURUCK）上。

6）按下旋转/按压按钮，退出 TYPE PRESSURE（轮胎压力，即 REIFENDRUCK）菜单。

每次充气压力改变后以及每次更换车轮后，必须起动 STORE PRESSURES（存储压力，即 DRUCKE SPEICHERN）过程。只有成功执行这一过程后，该系统才能识别并接受这些规定压力，这样必要时才会对压力降低发出警告。

该系统可自动识别多个故障信息。如果轮胎压力监控系统不工作，则会在显示屏中出现带斜杠的轮胎符号。其原因可能是：

1）如果学习过程结束时出现这个信息，则说明该系统无法识别出安装在汽车上的车轮，其原因是一个或多个车轮未安装车轮传感器。

2）某个车轮传感器或其他组件可能失灵。

3）该系统识别到汽车内车轮多于五个，例如装带了多个备用车轮时。

4）更换车轮后没有调用 STORE PRESSURES（存储轮胎压力）功能。

5）使用防滑链时其屏蔽特性可能影响了该系统的功能，该系统自动关闭。

尽可能排除这个故障，然后再次调用STORE PRESSURES（存储轮胎压力）功能。如果无法排除故障，则让服务站进行处理。

2. 使用注意事项

（1）报警装置的初期设定　当调换轮胎、车轮时，必须对报警装置进行初期设定，其顺序如下：

1）把四轮的轮胎调整到规定气压。

2）当点火开关接通，车辆在停止状态时，警告灯进行三次闪亮，然后按下装设在驾驶座仪表板下部的调置开关。

（2）检查工况　使用调置开关设定检查工况。在该检查工况中，将自诊断插接件的TS端子进行短路后，接通点火开关，并进行切换。

（3）注意事项　轮胎气压报警装置是根据车辆行驶中轮胎转动状况检测轮胎气压，所以在停车时不检查轮胎气压。因此，在日常维护保养中，必须经常检查轮胎气压。当警告灯点亮时，要立刻确认轮胎气压，并调整到规定气压。以30km/h速度行驶2min，警告灯熄灭，表明气压恢复正常。在轮胎、车轮调换时可能会发生误动作，因此必须进行报警装置的初期设定。

3. 故障检测

轮胎气压监视系统的故障是通过“LOW TIRE”警告灯的异常显示来表现的。

（1）正常点亮　在点火开关转到运行（RUN）位置时，仪表板先进行灯泡检查，点亮“LOW TIRE”警告灯约3s，然后熄灭，表示系统正常。如果电子制动控制模块/电子制动牵引控制模块曾检测到轮胎气压不正确并记忆故障码，“LOW TIRE”警告灯将持续点亮。

（2）“LOW TIRE”警告灯不亮　在仪表板组合仪表（IPC）灯泡检查中，“LOW TIRE”警告灯不亮且监视系统末设置故障码。检查程序如下：

1）检查诊断系统是否完成自检。

2）用专用仪器进行仪表指示灯动作测试。

3）若指示灯不亮，则检查仪表板组件及灯泡线路。

4）若指示灯亮，则检查电子制动控制模块/电子制动牵引控制模块。

（3）“LOW TIRE”警告灯总亮　在经过仪表板组合仪表（IPC）灯泡检查后，“LOW TIRE”警告灯不熄灭。检查程序如下：

1）点火开关置于运行（RUN）位置，按下复位开关，警告灯应熄灭。

2）如果警告灯不熄灭。检查电子制动控制模块/电子制动牵引控制模块是否记忆DTCC1245（检测轮胎气压过低）故障码。若记忆故障码，则检查轮胎气压。

3）如果不记忆故障码，则检查仪表组件及相关的线路。

4. 上海别克汽车轮胎气压安全监视报警装置

上海别克汽车的特色之一是装备了轮胎气压监视系统，称为“轮胎气压监视器（TIM）”或“轮胎压力监视器（TPM）”。当轮胎之一出现气压过低的情况时，监视系统将点亮仪表板上的“LOW TIRE”黄色警告灯，提醒驾驶人执行所需的保养，即将轮胎充气到正确的压力或更换指定规格的轮胎。

（1）轮胎气压安全监视系统部件组成及安装位置　汽车轮胎气压安全监视系统由车身

控制模块（BCM）、电子制动控制模块/电子制动牵引力控制模块（EBCM/EBTCM）、仪表组件、数据链路插头和各车轮转速传感器等组成，其安装位置如表 9-2 所示。

表 9-2　轮胎气压表安全监视系统部件及安装位置

名　称	位　置
车身控制模块（BCM）	
数据链路插头（DLC）	
电子制动控制模块/电子制动牵引力控制模块（EBCM/EBTCM）	位于发动机室左后侧，与制动压力调节阀（BPMV）组合，连接在制动总泵前
仪表组件	位于仪表板顶部，转向柱上面
熔丝盒	位于右前侧车门开口中仪表板（I/P 右侧）
接头箱 SP205	位于仪表板（I/P）之下，转向柱的右侧
发动机罩下附件导线接线	位于发动机右侧，连接至支柱架
左前车轮转速传感	位于左前轮毂内
左后车轮转速传感	位于左后轮毂内
右前车轮转速传感	位于右前轮毂内
右后车轮转速传感	位于右后轮毂内

轮胎气压安全监视系统是一种软件驱动系统。此系统使用现存的防抱死制动系统部件（电子制动控制模块和车轮转速传感器）、串行数据通信和仪表组件执行系统功能。电子制动控制模块包括执行系统监视功能的软件。电子制动控制模块使用从车轮转速传感器获得的车轮转速数据探测出由于轮胎气压太低引起的相对转动差异，这意味着有一只轮胎气压比其他三只低。当电子制动控制模块探测到轮胎气压太低时，电子制动控制模块设置故障码 B2818（低轮胎气压系统重设定电路低）或故障码 C1245（探测到轮胎气压过低），并且通过串行数据线对仪表组件发送信息。仪表组件执行两种与轮胎监视系统相关联的功能，即电子制动控制模块通过串行数据信息发布指令显示警告信息："LOW TIRE"（轮胎气压太低）和通过串行数据线电子制动控制模块发送轮胎气压安全监视系统重设定指令。

（2）气压安全监视系统的操作过程　当一只轮胎气压改变时，轮胎充气监视器系统提出警告。汽车在行驶过程中，一旦系统检测到气压太低且点火开关处于 ON 位置时，系统会提醒驾驶人出现了气压太低情况。如果某一只轮胎气压比其他三只轮胎至少高或低 82kPa，则在仪表板上显示"LOW TIRE"（轮胎气压太低）信息。如果不止一只轮胎气压太低或太高，或系统没有正确标定，则不会出现这一信息，系统不会提醒驾驶人轮胎气压太低。为了清除这一信息，应调整全部四只轮胎气压到合适的压力并且执行系统重新设定程序。轮胎气压监视器重新设定程序的步骤是：旋转点火开关到 RUN（运行）位置，按住并保持 RESET（重设定）按钮大约 5s。

轮胎气压监视器软件要求汽车直线行驶大约 0.5h 来完成轮胎充气监视器自动学习。为了有足够的能力检测到轮胎气压太低的情况，电子制动控制模块必须知道几种车速范围内轮胎的充气配置。在 24～64km/h、64～113km/h 和 113～145km/h 车速检测范围中，每一车速范围有两种轮胎气压太低探测模式，即监视器模式1和监视器模式2。EBCM对每一车速范围独立地学习轮胎充气配置。监视器模式1是EBCM部分学会不同车速范围轮胎充气配置，并且限制了探测轮胎气压太低情况的能力；监视器模式2是EBCM全部学会不同车速范围轮胎充气配置，并且可全面探测轮胎气压太低情况。如果EBCM不在模式1或模式2，那么是因为EBCM没有学会汽车轮胎充气配置，不可能探测到轮胎气压太低的情况。

练习与思考题

一、填空题

1. 轮胎压力监测系统（TPMS）的工作是通过__________来实现的，由__________和__________组成。

2. TPMS能实时监测轮胎的__________及__________，并分别在压力__________、__________、轮胎被扎和温度过高时发出警示，从而起到保障行车安全、延长轮胎寿命的作用。

3. 轮胎模块由__________、__________、__________、电池和天线组成。

4. 监视器模块主要由__________、__________、__________和按键组成。

二、简答题

1. 轮胎压力监测系统微处理器有何特点?

2. 轮胎压力监测系统发射芯片有何特点?

3. 轮胎压力监测系统接收芯片有何特点?

第10章

汽车音响系统原理与检修

基本思路：

汽车音响系统主要由信号设备、放大器、扬声器等组成。信号设备由许多不同的“积木”组成，每一信号源能独立工作；放大器实际上是一公共能源设施；扬声器是汽车音响系统的终端。本章的学习对初学者来说，应把重点放在各相对独立的信号设备、放大器、扬声器的安装位置、作用、线路连接及正确的拆装方法上，因为各单元内部结构是另外一门学科。汽车技师，对汽车音响系统主要是把握信号源→放大器→扬声器这一工作流程。各单元内部的电子电路是另外一门学科研究的，同样可用“积木法”以电的流动路线来学习和研究，如能掌握相关知识对我们汽车类技师来说是如虎添翼。

10.1 汽车音响系统概述

汽车音响从最早单一功能的AM（调幅）收音机发展到现在具有AM/FM（调幅/调频）收音机、SW（短波）收音机、磁带放音、CD放音、DAT（数码音响）、DSP（数码信号处理器）、电子分音器、电视接收系统、VCD或DVD影视系统的综合装置，形成了多功能、数字化、逻辑化、高指标、高性能、大功率输出的立体声系统。现代汽车音响的主要特点如下：

1. 采用蓄电池供电

大型客车、载货汽车音响多为24V供电，小客车多采用12V供电。汽车音响为了提高输出功率，一般采取降低扬声器阻抗的方法。并要求汽车音响的功放大电流线性良好、饱和压降小、效率高，并且具有过热短路保护等措施。汽车的电压变化将直接影响音响的输出功率，这就要求供电用线的材质阻抗非常小。

2. 外形体积受到限制

汽车音响受到汽车仪表板面积的限制，一般使用高密度贴装元件，采用多层立体装配方式，以减小所占空间。汽车音响的体积按有关标准规定为183mm×50mm×153mm，但不同地区不同厂家也不尽相同。

3. 抗振动并耐高温

汽车在不同等级的路面上行驶，致使汽车音响经常受到振动和冲击。同时，汽车音响受发动机高温（有时可达60℃）、严寒、废气、灰尘、潮湿等影响，要求汽车音响要有比较好的散热性和耐久性，元件的焊接装配应牢固。

4. 抗干扰能力强

在汽车电气系统中，发动机的点火装置和各种电器都共用电源，这就会通过电源线和其他线路对音响的信号输入产生很大干扰。因此汽车音响中都装有抗干扰装置，如抗干扰集成块、高频扼流圈、屏蔽（对低压弱信号线进行屏蔽），并将音响各个总成装于封闭的铁盒内。

5. 调幅/调频接收灵敏度高、动态范围大

汽车音响对调幅段的接受灵敏度一般要求小于50μV，调频段的接收灵敏度要求小于3μV。调幅段自动增益的范围要求大于40dB，能承受1000mV的大信号而不产生阻塞失真。否则，当汽车在道路上行驶，既有方向变化又有外界环境影响，如高楼、桥梁、电线网等，因此无法保证正常收听。对调频段要求信号捕捉稳定可靠，调频的灵敏度、信噪比等有较高的性能。

6. 具有夜间灯光照明

为了方便夜间操作，汽车音响都设有透光照明按键，以内部光源照明各个按键的操作字符和旋钮的位置等。

7. 配用功率大、阻抗小、体积小的扬声器

汽车音响配用的扬声器的阻抗多为4Ω，口径一般为102～152mm。扬声器的结构方式分为全频带、同轴二或三分频，功率约为30～100W。扬声器的接线较粗，接线柱采用镀银或镀镍铜排插，以降低接触电阻，减小线损。

8. 具有防盗功能

汽车音响防盗系统即“ANTI-THEFT SYSTEM”，一般在录音磁带槽盖上都有标识。防盗类型有两种：一是在被盗时，汽车音响的主要部分变为不可拆卸，或强行拆卸即损坏，通常利用电磁铁及其他机械锁止装置；二是设定密码，当驾驶人设定密码并进入防盗状态以后，音响系统必须输入驾驶人设定密码，否则不能工作。音响系统较容易拆下，但密码不正确时，音响系统不工作。

（1）设定防盗系统的条件　关闭所有车门，关闭发动机盖和行李箱门，从点火开关锁芯拔出点火钥匙。

（2）设置工作　当用户按下规定的按钮，输入密码特征数字后，防盗系统即开始运行。音响系统在出厂时，密码ID数字没有输入，防盗系统不工作。

（3）系统的工作　当正常的电源被切断后，即使再恢复电源的接通状态，音响系统也不会再工作。当密码输入错误时，不仅系统不工作，还会使系统处于休眠状态，即使再输入正确的密码，音响系统也不会工作，休眠的时间可能是几天或几十天。

（4）防盗系统的防盗状态消除　当正常的电源被切断再正常被接通后，用户输入设定的ID数字，防盗系统的防盗状态被解除，音响系统便能正常工作。

9. 采用电感式调谐

为了防止汽车行驶中振动对调谐的影响，汽车收放机大多采用电感式调谐，即在一塑料骨架上绕一定匝数的线圈，在滑块上固定若干磁芯，用调谐杆推动磁芯在固定通道内的旋进旋出，从而改变电感量大小，达到调谐目的。当磁芯位置全部旋入通道时，电感量最大，此时调谐的电台为频率最低端电台；反之，当磁芯全部旋出通道时，电感量最小，此时调谐频率为最高端频率。

10. 其他特殊要求

部分高档汽车音响还具有多功能液晶显示屏、线路输出（LINE OUT，可接大功率汽车音响功放）端口、激光唱机输入（CD IN）端口及遥控电源等。

10.2　汽车音响系统的基本组成

汽车音响系统主要由信号设备、放大器和扬声器等组成。

1. 信号设备

信号设备有收音机、磁带放音机和 CD 唱机。

（1）收音机　收音机是无线电波接收装置，专门接收广播节目。一般接收的信号有调幅和调频两种，调幅又分中波和短波。传统的模拟式收音机，一般用手调谐选台。数字式收音机是较高级的无线电接收装置，它去掉了调谐部分的调台拉线，提高了调谐工作的稳定性，抗振动性能比模拟式好。数字式收音机内部由数字集成电路组成，内部电路输出选台、存储、控制及显示信号，一次可存储 12 ~ 44 个电台，并可实现遥控。

（2）磁带放音机　磁带放音机本身不带功率放大器和扬声器，用于盒式磁带的放音。磁带放音机一般由机芯、电动机、磁头，以及放音降噪电路、自动选曲电路等组成。

（3）CD 唱机　CD（Compact Disc）唱机又称激光唱机。激光唱机具有优异的电声指标，其信噪比和动态范围比较好。激光唱机具有自动选曲、程序重放、遥控操作等功能。激光唱片又不易磨损，曲目丰富，成为汽车音响的重要组成部分。激光唱机主要由激光拾音器、伺服传动机构、数模转换系统、控制及显示电路等部分组成。

1）激光拾音器。激光拾音器又称光学头，是激光唱机的信号传感器。按工作方式激光拾音器可分为单光束和三光束两种。三光束激光拾音器是用主光束来读取信号，两侧的副光束测量循迹偏离，以保证主光束的准确工作位置。单光束拾音器则用单一光束兼顾读取信号和测量循迹偏离误差。目前日本生产的激光唱机多为三光束式，而飞利浦生产的激光唱机多为单光束式。三光束式循迹准确，但成本较高；单光束式结构简单，成本较低。激光拾音器由激光源、聚光镜、反射镜、凹透镜及光电接收装置等组成。

2）信号分离与处理电路。激光拾音器输出的电信号送入信号分离与处理电路。该电路中的数据分离器能正确识别左、右声道信号及各种信号代码，分离后的信号送至信号处理器。信号处理器将含有音频信号的数字信号进行解码，使其变成标准的脉冲编码，送至数/模转换电路。同时信号处理器还将同步信号、纠错信号及电动机测速信号检出，将有关的控制信号送至控制系统。激光唱机中的信号分离与处理均采用大规模集成电路来实现。

3）伺服系统。伺服系统采用聚焦伺服电路和循迹伺服电路处理CD唱片转动中的误差及唱片误差。聚焦伺服可保证CD唱片的信息区正好位于聚光镜的聚焦平面上，循迹伺服用来克服唱片加工精度不高所引起的误差。自动稳速伺服电路通过测速传感器给出的校正误差信号来控制电动机，使之转动稳定。

4）数模转换电路。数模转换电路又称D/A转换器，用于将激光拾音器送来的数字信号转换成音频模拟信号。D/A转换电路输出的信号经低通滤波后，可直接送往放大器。

5）控制系统和显示器。控制系统对激光拾音器等传送的数字信号进行分析，获得各种控制依据，并对电动机、伺服系统和显示器实施控制。如通过唱盘电动机驱动器得到恒线速误差信号，控制唱盘电动机恒速运动，使CD唱片从最内圈500r/min逐渐变为最外圈的200r/min。在激光唱机中，控制系统通常由一片大规模集成电路组成。

显示器用来显示各种控制信息，如正在放唱的曲目序号、放唱方式、放唱时间等。显示系统由单片微处理器和LED显示屏组成，激光唱机的显示屏一般做得较大，以适应多种信息显示的需要。

2. 放大器

放大器的作用是将各种节目信号进行电压放大和功率放大，然后推动扬声器发出声音。放大器的组成包括前置放大器、功率放大器和环绕声放大器。

（1）前置放大器　前置放大器又称前级放大器，它连接信号源及控制信号的开关，并对各种节目进行必要的处理和电压放大。前置放大器与信号源之间还要设置各种均衡电路，用于实现前、后级的阻抗匹配和频率补偿。

前置放大器主要包括输入电路、音调控制和线路放大电路。输入电路对收音机、激光唱机和磁带送来的信号进行均衡和控制，包括阻抗和频率的均衡。音调控制对节目信号的各段频率成分进行提升或衰减，以便满足欣赏时的不同需要。线路放大电路是为了配合功率放大器而设置的。由于信号源传送来的信号需要放大到一定的电压值才能推动功率放大器，故线路放大电路通常把弱信号放大到0.2～1V，以便和功率放大器配接。

（2）功率放大器　功率放大器主要对前置放大器送来的电信号进行不失真的电流和电压放大，形成强有力的信号去推动扬声器发声。功率放大器主要包括以下几部分。

1）等响度控制电路。等响度电路的作用是对小信号中低频和高频部分进行补偿，以弥补信号失真给人耳造成的不足；而在大信号重放时，等响度电路不起作用。

2）音量控制。用以调节重放音量的大小。调节方法有手动电位器、电子音量控制和伺服电动机等几种，带动音量旋钮控制音量。

3）功率放大。把前置放大器送来的信号进行电流和电压放大，以推动扬声器发出声音。

4）保护电路。由于功率放大器工作在大电流和高电压状态，可能会出现过电流、过电压和过热等情况，因此保护电路可自动进行断电，以保护放大电路和扬声器不受损坏。

（3）环绕声放大器　环绕声能使听众更具有临场感，使人在欣赏音乐时有被声音围绕的感觉。环绕声放大器主要包括以下两部分。

1）环绕声处理电路。它用信号延迟的方法来产生环绕声效果。前方音箱重放正面声源，而环绕处理电路输出经过延迟的环绕信号，以产生一种混响效果。

2）环绕声放大器。其作用是带动环绕声扬声器发声。环绕声放大器模拟反射声来产生环绕声效果，故其频响一般不需要很宽，功率也不大。

3. 扬声器系统

扬声器系统主要指主扬声器、环绕扬声器等，是汽车音响系统的终端。主扬声器中通常由低音扬声器、中音扬声器、高音扬声器和分频网络组成。一般环绕声只重放 7kHz 以下的反射声，故只需一只中低音扬声器即可。

10.3　汽车音响系统主要零部件的结构及工作原理

汽车音响系统的主要零部件的结构、工作原理及其拆装方法，以奥迪车系音响为例介绍。

1. Concert 收音机安装示意图

Concert 收音机的安装示意图如图 10-1 所示。收音机在中央副仪表板上，BOSE 末级放大器和超低音扬声器在行李箱右后侧的侧面装饰板下，天线放大器在左侧 D 柱装饰板内，CD 机在行李箱左后部的侧面装饰板底下，中高音扬声器在前、后车门装饰板上部各有一个，低音扬声器在前、后车门装饰板下部各有一个。有关扬声器的技术参数如表 10-1所示。

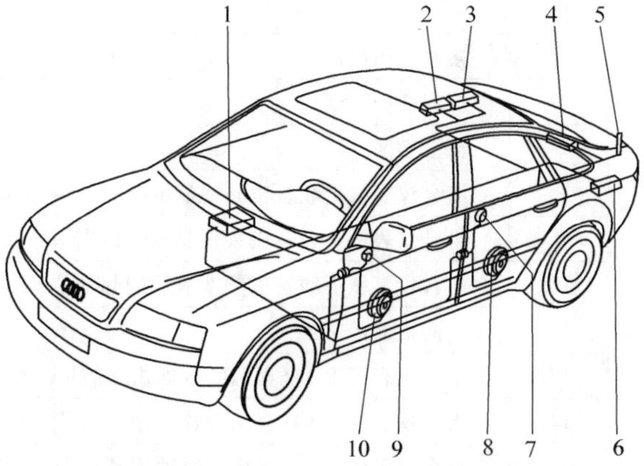

图 10-1　Concert 收音机的安装示意图

1—收音机　2—BOSE 末极放大器（仅指装 BOSE 音响系统的车）　3—超低音扬声器　4—天线放大器　5—收音机/电话鞭型天线或自动天线（只与反向玻璃联用）　6—CD 机　7、9—中高音扬声器　8、10—低音扬声器

表 10-1　扬声器技术参数

扬　声　器	额定电阻/Ω	额定功率/W	频率范围/Hz
中高音扬声器	4	20	1800～20000
低音扬声器	4	20	80～8000

Concert 收音机的结构如图 10-2 所示。

收音机背面多孔插头Ⅰ、Ⅱ、Ⅲ和Ⅳ的触点布置如图 10-3 所示，各触点的功能如表 10-2所示。未列出的触点未使用。

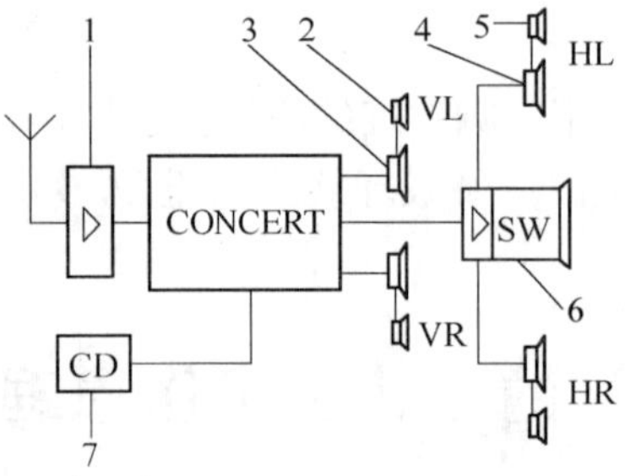

图 10-2　Concert 收音机结构示意图

1—四门轿车带天线放大器的后风窗天线或自动天线（仅指反射玻璃）　2、5—中高音扬声器　3、4—低音扬声器　6—超低音扬声器　7—CD 机（选装）

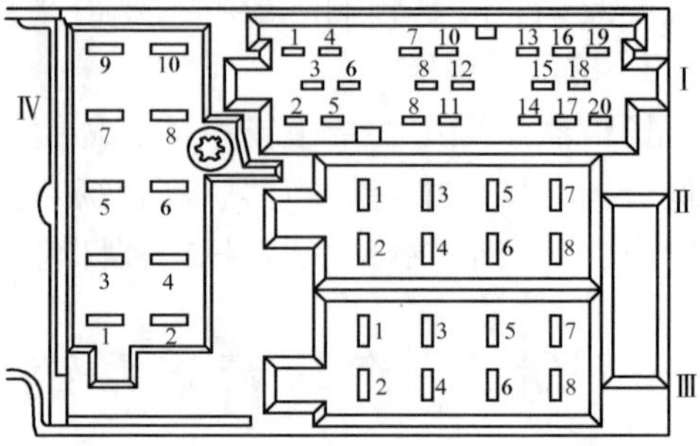

图 10-3　收音机背面多孔插头的布置

表 10-2　Concert 收音机背面多孔插头功能

插　头	端子	功　能
多孔插头Ⅰ，20 孔	1	接左后扬声器
	2	接右后扬声器
	3	NF 搭铁
	4	接左前扬声器
	5	接右前扬声器
	6	正极切换
	8	组合仪表板上收音机频率显示的时钟信号（即 Clock）
	9	组合仪表板上收音机频率显示的数据信号（即 Data）
	10	组合仪表板上收音机频率显示的起动信号（即 Enable）
	11	转向盘遥控
	13	组合仪表板上 CD 显示的数据输入信号（即 Data in）
	14	组合仪表板上 CD 显示的数据输出信号（即 Data out）
	15	组合仪表板上 CD 显示的时钟信号（即 Clock）
	16	常正极（即 Dauerplus）
	17	CD 机切换正极（即 gesch. plus）
	18	CD 机搭铁（CD-NF-地）
	19	左声道信号线（CD-NF-L）
	20	右声道信号线（CD-NF-R）
多孔插头Ⅱ，8 孔，棕色	3	扬声器（+）右前
	4	扬声器（-）右前
	5	扬声器（+）左前
	6	扬声器（-）左前

（续）

插　头	端子	功　能
多孔插头Ⅲ，8 孔，黑色	1	Gala（车速信号）
	2	电话静音转换
	3	自诊断 K 线
	4	点火钥匙控制的接通和关闭（S 触点）- 接线柱 86s
	5	自动天线控制正极（仅指反射玻璃）
	6	开关照明（接线柱 58s）
	7	接线柱 30
	8	地（接线柱 31）
多孔插头Ⅳ，10 孔，红色	1	电话静音转换
	2	接线柱 15（仅指导航系统）
	3	电话（NF +）（不用于有导航系统的车）
	4	电话（NF -）（不用于有导航系统的车）
	5	导航系统（NF +）
	6	导航系统（NF -）
	7	导航系统控制线
	9	显示照明（接线柱 58d）
	10	CD-GND

带 BOSE 音响系统的 Concert 收音机的结构如图 10-4 所示，收音机背面多孔插头触点布置如图 10-3 所示，插头触点的功能如表 10-3 所示，未列出的触点未使用。

表 10-3　带 BOSE 音响系统的收音机背面多孔插头功能

插　头	触点	功　能
多孔插头Ⅰ，20 孔	1	接左后扬声器
	2	接右后扬声器
	3	NF 搭铁
	4	接左前扬声器
	5	接右前扬声器
	6	正极切换
	8	组合仪表板上收音机频率显示的时钟信号（即 Clock）
	9	组合仪表板上收音机频率显示的数据信号（即 Data）
	10	组合仪表板上收音机频率显示的起动信号（即 Enable）
	11	转向盘遥控
	13	组合仪表板上 CD 显示的数据输入信号（即 Data in）
	14	组合仪表板上 CD 显示的数据输出信号（即 Data out）
	15	组合仪表板上 CD 显示的时钟信号（即 Clock）
	16	常正极（Dauerplus）
	17	CD 机切换正极（Gesch plus）
	18	CD 机搭铁（CD-NF 搭铁）
	19	左声道信号线（CD-NF-L）
	20	右声道信号线（CD-NF-R）

（续）

插　　头	触点	功　　能
多孔插头Ⅱ，8孔，棕色	3	扬声器（+）右前
	4	扬声器（-）右前
	5	扬声器（+）左前或免提扬声器（+）（指BOSE音响系统）
	6	扬声器（-）左前或免提扬声器（-）（指BOSE音响系统）
多孔插头Ⅲ，8孔，黑色	1	Gala（车速信号）
	2	电话静音转换
	3	自诊断K线
	4	点火钥匙控制的接通和关闭（S触点）接线柱86s
	5	自动天线控制正极（仅指反射玻璃）
	6	开关照明（接线柱58s）
	7	接线柱30
	8	搭铁（接线柱31）
多孔插头Ⅳ，10孔，红色	1	电话静音转换
	2	接线柱15（仅指带导航系统的车）
	3	电话（NF+）（不用于带导航系统的车）
	4	电话（NF-）（不用于带导航系统的车）
	5	导航系统（NF+）
	6	导航系统（NF-）
	7	导航系统控制线
	9	显示照明（接线柱58d）
	10	CD-GND

2. 收音机的拆装

拆卸收音机前，先查取收音机代码。收音机拆卸工具3344如图10-5所示。

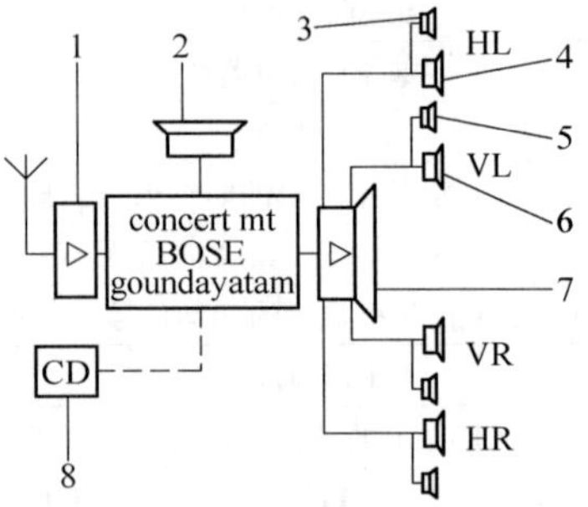

图10-4　带BOSE音响系统的Concert收音机

1—四门轿车带天线放大器的后窗天线或自动天线（仅指反射玻璃）　2—电话扬声器　3、5—中高音扬声器　4、6—低音扬声器　7—带BOSE末极放大器的超低音扬声器　8—CD机（选装）

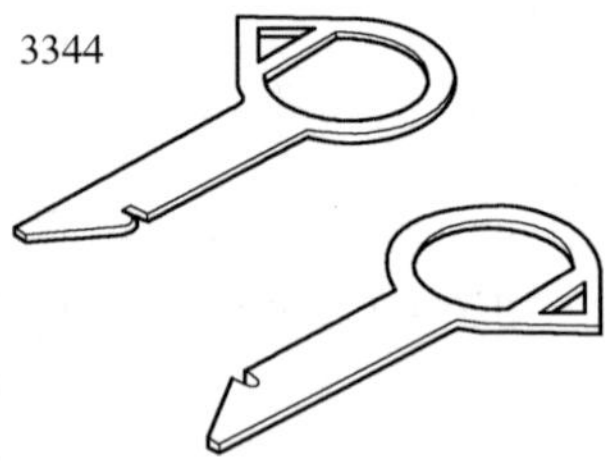

图10-5　收音机拆卸专用工具

（1）收音机的拆卸　如图10-6所示，插入3344，从仪表板内拔出收音机，分开插头并拔下天线导线。

（2）收音机的安装　从收音机上拉出 3344，接上插头，将收音机小心地推入仪表板并在框上定位，按收音机使用说明书起动防盗码。

3. 扬声器的拆装

（1）低音扬声器的拆装

1）低音扬声器的拆卸。拆下车门装饰板，小心地松开车门装饰板背面低音扬声器周围的隔声板。如图 10-7 所示，拔下扬声器供电插头 2。拧下扬声器上的螺栓 1，从车门装饰板下取下扬声器。

图 10-6　拆卸收音机

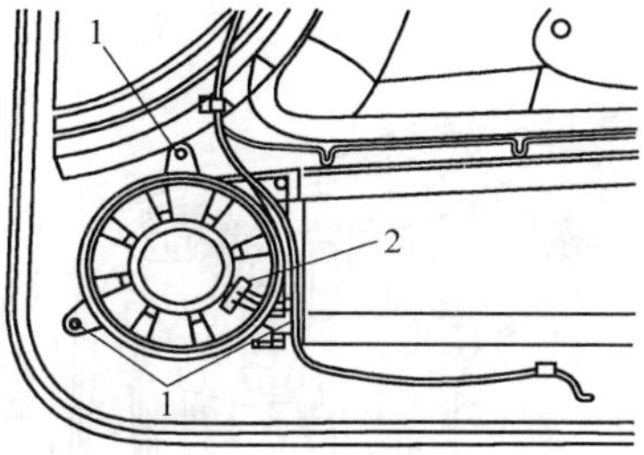

图 10-7　拆卸低音扬声器

1—螺栓　2—供电插头

2）低音扬声器的安装。低音扬声器的安装按与拆卸相反的顺序进行。

（2）中高音扬声器的拆装

1）中高音扬声器的拆卸。拆下车门装饰板，小心地松开车门装饰板背面高音扬声器周围的隔音板，如图 10-8 所示，用螺钉旋具松开卡夹 1，从车门装饰板下取下中高音扬声器 2。

2）中高音扬声器的安装。中高音扬声器的安装按与拆卸相反的顺序进行。

4. CD 机的拆装

（1）CD 机的拆卸　打开行李箱内左侧盖板，如图 10-9 所示，拆下六角头螺栓 A（SW8）和十字头螺栓 B（2 个固定定位件凸耳 C），以防 CD 机掉下，拔下供电插头，从行李箱内取出 CD 机，拧下四个固定螺栓 D，从 CD 机框上取下 CD 机。

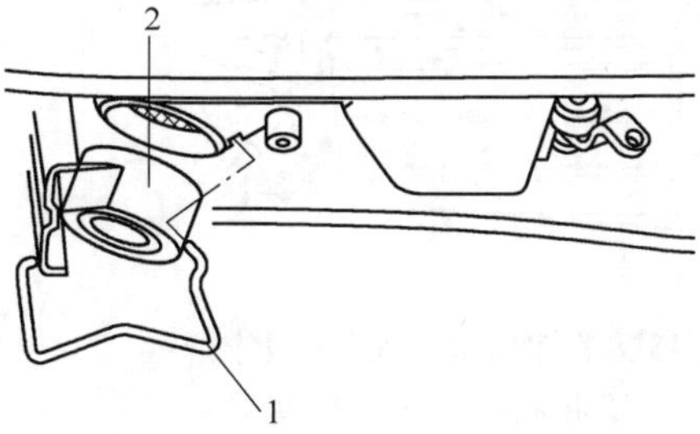

图 10-8　拆卸中高音扬声器

1—卡夹　2—中高音扬声器

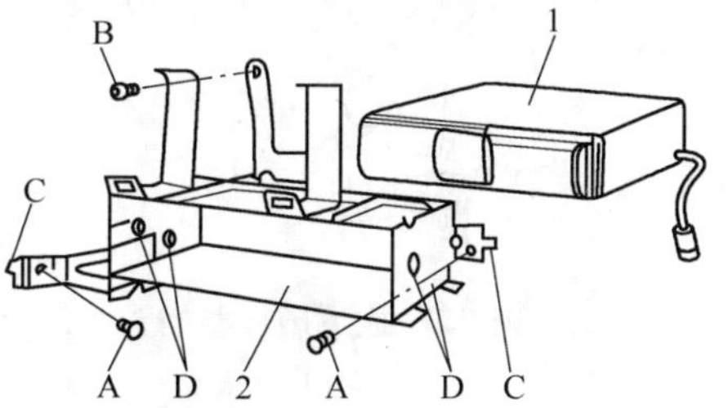

图 10-9　拆卸 CD 机

1—CD 机　2—CD 机框　A—六角头螺栓（SW8）

B—十字头螺栓　C—定位件凸耳　D—固定螺栓

（2）CD 机的安装　CD 机的安装按与拆卸相反顺序进行。安装后应检查导线连接是否正常。关闭收音机，按下收音机上的 MODE 按键，同时打开收音机，再松开 MODE 按键。如果导线连接正常，收音机显示屏上显示“CONNECT”和“CD”；如果导线连接不正常，收音机显示屏上显示“NO CDC”。此时应检查CD机上的供电插头。再次检查导线，如仍不正常，按电路图检查导线连接。

5. 超低音扬声器的拆装

（1）超低音扬声器的拆卸　拆下行李箱右侧的侧面装饰板，拔下供电插头。拆下图10-10箭头所示的3个紧固螺栓。

如图10-11所示，拧下外壳背面的十字头螺栓1，再拧下壳体盖2上的15个紧固螺栓，取下壳体盖。

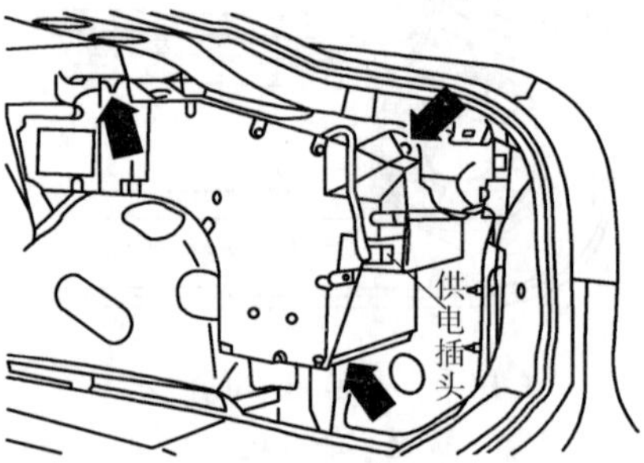

图10-10　拔下供电插头

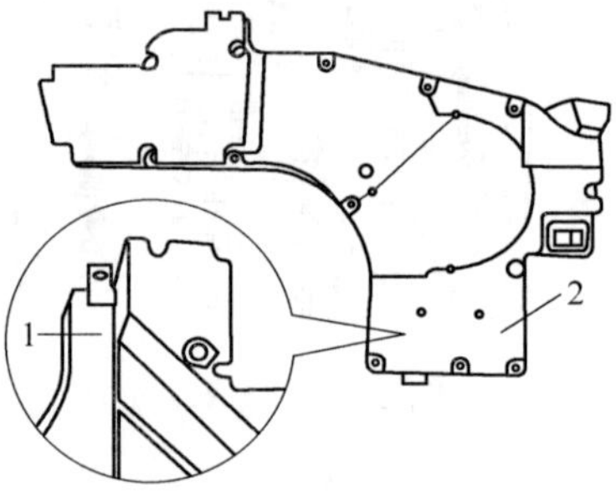

图10-11　拆卸壳体盖

1—十字头螺栓　2—壳体盖

如图10-12所示，拔下插头1及电线端子2，拧下箭头所示的紧固螺栓。

（2）超低音扬声器的安装　超低音扬声器的安装按与拆卸相反的顺序进行。

6. BOSE功率放大器的拆装

（1）BOSE功率放大器的拆卸　拆下行李箱右侧的侧面装饰板，如图10-13所示，拔下供电插头1，再拔下功率放大器上的供电插头2，拧下箭头所示的紧固螺栓。

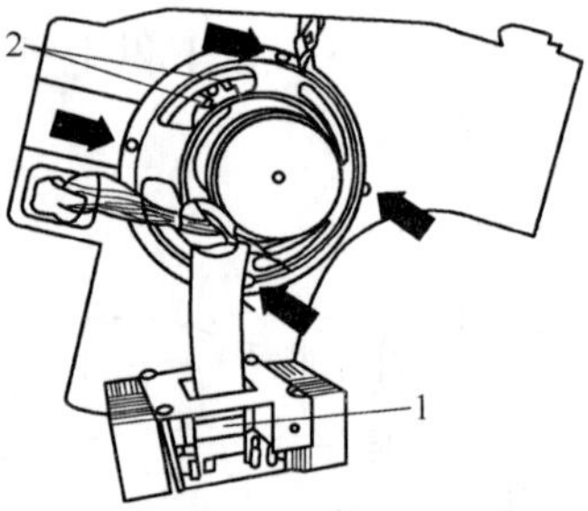

图10-12　拔下扬声器插头

1—插头　2—电线端子

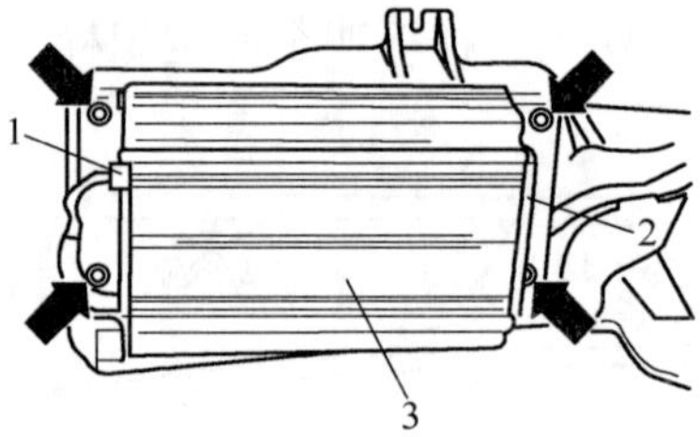

图10-13　拆卸功率放大器供电插头

1、2—供电插头　3—功率放大器

如图10-14所示，拧下BOSE扬声器上的Torx螺栓（T15），拔下电线端子。

（2）BOSE功率放大器的安装　BOSE功率放大器的安装按与拆卸相反的顺序进行。

7. 天线放大器的拆装

（1）天线放大器的拆卸　如图10-15所示，拆下左侧D柱装饰板，拧下天线导线并拔下所有供电插头，拧下六角头螺栓并取下天线放大器。

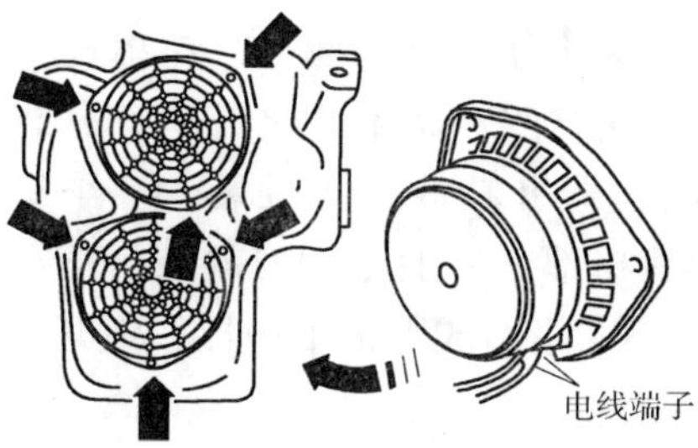

图 10-14　拆卸 BOSE 扬声器电线端子

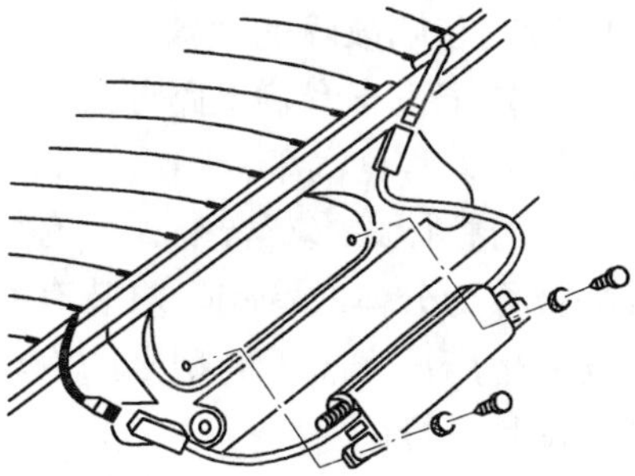

图 10-15　拆卸天线放大器

（2）天线放大器的安装　天线放大器的安装按与拆卸相反的顺序进行。

8. 自动天线的拆装

（1）自动天线的拆卸　拆下 CD 机的安装框，拆下行李箱左侧的侧面装饰板，拔下供电插头，拧下天线导线。注意天线只能插在翼子板上部。如图 10-16 所示，松开固定螺母，按箭头方向向下拉出天线。

（2）自动天线的安装　自动天线的安装按与拆卸相反的顺序进行。

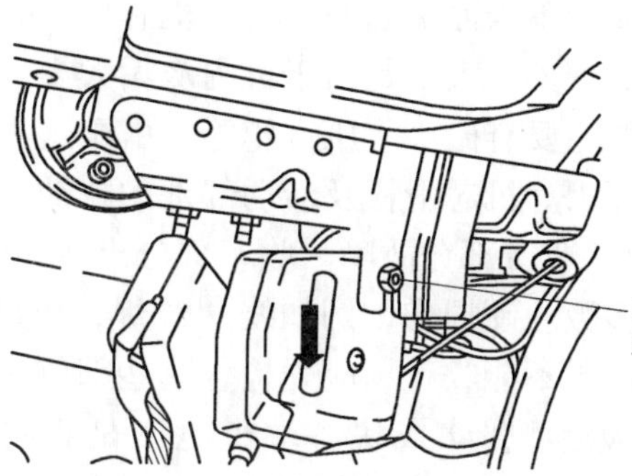

图 10-16　拆卸自动天线

10.4　汽车音响系统诊断与检修

检修音响系统前，应断开蓄电池搭铁线。绝大部分音响系统的收音机有防盗密码，因此在断开蓄电池前，应查取防盗收音机密码。再次连接蓄电池后，要按相应的操作说明来起动车上装置（收音机，时钟，电动门窗升降器，发动机）。

如果需要改装收音机，应注意以下几点：

1）如果收音机的插座不同，必须用转接线来连接。

2）连接车速信号线时（指有 Gala 功能的收音机），一定要注意不要短路，否则会造成损坏（如发动机控制系统）。

3）如果将车速信号线接到其他厂家生产的收音机上，也会造成故障。

4）使用其他厂家生产的收音机可能损坏天线放大器。如原装的奥迪收音机是“遥控天线”，也就是说天线放大器是通过 HF 线的中线供电的。

5）CD 准备系统与 CD 机的线束一同装在车内，接线只能用于原装的奥迪 CD 机。

10.4.1　汽车音响系统诊断与检修方法

在汽车音响检修时，掌握汽车音响的电路和机械原理、故障规律，灵活运用故障检测方法，对快速查找故障部位非常重要。

1. 确定音响故障的大致范围

（1）熟记汽车音响电路原理　汽车音响系统由收音部分、放音部分、功率放大部分三大部分组成，常见汽车音响系统框图如图10-4所示。在有些车型上，将三大部分装入一个机箱，称为整体式汽车音响；而有些车型则将功率放大器（功放）单独装入一个机箱，这种音响被称为分体式音响。对装有CD机的音响，换片机部分一般单独安放在行李箱内。尽管不同的生产厂家、不同型号的汽车音响选用的器件、电路形式等都不一样，但其基本的电路结构却是一样的。

（2）掌握单元电路故障规律　在汽车音响系统中，各部分电路异常所表现出的故障现象都具有一定的规律性。应熟练掌握这种规律性，以便迅速查找故障部位。

1）机芯系统故障。汽车收放机的机芯较牢固，自身出现故障的可能性较小，故障往往是因使用不当而引起的。有些机芯工作时，有不到位、不能出盒或转速慢等机械机构活动不灵活的现象，大都是由于机内灰垢太多，且长期不维护、缺油等造成的。需经常维护、清洗的部位主要有磁头、压带轮等。由于这类机构不便清洗，也是导致走带不畅、变调及绞带的主要原因。机芯滑板及活动部件的缺油是造成按键及磁带进、出不畅的主要原因。

2）收音部分故障。收音部分出故障的机会较少，特别是高频头组件。如果此部分出故障，多数为硬损伤，例如线圈开焊，电路板上有脱焊、断裂处造成接触不良以及元件损坏等。如果不能收音，应先检查这些部位，然后再检查外围元器件。在确定外围元器件无损坏后，最后测量集成块各端子电压是否与标准值相同。若不同，则可判断是集成块损坏。集成块较为特殊且价格昂贵，一般不要轻易怀疑集成块损坏而拆除。集成块上最常见的故障是电容漏电、电阻值改变，以及振动出现脱焊和接触不良等，且主要发生在微电阻上。电路板上积尘太厚，引起器件之间的漏电而造成的故障也较多。维修时不要轻易怀疑元件损坏，更不要随意动可调电阻。检修电路之前可先查接线插头是否松动而造成接触不良。

3）磁带放音部分故障。磁带放音电路出现异常时，将会出现放音无声或声小、失真等。例如磁头太脏，长期不清洗就会导致放音小、高音衰减甚至无声。放音均衡放大电路故障率不是太高，尤其是均衡放大电路中使用的集成电路不容易损坏，但其外围的元件，尤其是小型瓷片电容有时会出现失效或漏电现象，检修时应注意。

4）功率放大器故障。功率放大器是汽车收放机故障率最高的部分，很多故障都是因为功率放大器（功放）集成块被击穿引起的。功放集成块被击穿的原因如下：

① 汽车发电机电压调节器不良引起电源电压过高，发生过压或过载而损坏。此故障常伴有烧毁滤波线圈等元件的现象，且滤波电容被击穿，从而造成其外壳变形漏液等。

② 汽车发电机产生瞬态峰值电压将集成块击穿。检查时观察熔丝是否为短路性熔断，或用万用表测量正负接线柱间的电阻值，如电阻值很小，即可确认已被击穿。汽车收放音机的功放集成块损坏以后，一般应用原型号的集成电路来替换，特殊情况下可用其他的集成电路代替。从维修经验看，东芝TA7240AP（国产型号为D7240AP）性能较好，几乎可以代替所有的功放集成块，且外围电路简单、失真小、功率大、保护功能齐全，代换改动小。换装时最好在集成块与散热器之间涂一层硅脂以助散热，并紧固螺钉，将引线焊牢，必要时也可在各端子之间涂胶，以加固和绝缘。

5）电位器故障。汽车收音机中的电位器也是较容易损坏的元件之一，特别是带开关的音量及音调电位器。此故障的主要表现是接触不良、转轴断裂等。电位器内部接触不良，可先滴入少量润滑油并旋动几次试一试，如果仍接触仍不良，则为膜片与触点磨损太多，应换新件。

（3）根据故障现象分析故障大致范围　掌握汽车音响的原理、维修基本知识后，便可对各种故障进行分类、分析，从而判断出故障的大致部位。

1）应首先排除机外因素引起的如下故障。

① 如果汽车整机完全无声，应检查音响电源的引入线（电源总线路部分）是否折断或接触不良，熔丝是否烧断，音响搭铁是否有故障，扬声器的引线是否脱落或接触不良。

② 如果收放音时，某个声道均无声，应首先检查此声道的扬声器、与扬声器连接的线路及插头。

③ 调幅、调频收音部分均收不到电台，而磁带放音机（和 CD 唱机）正常，应检查外拉杆天线。当天线没有接上或因各种原因脱落时，会出现收不到电台现象。只要接上天线，就会恢复正常。检修时可用 1m 左右的软导线插入天线输入端来代替，若能收到电台，即证明拉杆天线未接好或连线断线。

④ 如果在某些地域，音响声音小和有杂音，而在另外一些地域音响正常，表明受到电磁波干扰，并非音响故障。

2）根据故障现象判断故障的大致位置。排除机外因素造成的故障后，应进一步观察故障现象，并据此判断故障发生的部位，尽快缩小故障范围。

① 如果收放音均无声，应仔细静听扬声器有无背景噪声。若有背景噪声，说明电路电源及低频放大电路工作基本正常，故障一般出在音量控制电路，应重点对其检查；如无背景噪声，则故障大多发生在电源电路、功放电路、扬声器电路，其中功放电路出现故障的概率较高。

② 如果磁带放音无声，而收音正常，应先观察机械传动部分是否能驱动磁带，磁头是否贴近磁带运行。如正常，则故障大多发生在磁头电路、磁带放音前置放大电路及电源转换开关等处。否则，应重点对机械传动部分及驱动电动机进行检查。

③ 如果磁带放音声小，而收音正常，检查磁带是否正常（是否质劣、陈旧等）；检查磁头是否脏污，必要时用清洗带清洗或用棉球蘸酒精擦拭磁头；如果磁头剩磁过大，需消磁。

④ 如果磁带放音正常，而收音无声，先检查是调幅、调频均无声，还是某一频段无声。若调幅、调频均无声，则故障大多发生在这两部分的供电电源上；若调幅波段无声，调频正常，则应重点检查与调幅有关的电路。若调频波段无声，调幅正常，则应重点检查与调频有关的电路。

⑤ 收音和磁带放音均出现时有时无现象。对此，应先旋动一下音量控制电位器，若在电位器的某一位置时，时有时无的现象消失，则故障大多由于音量电位器接触不良引起。

⑥ 某一声道无声。观察是否收、放音时均会出现此现象。若均出现，则故障一般发生在低频功放及音量控制电路中；如收音正常，放音时某一声道无声，则故障发生在磁头或磁头信号放大电路；如调幅收音正常，调频立体声放音时某一声道无声，则故障大多发生在立体声解码电路。

⑦ 如果 CD 唱机在装好唱片并按动放音键后无声音，检查唱片是否放正。开机后如果未显示唱片的曲目数，而是显示出错符号，说明激光唱片的位置没有放好。打开唱片仓，将激

光唱片重新摆正后即可放音；检查激光唱机与放大器之间的信号线，将信号线反复拔插或左右互换，以判断是否接触不良或断线。

⑧ 如果 CD 唱机放音时不进片，应首先检查唱片是否损坏。可取出激光唱片对光检查，看有无漏光处或有无明显的划痕和油污。这些问题会引起激光拾音失灵，造成放唱中断。如果 CD 片正常，可反复按动放音键，看能否恢复正常放音，因为激光唱机内产生的误动作也会使放唱中断，重新起动几次可恢复正常。上述方法不能奏效时，则要打开机壳，检查激光拾音器的光学头是否有脏物，若有脏物，可用擦镜头纸蘸酒精清洗光学头，然后开机，用一张好唱片放音试听。在检查和清洗光学头时，应在断电情况下进行，以避免激光灼伤眼睛。若机内电路损坏，应检修电路。

2. 对照电路原理图查找元器件的实际位置

利用电路原理，根据故障现象确定了故障的大致部位，然后应对照音响电路原理图找到故障（可能有故障）元件在车上的实际位置，以便于用适当的检测方法对其进行检测。一些简单故障可直观查找故障的元器件，用不着对照电路原理图；但大多数故障，都需要对照电路图，找出故障的各元器件的具体位置，排除故障。

目前，采用集成电路组装的汽车收放音机，其使用说明书上大多没有印制电路板图。有些机型主印制电路板图上大多标有元器件的标号，对于这类收放机，只需按照电路图上的零件编号，即可直接在印制电路板上找到相应的元器件。

对于没有零件编号的，可按下述方法寻找相应元器件的部位。

（1）先找几个主要元器件的位置　主要元器件都有其特殊的形状和结构，只要认识几个主要元器件的形状和结构，一般可很快地从印制电路板上找到某单元电路的具体位置。

1）根据调频头的位置，可确定调频中放电路信号的输入端。调频头一般都有几根线接到印制电路板上，连接处一般是调频中放电路级，即调频中频通道的输入端。找到了调频中频放大电路后，只要顺着该电路就可找到立体声信号解码电路。

2）顺着天线找到调频、调幅电路的信号输入端。

3）根据集成块上的型号标注来确定各单元电路的位置。一般一块集成电路代表一级或一组电路，集成电路周围的元件，必是该级电路的元器件。根据集成电路的端子，对照电路原理图就可找到各具体元器件。

4）根据磁头的引线确定磁头前置放大电路及均衡电路的位置。

5）根据音量电位器的接线位置，确定低频放大和功放电路的位置。

6）根据散热片来确定功放电路的位置。

（2）根据主要元器件的位置来查找元器件　一般先确认有特征的元器件，例如集成电路、晶体管等，在其周围确认其他的元器件。这种方法对一般的汽车维修人员很难做到，因为汽车维修手册中仅给出音响系统的各个总成的位置和系统电路示意图，总成内部线路及元件位置、编号无资料可查。

3. 利用适当的故障检查方法确定故障元器件

确定元器件故障所用的方法有很多，可灵活选用。

（1）询问用户法　遇到音响故障时，不要急于拆修，先问清用户故障现象及特征、故障时间、是否进行过修理及已修理的部位等，从而获得第一手资料，可少走弯路，提高效率。例如，经询问驾驶人，此车刚进行过其他项目的修理，而修理之前音响正常，修理后出现故障。这表明音响故障一般是上次修理引起了音响系统的故障，因此应首先对上次修理的部位进行检查。

（2）直观检查法 直观检查法是利用人的感觉器官，由表及里，从外到内，用看、听、闻、摸或拔等方法发现故障，最后用仪器验证。直观检查法可分为不加电和加电两种情况。一般先不加电，看机外电源引线、搭铁线、扬声器引线是否有可见的硬伤，天线引线有无损坏，馈线有无断线，各旋钮及按键开关有无损坏等。如发现有异常现象，应及时修复；若未发现问题，打开发动机盖检查机械固定件是否松动，各种插头有无松动、脱落，接线有无碰断或脱焊：再检查各元件是否短路或断路，是否相碰或断线，电阻是否烧焦或变色，电解电容有无漏液、胀裂或变形，印制电路板的铜箔条和焊接点是否良好，磁芯有无脱落、断裂，熔丝是否良好，接插件接触是否良好。确认系统无短路故障后，再给系统通电，观察面板指示灯是否亮，机内有无打火、冒烟等现象。同时注意听有无异常响声，闻有无烧焦气味。必要时，先让收放机通电片刻，然后关机查看集成块、晶体管等元件的温度是否过高，从而确定故障部位。

（3）万用表检查法 用万用表检查音响电源的供电电压，由此判断电源电路是否有断路或短路搭接现象。测量整机或某一部分电路的电流值，并将其与正常值比较，以此来判断故障部位。测量收放音机的各种元器件、连接导线、接插件及印制电路板连线的直流电阻，以此来判断元器件是否断路、短路、漏电，放大性能的优劣，以及导线、印制电路板、接插件等的通断情况。

（4）其他检查方法

1）面板操作压缩法。利用汽车收放机面板上的各种功能开关、按键旋钮、接口插头等装置，进行各种不同的操作、切换，迅速缩小故障范围，进而判断故障的大致范围。

2）元器件替换和并联法。使用合格的元器件替换电路中可疑的元器件，或在可疑元器件上再并联相同规格的合格元器件，以观察收放机扬声器有无变化，称为替换和并联法。并联法只对元器件断路、失效等故障有效，对漏电、短路故障无效。

3）信号追踪法。利用一定的信号源，按照电路从后级至前级的顺序，先将音频、中频、高频信号逐级加入汽车收放机的各相应点，而后用万用表检测输出信号电压的大小，或比较扬声器声音的大小，进而判断故障部位。

4）触击检查法。用手握旋具，用其金属部分轻轻触击晶体管的基极或集电极的信号输入端，通过听扬声器中的声音，来判断故障。此法相当于给电路输入了一个杂波干扰信号，常用来检查收音电路的高、中频通道和功放电路等。检查故障时，一般应从后到前逐级进行检查。

5）敲击检查法。人为地对某些元器件、部件或印制电路板加以振动，可以发现由于某种原因而产生故障的具体部位或大致范围。轻轻敲击便能找到虚焊或松动之处，在敲击过程中，要同时听扬声器中的音量变化情况。

6）短路检查法。利用短路线将电路的某一部分短接，从扬声器中的声音变化情况来判断故障。可由后级开始向前逐级短接检查。在使用短路法检查故障时，应根据故障现象来确定合适的短路点，然后根据短路点的直流电压的大小，以及该点的直流电压对电路工作点状态的影响，来确定用何种短路线。

7）脱开检查法。此法是将某一部分电路断开，用万用表测量电阻、电压、电流，进行故障诊断，特别适合于电流变大、电压变低、有短路、噪声、自激等故障的检查。当某一个局部电路出现短路性故障时，流过它的电流就会大大增加，若采用其他方法检查，时间一长可能会导致其他故障。使用脱开检查法，即将这一部分电路断开，观察总电流的变化，就可判断出故障的大概范围，而不至于损坏其他电路或元器件。若断开被怀疑的某一部分电路后，总电流立即降为接近正常值，则故障就在这一部分电路中，否则再逐一断开其他怀疑的电路，最后总能找到故障所在。

8）加温法。此法特别适用于开机过一会儿才能正常工作，或经过一段工作时间后才出现故障的收放机。遇到此类故障时，首先要根据故障出现时的现象，初步确定需要加热的部位，开机后，再用烧热的20W左右的电烙铁头距元件10mm左右烘烤，顺序是先晶体管，后阻容元件。当烤到某一个元件时，故障消失，则说明被烤元件不良，应换新件。

9）冷却检查法。此法特别适用于汽车收放机工作一段时间后出现的异常故障。先根据故障现象，初步判断故障的大致部位；然后开机，在故障出现时，用镊子夹沾酒精棉球，对怀疑部位的元器件进行逐个冷却，冷却顺序是先晶体管，后阻容元件。当酒精棉球放在某一个元件上故障消失时，则此元件即为故障元件。

10）重焊检查法。此法特别适合故障时有时无，且振动时故障现象更明显的故障检修。此类故障的原因为元件内部接触不良或插头虚焊，可在故障的怀疑部位，用电烙铁重焊有关元器件的焊接点，直至故障消失。

4. 汽车音响检修注意事项

（1）按正确的检修顺序进行　一般为先电源部分，再功放部分和放音信号部分。

（2）应熟悉所修机型的电路和电路参数　必要时，应查阅电路图和有关资料。

（3）临时外接线要绝缘　修理时，临时接的电源、扬声器引线等，注意包好接头，以防短路而损坏功放集成电路等元器件。

（4）切忌带电焊接元器件　更换元器件时，一定要关闭电烙铁的电源开关，最好彻底切断电源，确保人身安全，避免元器件受损。

（5）不要随意调整可调元件　切勿随便调整汽车收放机内的有关电感、半可变电阻、半可变电容、中频变压器可调磁芯等。在没有准确判断出故障之前，若随意调整可调部分，会使本来无故障的电路失调而导致故障进一步扩大，或给判断故障增加难度。因为在无仪器的条件下，有些器件是很难调准的。必须调整时，可先记下调整前的初始位置，然后进行调整。若调整无效时，则要及时恢复原位。

（6）切忌随意更换熔丝　发现熔丝烧坏后，在未查明原因时，切忌随意更换熔丝，特别是更换与原来规格不同的熔丝。否则，可能烧坏机内尚未烧坏的元器件。

（7）切忌将杂物落入机内　将金属物件落入机内会造成短路，烧坏元器件。

10.4.2 汽车音响系统常见故障分析与检修

近年来，我国汽车数量日益增多，这些汽车大都配有音响设备。因使用不当或其他原因引起这些音响设备损坏的情况时有出现。下面将总结一些常见的汽车音响故障的检测与维修方法。

1. 自诊断硬件检测

近年来许多高档车的音响系统都装备了自诊断功能，可以用汽车的自诊断功能对音响系统的各硬件进行检测。

例如，2008款雅阁车就具有自诊断功能。在进入了自诊断功能后，可以按数字“2”键，进入音响硬键检查模式。在硬键检查模式下，按下控制面板上的任意键时，会显示和按下键对应的信息。如果按键或显示有故障，按下按键时将不会显示信息，依此检测可判断故障。

2. 音响虚假故障

虚假故障是指由于操作不正确或动了某个开关和按钮，产生不正常的情况。此时音响本身没有故障，只是使用过程中的问题，使用者误以为是机器故障。因此出现故障时不要慌张，不要盲目认为音响坏了，而应静下心来，仔细阅读产品说明书，对照操作程序找原因或打电话询问有关维修站或专家，或许问题就解决了。

3. 左右声道音量不一致

首先检查主机平衡钮是否在中间位置，再检查前级输入和输出左右LEVEL控钮是否一样，以及扩大主机输入灵敏度左右声道设定是否一样。如果仍未排除，可将主机信号线左右对调，喇叭位置较小的那一边音量是否变大，如果变大表示主机有问题，反之是后段的问题。

4. 某一声道高音无声

先检查分音器的配线是否接通，然后用电表从分音器端去测量有没有声音，可能是错将喇叭输入端接至低音输出端。

5. 噪声大

这种故障产生原因可能是磁带质量不佳产生的。如果更换较好磁带后仍有噪声，应检查RCA信号端子的负端是否接通，如果主机端的RCA信号输出端负端已经断路，可用电表测量负端与主机端是否接通。

6. 音量时大时小

先检查电源地线与车壳的节点是否松动，再检查前级和后级的输入和输出RAC是否正常，最后查看灵敏旋钮是否正常。

7. 磁带放音音轻或音质不佳

这种故障往往是磁头严重磨损、太脏、磁头转换开关接触不良或磁头方位角改变所致。对于过度磨损的磁头应该更换；磁头太脏（表面可看到一层黑色的磁粉），可用棉球蘸酒精擦拭磁头，用针头向磁头转换开关里注入少许酒精并来回拨动转换开关，等酒精蒸发后再试机，若故障仍不能够排除，应试着调整磁头方位角，仍不能排除说明前置放大电路有故障。

8. 绕带

这种故障常见的原因有主导轴与压带轮不平行，或者卷带轮不转。

9. 收音正常，磁带放音故障

收音正常说明CPL、静噪及功放电路正常，应检查状态转换、放音电源控制、放音前置和机械部分。先打开机器上盖，手动机芯、使其处于放音状态，看主导轴及卷带轮是否正常运转，若不转应检查电动机供电和机芯传动部分。若机芯运转正常，应检查状态运转及放音供电电路。

10. 收音无声，放音正常

检查收放音状态转换开关的触点是否接触良好；检查收音电路的供电电阻是否断路、滤波电容是否断路。某些电调机型还应检查电子音源选择控制是否正常。

11. 收、放音均完全无声

所谓完全无声是指电源开启后扬声器一点动静都没有，用耳朵贴近扬声器，连一点“沙沙”的声音也没有。这种故障常出现在电源、扬声器或功放电路。

（1）普通机型 打开收放机电源，看显示屏是否点亮，如果不亮应检查引线、电源插头、电源开关及熔丝和外部连线。如果显示屏点亮，用干扰法碰触音量控制器中心轴头，若仍然无声，说明故障在低放、功放前级。检查静音电路是否动作，必要时断开静音电路。检查功放 IC 及其外围元件。

（2）数调机型 打开收放机电源，看显示屏是否点亮，如果不亮应检查引线、电源插头、电源开关及熔丝和外部连线。电源由 CPU 控制的机型还应检查 CPU 供电与电源控制电路。如果显示屏点亮，观察是否有波段、内容显示，如果有内容显示，检查 CPU 供电、晶振及收放状态信号是否正常。如果显示屏点亮且显示屏内容正常，应检查静音及功放电路。

12. 无论收音放音，扬声器只有“沙沙”声

扬声器有“沙沙”声，说明功放电路基本正常，可用干扰法碰触音量电位器中心轴头，如果扬声器发出正常音量的“喀喀”声说明功放电路正常。因调幅（AM）、调频（FM）和磁带放音电路同时损坏的可能性不大，所以这种故障往往是音量、可调控制电路故障，如引线脱焊等。

13. 调幅（AM）收音无声

（1）普通机型 检查调幅收音电路供电，若供电不正常，检查波段转换开关是否接触不良；若供电正常，用干扰法由后向前逐级碰触 AM 通道有关测试点，以判断故障范围。

（2）数调机型 检查 AM 调谐器的供电 B+端，若供电不正常，检查 CPU 控制的波段转换电路；若供电正常，再测量调谐电压 VT 在搜索电台时是否在 1~8V 变化，检查 AM 本振输出到 CPU 本振输入回路中的耦合电容是否正常。以上检查都正常，说明 AM 调谐器损坏，需要整体更换。

14. 调频（FM）收音无台

（1）普通机型 检查调频收音电路供电，若供电不正常，检查波段转换开关是否接触不良。若供电正常，用干扰法由后向前逐级碰触 FM 通道有关测试点，以判断故障范围。

（2）数调机型 检查 FM 调谐器的供电 B+端，若无电压，检查 CPU 控制的波段转换电路；若供电正常，测量调谐电压 VT 在搜索电台时是否在 1~8V 变化，检查 FM 本振输出到 CPU 本振输入回路的耦合电容是否正常。如果正常，用干扰法检查 FM 通道前置放大管、陶瓷滤波器、中放 IC、立体声解码 IC 是否正常。以上检查都正常，说明 FM 调谐器损坏，需整体更换。

15. 自动搜索时频率显示变化正常，但是不锁台（AM/FM 不停搜索）

因搜索时频率显示变化正常，说明调谐电压 VT 正常，且 CPU 收到了本振信号，不锁台的原因是 CPU 没有收到锁台信号。

16. 显示屏不显示

液晶是一种介于固体和液体之间的中间物质状态，当光线透过或被反射时，由于液晶分子排列状态的变化而呈现不同的光学特性。液晶本身不会发光，汽车音响一般采用电压控制透射型液晶，它需要背光源，如果没有背光源，显示屏不显示任何内容。因机器工作正常，所以此故障是背光源损坏。

汽车音响中的背光源有的采用灯泡照明，有的采用将二极管置于一块照明板中，有两个引脚与主电路板相连。对于前者，检修时更换照明灯泡即可。对于后者，更换带有二极管的照明板。

17. CD读目录慢，读出目录放音时常出现停顿和跳音现象

故障可能在激光头组件及聚焦电路中。首先应清洗激光头：将机芯拆下，从背面线路板上找到激光头驱动电动机的两根引线，用烙铁焊开，取一节1.5V干电池作为电动机电源，将激光头透镜沿丝杆移至便于维修的位置，取下外护罩，取鹿皮蘸无水酒精擦拭物镜表面。因物镜下还有分光镜，需轻轻移开激光头镜（小心不要损坏物镜的反聚焦线圈）。以同样的方法擦拭分光三棱镜。装回所拆各部件，通电试机。

激光唱机因激光头脏造成的故障较为常见，但激光头为精密光电器件，擦拭激光头应掌握正确的方法，否则会造成报废。

18. 放入CD后按键机芯无反应，不能将唱片送出

开机检查，按键，同时用万用表测量加载电动机引线端，如果无驱动电压，故障可能在电源部分或微处理器系统控制部分。首先检查出盒按键的接触情况，若用万用表电阻档测量发现接触良好，且通往微处理器的线路板也无短路情况，则可能为电源部分的PNP型晶体管的bc结、be结反向电阻变小。可用常见的9015晶体管替换。多次操作按键时加载电动机反复动作，如果替代件没有发热，则修理完毕。

汽车音响由于使用环境的原因，一般很难达到同档次的家庭音响的效果，在使用过程中也比家庭音响更容易出现一些故障。下面介绍一些常见的汽车音响故障及故障的排除方法。

1）音响左右声道音量不一样。

故障排除：首先检查主机平衡钮是否在中间位置，再检查前级输入和输出左右LEVEL控制钮是否一样，以及扩大机输入灵敏度左右声道设定是否一样，如仍无法排除，可将主机信号线左右对调，检测喇叭位置较小的那一边会不会变大，如果会，表示主机有问题，反之则是后段的问题。

2）某一声道高音无声。

故障排除：先检查分音器的配线是否接通，然后用万用表在分音器端测量有没有声音，可能是错将喇叭线输入端接至低音输出端。

3）噪声大。

故障排除：检查RCA信号接线端子的负端是否接通，如果主机端的RCA信号输出端负端已经断路，可用电表测量，负端与主机机壳是否接通。

4）音量时大时小。

故障排除：先检查搭铁线与车壳的接点是否松动，再检查前级和后级的输入和输出RCA是否正常，最后看看灵敏度旋钮是否正常。

具体案例分析如下。

故障现象：一台HT-920型数字调谐调幅、调频立体声收音、自动循环放音汽车音响，不慎受到猛烈碰撞，造成液晶显示不正常，收音时有一声道无声，但放音正常。

故障诊断与分析：HT-920型数字调谐汽车音响电路较为复杂，整机主要由五块集成电路构成，其中，收音电路由一块单片大规模集成电路IC101（TA8127）构成，完成AM、FM信号处理以及FM立体声解码功能；IC401（BA5406）为双声道音频功放电路；IC201（TA7325）为双声道放音均衡放大集成电路；IC501（LB3500）为FM波段本振频率分频电路，将FM波段本振频率进行1/8分频后提供给数字显示电路；IC502（LC7267）为FM、AM波段收音频率显示驱动集成电路，LED显示屏的显示驱动也由该集成电路完成。收音信号从IC101第（13）、（14）脚输出，分别经C187与R105、C188与R106耦合至插座JACK401的引脚上；放音信号从IC201第（3）、（6）脚输出，分别经C287与R289、C288与R215耦合至插座JACK401的引脚上。由上述分析可知，插座JACK401及其后面的音量平衡控制电路（RP301）、音调控制电路（由RP302、C301、C303、C302、SA301、C304等组成）、音量控制电路（RP303）、功率放大电路和扬声器均是收音和放音电路的共用部分，由于该机放音功能正常，说明这部分电路正常。从故障现象分析，这种情况是由于碰撞造成机内相关电路连线、元件断裂或脱焊引起。检修时分两步进行，首先检修显示不正常故障，然后检修收音时一个声道无声故障。

故障排除：

（1）检修显示不正常故障

1）判断故障原因时，首先用手按压电路板，发现显示屏有时可恢复正常。由此说明，故障可能是由于接触不良引起。

2）拆下铁盖后取下电路板，发现显示屏处有一薄膜连接带与电路板相连。仔细观察，发现该连接带上平行的导电膜在连接处开裂。

3）因该薄膜连接带较长，因此采用去除开裂处的方法进行修复。由于这种连接带热压在电路板上，去除开裂处后，把连接带与底板对齐，用平直的小铁条压在电路板上对应位置，用一把35～45W电烙铁在铁条上加热（注意：不可接触连接带），从右至左均匀用力缓缓过一遍，最后取下降温，连接带即可热压好。经上述方法修理后，该机显示屏显示恢复正常。

（2）检修收音时一个声道无声故障

1）该故障显然出在收音电路中与无声声道相关的部分。在电路板上找到收音单片集成电路TA8127，用螺钉旋具手柄轻击IC表面及其引脚，扬声器中有“喀喀”声，仔细检查集成电路各引脚，结果发现其第13脚已脱焊。

2）将TA8127脱焊引脚加适量焊锡重焊一遍后，收音功能恢复正常，故障排除。

10.4.3 汽车音响解码方法

1. 雪铁龙（citron）音响锁止后的解码操作程序

1）首先将点火开关开启后，音响电源操纵开关置于ON位置，如此时音响面板内的液晶显示屏显示出“CODE”的字样，则表示该音响因某种原因已被锁止（音响BATT电源瞬间中断或蓄电池中断及蓄电池电压过低）。

2）此种车型音响的解锁密码为四位数密码，利用音响装饰面板中的6个预置电台存储键，兼做音响的解码操作输入按键。

3）例如：输入密码1551的方法为，按面板操作存储键6个键盘中的任意一键后观察液晶显示屏会显示出“0000”的字样，即表示可以开始输入解锁密码。

按面板操作存储键中的1键，观察液晶显示直到显示出1为止。

按面板操作存储键中的2键，观察液晶显示直到显示出5为止。

按面板操作存储键中的3键，观察液晶显示直到显示出5为止。

按面板操作存储键中的4键，观察液晶显示直到显示出1为止。

4）如经以上操作输入的密码正确无误后，再按音响装饰面板中的 6 个预置电台存储键中的 6 键，液晶显示屏所显示的“CODE”字样，在显示屏上停留 7s 消失。此时则表示该音响解锁成功，音响恢复原设计功能。需要说明的是，如果 3 次输入的密码均为错误密码时，需耐心等待 1h 后，方可重新输入正确的密码进行解锁。

2. 雪铁龙 XM 音响解码方法

雪铁龙 XM 型轿车是东风汽车公司和法国雪铁龙公司以 SKD 方式合作生产的轿车，其配备的激光音响具有 CD 自动换片，转向盘上设置控制按钮，防盗密码等功能。下面介绍一下其防盗密码的使用。

条件：每次断电后（如拆装蓄电池，更换熔丝），再开机时显示“CODE”字样，需重新输入密码。

方法：如控制面板简图所示。以输入密码“3628”为例，如表 10-4 所示。

表　10-4

步　　骤	显　　示
1. 按“ON”钮电源开关，开机	CODE
2. 在“1～6”钮中随意按一键	0000
3. 按“1”钮 3 次	3000
4. 按“2”钮 6 次	3600
5. 按“3”钮 2 次	3620
6. 按“4”钮 8 次	3628
7. 按“6”钮	CODE

显示 7s 后自动消失并开机。

注意：

1）密码输入错误时，显示“----”并停机约 1s，当此时显示消失后并显示“CODE”时方可再次输入密码。

2）连续 3 次输入错误时，机器将自动锁定 1h。

3）密码为 4 位数字，注明在收放机外壳的标签上，当此标签丢失后，可根据汽车底盘号向东风公司查询。

4）如果输入的密码正确，则其后很快便会自动显示频率，此时的收放机便可工作。

3. 江铃全顺牌汽车音响解码方法

由江铃汽车有限公司与福特公司合作生产的全顺牌旅行车的音响具有防盗功能，在汽车更换蓄电池或其连接中断时需输入密码，具体步骤如下：

1）使用预置键 1～4 可分别输入防盗密码的 4 位数字。当“CODE—”出现在显示屏上时，按预置键 1 直至显示屏上第一位数，按一次数字递增一次，并按 0、1、2…9、0 次序循环。

2）重复步骤 1）按预置键 2、3、4，分别输入防盗密码的其他 3 位数字。

3）防盗密码所有数字输入后，按“SELECT”键将此密码输入内存，此时收音机将被打开，如果想解除防盗密码，可以按如下方法进行：起动发动机同时按住预置键 1 和 4，然后按照前述步骤输入防盗密码，此时防盗密码功能解除，以后若再更换蓄电池或蓄电池接线中断时，收放机不需输入密码即可工作。若想恢复密码功能也是可行的，起动发动机时，同时按住预置键1和4，此时可恢复防盗密码功能。

注意：

1）车辆出厂时，收放机处于解除防盗功能状态，客户如需要防盗密码的功能，可按照“恢复防盗密码功能”步骤进行操作。

2）如果忘了收音机的防盗密码，可以向江铃授权的特约维修站查询。

3）如果连续3次输错防盗密码，收放机将被暂锁死，此时应将收放机在电源打开状态下保持1h，然后再重复输入正确的防盗密码。

4）若如上操作10次均未成功，收放机将被永久锁死，此时应将其送到江铃授权的特约维修站时行修理。

4. 通用（GM）公司音响解码方法

美国车选装的音响带有防盗功能的并不多。目前GM（美国通用汽车公司）销售到中国的车系中，只发现在凯迪拉克-康克车上和1998款凯迪拉克车上及1995年和1996年庞蒂克子弹头和雪弗兰子弹头上选装过防盗CD音响，不具有播放卡式带功能。AC-DELCO（AC-德科公司生产的CD机），断电锁机，当机器被锁定后屏幕显示LOC，以下为具体操作步骤和通用码。

（1）GM-DELCL-LOCII激光唱机防盗设定程序

1）将点火开关转到ACC或RUN位置。

2）按PWR键关闭收音机电源。

3）同时按“1”键和“4”键直到屏幕显示“———”至5s后，输入6位数字。比如：生日纪念日（每步必须在15s内完成）。

4）按SET键，屏幕显示“000”。

5）按SEEK任何箭头，直至所需数字第一位显示。

6）任意转TUNE钮，使前两位数和要输入的前两数字相同。

7）按下面的TUNE旋钮，重复5）和6）输入后三位数字。

8）再按下面TUNE旋钮“REP”显示5s，然后显示“000”。

9）再重复5）~8）步骤，屏幕会显示SEC，说明防盗已设定完成。

（2）GM—DELCL—LOCII激光唱机防盗解除程序

1）打开点火开关并关闭收音机，同时按“1”和“4”，屏幕显示SEC。

2）按SET键“000”会显示。这时必须输入正确密码，如果不知道密码，想开启CD机就需要用万能码。

3）重复上述防盗设定的第4）~7）步骤。

4）然后再按下TUNE旋转钮，屏幕出现“———”，接下来屏幕会自动显示时间，表示防盗已被解除，这时CD机已没有密码，如果想要密码，必然重新设定。

（3）GM-DELCO-LOCII激光唱机防盗解除万能原始码

642	185		365	272
F	R		F	R

10.4.4　汽车音响选购和安装的注意事项

1. 音响选购的注意事项

（1）价格平衡　例如，一部价格为二三十万元的轿车通常车内噪声较小，车体较厚，隔声效果不错，这时搭配一套价格在 2 万元左右的高档音响毫不为过。

（2）搭配平衡　搭配汽车音响时一定要考虑整套音响各个组成部分的平衡，即主机、功放、扬声器和线材等都要进行恰当的选择，不可偏废。

（3）大功率输出　在一套音响系统中，主机或功放的输出功率一定要大，因为它们的输出功率越大，表明它们能够控制的音频线性范围越大，这也就意味着其驱动扬声器的能力越强。

另外，在选择主机时，主机最好选择输出功率高和有前、后、左、右四个声道的，这样才能形成环绕效果。目前主机输出功率一般在 4×25～4×40W，在选择扬声器时应考虑与主机功率相匹配。在汽车前部最好选用套装（即高音和中低音分开）的，这样方便声场定位。因为高音有指向性，安装的最佳位置应与人耳平行。后部的扬声器尽量选择直径大、低音特性好的，这样整体声音显得丰满。

安装汽车音响的确不是一件简单的事情。"三分器材七分装"，即要求技师对汽车电路和音响电路要非常了解，不能因为安装音响而影响车的性能，也不能留下安全的隐患。

2. 音响安装的注意事项

1）器材搭配的风格要统一。汽车音响大致可分为两大流派：音质型，即以古典音乐、交响乐为主；劲量型，以流行音乐、摇滚乐为主。主机、功放和喇叭都应按同一风格配置。如法国劲浪（Focal）扬声器和意大利欧迪臣（Audison）功放相匹配。

2）选择线材要注意屏障。线材分为信号线、电源线和扬声器线。最好是选用高导电率和外皮包有 PVC、PE、PP 等材料的线材。不要将扬声器搭铁（车身负极）。

3）使用镀金保险座可防止短路。

4）定位调试，使其发挥潜能。一些音响在改装后收音效果不好、声场错位、相位错误等都是因将扬声器的方位接错、相位接错而造成的，要在试音过程中校正。

3. 音响的布线安装

由于汽车音响系统的听音环境对听音效果产生很多不利影响，因此对汽车音响系统的安装布线提出了更高的要求。

（1）汽车音响配线的选择

1）汽车音响线材的电阻越小，在线材上消耗的功率越少，则系统的效率越高。即使线材很粗，由于扬声器本身的原因也会损失一定的功率，而不会使整个系统的效率达到 100%。

2）线材的电阻越小，阻尼系数越大；阻尼系数越大，扬声器的赘余振动越大。

3）线材的横截面面积越大（越粗），电阻越小，该线的容限电流值越大，则容许输出的功率越大。

4）电源熔断器的选择。主电源线的熔断器盒越靠近汽车蓄电池越好，熔丝电流值大小可按以下公式加以确定：

电流值 =（系统各功放的总额定功率之和 ×2）/汽车电源电压平均值

（2）音频信号线的布线

1）用绝缘胶带将音频信号线接头处缠紧以保证绝缘，当插头处和车体相接触时，可产生噪声。

2）保持音频信号线尽可能短。音频信号线越长，越容易受到噪声信号的干扰。注意：如果不能缩短音频信号线的长度，超长的部分要折叠起来，而不是卷起。

3）音频信号线的布线要离开行车电脑单元和功放的电源线至少20cm。如果布线太近，音频信号线会拾取到感应噪声。最好将音频信号线和电源线分开布在驾驶座和副驾驶座两侧。注意，当靠近电源线、微型计算机单元布线时，音频信号线必须离开它们20cm以上，如果音频信号线和电源线需要互相交叉时，建议最好以90°相交。

（3）电源线的布线

1）所选用电源线的电流容量值应等于或大于和功放相接的熔丝电流值。如果采用低于标准的线材作为电源线，会产生交流噪声并且严重破坏音质。

2）当用一根电源线分开给多个功放供电时，从分开点到各个功放布线的长度和结构应该相同。当电源线桥接时，各个功放之间将出现电位差，这个电位差将导致交流噪声，从而严重破坏音质。当主机直接从电源供电时，会减少噪声，提高音质。

3）将电源（蓄电池）插头的脏物彻底清除，并将接头拧紧。如果电源插头很脏或没有拧紧，插头处就会有接触电阻。接触电阻的存在，会导致交流噪声，从而严重破坏音质。

4）当在汽车动力系统内布线时，应避免在发电机和点火装置附近走线，发电机噪声和点火噪声能够辐射入电源线。当将原厂安装的火花塞和火花塞线缆更换成高性能的类型时，点火火花更强，这时将更易产生点火噪声。

5）在车体内布电源线和布音频线所遵循的原则一致。

（4）搭铁的方法

1）用砂纸将车体搭铁点处的油漆去除干净，将搭铁线固定紧。如果车体和搭铁端之间残留车漆就会使搭铁点产生接触电阻。和前文所述脏污电源接头类似，接触电阻会导致交流噪声的产生，从而严重破坏音质。

2）将音响系统中各个模块的搭铁集中于一处。如果不将它们集中一处搭铁，音响各组件之间存在的电位差会导致噪声的产生。注意：主机和功放应该分别搭铁。

3）当系统消耗电流很大时，蓄电池搭铁端一定要牢固。提高电源搭铁性能的方法是在电源和搭铁间用粗直径的线材布线，如绞股线。这样做能够加强连接，有效地抑制噪声并提高声音质量。

4）不要靠近行车电脑布线。注意：主机搭铁点靠近行车电脑的搭铁点或固定点时，会产生行车电脑噪声。

（5）汽车音响主机的安装步骤

1）在汽车仪表板找一个空卡槽，清理内部以留出足够的空间。

2）取出内套，装于卡槽内。

3）安装主机并连接电源插座和视频插座，然后把主机装在内套。

注意：安装时不可损坏和弄脏仪表板，接线时先接扬声器再接电源。主机接线方式如图10-17和图10-18所示。

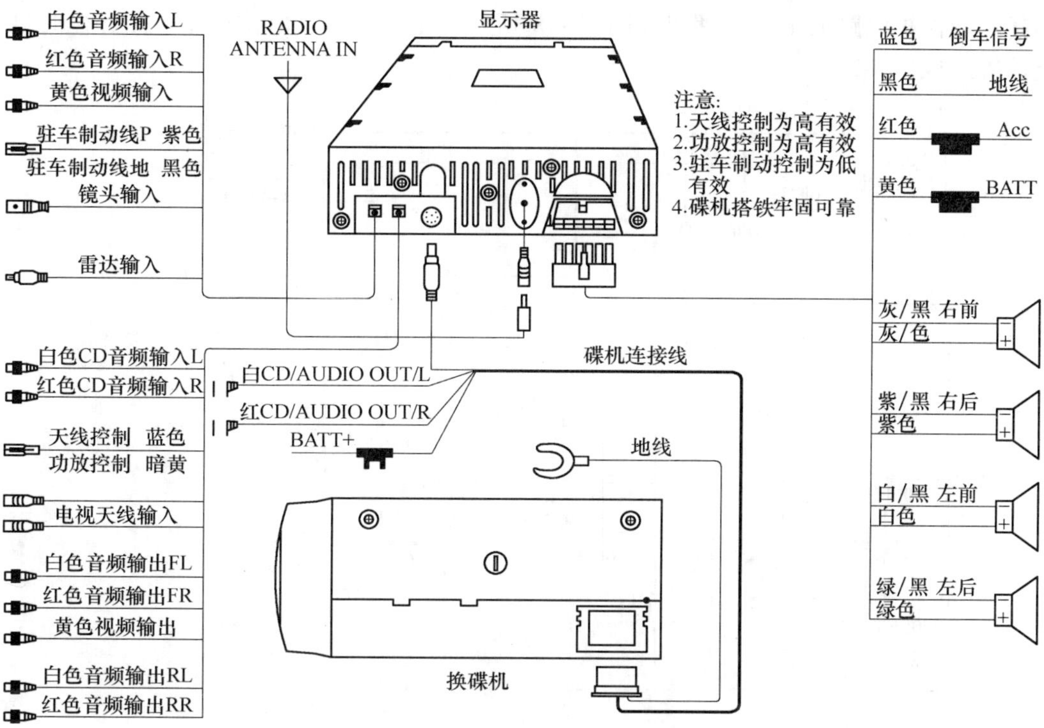

图 10-17　主机接线方式（一）

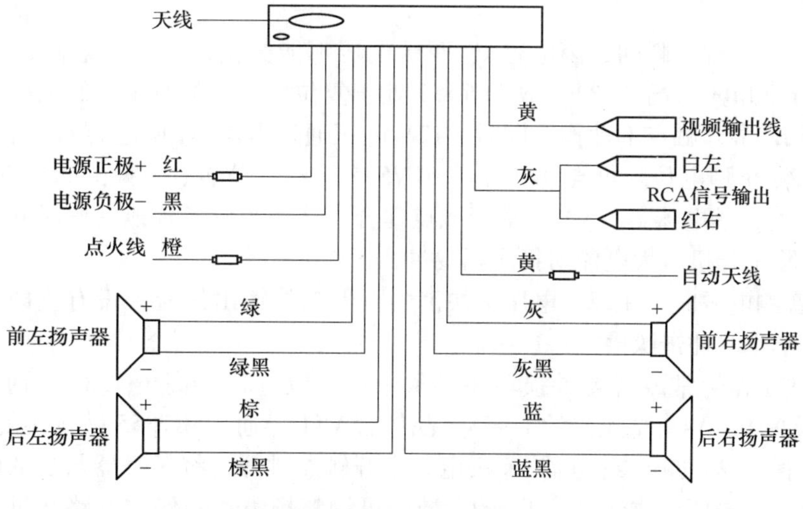

图 10-18　主机接线方式（二）

绝大多数的汽车音响主机（磁带收放机、CD 收放机以及 DVD 机等）都已内置有 2 ~ 4 声道的功率放大器，但由于主机体积很小，内部空间相当有限，所以其内置功放一般都以集成电路构成。

一般汽车都配置立体声音响系统，而多数低档汽车音响不带扬声器保护功能，每次开关机时扬声器有较大的冲击噪声，造成的后果是大大缩短扬声器音圈的使用寿命。为汽车音响加装扬声器保护电路可以对其进行有效的保护。

扬声器保护电路的工作原理图如图10-19所示，主要由重点电位检测电路、延时电路及继电器等组成。

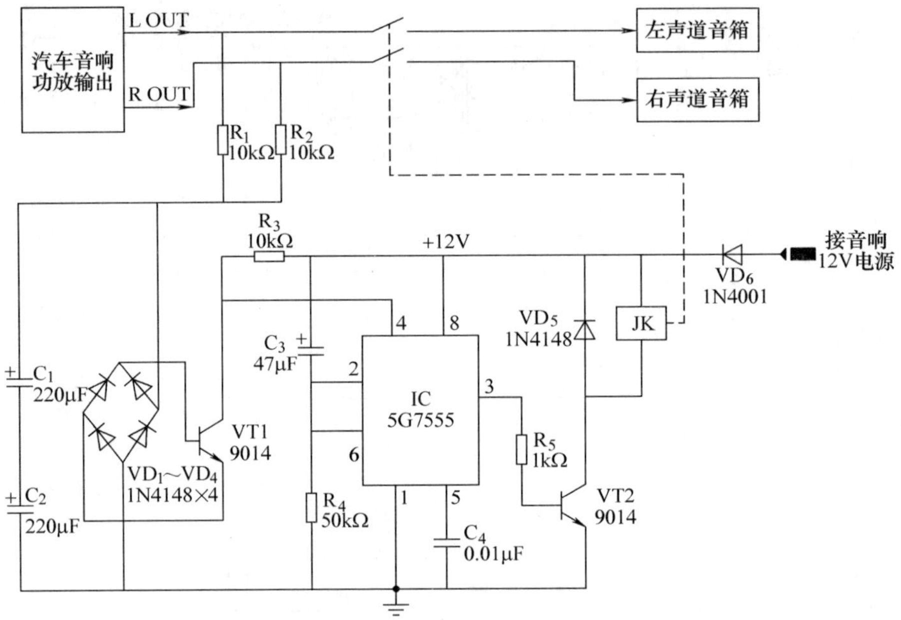

图10-19 扬声器保护电路

工作过程：

1）接通音响电源的瞬间，因电容 C_3 两端电压不能突变，可视为短路，则此时基电路5G7555的2、6脚电位高于 $2/3V_{CC}$ 故5G7555处于复位状态，3脚输出低电平，晶体管VT2截止，继电器JK常开触点不动作。同时+12V电压通过电阻 R_4 向电容 C_3 充电，延时约5s后5G7555的2、6脚电位降低至 $1/3V_{CC}$，5G7555被触发位置，3脚由低电平变为高电平，晶体管VT2导通，继电器JK得电，常闭触点闭合，从而实现了延迟一段时间将扬声器接入功放，彻底消除了开机时大电流对扬声器的冲击。

2）关闭音响电源时，+12V电压很快消失，但功放输出信号并没有立即消失，同样避免了关机过程产生的冲击噪声。

3）当功放工作异常或者意外损坏而导致中点电位过高（高于1.8V）时，经 R_1、R_2、C_1、C_2 滤波及 VD_1 ~ VD_4 整流，约1~2s。晶体管VT1导通，5G7555被直接复位，3脚输出低电平，晶体管VT2截止，继电器JK失电，常开触点跳开，将扬声器与功放断开，有效地保护了扬声器不受损坏。改变 R_4、C_3 的参数，可调整扬声器的保护电路开机延迟时间的长短，一般设为5s即可。

练习与思考题

一、填空题

1. 汽车音响从最早单一功能的AM（调幅）收音机，发展到现在具有AM/FM（调幅/调频）收音机、SW（短波）收音机__________、__________、__________、DSP（数码信号处理器）、__________、__________系统、VCD或DVD影视系统的综合装置。

2. 汽车音响系统主要由__________、__________、__________等组成。

3. 信号设备有__________、__________、__________、__________和 CD 唱机。

4. 检修音响系统前，应断开__________搭铁线。极大部分音响系统的收音机有__________，因此在断开蓄电池前，应查取__________。

二、简答题

1. 现代汽车音响有何特点？

2. 放大器有何作用？

3. 汽车音响检修应注意哪些事项？

4. 音响选购应注意哪些事项？

第11章 汽车定位和导航通信系统原理与检修

基本思路：

对于汽车定位和导航通信系统，入门或初学者应重点掌握其种类、形状、结构、作用、安装位置及安装和使用方法即可，作为汽车类技师对汽车定位和导航通信系统重点应把握信号的传输路线。至于汽车定位和导航通信系统内部结构没有必要也不是汽车类技师需要掌握的。

11.1 汽车定位和导航通信系统概述

定位和导航最早应用在飞机、轮船等交通工具，在行驶时借助其他装置了解自身位置和航行状态，借以保证航行安全、提高运行效率和运输企业的经济效益。汽车导航的目的就是引导汽车在繁忙的交通状态和复杂的道路网络中选择最佳的路径，使其能在尽量短的时间和路程内到达目的地。

全球卫星定位导航系统是美国发明和创立的。卫星定位导航的字面含义，即利用卫星给目标进行定位，严格地讲是利用卫星定位导航系统提供的位置、速度及时间等信息来完成对各种目标的定位、导航、监测和管理等。它在野外勘探、陆路运输、海上作业以及航空航天等诸多行业中占据了重要位置。

2000年11月1日我国成功地发射了导航卫星——北斗定位导航卫星。虽然随着“北斗定位导航卫星”的成功发射，以我国自主研发的北斗定位导航系统为基础的卫星定位导航产业正在崛起，至2013年北斗卫星定位系统进入普及使用阶段，公共汽车安装率超过90%，功能与精度远远超过GPS定位。

近年来，随着全球卫星定位系统（GPS）、地理信息系统（GIS）与遥感技术（RS）的发展与结合，促进了现代空间数据快速获取的集成技术、计算机技术与通信技术的发展与结合，人们不断从更广泛的领域中涉足导航系统和导航电子地图的研究，特别是在美、日等一些发达国家，已逐步将多维智能交通系统（RTS）变成现实，引发了一场全球交通事业深远和跨时代的革命。

我国从 20 世纪 90 年代开始这方面的研究工作，相继奠定了一定的基础。1997 年，在中科院、吉林省科技厅的支持下，中科院长春分院与长春地理所、长春光机与物理所、长春人卫站的科技人员一起展开了汽车导航系统的联合攻关，他们充分发挥自身在全球定位系统、地理信息系统和遥感技术三位一体的综合优势，瞄准国际最新动态，采用最新技术，并把研究工作的多用性与实用性紧密结合，解决了导航仪、导航电子地图和航行应用软件研制工作过程中的许多关键技术问题。实现了以车载计算机、无线通信技术与全球定位系统为基础的硬件，地理信息技术为基础的软件与遥感技术等为基础的电子地图数据库的高效集成，并在多功能的元器件集成上优化设计思想，能够完成基于多种比例尺导航电子地图进行的最优路径快速查询，以及为满足汽车驾驶人的多种需求，建立了符合中国国情的导航电子地图初步标准规范体系。首次自行设计的以单板微型计算机为核心的自主导航仪系统的应用达到国际先进水平，为我国建立现代智能交通运输管理系统奠定了良好基础。

11.1.1　汽车定位和导航通信系统的基本组成

全球卫星定位系统（GPS）的基本组成及工作流程如图 11-1 所示。

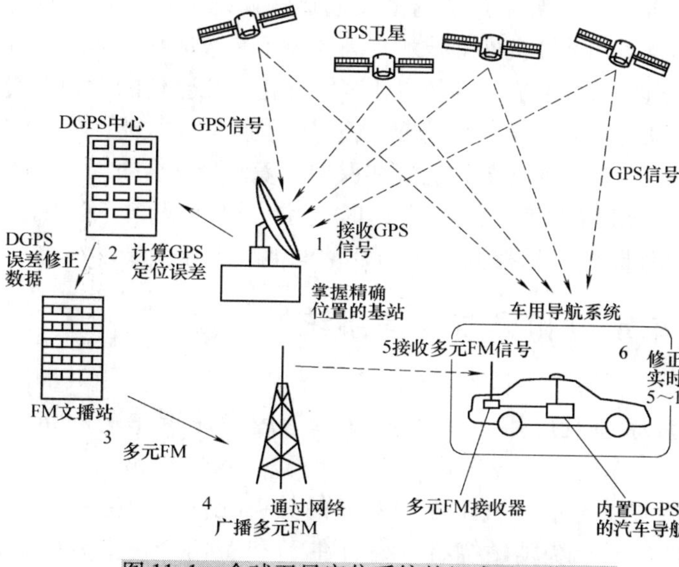

图 11-1　全球卫星定位系统的组成及工作流程

GPS 系统的组成装置包括监视器、主机、GPS 天线。目前，世界上共有三个全球卫星定位系统：美国的全球卫星定位系统 GPS（Global Positioning System）系统、俄罗斯的全球卫星定位导航系统 GLONASS（格洛纳斯）系统和欧盟的全球卫星定位导航系统伽利略系统。目前世界上包括欧洲、日本和中国在内的许多国家和地区使用的均是美国的 GPS 系统。

如图 11-2 所示，GPS 系统由 24 颗卫星组成，均匀分布在 21 000km 的 6 条地球同步轨道上，轨道倾角 55°，各个轨道平面之间相距 60°，即轨道的升交点赤经各相差 60°。每个轨道平面内各颗卫星之间的升交角相差 90°，每一轨道平面上的卫星比西边相邻轨道平面上的相应卫星超前30°。

卫星搭载原子时钟，所有卫星的时刻同步。根据卫星发送的轨道信息、时间信息以及接收电波所花费的时间，通过准确计算就可以提供全球范围内任一物体的位置和速度信息。它的误差目前已不超过10m，该系统曾被美军在海湾战争、科索沃战争、阿富汗战争中广泛运用，并发挥了巨大威力。为了提高精确度，美国国防部又增加4颗卫星，使卫星总数达到28颗，误差缩小到不超过7m。

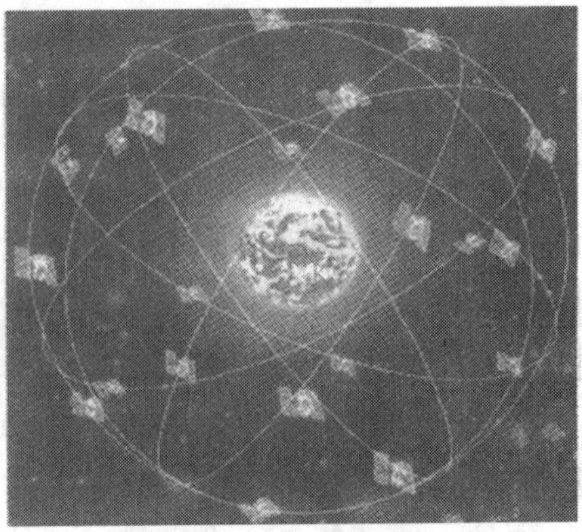

图11-2 GPS卫星配置图

伽利略系统比GPS系统多6颗卫星，确定目标位置的误差在1m之内，远高于GPS误差10m的性能。伽利略系统2008年全面起动，它的运作十分稳定，非常适合安全要求极高的使用者，如引导飞机安全起降或火车行驶等。

11.1.2 汽车定位和导航通信系统的基本功能

汽车导航的目的就是引导汽车在繁忙的交通状态和复杂的道路网络中选择最佳的路径，使其能在尽量短的时间和路程内到达目的地。现代智能化汽车运输系统（Intelligent Transportation System，ITS）是目前世界上最流行的交通运输系统。它将先进的信息技术、数据通信传输技术、电子控制技术和计算机处理技术等高新技术有效地综合运用，对传统的交通运输系统及管理体制进行改造，从而形成一种信息化、智能化、社会化的新型现代交通系统。实现交通管理的智能化、自动化，使交通运输基础设施得以发挥最大效能，使驾驶人与旅行者的安全度和舒适度得到明显改善，并通过节约能源和保护环境使全社会获得巨大的社会经济效益。

全球卫星定位系统安装在汽车上可实现即时定位、被劫报警、使用车载电话、被盗报警、人工导航、遥控断油断电、遥控开锁车门及蓄电池欠电压报警。

11.1.3 汽车定位和导航通信系统的分类

1. 汽车导航罗盘

（1）汽车导航罗盘原理及应用　汽车导航罗盘用来显示车辆的指向方位，例如，N（北）、NE（东北）、E（东）、SE（东南）、S（南）、SW（西南）、W（西）和NW（西北）等，从而给驾驶人提供导航。汽车导航罗盘的关键元件是地磁传感器。地磁传感器是在高导磁性材料制成的磁环上绕励磁绕组，绕组在X和Y两个正交方向上，每个方向各绕两个检测线圈（共4个）。无地磁场作用，检测线圈不产生电位差，有地磁场作用则产生电动势。地磁方向与检测方向夹角不同，检测线圈产生的电动势也不同，将检测到的信号送至方位判定处理器中，就可以确定汽车的行驶方向，一般用LCD显示出来。地磁传感器结构与导向原理如图11-3所示。

汽车导航罗盘的应用实例如北京吉普有限公司生产的带罗盘和温度显示的欧蓝德车，如图11-4所示。

该车罗盘用安装在后视镜内的地磁传感器检测汽车的方向，并用LCD（液晶显示）显示8个方向。车外温度计计算来自温度传感器的信息，然后用LCD显示温度。当按下位于

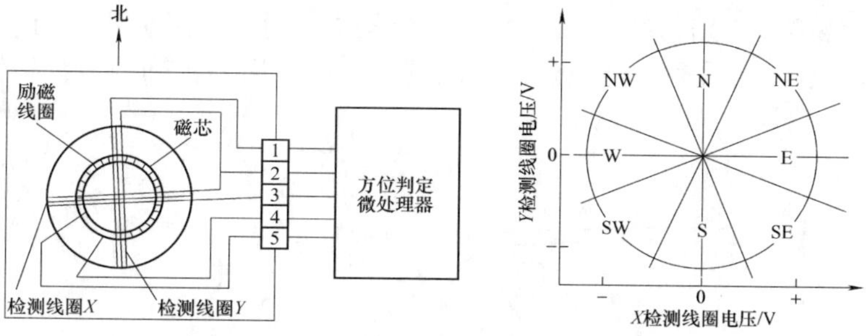

图 11-3　地磁传感器结构与导向原理

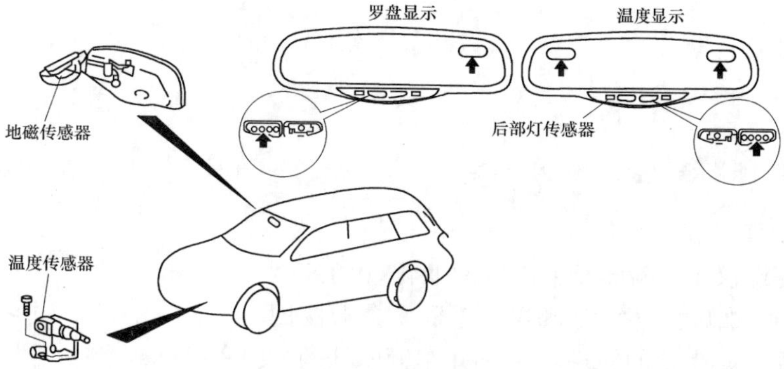

图 11-4　欧蓝德车带罗盘和温度显示的车内后视镜机构图

车内后视镜中心的开关，汽车方向（指向）或温度会在镜子右上角显示，如图 11-5 所示。

这种汽车罗盘在使用中由于人造强磁场和磁屏蔽等作用，需要经常校正和调整。

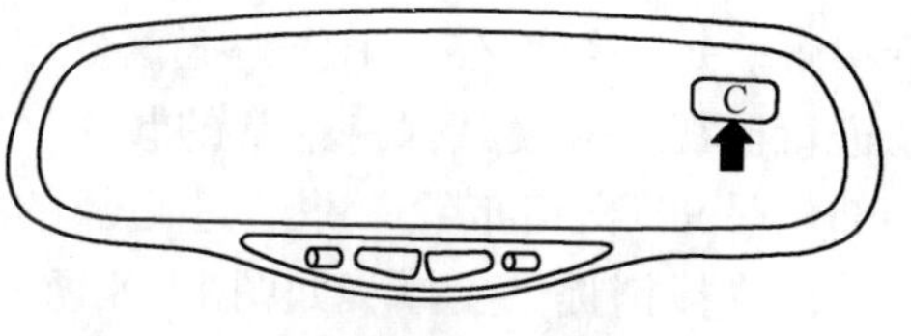

图 11-5　存在强磁场干扰时的显示

（2）汽车罗盘的校正

1）欧蓝德汽车罗盘校正程序与步骤。

① 按下“COMP（罗盘）”按钮，此时为可视罗盘显示模式，并且会显示车辆方位。再一次按下“COMP”按钮将关闭可视罗盘显示。

② 如果显示读数“C”，如图 11-5 所示，可能存在强磁场干扰罗盘。在这种情况下，罗盘需要校正。

③ 以大约 8km/h 或低于此车速开车转圈，直到读出方向。

在有些情况下，如长途越野，必须调整罗盘偏差。罗盘偏差是地磁北极与真正的地理北极之间的差别。如果不调整罗盘偏差，那么罗盘可能给出虚假读数。

2）调整罗盘偏差的程序与步骤。

① 按下“COMP”按钮 3s 以上。显示器上会显示当前区域号，如图 11-6 所示。

② 在图 11-7 所示的校正地图上找到当前的位置以及偏差区域号。

③ 按“COMP”按钮直到显示器上显示新的区域号。停止按按钮后，显示器会在几秒内显示罗盘方向。

3）注意事项。

① 不要安装用磁体吸附在车上的放置架、天线等，它们会影响罗盘的工作。

② 在隧道、地道、铁路沿线、换车站、办公楼群、地铁上部区域、上下陡坡等地方罗盘指针不能正确指示。当车辆驶到地磁稳定区域后，罗盘回到正确的罗盘指针位置。

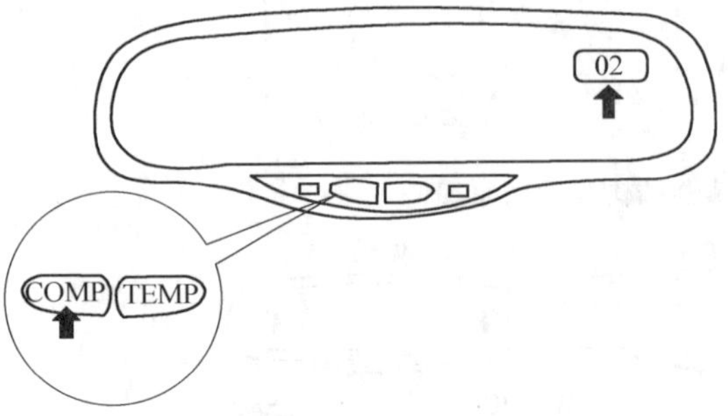

图 11-6　显示器上显示当前区域号

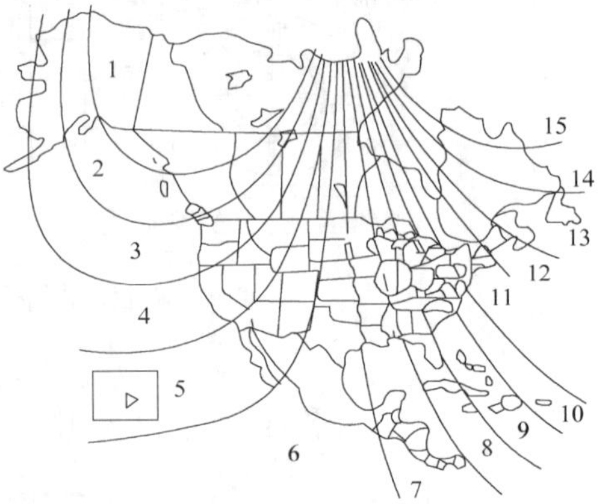

图 11-7　显示给出的校正地图

2. 汽车导航陀螺仪

汽车导航陀螺仪用来检测车辆的方向变化（角速度方向），因此也叫做偏航速率传感器。它是一个振荡回转仪，运用“振荡陀螺仪的原理”来感知车辆所处的方位及变化。它由压电零件、金属块和支撑销组成，其形状像一把音叉。压电零件共有四个，两个一组，相互平行布置。每一组均有一个作为振荡器，另一个用于对振荡进行监视，并使其保持正常的频率。两组振荡器的中心部位呈 90°交错布置，并通过底部的金属块连接在一起，由支撑销提供支撑，如图 11-8 所示。

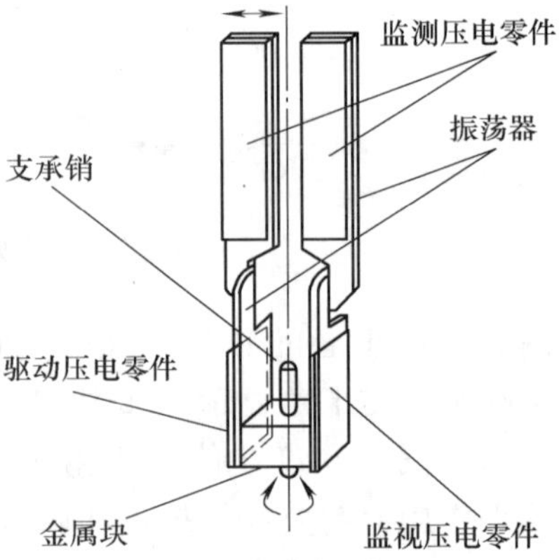

图 11-8　导航陀螺仪构造图

汽车导航陀螺仪就像是一个振荡回转仪，即惯性陀螺。当一个振子在静止的转盘上做往复运动时，其轨迹是条直线。如果转盘以角速度 ω 旋转时，它因受偏转力（$F_c=-2mv\omega$）的影响，运动轨迹将不再是一条直线，而要发生偏转，如图 11-9 所示。汽车导航陀螺仪的振动就相当于振子的振动，当汽车转弯时，汽车导航陀螺仪上部的监视压电零件因受偏转力的作用而发生弯曲，如图 11-10 所示。根据偏转力公式，在明确汽车行驶速度和行驶时间的情况下，就可检测出汽车的方位（旋转角速度 ω）和转弯行驶的距离。如果与地图结合再加上显示装置，就可进行汽车导航并描绘汽车行驶的路径。

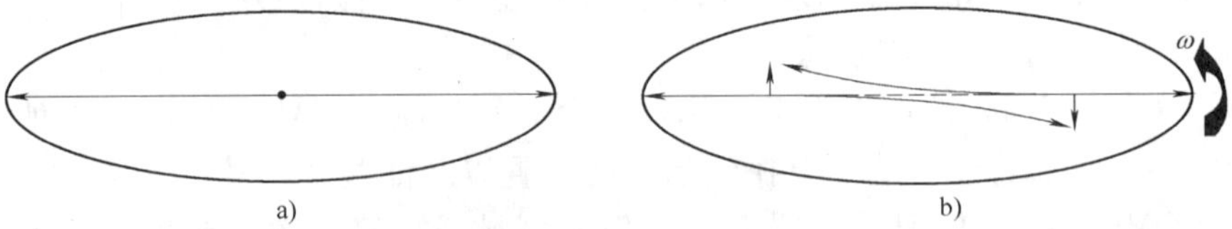

图 11-9　汽车导航陀螺仪的原理图

a）转盘静止　b）转盘以角速度 ω 旋转

这种导航是相对导航，导航的精确性虽然不受信号影响但是与车速计算、道路倾斜度计算和存入地图是否正确有直接关系，并在下列情况下会造成车辆定位错误。

① 发动机停止后移动车辆，例如，用渡轮或拖车移动车辆，或者车在回转台上旋转。

② 轮胎打滑造成行驶偏差。

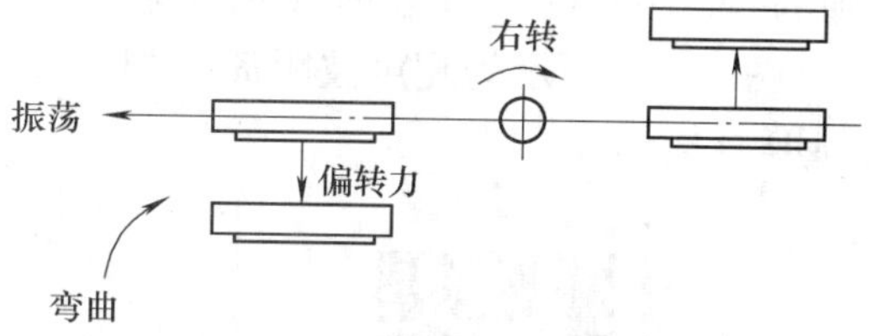

图 11-10　监视压电零件弯曲的俯视图

③ 轮胎滚动直径变化，如胎压异常、轮胎规格不正确造成行驶偏差。

④ 在笔直或几乎没有弯道的高速公路上连续行驶造成导航发生偏差。

相对导航产生的上述定位错误将不断积累放大，所以也经常需要重新定位校正，基本是每次行驶前都要进行定位——选择出发地和目的地。

3. 倒车辅助系统控制

倒车辅助系统又称倒车雷达，它是一般汽车的选装项目，由倒车雷达模块、探头和根据距离数据控制的指示部分组成。其指示部分有变频蜂鸣音指示、多色 LED 灯光指示和数据显示指示等类型。图 11-11 所示为别克君威倒车雷达辅助系统控制电路。

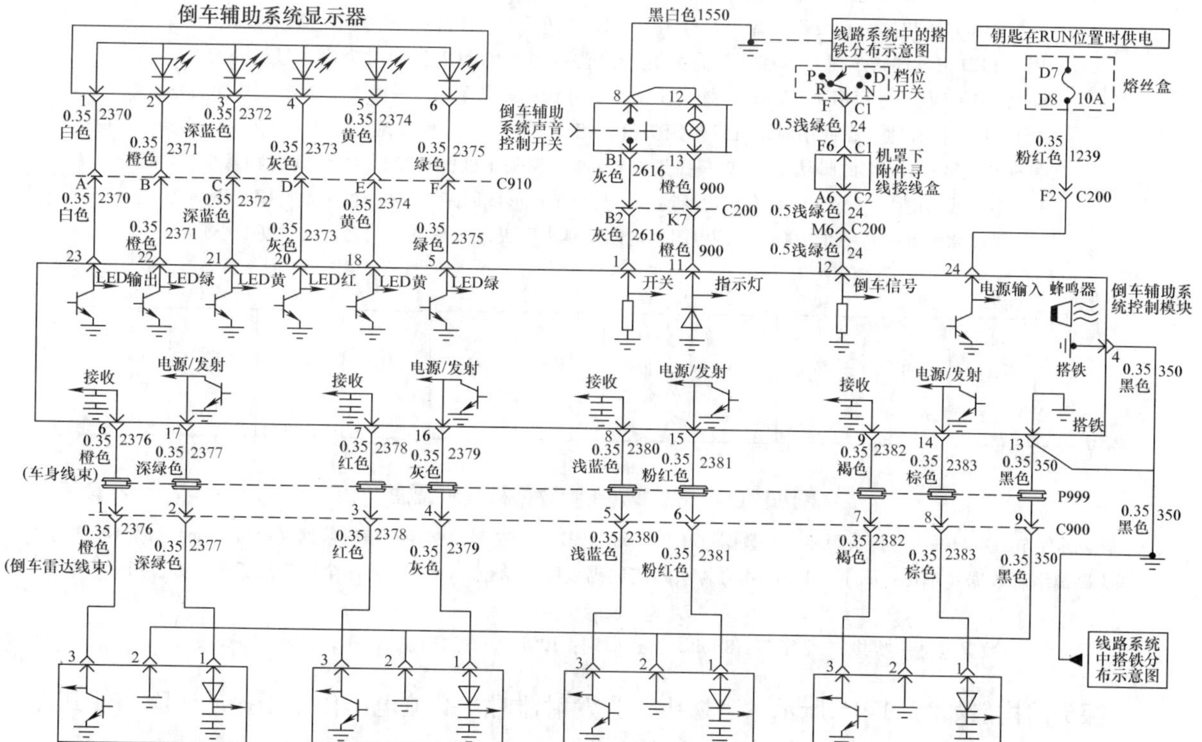

图 11-11　别克君威倒车雷达辅助系统控制电路

（1）倒车雷达模块与探头　倒车雷达主机的核心是倒车雷达模块。目前倒车雷达模块有 T8224 系列和 T8214 系列等。T8224 是 T8214 的改进型模块，如图 11-12 和图 11-13 所示。模块集成了单片机部分、全部超声波电路部分和控制部分。能同时传送 4 个探头分别探测到的各自距离的串行数据（单线输出，数据经过编码，数据包中加入最近距离方位指示）。图11-14所示为超声波距离探测探头。最近距离数据控制着变频蜂鸣音，还控制着3色LED灯指示。

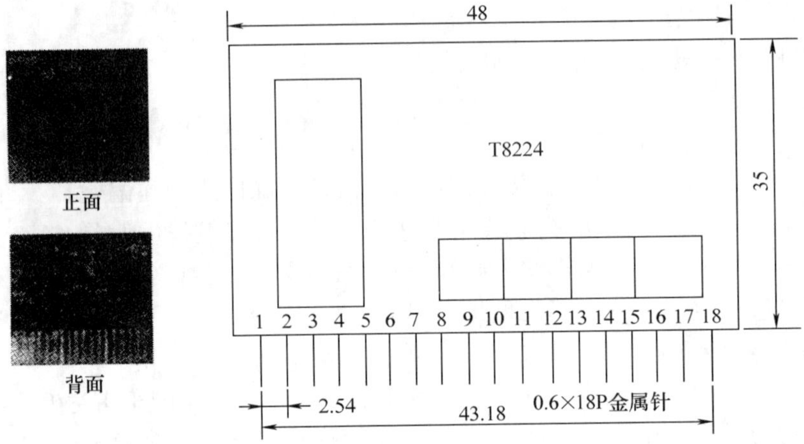

图11-12　T8224倒车雷达模块

1—复位　2—数字地　3—防扒车功能开关　4—四只探头探测到的距离数据包输出　5—蜂鸣音控制电平输出，分6级蜂鸣音　6—当用于LED三色灯指示时，本端接红色发光管　7—当用于LED三色灯指示时，本端接绿色发光管（注：当6脚和7脚同时为高，显示黄色）　8—数字+5V　9—模拟+5V　10—探头1（接1号探头正极）　11—探头2（接2号探头正极）　12—探头地（在使用时，可只与探头负极相连，也可并入模拟地）　13—探头3（接3号探头正极；T8222此脚悬空）　14—探头4（接4号探头正极；T8222和T8223此脚悬空）　15—探头驱动馈入（探头驱动升压电压馈入，与数字地形成回路）　16—模拟地　17、18—灵敏度调整（外接一个100Ω可调电阻，电阻值越大，灵敏度越高，反之，灵敏度变小）

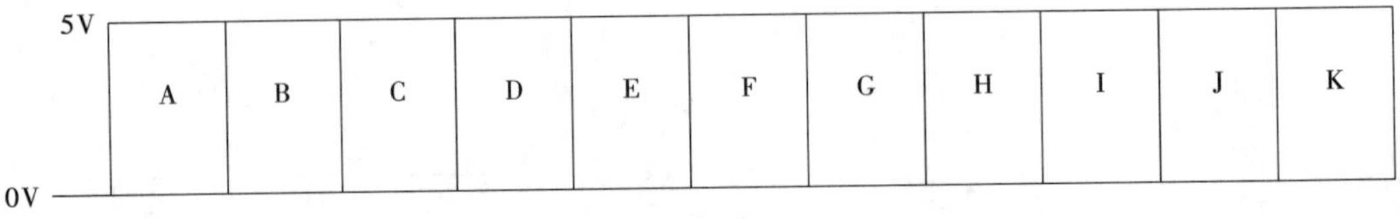

图11-13　T8224第4脚数据格式示意图

A—帧同步字节　B、C—1号探头距离编码数据（单位：cm）　D、E—2号探头距离编码数据（单位：cm）　F、G—3号探头距离编码数据（单位：cm）　H、I—4号探头距离编码数据（单位：cm）　J—四个探头最近距离方位指示字节　K—校验字节

数据包每一帧共11个字节，88bit。发送周期：120ms。发送时从A→K，波特率5kb/s

探头的构造如图11-15所示。当探头作为发射器时，交流电压作用于振动线圈，使其产生磁场。该磁场与永久磁铁的恒定磁场发生作用使振动线圈振动，其振动频率与交流电频率相同。振动线圈与膜片相连，从而膜片也以相同的频率振动。膜片振动引起空气运动，产生声波发射出去，如图11-15a所示。当探头作为接收器时，反射的声波引起膜片以一定的频率

探头颜色：
红、灰、银灰、黑、黄、蓝、金黄、草绿

图11-14　超声波距离探测探头

振动。这样在振动线圈上感应产生一个同样频率的交流感应电压，从而被电路接收，如图 11-15b 所示。

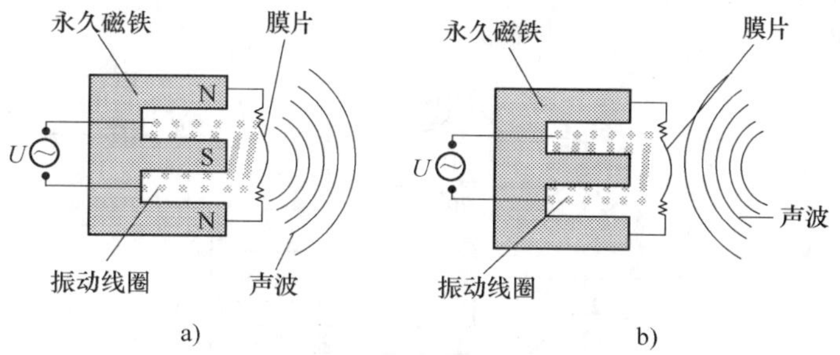

图 11-15　探头的发射与接收工作原理

a）探头的发射　b）探头的接收

（2）倒车雷达的工作原理及电路　倒车雷达的工作原理电路如图 11-16 所示。倒车雷达利用超声波原理，由装置于车尾保险杠上的 4 个探头在倒车雷达模块 T8224 的控制下向外发送超声波撞击障碍物后，反射此声波回探头，探头将接收到的反射波信号送回控制模块。控制模块 T8224 将信号进行处理，计算出车体与障碍物之间的最近障碍距离的数据和方位，并用之控制输出指示，以提示驾驶人不至于撞上障碍物。

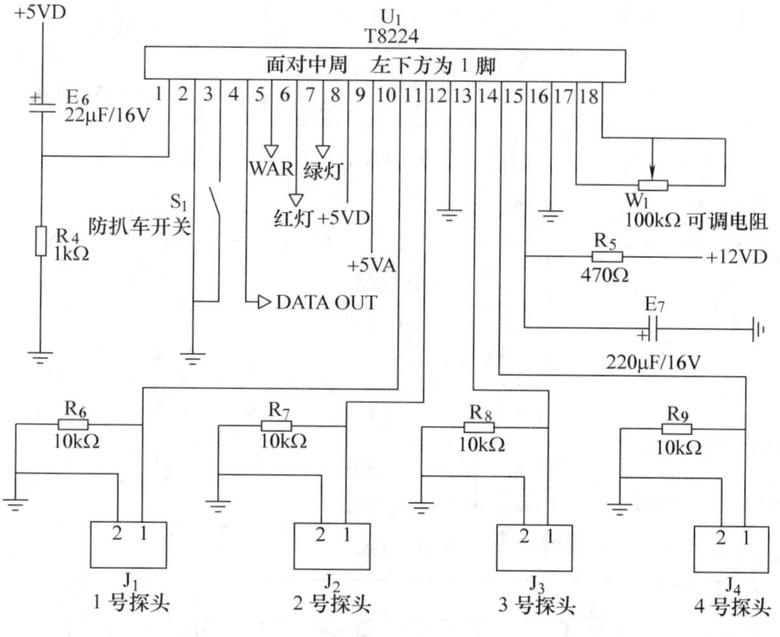

图 11-16　倒车雷达探测器的工作原理电路

高档车的倒车雷达一般都带显示器，例如，液晶显示彩屏倒车雷达、图像加数字显示倒车雷达等。其原理是把倒车雷达主机的信号送到显示器。如图 11-17 所示为与倒车雷达主机（模块 8224）连接的 3 色显示与蜂鸣提示电路。

倒车雷达模块 T8224 送出的数据包内容非常全面，这款显示器是 3 位数字 + 障碍物方位灯指示 +10 级变频蜂鸣音的较多应用的显示器。显示器与主机直接使用三根普通汽车电线相连。方框 A 和方框 B 任选一个。很多倒车雷达模块使用外置蜂鸣器，这类蜂鸣器一般都是有源的，多选择 A 框电路，T8224J2 集成块第 11 脚送出的是音频音 10 级控制电平。不配外置蜂鸣器使用 B 方框电路。Y 为无源蜂鸣器，调整 R13 可以改变蜂鸣音量，调整 E3 可以改变音质。T8224J2 第 3 脚送出受 T8224J2 第 11 脚 10 级控制的 800Hz 音频音。

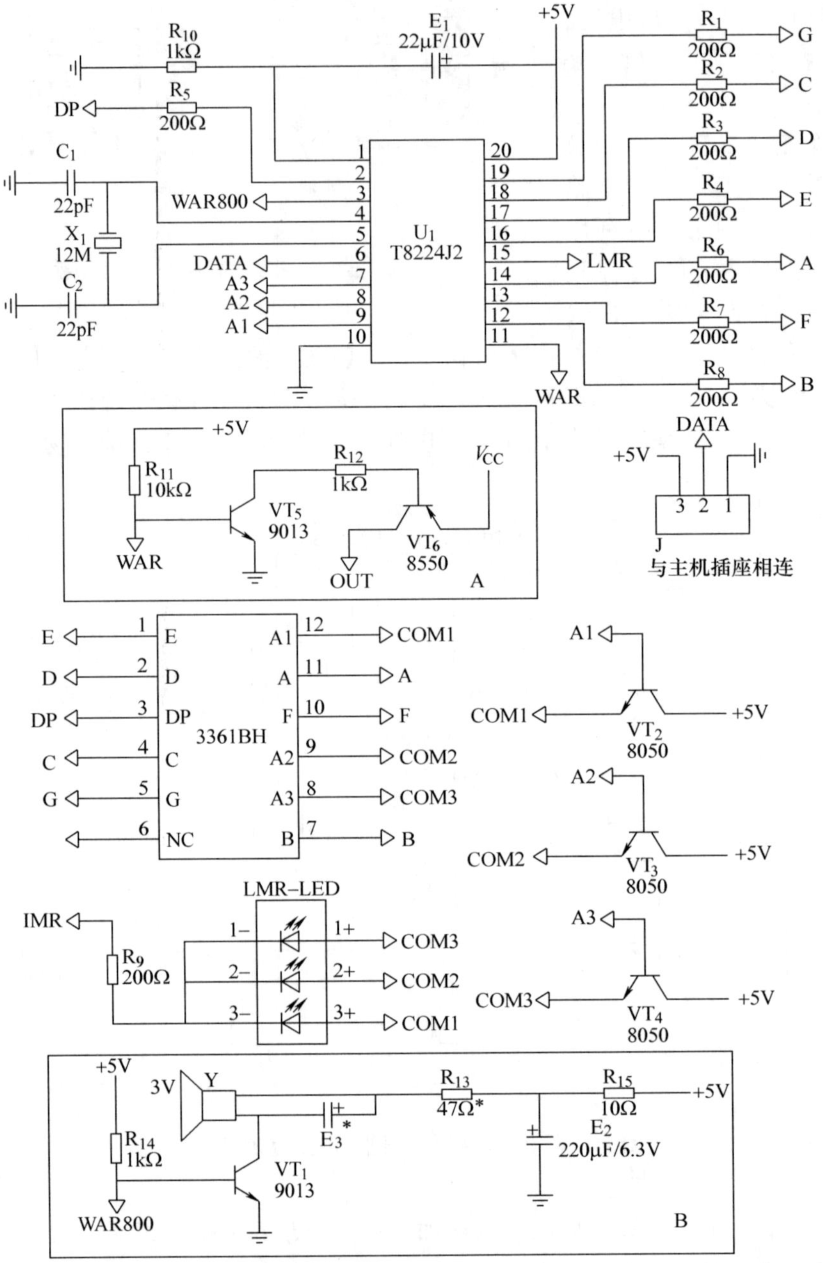

图 11-17　3 色显示与蜂鸣提示电路

显示器除了正常的倒车数据显示之外，在倒车状态下当车后没有障碍物时，流水显示三个“－”；障碍物距离小于30cm，闪烁显示“END”。方位指示灯同时指示障碍物在车后的方位。在防扒车状态下如果车后没有人扒车，闪烁显示“－－－”；如果车后有小偷扒车，闪烁显示“SEE”。方位指示灯同时指示小偷在车后的方位。如果主机损坏或主机到显示器电线连接不好，显示器显示故障码“E-1”。

如图 11-18 所示，显示器是 3 位数字显示 + 左右两个 3 色光条显示 + 10 级蜂鸣音提示。

Y 为无源电磁蜂鸣器，T8224J3 第 3 脚送出受 10 级控制的 800Hz 音频信号。其他功能与图 11-17的显示器相同。

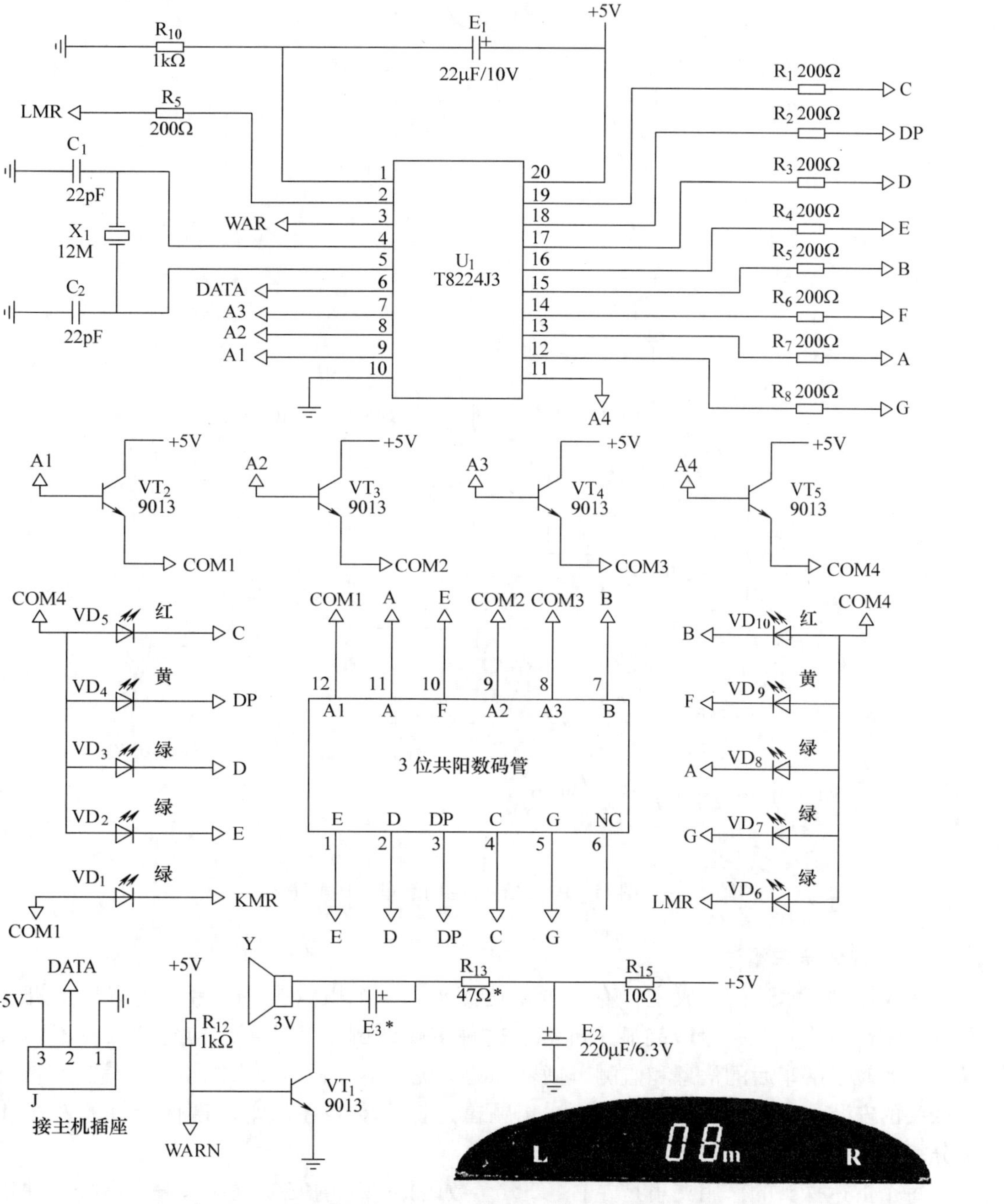

图 11-18 3 位数字 + 两个 3 色条显示 + 10 级蜂鸣提示电路

图 11-19 所示为 T8224J3 集成块应用于较低档次倒车雷达。它们都是只有蜂鸣音没有显示的倒车雷达。图 11-19a 用的是电磁蜂鸣器，而图 11-19b 用的则是压电蜂鸣器。蜂鸣音控制信号直接由模块分 6 级送出。

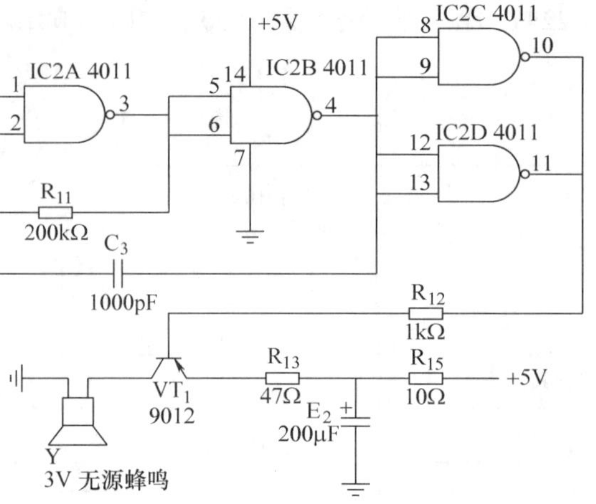

a)

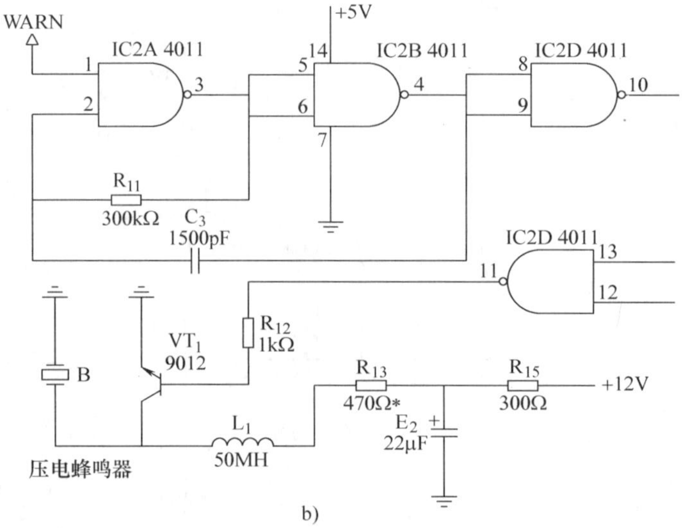

b)

图 11-19 只有蜂鸣的倒车雷达电路

4. 多媒体倒车雷达

多媒体倒车雷达的组成主要有 4 颗雷达探头、一个摄像头、一台倒车雷达主机（主要是倒车雷达模块）和一个液晶显示屏等。这种多媒体倒车雷达可以使驾驶人在不回头的条件下，实时了解车后的信息和监测车辆尾部的情况。不过，驾驶人能得到的信息与传感器和摄像头的安装位置和偏向的角度有关。4 颗雷达探头安装在汽车尾部保险杠的左右和中间部分。

每个雷达探头的作用夹角是左右各 35°。数码摄像头的安装位置一般在高处，并根据实际情况调校角度，以使探测到的视野在合适的范围内，克服侧面可能会形成的盲点，如果调整合适，那么液晶显示屏幕完全可以作为辅助倒车镜。因为倒车雷达在变速杆拨到倒档时才接通，因此还有一套转换开关来控制。数字显示给驾驶人提供一个处理后的有关障碍物距离的客观数据，避免由于依靠感觉而导致失误。

把音频线和视频线连接到车载液晶电视，此时，摄像头的影像数据即显示在显示屏上，而随着雷达探头的移动，屏幕上的数字也不断刷新，喇叭不停地报告最新的距离。例如，“左53，左57，右42，右41，左40……”等。左右两侧的雷达探头将探测到的数据传到处理器，处理器即对比各项数据，选择最近的一侧障碍物数据，在显示屏上显示并在喇叭上报读出来。这是非常人性化的，提醒驾驶人注意威胁最大的一侧，并采取相应的措施。当雷达探头探测到的距离缩小到30cm的时候，屏幕和喇叭不再提示当前数据，而屏幕将显示“STOP”、喇叭发出“停车”的声音警告驾驶人威胁已经临近，避免距离过小而来不及采取措施。

用变化的雷达探头移动速度对系统做测试，这样可以模拟车子的倒车速度对探测精度和灵敏度的影响。当速度足够慢的时候，在大约30cm/s的速度内，显示器的数据更新基本能跟上实时的距离变化，但是当速度过快或者不匀速变化时，显示器显示的数据与距离会有一点误差，但并不算太大，而报音系统也来不及报告当前的最近障碍物数据。当移动速度慢下来才报读出当前数据。不过，即使能迅速报读，由于机器和人的反应时间限制，报读出来的数据意义也不大。

总体来说，这种倒车雷达的实用性很强，精度较高，适合在复杂条件下辅助倒车，例如，夜晚、旁边车子排列较密集和车位较小的情况。

11.2　汽车定位和导航通信系统主要零部件的结构及工作原理

靠接收卫星发送的轨道信息、时间信息、遥感信息和接收电波所花费的时间，计算出接收器所在的绝对位置和运动速度等给予显示导航，我们称其为绝对导航（监视）。这类导航仪只需要接收卫星信号，经过处理计算和显示，而不需要配置其他传感器和输入地图。导航（监视）的地图是处理卫星遥感信号而得到的真实地图。

目前所用的卫星导航仪像手机一样采用内置的四螺旋天线，有的导航仪还带有MCX外部天线接口，灵敏度高，抗遮蔽性好，能并行12通道，可接收差分信号；采用电池供电，具有超大内存和超大数据库；具有测量平均位置和测量面积等功能，可以准确测得某点精确坐标和航迹所围面积；采用国际WGS84经纬度坐标与用户自定义坐标；具有标准RS-232 PC接口。

1. 卫星定位

这种绝对导航仪的定位采用单点差分定位，就是根据一台接收机的接收数据经过差分来确定接收机位置。定位有三维定位和二维定位之分。三维定位方法是在接受GPS卫星信号良好的情况下，能够接收到4颗以上卫星信号时，经解释计算就能够对纬度、经度、高度进行三维立体定位。而二维定位只能接收到三颗卫星的信号，因而只能对纬度、经度进行二维定位。由于无法测定高度，与三维定位相比，二维定位的误差会比较大。但是，二维定位的导航仪对接收灵敏度要求相对低些，但也不能太低，如果只接收到三颗以下的卫星信号时，将无法进行定位。

这种绝对导航仪在收不到电波的地方将无法使用，有屏蔽物和障碍物时误差会比较大。

2. 卫星遥感

卫星遥感作为一种现代的高技术手段，具有视点高、视域广、多视角，数据获取快速和可重复覆盖、连续观测，反映的信息客观真实，整体性和综合性强等特点。它利用地球表面物体以电磁波的形式时刻不停地吸收、发射和反射信息与能量，通过星载传感器接收地表物体对电磁波的反射和地表物体发射的电磁波，并针对不同物体的不同电磁波特性，提取这些物体的信息，完成远距离识别物体和测量物体的运动情况。

目前遥感的地面几何分辨率已经达到米级，光谱分辨率已经达到16波段。国际上主要遥感软件厂商如ENVIN、PCI、ERDAS IMAGINE等，提供了各自的专业软件，其中以ERDAS IMAGINE功能最为强大，主要集成了几何校正和正射矫正，整倍、任意矩形、实时交互式放大缩小，虚拟及漫游等工具，方便对图像进行各种形式的观看和比较；提供了多种地图投影系统、常用的图像处理算法、支持不同分辨率图像数据的处理和对不同图像数据源的交集、并集和补集的图像处理；在与地理信息系统的集成方面实现了对ArcInfo Coverage矢量数据的读取、查询、检索和编辑，可建立拓扑关系、图形拼接，但并不能实现遥感影像和地理信息系统矢量数据的一体化。

地理信息系统GIS是具有空间属性和可视化的信息管理系统。地理信息技术本身发展和应用领域的不断拓展，使地理信息技术成为信息技术的主流和重要组成部分。与传统文件方式相比，空间数据库技术有明显的技术优势，包括海量数据管理能力、图形和属性数据一体化存储、多用户并发访问、完善的访问权限控制和数据安全机制等。空间数据库技术正在逐步取代传统文件。

3. 独立导航系统

独立导航系统是相对导航与绝对导航相结合的系统。它克服了绝对导航仪在收不到电波、有屏蔽物和障碍物时不能使用而相对导航仪虽不受信号影响但对存入的地图不正确和汽车打滑、移动会产生定位错误的不足。它没有导航盲区，很少出错误。目前，较高档次汽车的导航系统多为独立导航系统，但绝大多数为了降低汽车成本和方便驾驶人员使用都装入标注了地点、名称的地图，配备了语音报告功能和便于操作的触摸屏。

使用者在系统显示的电子地图上直接选取目标地点，或将目的地名称输入到系统中。根据输入设备的不同，有不同的地名输入方法，依靠键盘或触摸屏可实现几乎全部的操纵功能。

导航系统具有超大内存和超大数据库，可内装20 000个以上城市和乡镇点图、电子地图、交通路网图等；中文输入，中文命名，可智能化查找航路点、兴趣点、城镇、十字路口、地址等地图上的信息点：具有标准RS-232 PC接口，便于地图的升级。

内置的电子地图是导航系统中至关重要的一部分。电子地图的信息库包括地理、道路和交通管制等信息，并与地点对应存储了相关的经纬度信息。从GPS接收机得到经过筛选计算确定的当前点经纬度数值，然后通过与电子地图数据的对照，确定显示当前所在的地点位置。

导航系统会将定义目的地时该机的当前位置默认为出发点，当目的地确定后，导航系统根据电子地图上存储的地图信息，自动计算出一条最佳的推荐路线。有些系统中，使用者还可以指定途中希望经过的地点，或者定义一定的路线选择逻辑（如不允许经过高速公路、按照行驶路线最短的原则等）。推荐的路线将以醒目的方式显示在屏幕地图中，同时屏幕上即时显示出该机的当前位置，以作为参照。如果行驶过程中该机偏离了推荐的路线，系统会自动更改原有路线并以该机当前点为出发点重新计算最佳路线，并将修正后的路线作为新的推荐路线。

语音（导航）报告是近来开发出的导航系统的新功能，即利用电子合成技术，将确定后的地点位置（坐标）、所经过的地点名称、路口和以最短距离到达目的地所推荐的路线方向，用语音适时报告出来以提醒使用者。

图 11-20 所示为 2008 年款雅阁轿车独立导航系统组成框图，其工作原理如图 11-21 所示。2008 年款雅阁车独立导航系统是一个复杂的庞大系统，与音响控制系统、发动机控制系统以及 ABS 控制系统等都有着密切的联系，并且它与 USB、VTR 插孔、Rr 相机和蓝牙 HFT 兼容，如图 11-22 所示。但是因有语音、图文提示和触摸屏等技术使导航操作较为简单，从起点到终点的导航操作流程如图 11-23 所示。

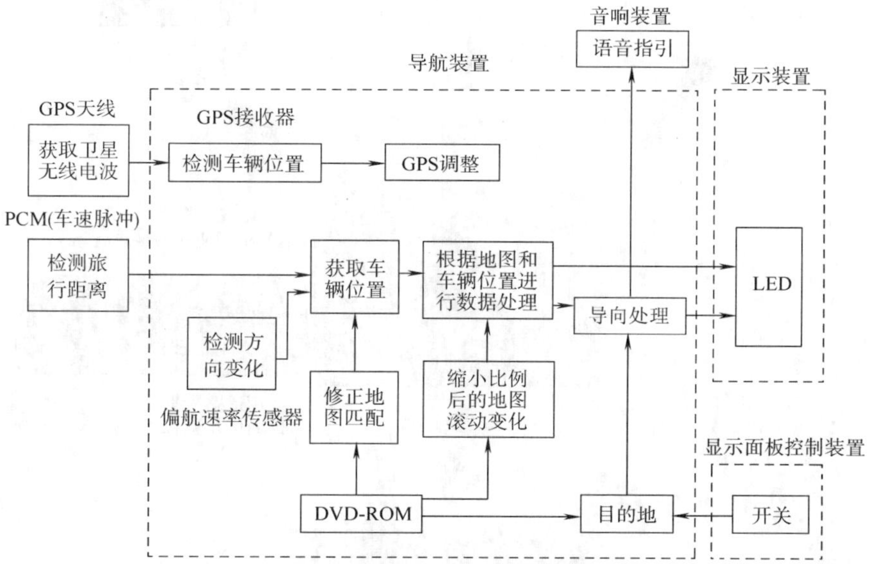

图 11-20　2008 年款雅阁轿车独立导航系统的组成框图

4. 车载卫星导航

车载卫星导航系统可分为内置式和外置式。内置式车载卫星导航系统一般由汽车生产商在生产环节安装，外形经过专门设计，固定在汽车上浑然一体，如图 11-24 和图 11-25 所示。

外置式车载导航系统一般多为后期安装，安装简便，适合于国产和进口的各类车型。

现在的车载卫星导航在技术性能上充分考虑了中国的行驶环境，基本功能除了卫星定位、目的地设定、自动选择最佳行车路线、地图引导、智能检索和信息咨询以外，还实现了触摸屏幕操作，使驾乘人员操作更为方便，并具有非常温和的界面，以及语音导航和紧急求援等。

实现准确无误卫星导航的关键内容是要有详细准确的电子地图。我国向外商开放车用电子地图的制作限制后，丰田公司成了第一个吃螃蟹的外商。丰田公司在我国成立专门销售车载导航地图的合资公司，由丰田通商持股 49%，中方合作人即中国地图绘制公司“北京四维图新导航信息技术”持股 51%。新公司名定为“北京图新经纬导航系统”，该公司将为我国车载导航技术开发适合国内环境的系统，并联合开发国内地图资料数据库。

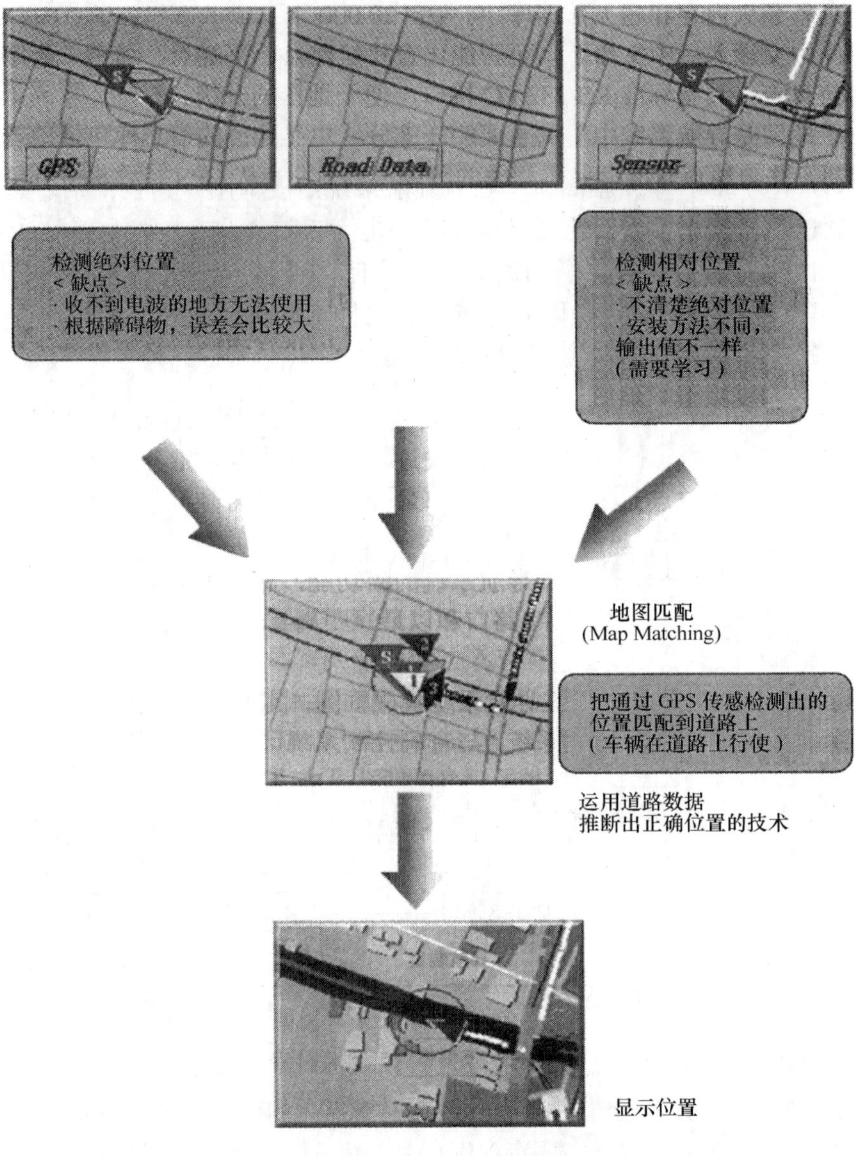

图 11-21　2008 年款雅阁车独立导航系统的工作原理

丰田通商在我国地图管理部门国家测绘局的协助下和四维图新公司合作制作车用导航系统电子地图数据库，首先通过卫星探测，然后由工作人员根据卫星探测结果，对建筑物、商店名称、路口等进行核准与实地测量和标注，确保了电子导航仪的准确无误，根据中国道路交通的变化情况，每年将更换一次新版，已经拥有装载电子导航仪的用户只需要换张新盘就行了，十分方便。目前电子地图基本覆盖全国。

下面介绍几种具体的车载卫星导航系统。

（1）丰田车载内置式卫星导航系统　丰田汽车公司曾推出过 G-BOOK 车用导航系统，如图 11-24b 所示，并在日本本土获得广泛的好评。

目前，国内的天津丰田已经推出预装有导航系统的威驰（VIOS）和花冠（COROLLA）车型。丰田威驰（VIOS）车的原装卫星导航仪是日本电装公司生产的电装导航仪。转向盘

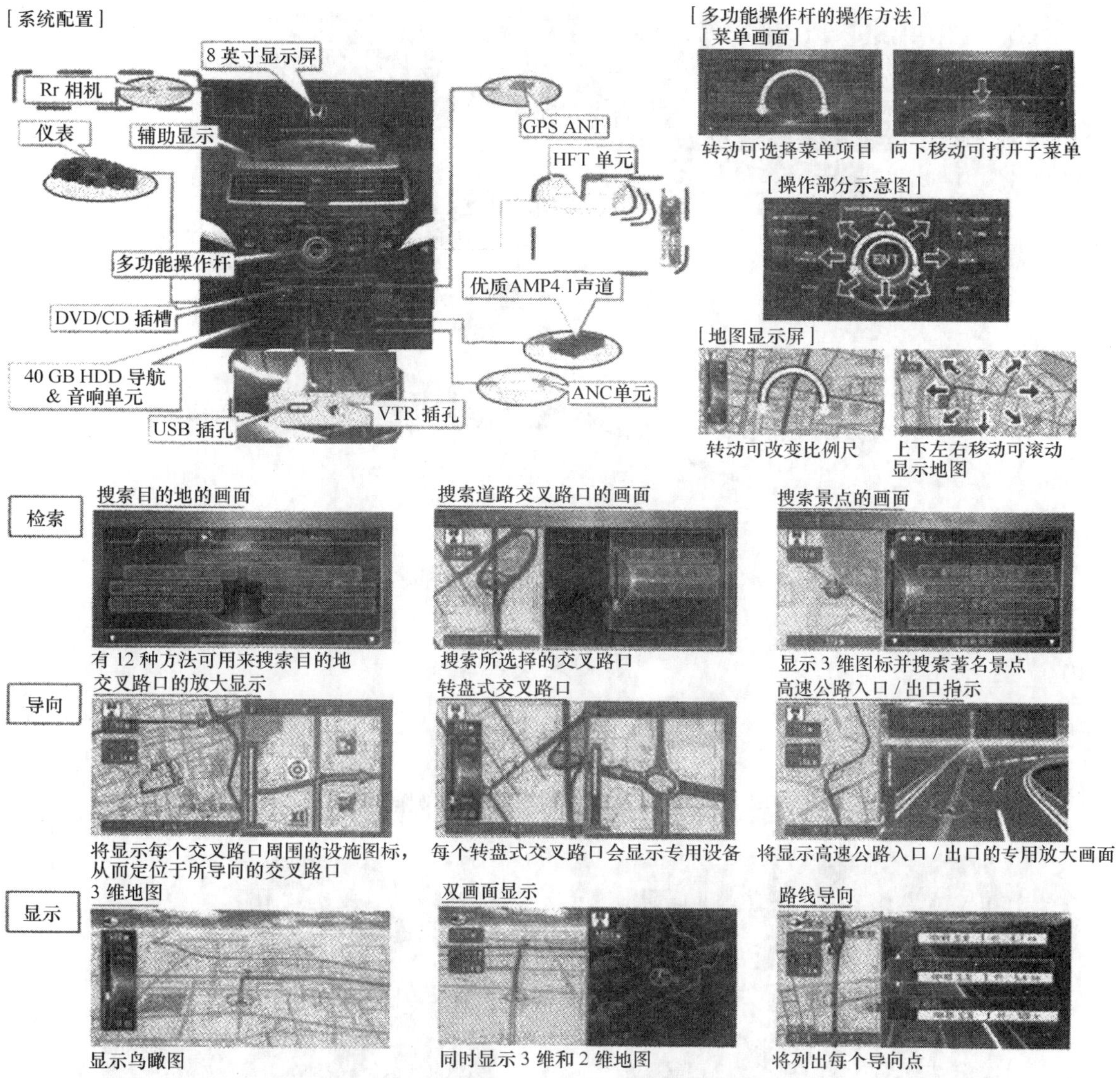

图 11-22　2008 年款雅阁车导航系统及操作指南

的右侧就是电子导航地图，如图 11-25 所示。输入目的地的名称，电子导航地图迅速检索并显示出行车路线。

在行驶中，电子导航的语音提示系统就像一位神通的向导，告诉驾驶人路该怎样走。驾驶人基本上不用看电子导航仪，只要听语音提示就能准确无误地开车前行。需要拐弯时，语音提示系统会在离拐弯处 700m 时提醒一次，这样可以提前并线，保证安全行车；在距拐弯处 300m 时，语音提示系统再提醒一次；到拐弯路口处，语音提示系统会提示驾驶人就在这个路口左拐或右拐。遇到拐弯转盘时，语音提示系统会提示驾驶人在转盘的第几个口左拐或右拐。每次拐弯之后，语音提示系统都会提示驾驶人距下一个拐弯路口的距离，这样，驾驶人可以根据语音提示的路程来控制车速。当拐弯时遇有多个岔口，驾驶人不知如何选择时，电子导航仪马上显示出路口的精确放大图，图上有箭头提示应该走哪条路，只需用余光扫一眼电子导航仪，就能准确无误地驾车驶入要去的方向，轻松自如、准确地引导至目的地。

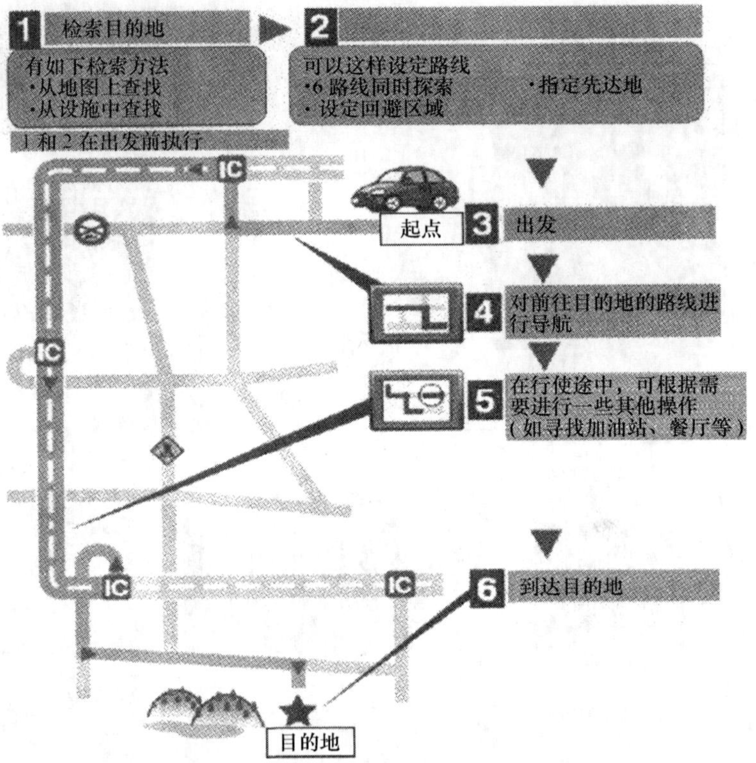

图11-23　从起点到终点的导航操作流程

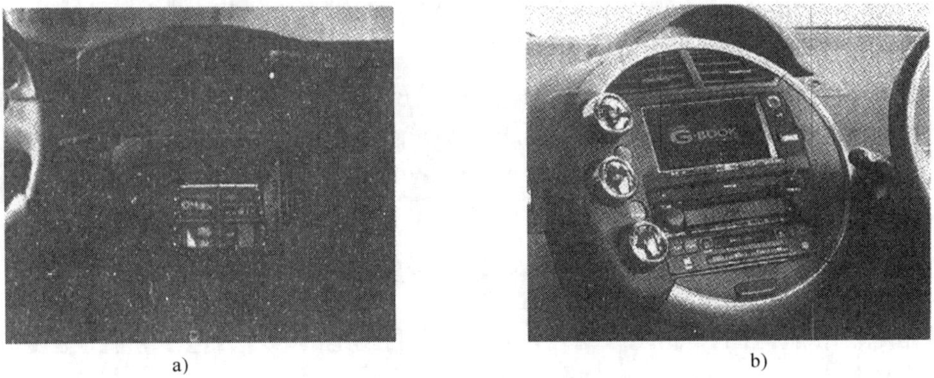
a)　b)

图11-24　内置式车载卫星导航系统

如果在行车的过程中车突然没有油了、车上的人突然生病了、车突然坏了，便可以在导航仪上迅速检索到最近的加油站、医院、汽车修理厂。如果开车到陌生的地方去玩，累了、饿了，也可以迅速地检索到最近的旅馆、餐厅，真是方便至极。

在检索的过程中可以根据拼音检索、设施名检索、电话号码检索、地址检索或邮政编码检索，快捷方便。通过试车，体会到拥有电子导航仪的汽车不仅省心，而且安全方便，增添了驾驶乐趣，代表了未来汽车生活的潮流。

（2）STPⅢ任我行语音车载导航系统　STPⅢ任我行语音车载导航系统，如图11-26所示，是美国 GARMIN 公司与北京合众思壮公司（GARMIN 公司的中国代理）联合在国内推出的产品。

图 11-25　丰田威驰（VIOS）的原装卫星导航系统

图 11-26　STPⅢ任我行语音车载导航系统图

STPⅢ任我行语音车载导航系统具有智能路径选择、全程语音提示、电子地图浏览和卫星定位导航等多种实用功能，预装了 64MB 的中国地图，大屏幕彩色显示（305 像素 × 160 像素），可 24h 全天候使用，方便安装拆卸。

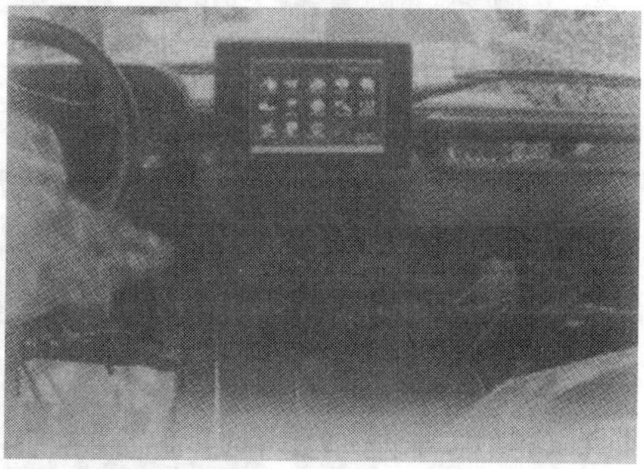

图 11-27　星网迅达 PDC 车载导航系统

（3）星网迅达 PDC 车载导航系统　星网迅达 PDC 车载导航系统如图 11-27 所示。它是集 GPS 智能导航和多功能影音娱乐平台于一体的新型车载导航系统，采用 Windows 操作平台，提供 GPS 导航、智能化选路，支持多种坐标转换，TFT 电容式触摸显示屏使操作更加简便，广视角的 6.4 英寸（in）彩色液晶屏，呈现出高清晰的画面效果，内置的电子抗振线路，具有超强的抗振能力。

此套系统首先为驾车者提供了七位一体的娱乐平台，放碟片、看电视、听音乐、收广播、无线上网、移动办公、KALA-OK 音响等。该系统向下兼容 VCD/CD/MP3/CD-R/CD-RW等碟片，轻松快捷；行车途中，播放 CD 或 MP3 音乐光碟时，营造出完美的音场效果。

（4）NV-XYZ 多媒体车载导航系统　NV-XYZ 多媒体车载导航系统，如图 11-28 所示，它是 SONY 公司的产品。

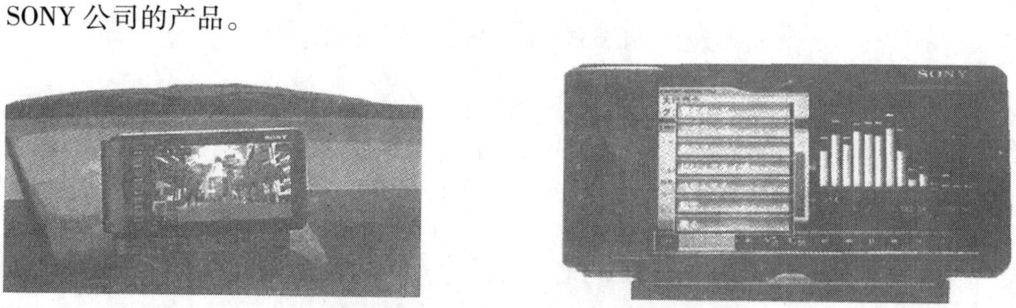

图 11-28　NV-XYZ 多媒体车载导航系统

NV-XYZ 系列的产品均具备了内置式 30GB 硬盘，主要用来装载导航数据；但还可作为图像、音频和视频等多媒体数据的载体，从而使车载导航系统成为一个多媒体娱乐中心。NV-XYZ 多媒体车载导航系统的突出优点除了由于其数据载体为硬盘，数据改写方便快捷外，用户还可通过 USB 接口数据线将导航仪和个人 PC 连接起来，利用因特网在线升级数据，两者的连接通过专门的软件，可支持使用 Windows Me/2000/XP 环境的 PC。SONY 还开辟了专业的网站为用户服务。

（5）AVN5533 车载导航系统　AVN5533 车载导航系统是富士通 ECLIPSE（凌驾）品牌的汽车导航产品。AVN5533 导航系统利用亲切而细致的语音进行导航介绍、引导。它除了导航功能外还集成了 CD、DVD 播放功能和无线电广播接收功能，触摸式荧幕显示不同功能的按键，只需轻触屏幕即可操作，如图 11-29 所示。

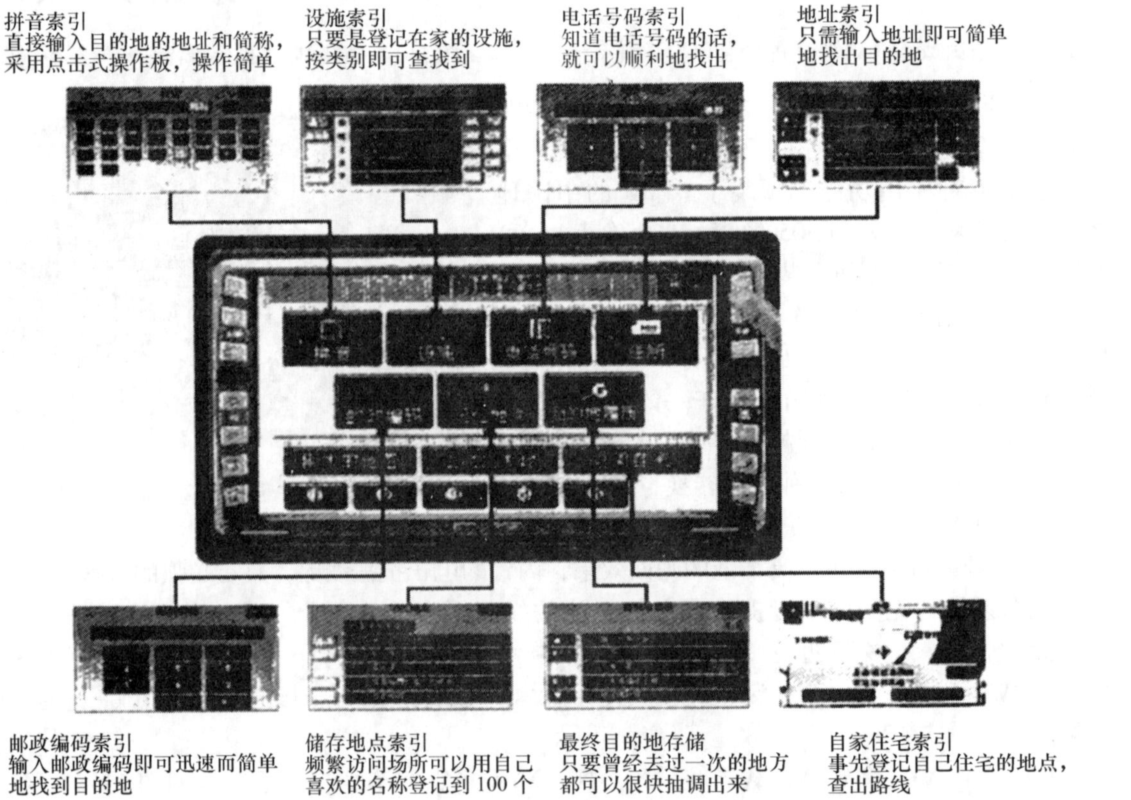

图 11-29　AVN5533 车载导航系统的操作索引图

据称，这套 AVN5533 的导航设备比丰田威驰上装备的导航系统还要先进。其 DVD 部分的高谐波失真率为 0.3%（1kHz、0dB、0.5W 输出时），信噪比（1HF-A）是 85dB（1kHz）；CD 部分的抖晃率在测量极限以下，频率特性：0.02～20kHz；调频调谐器部分的接收频率在 87.5～108MHz；调幅调谐器部分的接收频率为 531～1602kHz；最大输出功率为 50W×4；画面尺寸为 6.5 英寸（in）宽度，即 143.4mm（宽）×79.3mm（高）；电视接收频道：VHF1～12 频道/UHF13～57 频道，采用 PLL 频率合成器方式选台，可预置 8 台电视节目；DSP 部分的信噪比（1HF-A）为 90dB；GPS 天线部分外形尺寸为 34mm（宽）×14mm（高）×

38mm（深）；质量约为 25g（电缆除外）。

（6）奥迪 A6 车载导航系统的连接　不同汽车的车载导航系统因采用的导航技术不同、功能元件有别，所以车载导航系统的连接也因车而异。图 11-30 所示为奥迪 A6 车载导航系统的构造与连接。

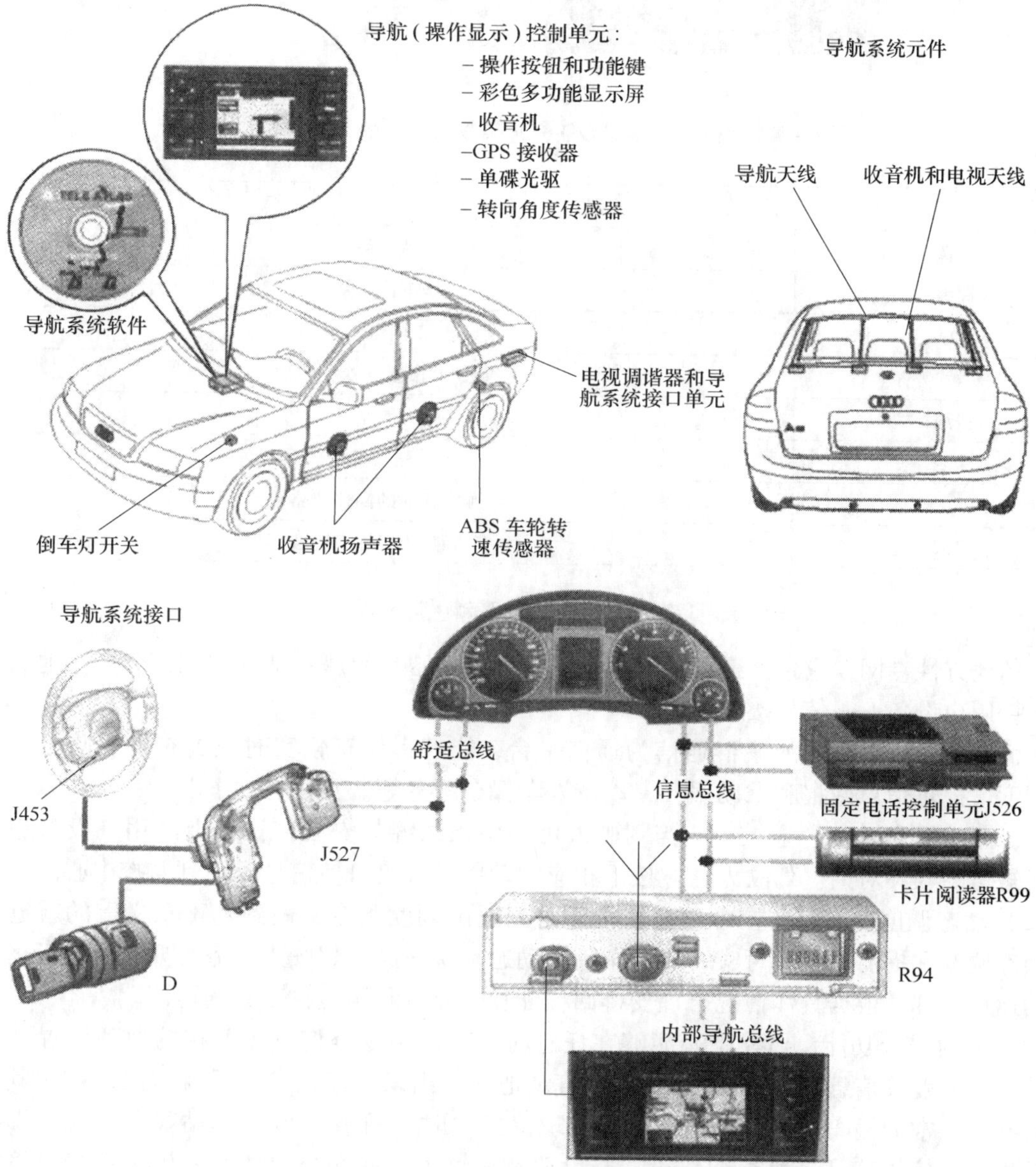

图 11-30　奥迪 A6 车载导航系统的构造与连接

该导航系统还可以接收与显示交通信息频道 TMC 的内容，如图 11-31 所示。

（7）常见的导航道路颜色与导航图标　导航系统常见的导航道路颜色与导航图标如图 11-32 和图 11-33 所示。

5. CDPD 网与车载终端

CDPD 网是车辆管理或使用部门（如交警大队，客运公司，出租车公司，物流公司等）

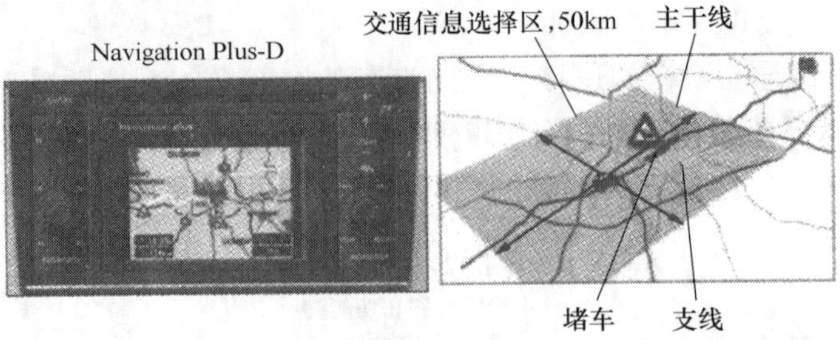

图 11-31 奥迪 A6 车载导航系统接收与显示的 TMC 内容

道路颜色与名称	
深蓝	高速路
深绿	城市快速路
红	国道
黄	省道/城市主（次）干路
浅绿	一般路
深灰	小路/轮渡
浅蓝	预定开通的高速公路
浅灰	私有道路/人行道/其他道路

图 11-32 常见导航道路颜色与名称

所建立的地方性专网，它包括三大部分：空间部分——卫星星座；地面控制部分——地面监控系统；用户设备——信号接收机。

地面监控系统以常规或集群通信为通信平台，能够提供车辆实时位置查询、监控与指挥、调度，提供信息回报和求助服务，以及人车保全服务等。具体有如下功能：

（1）双向通信功能　监控中心与驾驶人可使用该系统与安装在汽车上的用户设备进行通话或短信的收发对话。驾驶人通过按下相应的动作键，也可使信息反馈到监控中心。

（2）动态调度功能　监控中心能在任意时刻发出调度指令，做到真正意义上的就近调度、动态调度和提前调度；可实时掌握车辆的动态，快速满足驾驶人服务需要；可进行运输工具的运行管理，根据具体情况合理安排回程配货，充分利用运输工具的运能。

（3）实时监控功能　监控中心能够在任意时刻发出指令查询汽车所在的地理位置（经度、纬度、速度等信息），并在电子地图上直观地显示出来。车辆出车后就可立即掌握其行踪。若有不正常的偏离、停滞与超速等异常现象发生时，网络 GPS 工作站显示屏能立即显示并发出警告信号，可迅速查询纠正，避免危及人、车、货安全的情况发生，减少经济损失。各有关客户也可登录网络查询货物运送情况，实时了解货物的动态信息，真正做到让客户安心、放心。

（4）数据存储、分析功能　监控中心将运输路线、运行区域，何时到达什么地方等记录在数据库中，以备以后查询、分析使用。可将车辆的有关信息（运行状况、在途信息、运能信息和位置信息等用户关心的信息）让有该权限的用户能在异地方便地获取自己需要的信息。还可对客户索取的信息中的位置信息用相应的地图传送过去，并将运输工具的历史

图标	图标内容
	马兰拉面
	永和大王
	麦当劳
	肯德基
	必胜客
	达美乐
	赛百味
	其他(快餐)
	地方风味与名店
	西餐馆
	酒吧
	咖啡店/茶馆
	24h便利店
	北京华联
	家乐福
	华润
	沃尔玛
	其他(超市)
	百货商场/商城
	国美
	苏宁
	其他(电器商场)
	服装/鞋帽
	体育用品店
	饼屋/糕点
	花卉
	文化用品
	照相/影楼/彩扩
	大专院校
	科研机构
	小区
	出版社
	美容院/理发店

图标	图标内容
	ACURA汽车特约店
	广州本田汽车特约店
	中国石油/中国石化
	壳牌
	美孚
	停车场
	汽车租赁
	星级饭店
	普通旅馆
	度假村/疗养院
	动物园/植物园
	水族馆
	高尔夫球场
	滑雪场
	游乐园
	电影院
	剧场/戏院/音乐厅
	体育场馆
	KARA-OK练歌房
	溜冰场
	夜总会/歌舞厅
	健美/康乐宫
	政府机关
	公安局/派出所
	火车站/轻轨站/磁悬浮
	地铁站
	长途客运站
	机场
	港口/码头
	高速出入口
	高速服务区/停车区
	收费站
	名胜古迹

图标	图标内容
	陵园/公墓
	寺庙/道观
	天主教/其他(教堂)
	伊斯兰教
	美术馆
	博物馆
	资料馆/档案馆
	科技馆
	电台/电视台/制片厂
	文工团/艺术团
	工商银行
	建设银行
	农业银行
	中国银行
	交通银行
	招商银行
	中信银行
	民生银行
	光大银行
	华夏银行
	北京市商业银行
	广东发展银行
	深圳发展银行
	福建兴业银行
	浦东发展银行
	新华人寿保险
	中国人寿保险
	中国太平洋保险
	康泰人寿保险
	平安保险公司
	其他(银行)
	邮政/邮政储蓄

图 11-33　常见的导航图标

轨迹印在上面，使该信息更加形象化。依据资料库存储的信息，可随时调阅每台运输工具以前的工作资料，制作各种不同形式的报表。

被管理与接受服务的车辆上都装有车载终端，即 CDPD 网的网络终端，它保持安装了车载终端的车辆与网管总台的通信联系，从而接受该网提供的包括导航等各种项目的服务。目前，这类车载终端多为 SEG-9888 系列产品，如图 11-34 所示。

1）SEG-9888 系列 1 型车载终端。SEG-9888 系列 1 型车载终端属于大众型。它集 GSM、GPS、汽车防盗、信息服务于一体，提供人车保全，通信与资讯服务，具有 GPS 卫星定位、车载移动电话、网络防盗反劫、信息与求助服务和车辆监控与调度等功能。

2）SEG-9888 系列 3 型车载终端。SEG-9888 系列 3 型车载终端属于客运型。它由车载

a)SEG–9888系列1型　b)SEG–9888系列3型　c)SEG–9888系列4型

d)SEG–9888系列5型　e)SEG–9888系列6型　f)SEG–9888系列7型

g)SEG–9888系列8型　h)SEG–9888系列9型

图 11-34　SEG-9888 系列车载终端

主机、液晶显示终端、2 个彩色摄像头、车票打印机、无线手柄等组成，集 GSM、GPS 图像压缩与传输、售票系统于一体，提供语音通信、售票、票务监管、自动报站、人车保全等服务。可提供计费电话服务，实时位置查询，存储、传输车厢内的图像信息，进行票务监控，自动售票（查询、计价、出票）服务，防盗防劫，人车保全，车辆调度，并可与一卡通联结、实现自动收费。

3）SEG-9888 系列 4 型车载终端。SEG-9888 系列 4 型车载终端也称黑匣型，具有自动采集、存储、发送汽车运行状态的数据，便于汽车制造商或汽车售后服务商为汽车用户提供良好的售后服务，并可具有车载移动电话、防盗反劫进行电话实时位置查询、信息与求助等功能。

4）SEG-9888 系列 5 型车载终端。SEG-9888 系列 5 型车载终端属于专网型，提供车辆的监控与调度，并提供人车保全服务。其功能有：车辆实时位置查询与监控，指挥，调度，人车保全。

5）SEG-9888 系列 6 型车载终端。SEG-9888 系列 6 型车载终端集 CDPD、GPS、汽车防盗、条码扫描揽收于一体，提供上门揽收、调度、人车保全、信息与求助报务等功能。

6）SEG-9888 系列 7 型车载终端。SEG-9888 系列 7 型车载终端集 GSM、GPS、BP、汽

车防盗等于一体，提供人车保全、监控调度、信息服务，具有电召调度，实时位置查询、车载移动电话、信息与求助报务等功能。

7）SEG-9888 系列 8 型车载终端。SEG-9888 系列 8 型车载终端集 GSM、GPS 于一体，提供车辆监控调度和信息回报等服务，适用于物流方面的货运等车辆，同时亦适用于急救、消防、电力等工程管理车辆。其功能有：一次或多次实时回报，定时回报地理位置信息，移动电话功能，信息与求助报务。

8）SEG-9888 系列 9 型车载终端。SEG-9888 系列 9 型车载终端集 GPS 车载终端、PDA 于一体，可提供自助导航、车载移动电话和人车保全等服务。

11.3　汽车定位和导航通信系统诊断与检修

11.3.1　汽车定位和导航通信系统诊断与检修方法

以宝来乘用车导航系统为例介绍车载导航系统的故障诊断与检修。宝来乘用车的导航系统配备有 RDS 无线电接收器、5 英寸（in）彩色液晶显示屏、带有 GPS 卫星接收器及导航系统的 CD-ROM 驱动器，还带有高质量 RDS 汽车收音机。所以，该系统不但具有卫星导航功能还兼备收音机的功能。

导航收音机系统装备有电子防盗设备，如果电子防盗保护装置被激活，当收音机和点火开关打开时，发光二极管闪亮；当导航系统接通后，发光二极管熄灭，表明系统已准备好可以使用。导航系统的结构如图 11-35 所示。

1. 导航系统的故障诊断

导航系统的故障诊断可以采用 V. A. G1551 和 V. A. G1552 以及 V. A. S5051 进行，检测仪器的连接如图 11-36 所示。

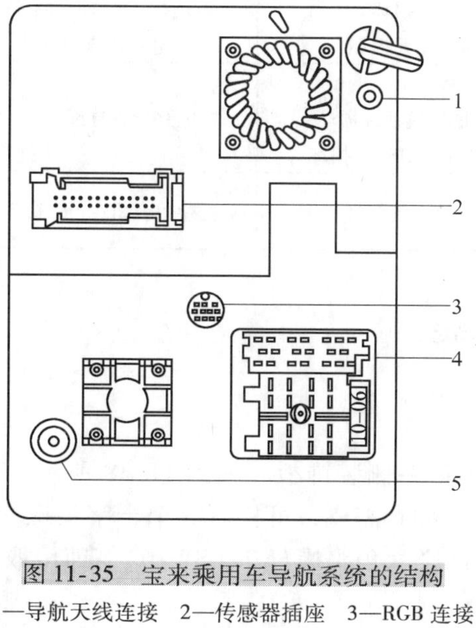

图 11-35　宝来乘用车导航系统的结构

1—导航天线连接　2—传感器插座　3—RGB 连接
4—多孔插头　5—收音机天线连接

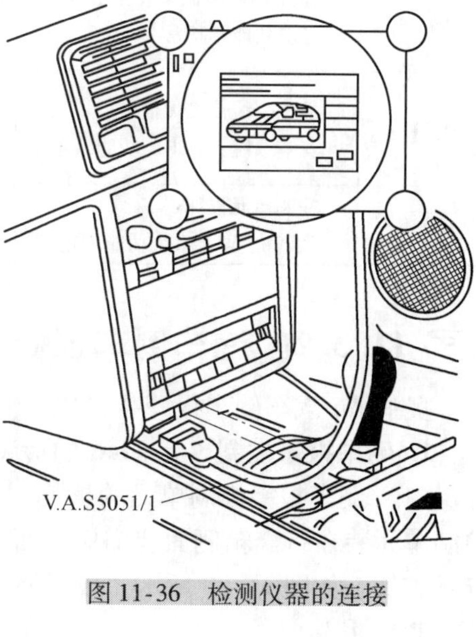

图 11-36　检测仪器的连接

将检测仪器的插接头接到汽车的自诊断接口上，检查电路熔丝和供电电压正常后打开点火开关，按“1”键选择“快速数据传递”模式后，输入导航地址码“37”，可对导航系统进行故障诊断和读取故障码。宝来乘用车导航系统的故障码与含义如表11-1所示。

2. 导航系统的检修

查出导航系统的故障码后，按表11-1所列出的故障原因与排除方法进行检修。

在拆装导航系统时应采用厂家提供的专用脱扣工具T10057。

将专用工具插入上下四角的狭缝内（注意方向），直到工具被卡住，拉动专用工具上的拉环，将收音机/导航系统从仪表板中拉出，断开连接，取出部件。按动侧面的锁止片，向外将各专用工具拉出。

安装时，先连接插头，然后将收音机/导航系统推入组合仪表板，直到定位于装配框架内。

表11-1 宝来乘用车导航系统的故障码及含义

故障码	症状与现象	故障原因	故障排除
00668	接线柱30电压信号太弱导航功能不全	1. 蓄电池电压低于9.5V 2. 蓄电池不能充电 3. 蓄电池损坏 4. 直流发电机损坏	1. 检查蓄电池 2. 必要时充电 3. 检查直流发电机
00854	组合仪表上收音机频率显示输出无法通信，在收音机/导航系统和组合仪表之间没有数据传递	1. 导线断路 2. 收音机/导航系统损坏 3. 组合仪表损坏	1. 按电路检查导线 2. 让组合仪表自诊断 3. 更换组合仪表 4. 更换导航系统
00862	导航天线（GPS）R50/R52断路/短路/对地短路 导航功能不正常	1. 导线断路 2. 导航天线（GPS）损坏	1. 按电路检查导线 2. 检查导航天线 3. 更换导航系统
00867	连接ABS控制单元无信号 导航功能不正常	1. 导线断路 2. ABS传感器损坏 3. ABS控制单元损坏	1. 进行车轮脉冲数/轮胎自适应 2. 进行ABS处诊断 3. 按电路检查导线
01311	数据总线信息无信号 音响系统（DSP）功能不正常	1. 导线断路 2. 收音机/导航系统损坏 3. 音响系统（DSP）损坏	按电路检查导线
65535	控制单元损坏 收音机/导航系统功能不正常	收音机/导航系统损坏	更换收音机/导航系统

11.3.2 汽车倒车报警器的拆装

奥迪A6汽车倒车报警装置如图11-37所示。

1. 倒车报警控制单元J446的拆装

（1）倒车报警控制单元的拆卸 拆下行李箱左侧装饰板。如图11-38所示，倒车报警控制单元装在行李箱侧面装饰板下面的支架上。如有需要，可松开3个十字头螺栓3，以便拧下支架。如图11-39所示，拔下插头，松开两个六角头螺母2（SW10），即可取下倒车报警控制单元1。

（2）倒车报警控制单元的安装 倒车报警控制单元的安装按与拆卸相反的顺序进行。

2. 倒车报警蜂鸣器 H15 的拆装

（1）倒车报警蜂鸣器的拆卸　如图 11-40 所示，倒车报警蜂鸣器在后搁板下行李箱隔板上。拆下后搁板，拔下插头，拧下两个组合钢板螺栓，从行李箱隔板上向上取下蜂鸣器。

（2）倒车报警蜂鸣器的安装　倒车报警蜂鸣器的安装按与拆卸相反的顺序进行。

3. 倒车报警传感器的拆装

（1）倒车报警传感器的拆卸（带挂车接合装置的车）　不拆下保险杠，从下面即可够着超声波传感器。为了拆下内侧的传感器，需要第二个人来协助。

如图 11-41 所示，拔下传感器插头。压下侧面的两个定位凸块（图中箭头），第二个人应向里压传感器，从里面取下超声波传感器。

（2）倒车报警传感器的拆卸（不带挂车接合装置的车）　拆下保险杠。如图 11-41 所示，拔下传感器插头。压下侧面的两个定位凸块（图中箭头），从外向里压传感器，从里面取下超声波传感器。

图 11-37　倒车报警装置示意图

1—倒车报警控制单元 J446　2—倒车报警蜂鸣器 H15　3—倒车报警传感器

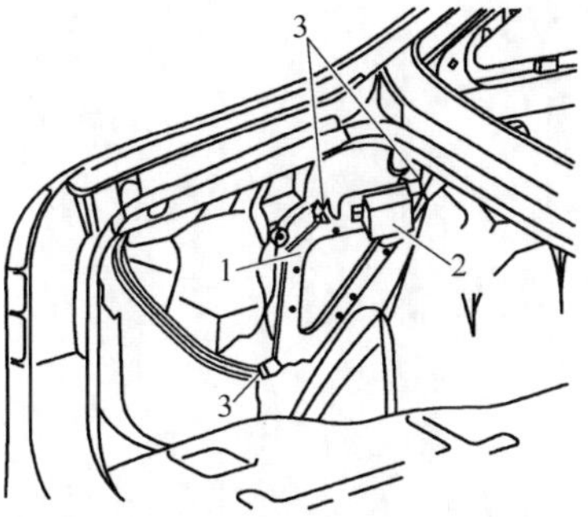

图 11-38　倒车报警控制单元

1—支架　2—倒车报警控制单元　3—十字头螺栓

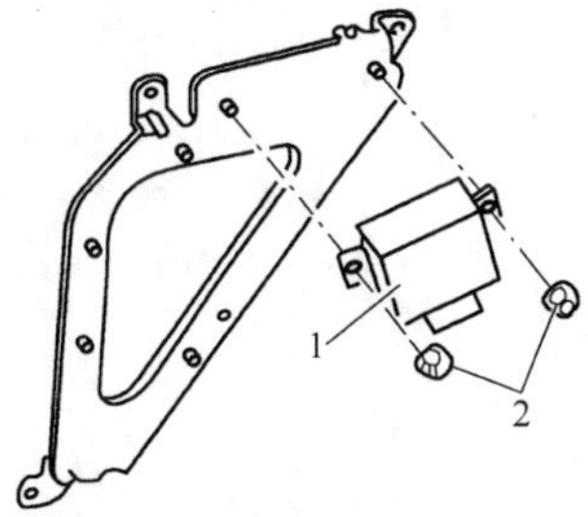

图 11-39　拆卸倒车报警控制单元

1—倒车报警控制单元　2—六角头螺母

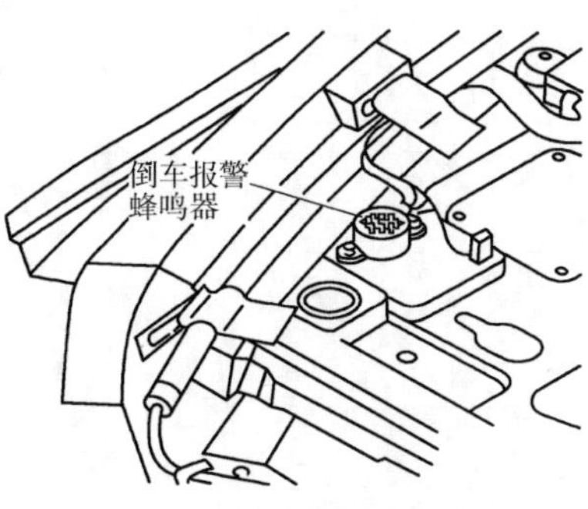

图 11-40　拆卸倒车报警蜂鸣器

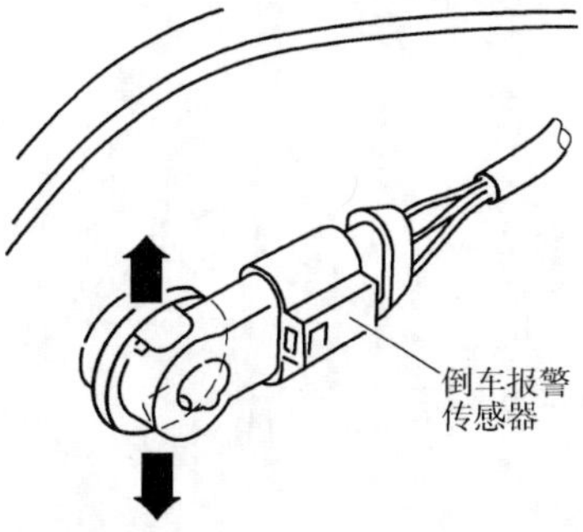

图 11-41　拆卸倒车报警传感器

（3）倒车报警传感器的安装 倒车报警传感器的安装按与拆卸相反的顺序进行。

练习与思考题

一、填空题

1. 汽车导航的目的就是__________汽车在繁忙的交通状态和复杂的道路网络中__________的路径，使其能在尽量短的__________和__________内到达目的地。

2. GPS导航定位系统装置包括__________、__________等。

3. 全球卫星定位系统安装在汽车上，可即时定位、__________、__________、__________、__________、遥控断油断电、遥控开锁车门、蓄电池欠电压报警。

4. 倒车雷达由__________、__________和指示部分组成。

5. 倒车雷达主机的核心是__________。

6. 车载卫星导航系统可分为__________和__________。

二、简答题

1. 汽车定位和导航通信系统具有哪些功能？

2. 常用的汽车定位和导航通信系统有哪些？

3. 汽车定位和导航通信系统在使用时应注意哪些事项？

第12章

汽车座椅自动控制系统原理与检修

基本思路：

汽车座椅自动控制系统的执行器都是位置调整电动机及其传动结构；传感器以位置传感器和开关为主，基本结构和原理我们都比较熟悉，对汽车座椅自动控制系统的学习，一条是力的传动路线，另一条是电的流动路线，以这两条线为基础来分析和研究，汽车座椅自动控制系统的问题就不难解决。

12.1 汽车座椅自动控制系统概述

汽车座椅是为驾驶人提供便于操作、舒适而又安全的驾驶位置；为乘员提供不易疲劳、舒适而又安全的乘坐位置。它从以前的固定式座椅发展到今天的多功能自动调节座椅，到20世纪80年代又出现了气垫座椅、电热座椅、立体音响座椅、恢复精神座椅等特种功能的座椅。到目前为止，大部分高档乘用车的座椅采用电脑控制调节。此外，在座椅中还附加了一些特种功能的装置，例如，在气垫座椅上使用电动气泵，对各个专用气袋（腰椎支撑气袋、侧背支撑气袋、座位前部的大腿支撑气袋）进行充气，起到调节支撑腰椎、侧背和大腿的作用，对人的强身健体具有良好的效果。

12.1.1 汽车座椅自动控制系统的基本组成

普通电动座椅由若干个双向电动机、传动装置及控制开关等部分组成，如图12-1所示。每个电动机可进行双向动作控制，电动机通电后，其输出动力经传动装置传至电动座椅，从而对座椅的不同位置进行调节。

如图12-2所示，自动座椅的基本结构及驱动方式与普通电动座椅相似，不同之处是附加了一套电子控制系统。电子控制系统有两套控制装置，一套是手动的，它包括电动座椅开关、腰垫开关、腰垫电动机以及一组座椅位置调整电动机等，根据需要通过相应的座椅开关和腰垫开关来调整，此套控制方式与普通电动座椅完全相同；另一套是自动的，它包括一组位置传感器、储存和复位开关、ECU 及与手动系统公用的一组座椅位置调整电动机。此套装置可以根据位置传感器的信号将座椅位置储存起来，以备下次恢复座椅位置时使用。两套装置驾驶人可以根据不同需要，通过操纵储存与复位开关选择使用。

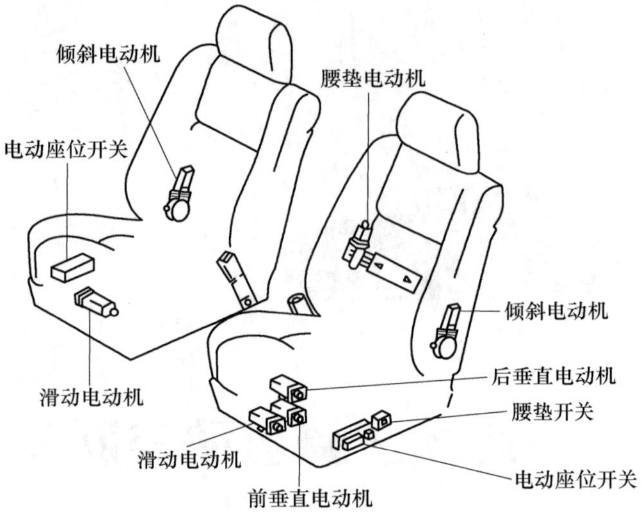

图 12-1 普通电动机座椅

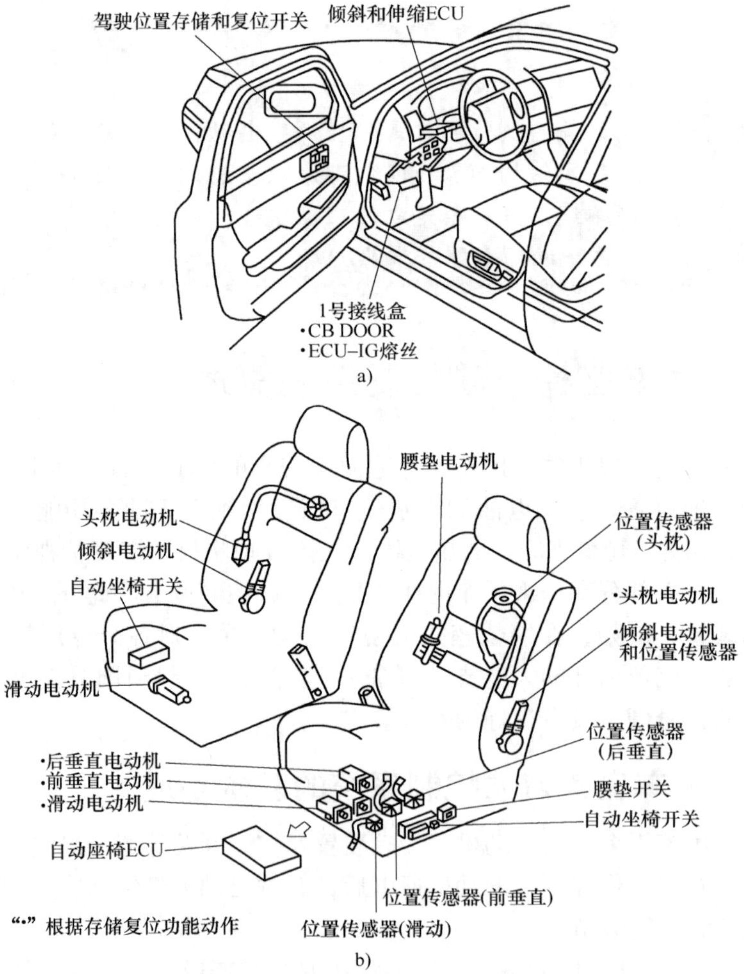

图 12-2 自动座椅控制装置在车上的布置

12.1.2　汽车座椅自动控制系统的基本功能

自动座椅是带存储功能的电动座椅，它是人体工程与电子技术相结合的产物，它能自动适应不同体型的乘员乘坐舒适性的要求。该座椅的调整装置除能改变座椅的前后、高低、靠背倾斜及头枕等的位置外，还能存储座椅位置的若干个数据（或信息），只要乘员一按按钮，就能自动调出座椅的各个位置，如果此时不符合存储数据（或信息）的乘员乘坐，汽车便发出蜂鸣声响信号，以示警告。这种座椅首先在 1983 年日本日产（NISSAN）和丰田（TOYOTA）公司的公爵牌和皇冠牌轿车上使用，现已在中高档轿车中广泛采用。

汽车座椅一般应满足以下几点：

1）座椅在车厢内的布置要合适，尤其是驾驶人的座椅，必须处于最佳的驾驶位置。

2）按人体工程学的要求，座椅必须具有良好的静态与动态舒适性。其外形必须符合人体生理功能，在不影响舒适性的前提下，力求美观大方。

3）座椅应采用经济的结构，尽可能地减少质量。

4）座椅是支撑和保护人体的构件，必须十分安全可靠，应具有充分的强度、刚度与耐久性。对可调的座椅，要有可靠的锁止机构，以保证安全。

5）座椅应有良好的振动特性，能吸收从车厢地板传来的振动。

6）座椅应具有各种调节机构，为适应不同驾驶人、乘员在不同条件下获得最佳驾驶位置与提高乘坐舒适性创造条件。

12.2　汽车电动座椅主要零部件的结构及工作原理

12.2.1　汽车电动座椅电动机和加热器的结构及工作原理

电动座椅的电动机一般为永磁性直流电动机，有单电动机驱动的，但大多数采用多电动机驱动。利用开关可控制流经电动机的电流方向，从而使电动机有两个转动方向，以实现座椅在某两个方向上的调整，其控制电路如图 12-3 所示。该座椅共设置了滑动电动机、前垂直电动机、倾斜电动机、后垂直电动机及腰垫电动机，分别对座椅前后滑动、前部上下移动、靠背前后倾斜、后部上下移动及腰椎前后十个方向进行调节。

当电动座椅需要向前移动时，开关置于前进位，即图 12-3 中 11 位端子置于左位，因而使滑动电动机正向通电，电动机正转，座椅向前滑动。其控制回路为：蓄电池正极→FLALT→FLAMI→DOOR CB→14 端子→11 端子→1（2）端子→滑动电动机→2（1）端子→11 端子→13 端子→搭铁→蓄电池负极。

当电动座椅需要向后移动时，12 位端子置于右位，滑动电动机反向通电，电动机反转，座椅向后滑动。其控制电路为：蓄电池正极→FLALT→FLAMI→DOOR CB→14 端子→12 端子→2（1）端子→滑动电动机→1（2）端子→11 端子→13 端子→搭铁→蓄电池负极。其他方向调整的工作原理完全相同。

座椅加热控制：为了改善驾驶人和乘客乘坐的环境，在一些轿车上设置了座椅加热系

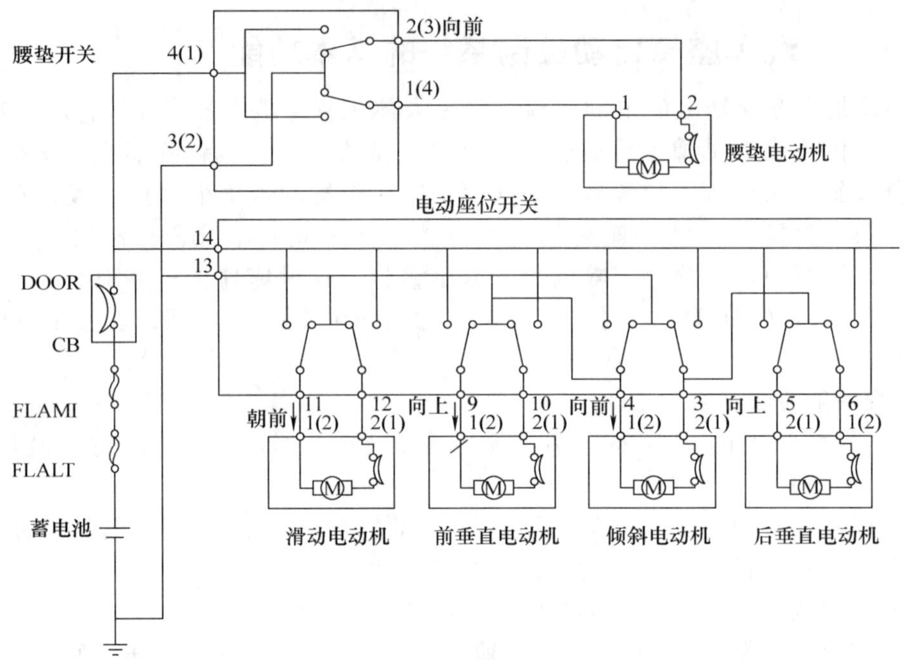

图 12-3　普通电动座椅控制电路图

统。图 12-4 所示为广州本田雅阁轿车的座椅加热系统控制电路。此系统在驾驶人和乘客座椅上各设置了一套加热器和相应的加热器控制开关，两加热器及加热器开关结构完全相同，加热器开关有 6 个接线端子。

加热器的工作过程如下：

1）加热器开关处于断开位置时，加热系统不工作。

2）加热器开关处于高位置时，加热系统处于快速加热状态。控制回路为：蓄电池正极→熔断器→座椅加热继电器→加热器开关 6 端子（两个）→4 端子→座椅加热器 1 端子（或

↗座椅靠背加热线圈↘
3端子）→断电器→节温器　　　　　　　　→搭铁→蓄电
↘座椅垫加热线圈→2端子→5端子→3端子↗

池负极，由于座椅垫及靠背线圈并联加热，故加热速度快。与此同时，高位指示灯通电发光。

3）加热器开关处于低位置时，加热系统处于缓慢加热状态，控制回路为：蓄电池正极→熔断器→座椅加热继电器→加热器开关 6 端子（两个）→5 端子→座椅加热线圈→靠背加热线圈→3 端子→搭铁→蓄电池负极。由于座椅垫及靠背线圈串联加热，故加热速度缓慢。与此同时，低位指示灯通电发光。

12.2.2　汽车座椅自动控制系统主要零部件的结构及工作原理

座椅的自动控制电路如图 12-5 所示。其动作方式有座椅前后滑动调节、座椅前部的上下调节、座椅后部的上下调节、靠背的倾斜调节、头枕的上下调节及腰垫的前后调节等。其中腰垫的前后调节是通过腰垫开关和腰垫电动机直接控制的，并无存储功能。驾驶人通过操

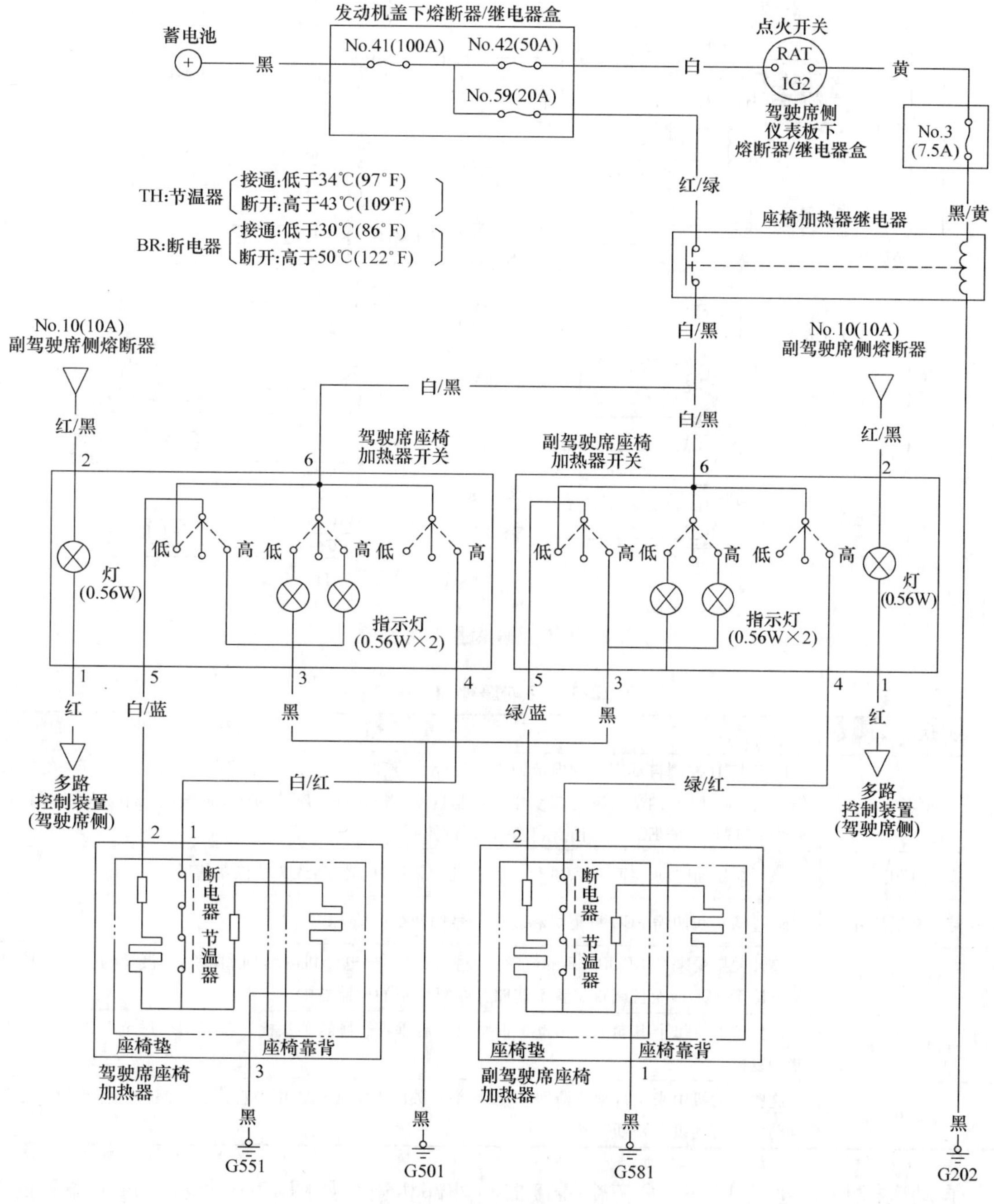

图 12-4　座椅加热系统控制电路

纵电动座椅开关可以控制其余的五种调整。当座椅位置调好后，按下储存和复位开关，电控装置就把各位置传感器的信号储存起来，以备下次恢复座椅位置时再用。当下次使用时，只要一按位置储存和复位开关，座位 ECU 便驱动座椅电动机，将座椅调整到原来位置。控制系统中各装置的功能如表 12-1 所示。

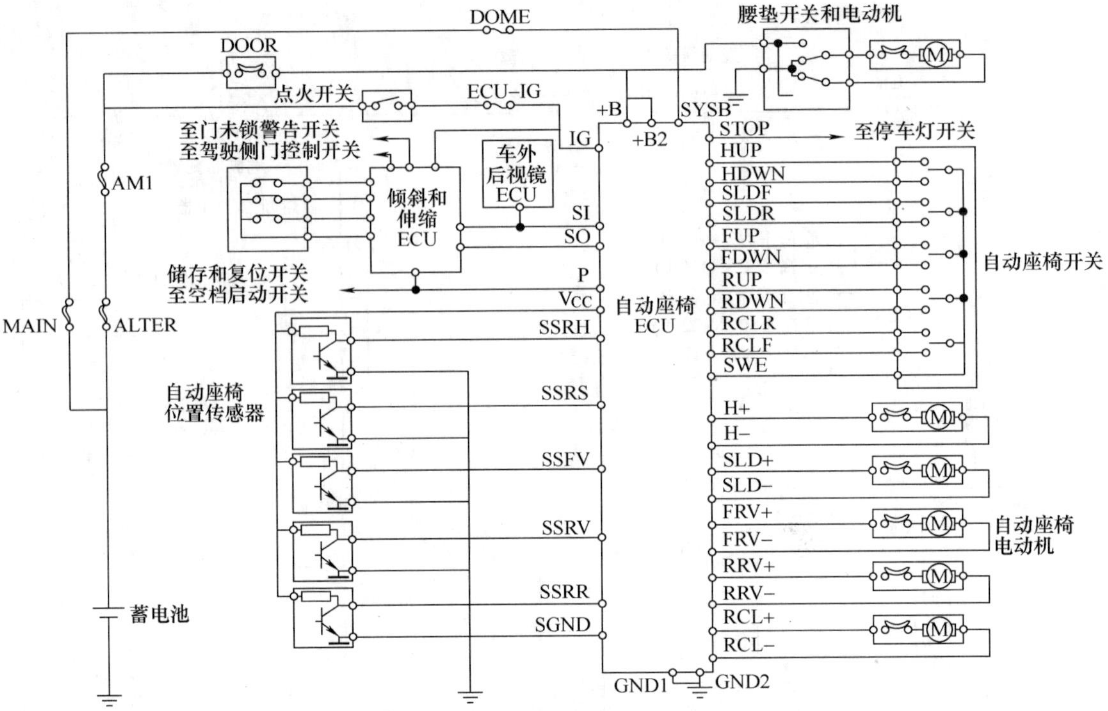

图 12-5　自动座椅控制电路图

表 12-1　自动座椅控制装置

装置名称	功　　能
ECU	座椅 ECU 控制自动座椅的电流通断、存储执行和复位动作。当收到来自自动座椅开关的输入信号后，在 ECU 内部的继电器动作，控制自动座椅运动。座椅的存储和复位由电驱动的倾斜和伸缩 ECU 与座椅 ECU 之间的相互联系进行控制
自动座椅开关	该开关接通时向 ECU 输入滑动、前垂直、后垂直、倾斜或头枕位置信号
位置储存和复位开关	通过倾斜和伸缩 ECU 将记忆和复位信号输送给座椅 ECU
腰垫开关	该开关接受来自 DOOR CB 的电源。直接控制腰垫电动机的转向和电流的接通与关断。该开关不接至 ECU，而且调整位置不能储存在复位用的存储器中
位置传感器	该传感器将每个电动机（滑动、前垂直、后垂直、倾斜和头枕）位置信号送至 ECU，用做存储和复位
电动机	这些电动机由来自自动座椅 ECU 或腰垫开关的电流驱动，用来直接驱动座椅的各部分。每个电动机具有内设电路断路器

自动座椅 ECU 通过 A、B、C 三个插接器与外部相连，如图 12-6 所示，每个端子的名称如表 12-2 所示。

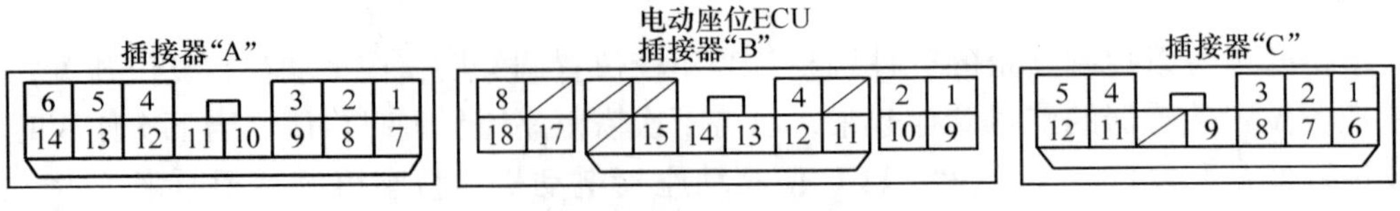

图 12-6　自动座椅 ECU 插接器

表　12-2

编号	代号	端子名称	编号	代号	端子名称	编号	代号	端子名称
A1	GND	搭铁	B2	SYSB	电源	B17	SO	串行通信
A2	H +	头枕电动机（向上）	B3	—	—	B18	SGND	传感器搭铁
A3	SLD +	滑动电动机（向前）	B4		头枕传感器	C1	HUP	头枕开关（向上）
A4	FRV +	前垂直电动机（向上）	B5	—	—	C2	SLDE	滑动开关（向前）
A5	RRV +	后垂直电动机（向上）	B6	—	—	C3	RCLR	倾斜开关（向后）
A6	+ B	电源	B7	—	—	C4	FUP	前垂直开关（向上）
A7	GND2	搭铁	B8	SI	串行通信	C5	RUP	后垂直开关（向上）
A8	H –	头枕电动机（向下）	B9	P	空档起动开关	C6	SWE	手动开关搭铁
A9	SLD –	滑动电动机（向后）	B10	VCC	位置传感器电源	C7	HDWN	头枕开关（向下）
A10	BCL –	倾斜电动机（向下）	B11	IG	点火开关	C8	SLDR	滑动开关（向后）
A11	RCL +	倾斜电动机（向上）	B12	SSRR	倾斜传感器	C9	RCLF	倾斜开关（向前）
A12	FRV –	前垂直电动机（向下）	B13	SSRV	后垂直传感器	C10	—	—
A13	RRV –	后垂直电动机（向下）	B14	SSFV	前垂直传感器	C11	FDWN	前垂直开关（向下）
A14	+ B2	电源	B15	SSRS	滑动传感器	C12	RDWN	后垂直开关（向下）
B1	STOP	停车灯	B16	—	—		—	—

图 12-7 所示为具有八种功能的自动（调节）座椅，图 12-8 所示为一种多功能自动座椅的调节机构。

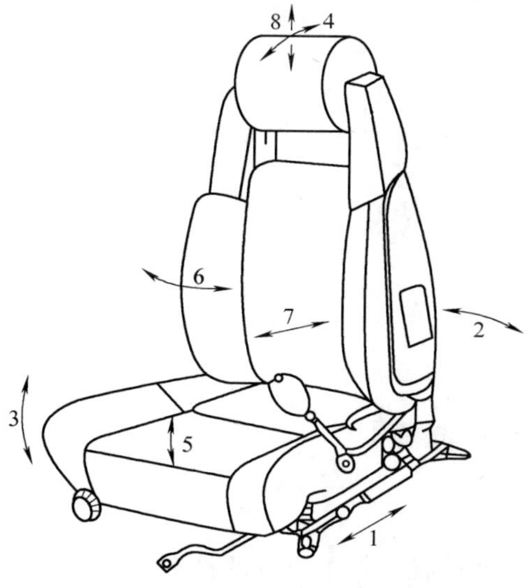

图 12-7　八种功能的自动座椅

1—前后调节　2—靠背倾斜调节　3—上下调节　4—头枕前后调节　5—座椅前部调节　6—侧背支撑调节　7—腰椎支撑调节　8—头枕上下调节

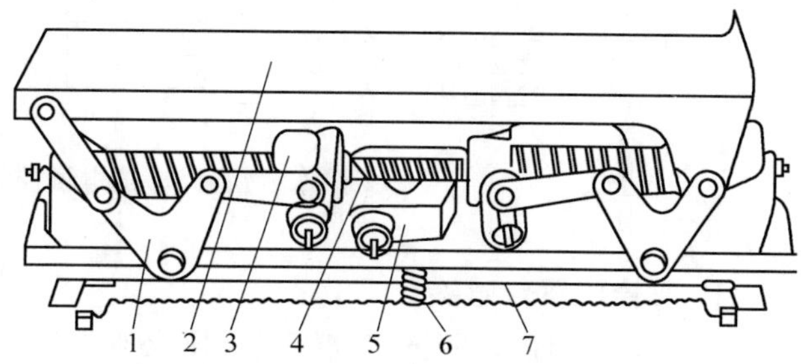

图 12-8　多功能自动座椅调节机构

1—连接板　2—固定托架　3—升降啮合螺母　4—升降起重螺母　5—水平移动器　6—驱动器齿轮　7—齿条

自动座椅电子控制系统电路原理图如图 12-9 所示，它由座椅位置传感器、电子控制器 ECU 和执行机构的驱动电动机三部分组成。传感器包括位置传感器、后视镜位置传感器、安全带扣环传感器以及转向盘倾斜传感器等；ECU 包括输入接口、电脑 CPU 和输出处理电路等；执行机构主要包括执行座椅调整、后视镜调整、安全带扣环以及转向盘倾斜调整等微电动机，而且这些电动机均可灵活地进行正、反转，以执行各种装置的调整功能。另外，该系统还备有手动开关，当手动操作开关时，各驱动电动机电路也可接通，输出转矩而进行各种调整。

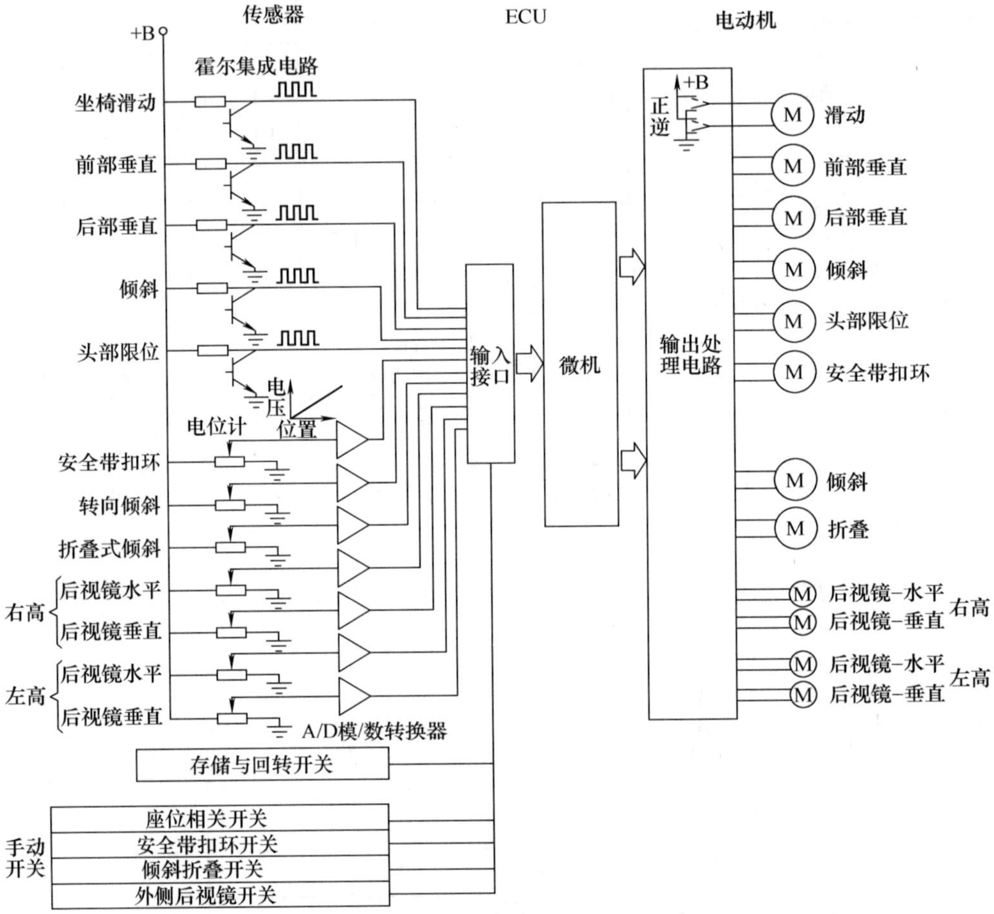

图12-9 自动座椅电子控制系统电路原理图

1. 座椅位置传感器

要实现座椅位置的记忆与恢复，则必须有座椅位置传感器。它主要有两种形式，一种是滑动电位器式，如图12-10所示。另一种是霍尔式，如图12-11所示。滑动电位器式位置传感器主要由座椅电动机驱动的齿轮、电阻丝以及在其上滑动的滑块组成。它的工作原理是，当电动机驱动座椅的同时，也驱动齿轮2带动螺杆，驱动滑块1在电阻丝3上滑动，从而将座椅位置信号转变成电压信号输入给ECU。

霍尔式位置传感器主要由永久磁铁、霍尔集成电路等组成。永久磁铁安装在由电动机驱动的转轴上，由于转轴的旋转而引起通过霍尔元件磁通量的变化，从而霍尔元件产生霍尔电压，再经霍尔集成电路进行放大并处理，然后取出旋转的脉冲信号输入ECU。

2. 自动座椅位置记忆与复位的工作原理

图12-12所示为自动座椅位置的记忆与复位控制流程图。

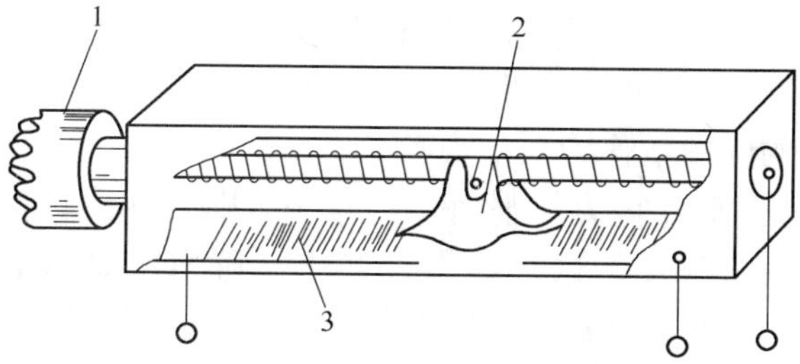

图 12-10　滑动电位器式自动座椅位置传感器结构图

1—滑块　2—齿轮（电动机驱动）　3—电阻丝

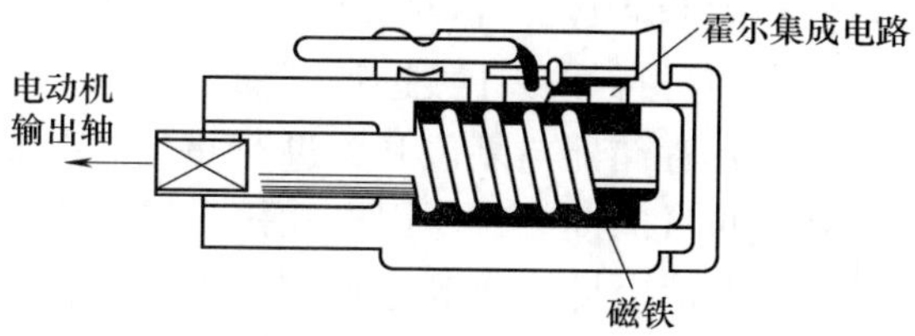

图 12-11　霍尔式自动座椅位置传感器结构图

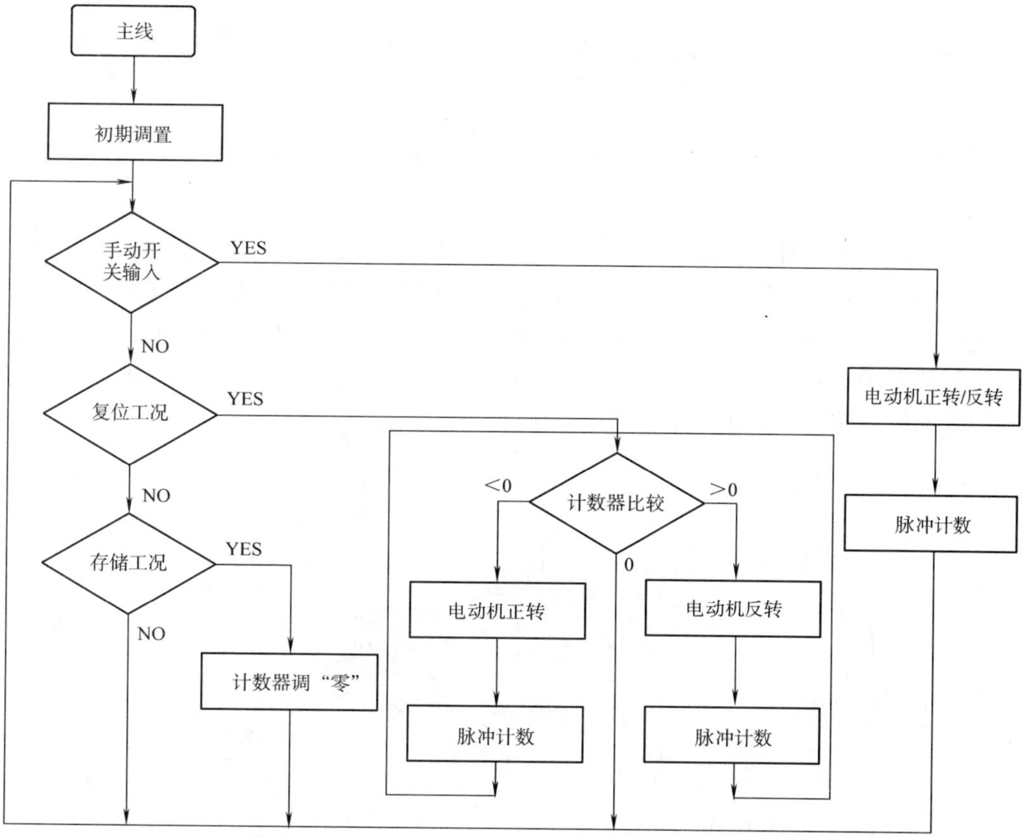

图 12-12　自动座椅位置记忆与复位控制流程图

如果座椅滑板的滑动量约为 240mm，则位置传感器的霍尔集成电路对应于约 0.6mm 滑动量时，输出 1 个脉冲。利用存储与复位开关进行存储操作，若座椅位置调整好后，按下此开关，ECU 内存的脉冲计数器便调为零，以此存储座椅状态，并作为座椅和传感器位置信号计数的基准，即座椅位置在此前，脉冲数大于 0，在此后，脉冲数小于 0。随后若未采用复位功能自动调节，而是从手动开关输入，电动机正转或反转，座椅在此基准位置上向前或向后移动，ECU 对位置传感器输出的脉冲进行计数。对于输出脉冲，当给电动机提供正转信号时脉冲加法计数，座椅前移，而反转时脉冲做减法计数，座椅后移。这样，就可以获知当前传感器滑动的位置和调整时座椅的相对位置，但只要不按下存储与复位开关，ECU便将此位置脉冲数进行存储（若按下，调置为零。若下次仍是手动开关输入，ECU便将内存的脉冲数进行加减计数运算，随后存储一个新的脉冲数作为当前内存）。

利用存储器与复位开关进行重复操作时，若ECU内存的脉冲数大于0，则当前位置位于存储位置的前侧，所以电动机反转，座椅向后方移动，这一动作一直持续到ECU计数脉冲数为零时，即一直到达存储位置为止；若ECU内存的脉冲数小于0，则座椅向前侧移动，直到ECU计数脉冲数为零，到达存储位置为止。

位置传感器采用电位计方式时，输出模拟电压，利用模/数转换器，进行数据变换处理。利用电位计可以检测实际移动的位置，所以，该计数器的比较电路与前述不同，但其控制流程相同。

12.3 汽车座椅自动控制系统诊断与检修

12.3.1 汽车座椅自动控制系统诊断与检修方法

1. 自动座椅的使用

图12-13所示为一种汽车自动座椅控制装置在车上的布置示意图。图12-13a为安装在驾驶人座椅左侧的存储/复位开关和调整开关，如果两人驾驶或两人交换座位并带存储时，可利用此处的开关进行单键操作，以恢复自身座位的功能。在按住“SET”开关的同时，按住存储与复位开关“1”和“2”，ECU就把座椅各调整位置进行存储，其前提条件是将自动变速器的变速杆置于停车档P位，否则调整电路不能接通。

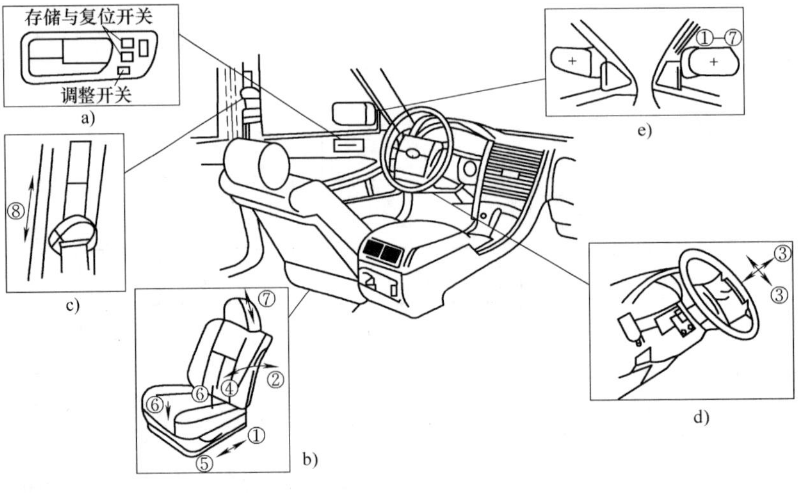

图12-13　自动座椅的操纵布置示意图

图12-13b是座椅进行自动调整的示意图。其中①、⑤为座椅前后水平调整，②、④为靠背倾斜角的调节，⑥是座椅和扶手的上下（垂直）调整，⑦为头枕位置的调整。

图12-13c、d、e分别表示安全带扣环、转向盘倾斜、后视镜位置的调节。

自动座椅位置的存储与复位情况如下：

当点火开关接通，自动变速器变速杆置于P位时，只要按住存储与复位开关1或2，即可重复被存储的信息（或状态），其重复过程是按图中序号①→⑦顺序进行的，即先将座椅向后滑动→靠背后倾→转向盘上下倾斜→座椅和安全带扣环上下调节→座椅头枕位置上下调整（注：外后视镜的重复动作与①→⑦的顺序无关）。

2. 自动座椅的故障诊断检测

以 LS400 轿车为例，其控制电路如图 12-14 所示，当出现故障时，可按如下步骤进行诊断：

1）详细询问用户故障发生的现象、日期及频次等内容。

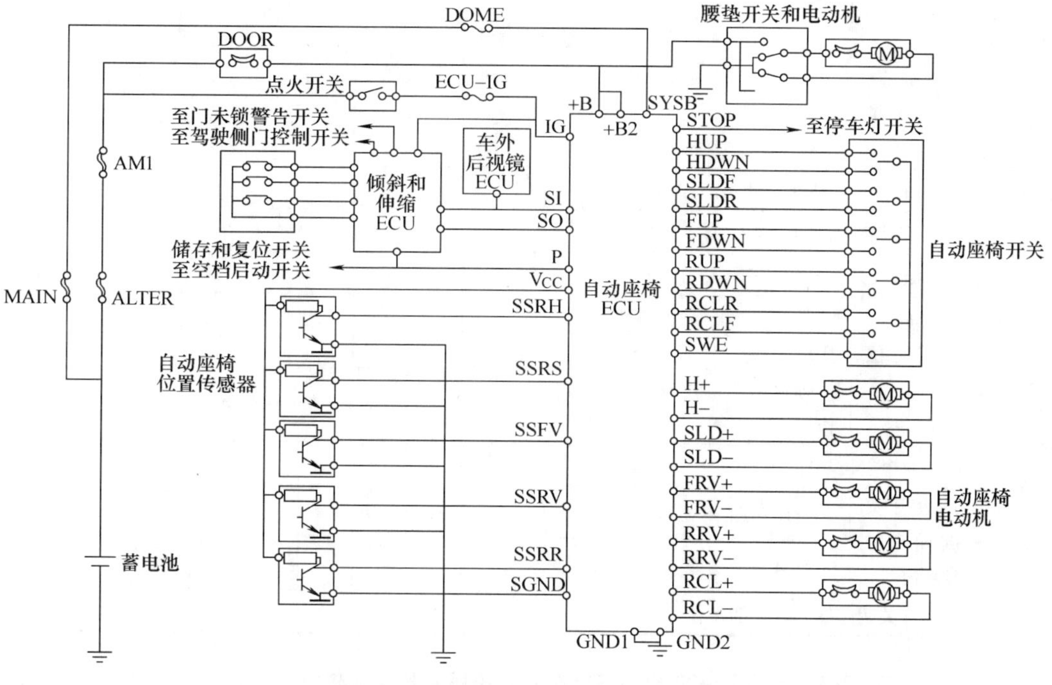

图 12-14　LS400 轿车自动座椅控制电路图

2）确认故障征兆。若故障征兆不重现，应采用“故障模拟法”模拟故障。当检查故障征兆时，应注意以下几点，以便确切地对故障的征兆和严重程度得出结论。

① 故障仅出在一部分还是所有部分？

② 故障仅出在手动还是复位动作？或是两者都出现？

③ 倾斜、伸缩、外后视镜及安全带系紧装置工作是否正常？

④ 故障发生在点火开关钥匙插入时还是未插入时？

3）对“丧失功能”的故障，应先找出故障特征，然后参照表 12-3 与表 12-4 确认最恰当的故障征兆，最后按表中给出的 1、2、3、…确定检查顺序。

4）按照检查顺序对每一电路进行诊断，确认故障是否发生在传感器、执行器、配线、插接器或自动座椅 ECU 上。

5）检查位置传感器。其作用是检查手动开关接通时每一位置传感器的信号是否正确输入给电动座椅 ECU。

6）确定故障原因后，根据维修手册中的检查和更换程序进行修理。

7）修理结束后，应验证故障已消除，并且倾斜、伸缩、外后视镜及安全带系紧装置工作正常。

其机械部分及开关、电动机、连线的检测与普通电动座椅相同，在此不再赘述。以下主要介绍传感器及电脑部分的检测。

表 12-3 丰田 LS400 自动座椅控制系统倾斜和伸缩故障一览表（一）

故障征兆 \ 检查部位			+B电源电路	ECU电源电路	电动机电路	位置传感器电源电路	位置传感器电路	停车灯开关电路	空档起动开关电路	点火开关电路	手动开关电路	信息交换电路	电动座椅ECU
手动和复位功能不起作用	所有功能		1		3						2		4
手动和复位功能不起作用	仅有一个功能				1								2
仅对手动功能，有一个或所用功能不起作用											1		2
存储功能不起作用			见表 12-4										
当制动踏板松开时复位动作不停止								1					2
复位功能不起作用或工作一会儿就停止	所用复位功能	倾斜和伸缩电动机起作用		1		2						3	4
复位功能不起作用或工作一会儿就停止	所用复位功能	倾斜和伸缩电动机不起作用	见表 12-4										
复位功能不起作用或工作一会儿就停止	仅有一个复位功能						1						2
复位功能不起作用或工作一会儿就停止	点火开关钥匙插入时才能复位	所用功能							1				2
复位功能不起作用或工作一会儿就停止	点火开关钥匙插入时才能复位	仅有一个功能								1			2
复位功能不起作用或工作一会儿就停止	点火开关钥匙插入时才能复位		见表 12-4										

表 12-4 丰田 LS400 自动座椅控制系统倾斜和伸缩故障一览表（二）

故障征兆 \ 检查部位		ECU电源电路	执行器电源电路	传感器电源电路	倾斜位置传感器电路	倾斜电动机电路	伸缩位置传感器电路	伸缩电动机电路	自动设定开关电路	手动开关电路	SET开关电路	存储和返回开关电路	点火开关电路	空档起动开关电路	门控灯开关电路	未锁警告开关电路	倾斜和伸缩ECU
手动、自动和返回功能失效	倾斜和伸缩	1	2	4												3	5
手动、自动和返回功能失效	仅倾斜				1	2											3
手动、自动和返回功能失效	仅伸缩						1	2									3
自动返回或自动切断功能失效									1								2
存储功能失效											1						2
仅手动功能失效	倾斜和伸缩			1													2
仅手动功能失效	仅倾斜									1							2
仅手动功能失效	仅伸缩									1							2

（续）

检查部位 / 故障征兆		ECU电源电路	执行器电源电路	传感器电源电路	倾斜位置传感器电路	倾斜电动机电路	伸缩位置传感器电路	伸缩电动机电路	自动设定开关电路	手动开关电路	SET开关电路	存储和返回开关电路	点火开关电路	空档起动开关电路	门控灯开关电路	未锁警告开关电路	倾斜和伸缩ECU
	任何情况下均失效			3							2	1					4
仅返回功能失效	仅插入钥匙时												1	2			3
	仅不插入钥匙时														1	2	3
	仅存储和返回开关1或2											1					2

1）拆下驾驶人座椅。

2）拆下前垂直调节器上的螺栓并将坐垫略微抬高。坐垫不宜抬得过高，否则线束会被拉出，夹箍可能会松动。

3）随插接器一起从坐垫下面的固定处拆下电动座椅 ECU。

4）把自动座椅 ECU 的端子 CHK 连接车身搭铁，使 ECU 进入检查状态，如图 12-15 所示。

5）测量自动座椅 ECU 的端子 S0 与车身搭铁之间的电压（采用指针式电压表）。

6）如图 12-15a ~ f 中右下方所示，检查应输出图示的代码。

7）分别打开自动座椅手动开关并检查座椅各向移动时的电压变化。

8）输入信号正常和不正常时，输出电压的变化如图 12-15d 和 f 所示。

当座椅移动到极限位置时，电压应从正常代码变为不正常代码。当证实其他系统功能完好，并通过对电压表指针的摆动量比较，确认正常和不正常代码后，再进行分析处理。电压表指针摆动量取决于仪表。

12.3.2　汽车座椅自动控制系统常见故障分析与检修

电动座椅常见故障：完全不动作或某个方向不能工作。

电动座椅完全不动作的主要原因有熔断器断路、线路断路和座椅开关有故障等。可以首先检查熔断器是否断路，若熔断器良好，则应检查线路连接是否正常，最后检查开关。

电动座椅某个方向不能工作的主要原因有：该方向对应的电动机损坏，开关、连接导线断路。可以先检查线路是否正常，再检查开关和电动机。

案例分析

故障现象：一辆 1994 年产丰田雷克萨斯 LS400 轿车，该车驾驶人座椅具有驾驶位置存储和复位功能，即电动座椅控制系统设定后，当驾驶人关闭点火开关离开座椅时，座椅前后移动电动机自动移动座椅，增大座椅与转向盘间的距离，驾驶人可方便地从座椅上离开；当驾驶人回到座椅上，打开点火开关后，座椅前后移动，电动机又向前移动座椅到原来设定好

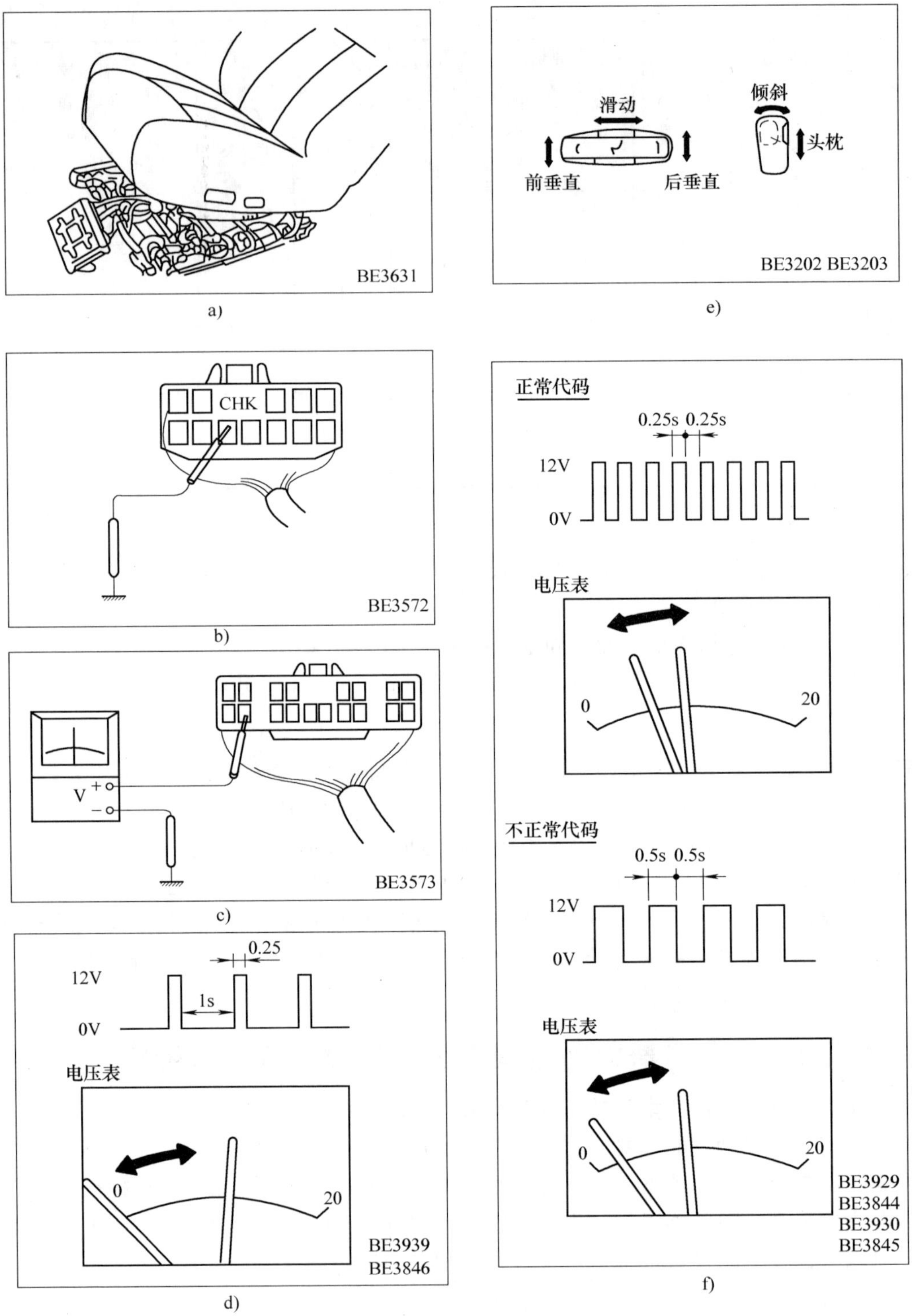

图 12-15 座椅位置传感器检测示意图

的位置。驾驶人反映该车座椅的上述自动调整功能消失，座椅的位置需手动调整。

诊断排除：仔细分析电路图（图 12-14）和手动可控制座椅动作特点，能引起驾驶人座椅位置存储和复位开关功能消失的原因有以下几个方面。

1）驾驶人座椅位置存储和复位开关故障。

2）驾驶人座椅位置存储和复位开关线路故障。

3）倾斜伸缩ECU故障。

4）自动座椅ECU故障。

控制电脑故障率低，暂不考虑，决定从存储和复位开关、线路开始检查。存储和复位开关位于左前车门上，与安全带控制开关在一起。检查车门和驾驶室间线路（车门上的控制开关与驾驶室内电脑连接线是易发生故障的部位）。经检查导线套在胶皮套内，开关车门，整个导线变形不大，分析导线不应有问题。因此判断故障原因是驾驶人座椅储存和复位开关有故障。取下驾驶人座椅储存和复位开关，断开其上的连接导线。将储存和复位开关解体，发现控制板上的几个触点发暗，用橡皮将其擦亮，装复后再试，故障排除。这种方法也可用在控制开关的修复上。

练习与思考题

一、填空题

1. 汽车座椅是为驾驶人提供便于____、________而又安全的驾驶位置；为乘员提供________、舒适而又________的乘坐位置。

2. 自动座椅的电子控制包括一组位置________、________和________、ECU及与手动系统公用的一组座椅位置调整电动机。

3. 自动座椅是带存储功能的________，它是与__________电子技术相结合的产物，它能自动适应不同体型的乘员乘坐________的要求。

4. 自动座椅共设置了____电动机、____电动机、____电动机、____电动机及____电动机，分别对座椅前后____、________移动、________倾斜、________移动及________前后十个方向进行调节。

5. 电动座椅完全不动作的主要原因有：________；____________；________有故障等。

二、简答题

1. 汽车自动座椅有何特点？

2. 汽车自动座椅有何功能？

3. 汽车自动座椅控制系统由哪些主要零部件组成？

4. 汽车自动座椅检修时应注意哪些问题？

5. 汽车自动座椅前后移动的工作过程是怎样的？

第13章 汽车防盗控制系统原理与检修

基本思路：

汽车防盗控制系统是一个相对复杂且与其他系统关联较多的一个装置，在学习时一定要掌握各零部件的种类、形状、结构、功用、安装位置，特别要注意对有关零部件外接线的连接方法和有关系统的关联。尽管汽车防盗控制系统的传感器有有线和无线之分，执行器有电动和电子元件，可以控制电路、油路等，但对本章的学习和研究同样要以电的流动路线和力的传动路线为依据来进行。

13.1 汽车防盗控制系统概述

汽车被盗在全世界范围内都日益严重。在日本，每年有近10多万辆整车和20多万辆车的零部件被盗；在西欧，每年有近100多万辆整车被盗；在美国，每年有近100多万辆整车和300多万辆车的零部件被盗。为此，人们设计出许多防止非法进入车内、防止非法起动、防止非法移动车辆的装置，并且电子化程度越来越高。关于防盗装置，有些在车辆出厂时已经安装，而有些则由车主自行安装。防盗系统的基本组成包括四个部分：发动机控制ECU（EMS ECU）、防盗控制ECU（Immobilizer ECU）、发送器（Transponder）和诊断器（Tester）。

13.1.1 汽车防盗控制系统的基本组成

汽车防盗系统是指防止汽车本身或车上的物品被盗所设的系统。它由电子控制的遥控器或钥匙、电子控制电路、报警装置和执行机构等组成。图13-1所示为汽车电子防盗系统的组成。

当用钥匙锁好所有车门时，该系统处于约30s检测时间报警状态。之后，系统中的指示器（一般为发光二极管LED）开始断续闪光，表明系统处于报警状态。当第三方试图解除门锁或打开车门时（当所有输入开关均设定为关闭状态时），系统则发出报警。当车主用钥

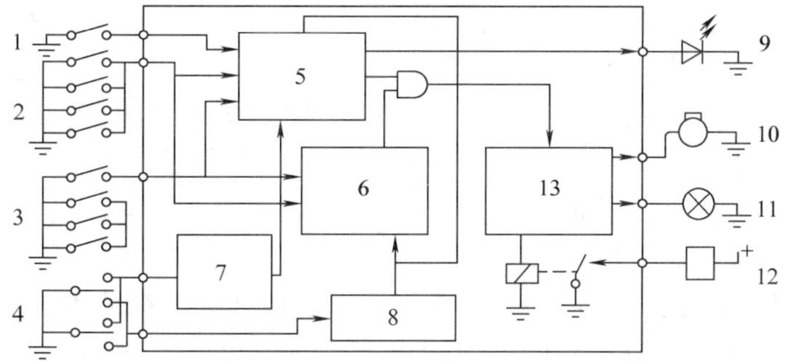

图 13-1　汽车电子防盗系统的组成

1—钥匙存在开关　2—开门开关　3—锁门开关　4—钥匙操作开关　5—警报状态设置
6—是否盗贼检测　7—30s 定时器　8—解除警报状态　9—LED 指示灯　10—报警器
11—警告灯　12—起动断电器　13—报警控制

匙开启门锁时，这种报警状态或报警运转将解除。警报一般以闪烁灯或发声报警形式发出。警报发生后持续时间约为 1min，但起动电路直到采用钥匙打开汽车门锁之前始终处于断路状态。

13.1.2　汽车防盗控制系统的基本功能

汽车防盗控制系统的主要功能：

1）防止发动机不当起动。切断发动机点火；切断燃油供给；使发动机不能起动；切断与其他车辆动作有关的系统。

2）盗窃报警。当用不正当的手段开启车门、发动机室盖、行李箱时进行报警。当检测出下列三种情况时报警：车窗破坏；车厢内有人移动；车辆倾斜。当车门锁定后即开始进入预警状态，必须备有后备电源，与防止发动机不当起动装置独立的功能。

3）音响报警功能。

4）独立式阻止车辆行走装置的功能。

5）报警设置/解除功能。

6）自动锁定操作；通常锁定操作；电子锁定操作。

13.1.3　汽车防盗控制系统的分类

最早的汽车门锁是机械式门锁，用于汽车行驶时防止车门自动打开而发生意外，只起行车安全作用，不起防盗作用。随着社会的进步、科学技术的发展和汽车保有量的不断增加，后来制造的轿车、货车车门都装上了带钥匙的门锁，这种门锁只控制一个车门，其他车门是靠车内门的门锁按钮进行开启或锁止。为了更好地发挥防盗作用，有的车上还装有一个转向锁。转向锁是用来锁止汽车转向轴的。转向锁与点火锁设在一起，安装在转向盘下，它是用钥匙来控制，即点火锁切断点火电路使发动机熄火后，将点火钥匙再左旋至极限位置的档位，锁舌就会伸出嵌入转向轴槽内将汽车转向轴机械性的锁止。即使有人将车门非法打开并起动发动机，由于转向盘被锁止，汽车不能实现转向，故不能将汽车开走，于是起到了汽车的防盗作用。有的汽车设计和制造时就没有转向锁，而是用另外一个所谓的拐杖锁锁止转向盘，使转向盘不能转动，也可起到防盗作用。点火开关是用来接通或断开发动机点火系的电路，根据一把钥匙开一把锁的道理，也起到了一定的防盗作用。由于汽车技术不断发展，近年来多数轿车上都安装了中央门锁，即汽车上的车门门锁和行李厢锁实现了集中控制。随着电子技术的发展，在原有中央门锁的基础上，又发展出了现在的电子门锁、电脑控制的带自动报警的防盗系统、电子密码点火（钥匙）锁等，使汽车门锁实现了电子控制。汽车防盗装置按其发展过程可分为：机械锁防盗装置、机电式防盗装置和电子防盗装置三个阶段。机械防盗锁是靠其坚固的金属材质，来锁止汽车的操纵装置（如转向盘和变速杆等）或车门。其主要存在的问题是门锁的锁容易被开启或被撬；被锁汽车操纵装置（如变速杆等）的材料一般强度较低容易破坏；机械防盗锁使用也不方便，同时防盗不可靠。其优点是制造简单、费用低廉。机械门锁虽说有造价低等优点，但是由于它的防盗作用很差，已趋于淘汰。随着科学的进步，出现了机电一体式的防盗装置即中央门锁。中央门锁是以电来控制门锁的开启或锁止，并由驾驶人集中控制所有车门门锁的锁止或开启。中央门锁系统具有下列功能：当锁住（或打开）驾驶人侧车门门锁时，其他几个车门及行李箱都能锁止（或打开）；如钥匙锁门也可锁好（或打开）其他车门和行李箱；在车内个别门锁需要打开时，可分别拉开各自门锁的按钮。随着电子技术的发展，在轿车上电子门锁应用也越来越广泛。汽车电子防盗系统是在原有中央门锁的基础上加设了防盗系统的控制电路，以控制汽车移动的同时并报警。电子防盗是目前较为理想的防盗装置。如果有行窃者盗窃汽车或汽车上的物品，防盗系统不仅具有切断起动电路、点火电路、喷油电路、供油电路和变速电路，并将制动锁死等功能，同时，还会发出不同的求救的声光信号，给窃贼一个精神上的打击，以阻止窃贼行窃。由于电子技术先进程度、汽车豪华程度和生产条件等的不同，防盗系统的种类繁多。按驾驶人控制方式分，有钥匙式和遥控式两种；按防盗功能和防盗程度的不同分类，防盗系统又可分为报警和防止汽车移动、卫星跟踪全球定位防盗系统等。

13.2 汽车防盗控制系统主要零部件的结构及工作原理

图13-2所示为美国克莱斯勒公司的帝王车（IMPERIAL）的防盗电路图。从图中可以看出，防盗电脑的主要输入信号由三部分产生：一是遥控模块，二是左、右锁孔开关，三是四个门的微型开关。当防盗器起动后，只有通过遥控器发出的开门信号被遥控模块接收到，或用车钥匙插入钥匙孔开门，才能使防盗电脑解除警戒状态，此时就可以正常开启车门。若有人不通过上述手段打开车门，即为非法开启，此时车门微型开关线路闭合，而遥控模块和锁孔开关并没有信号反馈给防盗电脑，电脑即判断为非法，于是使喇叭线路及其相关的各种灯的开关模块的断电器控制线路接通。这种防盗系统极为简单，防止开门的手段只有门锁、遥控器及微型开关，而且根本没有办法防止窃贼将车开走。所以人们又想办法增强防盗系统的功能，主要从两个方面入手：一是使中央控制门锁功能增强；二是当前一项功能失效时，增强其他必要手段的锁止功能。

1. 强化中央门锁系统功能

（1）测量开门锁钥匙的电阻　如图13-3所示，该种车系，每一把钥匙内部均有一设定电阻，每部车的中央控制电脑将记住该电阻值。当PASS-KEY起动后，所有车门被锁住，此时若用齿形相同但阻值不同的钥匙开启车门或起动发动机，则防盗系统认为是非法。这时

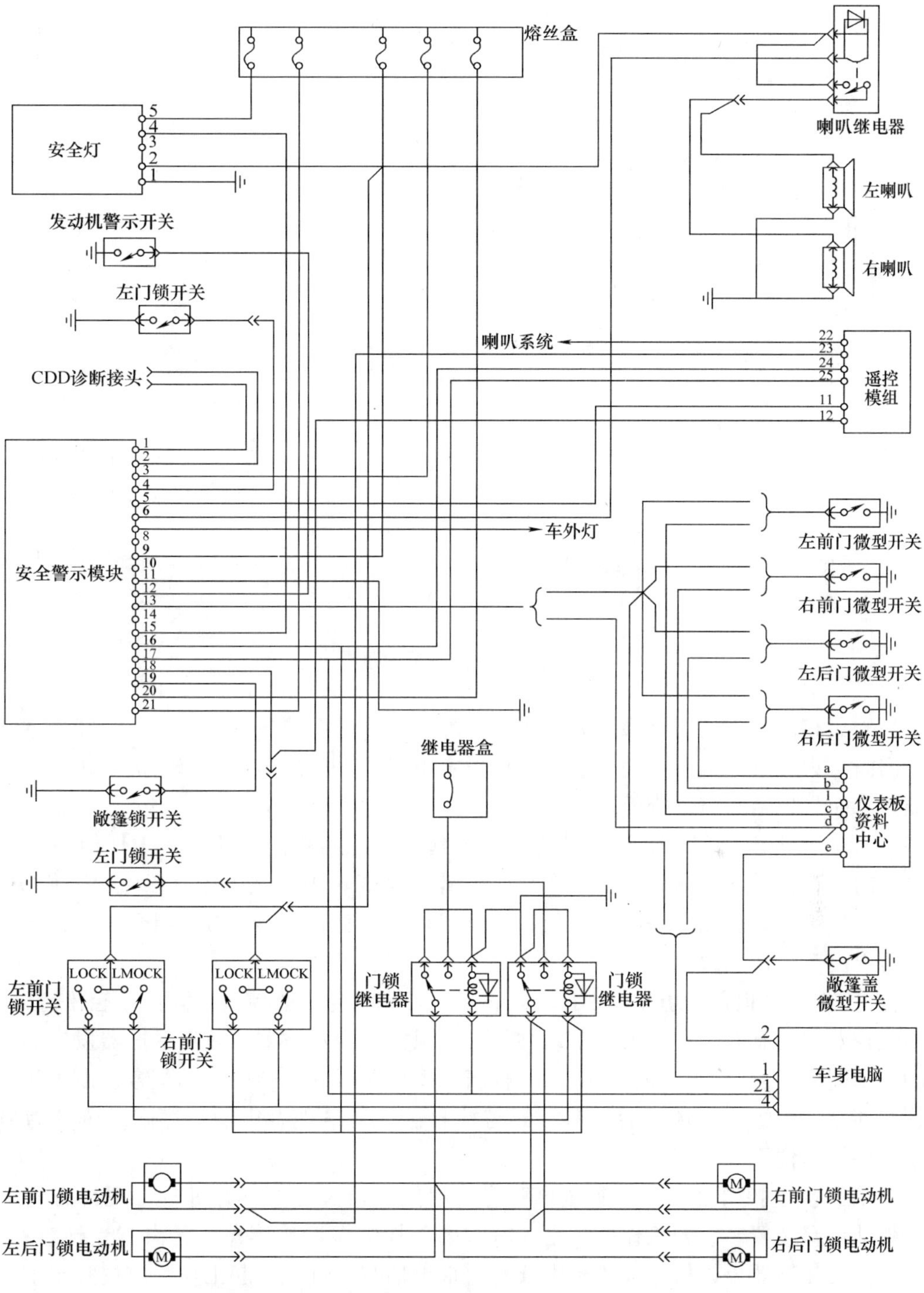

图 13-2 美国克莱斯勒公司的帝王车（IMPERIAL）的防盗电路图

防盗喇叭会响，同时会切断起动断电器控制线圈的搭铁回路，使起动机不能工作，同时控制发动机电脑，使喷油嘴不喷油。以上几种功能，已基本能够胜任防盗工作了。

对于该车系，在复制钥匙时，必须先使用专用仪器读取钥匙中设定电阻的阻值档位，然

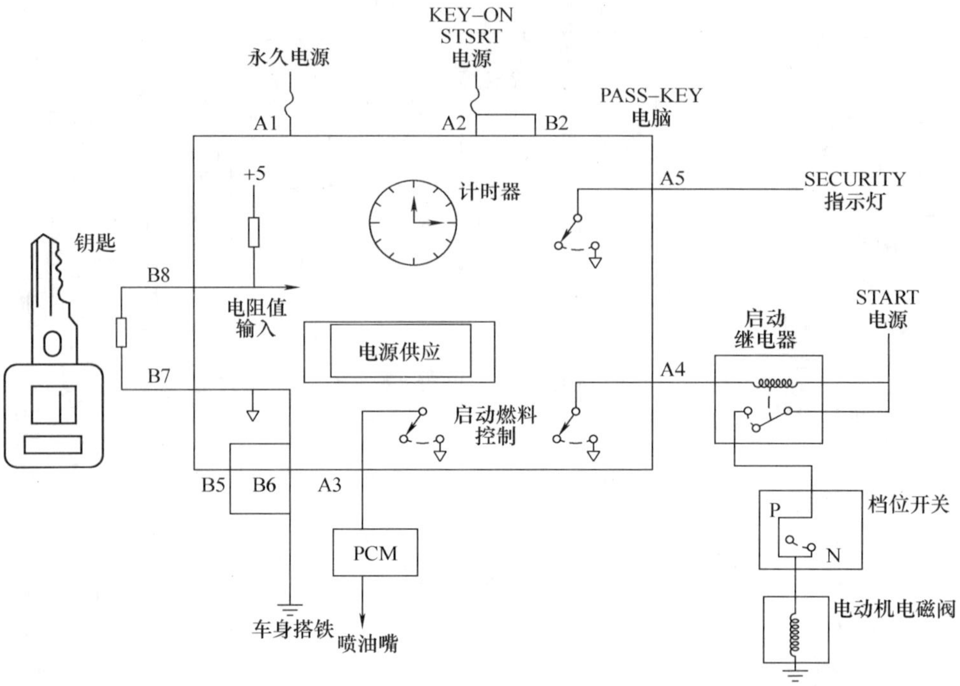

图 13-3　防盗系统示意图

后向原厂购买相同档位的钥匙模，方可再进行加工。这种系统也有一个缺点，即当蓄电池拆过后，需向中央控制电脑重新输入钥匙中的设定电阻值，但这需要维修人员掌握如何重新设定的技术，而且也给防盗系统留下一个漏洞。

（2）加装密码锁　车用密码锁的功能与钥匙、遥控器相同，即用其中任何一种方法都可打开车门，这样，加装密码锁后，车主就无需为保管好钥匙或遥控器以免丢失而头痛了。密码锁有十位键，而密码则一般取五位数，也就是说，密码共有十万种组合，而且已设定的密码也可以由车主任意改变。

（3）遥控器增加保险功能　对于窃贼来说，只要能复制遥控器，同样可轻松打开车门。而普通遥控器的复制对于专业人员来说并不难，只需一台示波器，读出遥控器发出的无线电信号的频率即可。因此，有些车辆采用一种新的遥控器，它与防盗电脑配合，由固化程序设定频率，即每次车主重新锁门后，遥控器与接收器均按事先设定的程序同时改变为另一频率，这样遥控器便无法复制。

（4）意外振动报警器　为了防止窃贼将车用集装箱拉走再拆开处理，现在有些车采用了意外振动报警装置。它的工作原理是在汽车内部加装振动传感器，若汽车受到意外移动、碰撞，使振动传感器反馈信号大于标准值时，报警喇叭、灯光一起工作，以提醒车主注意。

2. 防盗控制的增强途径

（1）使起动机无法工作　图 13-4 所示为沃尔沃 940（VOLVO 940）汽车的防盗电路图。该图右上角有一根线是接起动机断电器的。该线外部连接至断电器控制线路，通过防盗电脑来控制该线是否搭铁，从而控制断电器是否闭合，这样就达到控制起动机工作与否的目的。

若通过正常途经解除防盗警戒，则起动机与喇叭、灯光等都处于正常工作状态，若未解

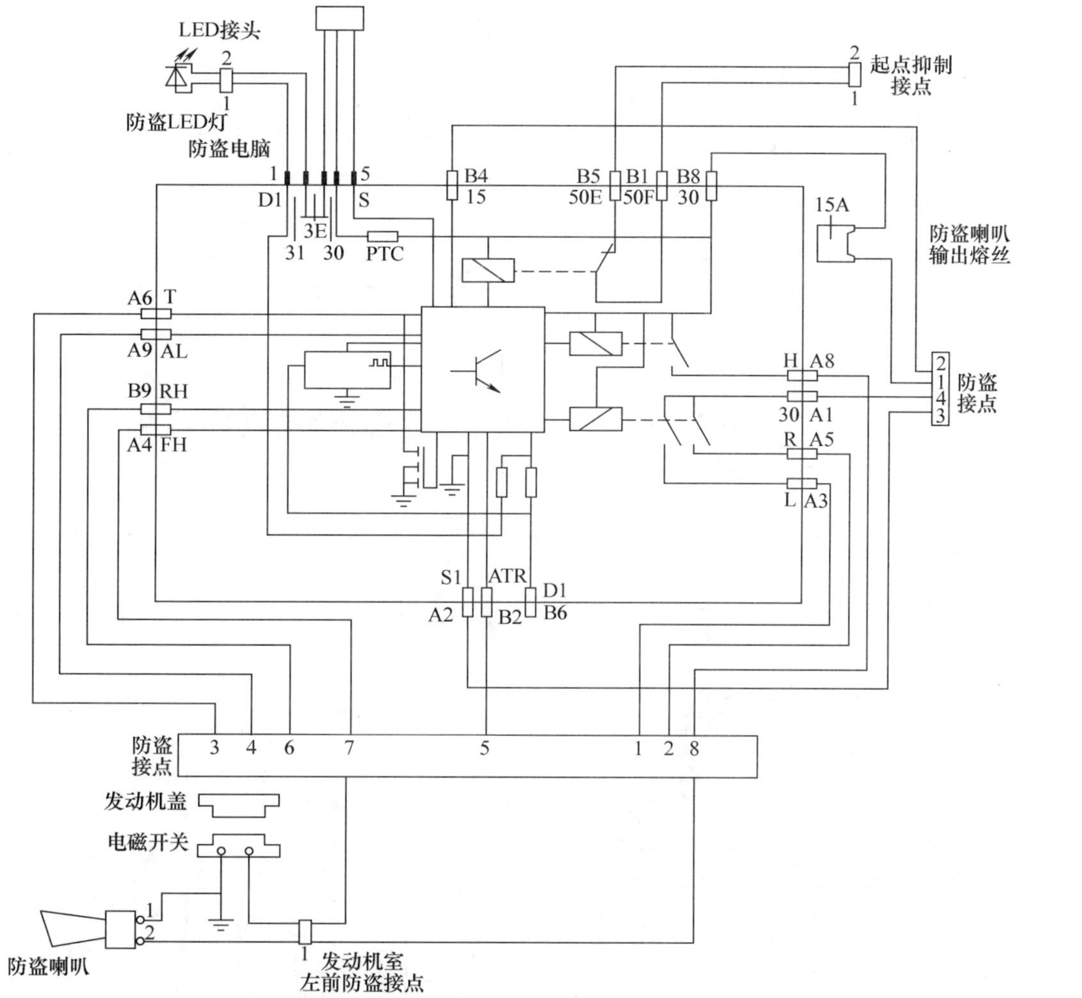

图 13-4　沃尔沃 940（VOLVO 940）汽车的防盗电路图

除防盗警戒而发动汽车，即使短接钥匙孔后面的起动线，也无法将发动机起动，从而起到防盗功能。

（2）使发动机无法工作　图 13-5 所示为奥迪 100（AUDI 100）轿车防盗电路图，该车防盗电脑不仅控制着起动电路，同时也可切断汽油泵断电器控制电路，使发动机处于无油供给状态，另外又控制自动变速器断电器控制电路，使自动变速器液压油路控制板中的电磁阀无法打开，从而使变速器无法工作。另外，也有某些车系可以同时切断发动机电脑板中的某些搭铁线路，使点火系统不工作，喷油器电磁阀处于切断位置，从而使发动机无法工作。

（3）使发动机电脑处于非工作状态　前两种防盗措施都可以通过自行连接搭铁线路来解决，因此，现在又出现一种新的防盗措施，即防盗电脑板通过连线把某一特定频率的信号送到发动机电脑。解除防盗警戒后，防盗电脑板便发出该信号，这时发动机电脑才能正常工作，若未解除防盗警戒或直接切断防盗电脑电源，则该信号不存在，发动机电脑便停止工作，使发动机无法起动。

以下以上海 SANTANA 2000GSI 轿车为例对防盗系统进行简单介绍。

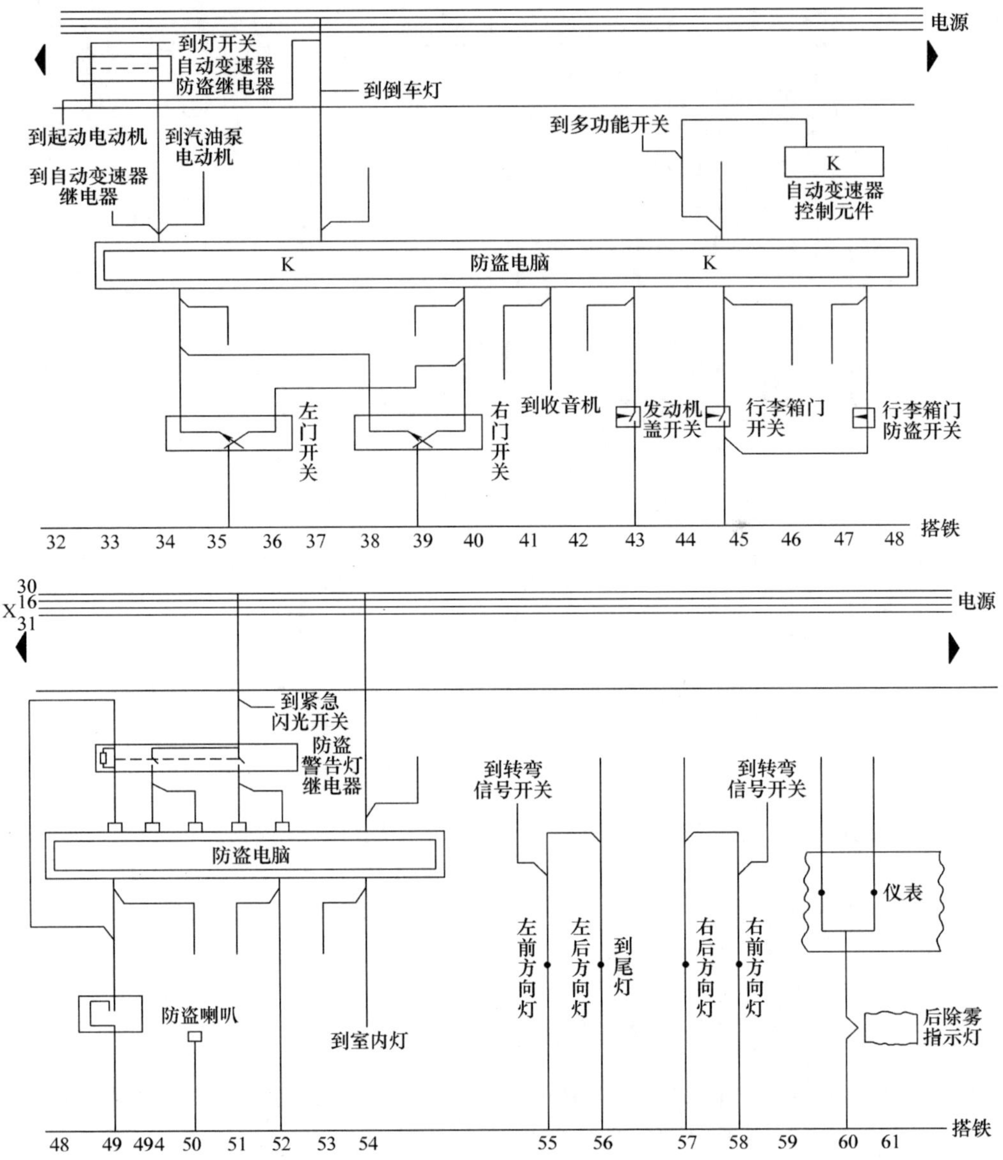

图 13-5　奥迪 100（AUDI 100）轿车防盗电路图

（1）系统组成　SANTANA 2000GSI 轿车的防盗系统由带转发器的钥匙、收发线圈和防盗控制器三部分组成，并由一个指示灯表示系统的不同状态。其组成结构如图 13-6 所示。

1）带转发器的钥匙。每一把钥匙中都有一只棒状转发器，它是长约 13.3mm、直径约 3.1mm 的玻璃壳体，内含运算芯片和一个细小的电磁线圈。在系统工作期间，该线圈与收发线圈一起完成防盗控制器与转发器中运算芯片的信号及能量传递工作。在点火开关打开后，受防盗控制器的驱动，收发线圈在它周围建立起电磁场，受该电磁场的激励，转发器中的电磁线圈就可以提供转发器中运算芯片工作所需的能量，还可以提供时钟同步信号，并在运算芯片与控制器之间传递各种信号。

2）收发线圈。收发线圈安装在点火锁芯上，通过一定长度的导线与防盗控制器相连。

作为防盗控制器的负载，担负防盗控制器与转发器之间信号及能量的传递任务。

3）防盗控制器。防盗控制器是一个包含微处理器的电子控制器，只有在点火开关打开时才工作。它进行系统密码运算、比较过程，并控制整个系统的通信过程（包括与转发器的通信和与发动机控制器的通信），同时它还完成与 VAG 诊断仪的通信工作。

（2）基本原理　SANTANA 2000GSI 轿车的防盗系统利用钥匙中转发器与收发线圈之间的电磁感应，并通过无线电波识别技术来阻止非法盗用汽车。

在经过上海大众出厂匹配工序之后，每辆 SANTANA 2000GSI 的防盗控制器就存储了本车发动机控制器识别码以及三把钥匙中转发器的识别码，同时每个转发器中也存储了相应的防盗控制器的有关信息。

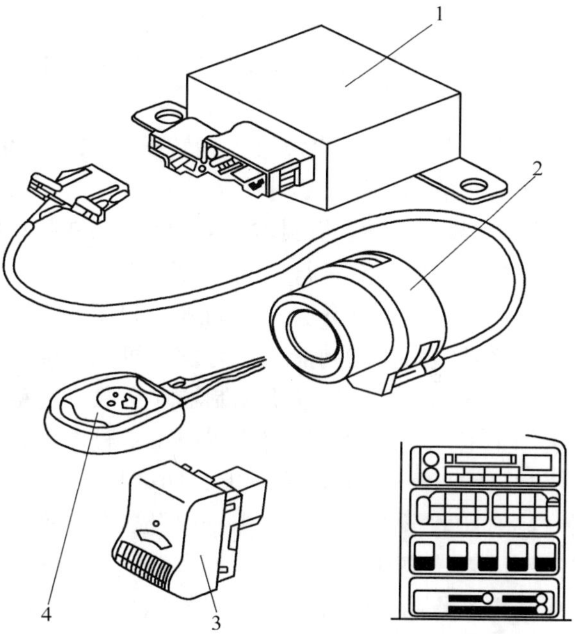

图 13-6　SANTANA 2000GSI 轿车防盗系统的组成

1—防盗控制单元　2—识读线圈　3—防盗警告灯　4—汽车钥匙

当用户把钥匙插入锁孔并打开点火开关时，经过一番特定的运算后，转发器将结果反馈回控制器：控制器将之与自己经过相同特定运算的结果相比较，结果如果相吻合，系统即认定该钥匙。防盗控制器对发动机控制器也要通过特定的通信过程来完成鉴别过程。只有钥匙（转发器）、发动机控制器的密码都吻合时，防盗控制器才允许发动机控制器工作。

防盗控制器通过一根串行通信线（W-LINE）将经过编码的工作指令传到发动机控制器，发动机控制器根据防盗控制器的数据决定是否起动汽车。同时，VAG 诊断仪可以通过串行通信接口（K-LINE）对系统进行故障诊断、编码等操作。在鉴别密码过程（大约 2s）中，副仪表板上的指示灯会保持点亮状态。如果有任何错误发生，发动机控制器将停止工作，同时指示灯也会以一定频率闪动。图 13-7 所示为系统连接示意图。

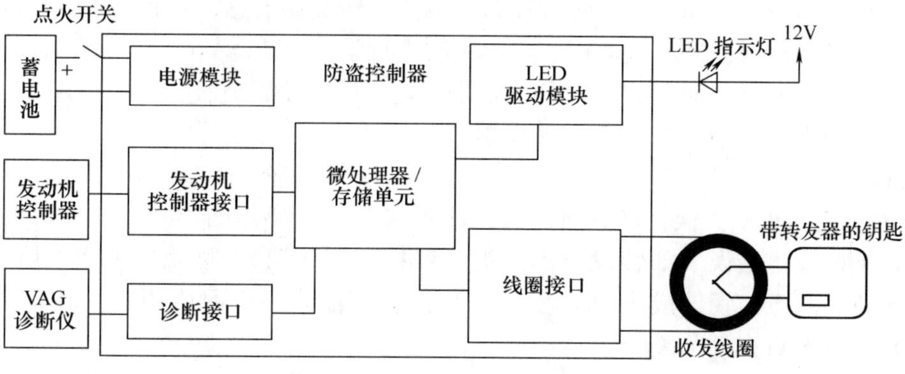

图 13-7　系统连接示意图

(3) 防盗点火锁工作过程

1) 一般工作过程。在SANTANA 2000GSI轿车的点火钥匙内镶嵌一个转发器，转发器内存有密码。当点火钥匙插入点火锁，并将其旋至点火开关打开位置时，镶嵌在点火锁芯上的线圈马上受到防盗控制器的驱动，建立起一个电磁场。受这个电磁场的激励，转发器才可以工作。点火开关一打开，防盗控制器即通过收发线圈向转发器输出一个长度为56bit的随机数，这是一个询问过程；转发器的响应也是一个数，这个数是由转发器根据从防盗控制器收到的随机数和其自身存储的密码信息经过特定计算而得出的，并将这个数与从转发器收到的数进行比较，只有两者吻合，防盗控制器才认为这把钥匙中的转发器是合法的。如果钥匙中没有转发器或转发器信号太弱，防盗控制器将在2s内重复询问过程，直至收到转发器的响应信号；若2s内一直没有收到转发器的响应信号，防盗控制器将向发动机控制器发出不允许起动的信号。如果钥匙中的转发器非法，其响应信号也必然被防盗控制器认为不正确，防盗控制器同样向发动机控制器发出不允许起动的信号。

在与转发器之间进行询问/应答的同时，防盗控制器与发动机控制器之间也存在着通信过程。在点火开关打开后，发动机控制器发出一个唤醒信号及一个内含发动机控制器识别码的请求信号给防盗控制器：只有发动机控制器识别码及转发器响应信号均与防盗控制器内存的有关信息相吻合，发动机控制器才会收到防盗控制器发出的允许起动信号，这之后，防盗系统停止工作，发动机控制器按照正常程序工作。

2) 钥匙学习过程。实际上，防盗控制器有两种供货状态。一是供给上海大众生产线使用（附有印着该防盗控制器识别码及四位密码的密码条），这种防盗控制器预置为自学习模式，不需要其他设备即可进行钥匙学习过程；另一种供给售后维修使用（没有密码条，只有在指定维修站才能查出该防盗控制器的识别码及密码），它必须借助VAG诊断仪及防盗控制器密码才能进行钥匙学习过程。

① 生产线上的钥匙学习过程。供给上海大众总装生产线用的防盗控制器具有能自学习三把钥匙（实际是学习钥匙中的转发器）的工作模式。而且，每个防盗控制器只能使用一次这种模式，若重新学习钥匙应需要借助VAG诊断仪及防盗控制器密码才能进行。

在总装生产线上，当防盗系统（防盗控制器、收发线圈）安装完毕，并且正确连接了所需电器（收发线圈与防盗控制器、防盗控制器与发动机控制器等）之后，用含转发器的钥匙插入点火锁芯并打开点火开关，收发线圈随即建立起联系防盗控制器与转发器的电磁场，自学习模式即被预起动。如果防盗控制器能读出转发器信息，它将使LED灯保持常亮，并按照以下步骤自动对已插入点火锁芯中的钥匙进行学习。

a. 防盗控制器读出并存储该转发器的识别码。

b. 防盗控制器内的保密字符写入转发器。

c. 校验过程。

d. 若整个过程正确无误，LED将熄灭，该钥匙学习过程结束。

如果这期间发生错误（如转发器不能被防盗控制器读取），防盗控制器会在2s内重复执行学习过程，直至该钥匙被成功学习；若2s后仍不能成功学习该钥匙，LED灯会以1Hz的频率闪动，直至点火开关关闭。

第一把钥匙成功学习后，关断点火开关，插入第二把钥匙并打开点火开关，防盗控制器将重复以上步骤来完成对第二把钥匙的学习；当第三把钥匙也学习成功，即预设的三把钥匙全部学习成功后，LED 灯在熄灭 0.5s 后会再点亮 0.5s，然后熄灭。此时自学习过程全部结束，防盗控制器也随即退出并消除自学习模式，以后若想重新进行钥匙学习过程，只能通过售后服务的钥匙学习过程来进行。

为提高安全性，自学习模式被起动之后，必须在 60s 内完成对所有三把钥匙的学习。否则，只有已成功学习的钥匙可以用来开动汽车。在自学习过程中，若发现任何错误（如读不到转发器信号、重复学习已学过的钥匙等），LED 灯将以一定频率闪动提醒操作人员。

② 售后服务的钥匙学习过程。每辆 SANTANA 2000GSI 轿车的防盗控制器都有其特定的 14 位识别码及 4 位密码，用户可以在随车手册注明的位置找到印有这两个号码的纸条。只有借助 VAG 诊断仪及防盗控制器密码才可能进行售后服务的钥匙学习过程。

通过 VAG 诊断仪向防盗控制器输入密码并输入学习钥匙数量（1 ~8 把）后，防盗控制器将把以前学习过的钥匙记录从钥匙记录表上擦除，此时，以前学习过的钥匙将全部失效，随即开始钥匙学习过程并把当前插入点火锁芯的钥匙作为第一把钥匙来学习。之后的过程与自学习过程类似，最后一把钥匙学习结束后 LED 灯会在熄灭 0.5s 后再点亮 0.5s。与自学习过程不同，在售后服务的钥匙学习过程中如果发生错误，防盗控制器会马上结束学习过程，并记录错误信息。在此过程中刚刚学习过的钥匙仍然保持有效。

（4）故障诊断　工作过程中如果发生错误，LED 指示灯会以相应的频率闪动以提醒操作者。同时防盗控制器会将相应的故障信息存储起来，通过指定的诊断仪 V. A. G1552 或 V. A. G1551 可以对防盗系统进行故障诊断及修复。系统可以记录的故障有以下几类：

① 是否曾试图用非法钥匙起动。

② 发动机控制器是否经过正确匹配。

③ 钥匙中是否有 Megamos 专用的转发器。

④ 收发线圈是否连接正确。

⑤ 学习过程是否完全正确。

防盗控制器内还记录有当前系统状态信息，可以查寻以下状态：

① 防盗控制器是否允许发动机控制器起动。

② 发动机控制器是否向防盗控制器发出了请求信号。

③ 当前钥匙中的转发器是否是 Megamos 专用的转发器。

④ 共有几把钥匙可以合法起动该辆汽车。

13.3　汽车防盗控制系统诊断与检修

丰田雷克萨斯 LS400 型轿车门锁及防盗装置在车上的布置如图 13-8 所示，图 13-9 所示为该车门锁及防盗系统控制电路。该车防盗系统常见故障的诊断与排除如表 13-1 所示。

（1）防盗指示灯电路及其检测　防盗指示灯在防盗系统设定后应点亮且不断闪烁，否则，应在其插接器端子 7、8 上加上蓄电池电压，此时，防盗指示灯应亮，若不亮，应更换指示灯泡。如果亮，则检修插接器及配线（防盗门锁控制 ECU 与指示灯、指示灯与车身搭铁之间）。若正常，则应检查或更换防盗门锁控制 ECU。

（2）起动继电器电路及其检测　在防盗系统一旦触发时，防盗门锁控制 ECU 中的 ST 端子会断开，从而切断起动机电路使发动机不会被起动而实现汽车防盗。若防盗系统出现故障，应检测其插接器上ST端子与搭铁间的电压，正常情况应为蓄电池电压。如果电压不正常，应检查和修理ST熔丝、空档起动开关、起动继电器及其与防盗门锁控制ECU之间的配线和插接器。如果电压正常，则应检查或更换防盗门锁控制ECU。

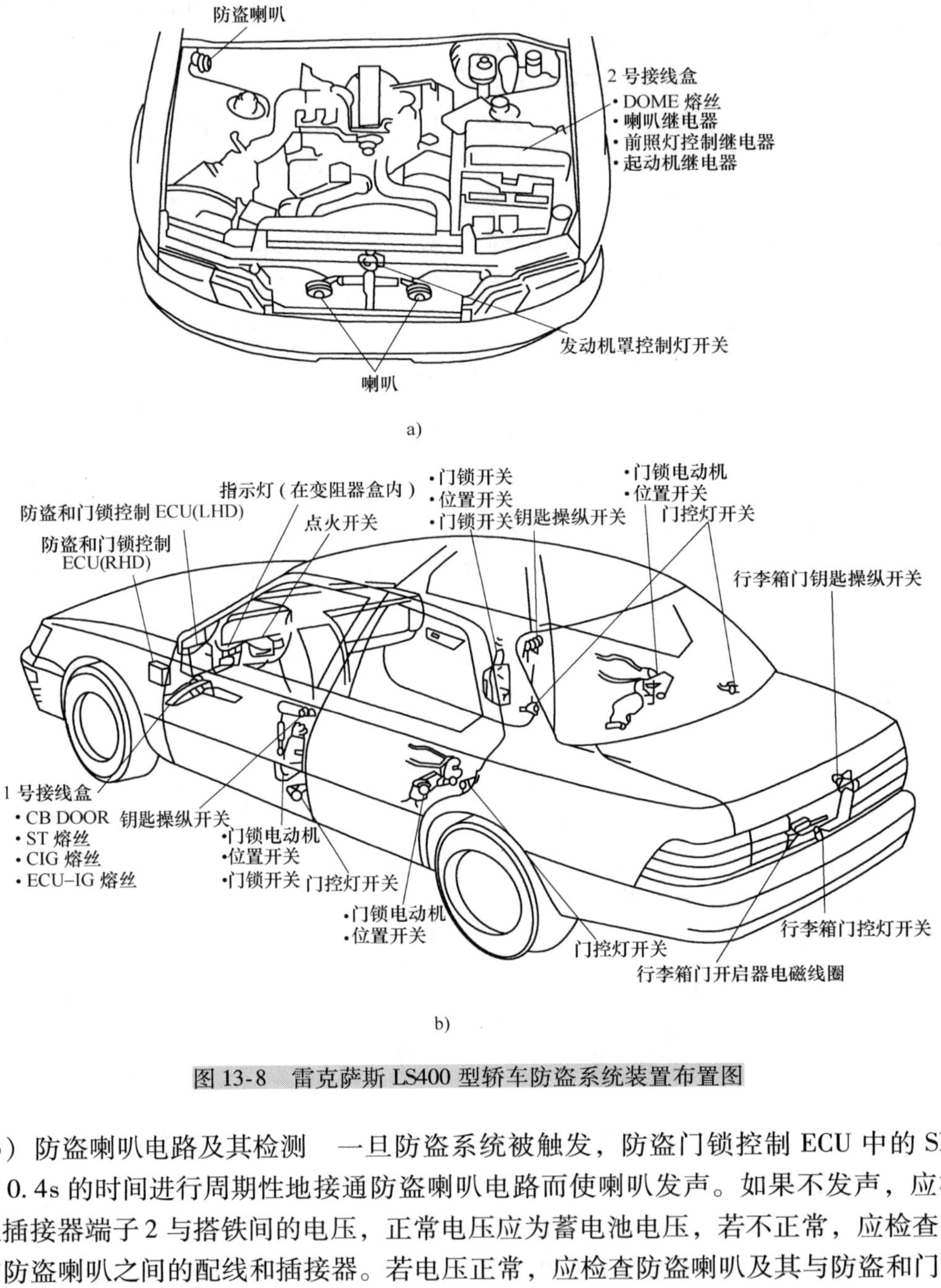

图13-8 雷克萨斯LS400型轿车防盗系统装置布置图

（3）防盗喇叭电路及其检测 一旦防盗系统被触发，防盗门锁控制ECU中的SH端子就以约0.4s的时间进行周期性地接通防盗喇叭电路而使喇叭发声。如果不发声，应检测防盗喇叭插接器端子2与搭铁间的电压，正常电压应为蓄电池电压，若不正常，应检查和修理熔丝与防盗喇叭之间的配线和插接器。若电压正常，应检查防盗喇叭及其与防盗和门锁控制ECU之间的配线和插接器。

（4）前照灯控制继电器电路及其检测 当防盗系统被触发时，防盗门锁控制ECU中的晶体管以约0.4s的时间进行导通和截止，使继电器触点周期性地闭合与张开，使前照灯周期性地点亮与熄灭（闪烁）。如果出现故障（首先应保证灯控开关一旦接通，前灯则正常闪烁。否则，应进行前灯系统故障排除)，应检查防盗和门锁控制 ECU 插接器的端子 HEAD 与搭铁间的电压，其正常值应为蓄电池电压，若电压正常，则检查和更换防盗门锁控制 ECU，若不正常，则检查防盗门锁控制 ECU 与前照灯控制继电器之间的配线和插接器。

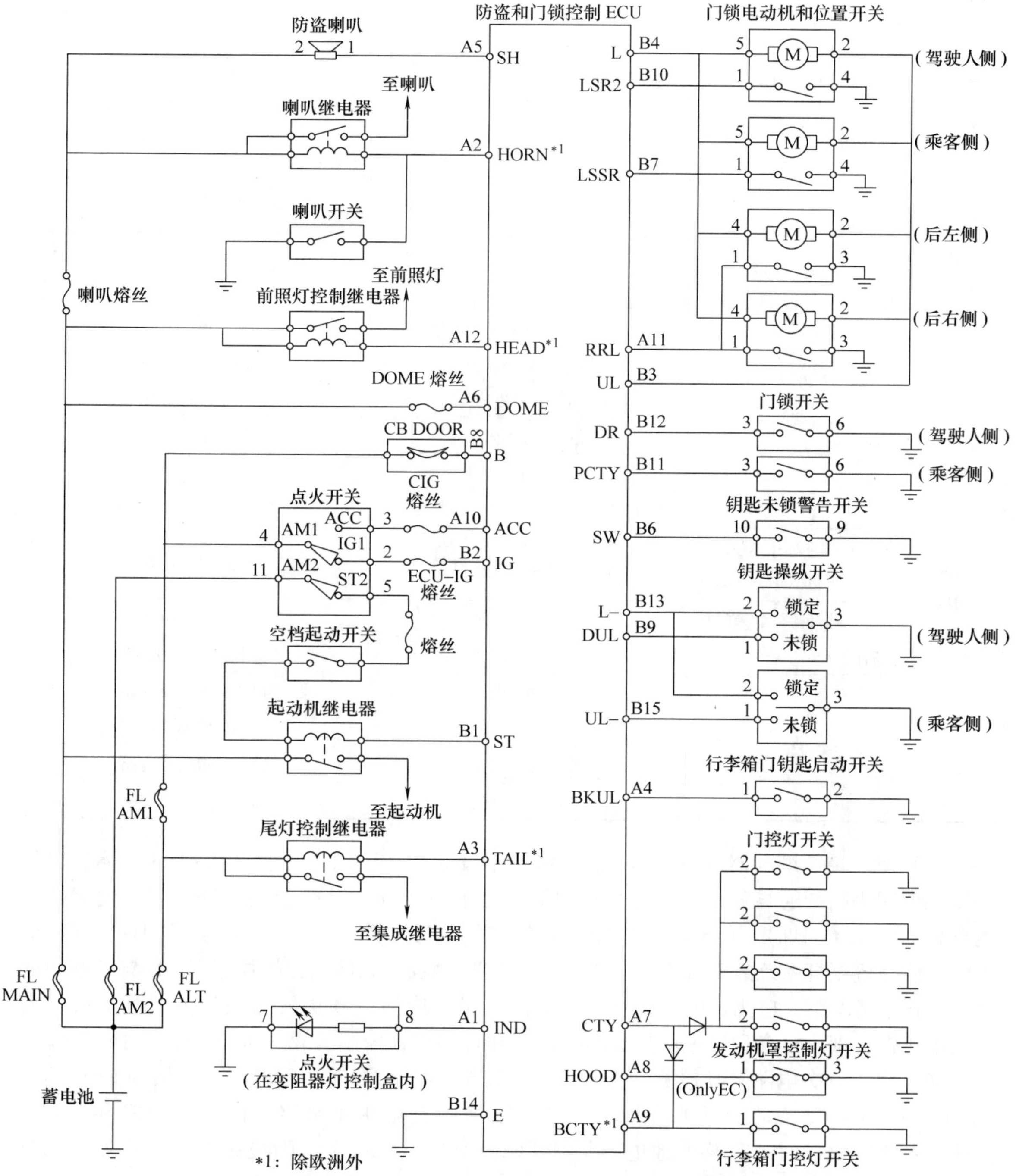

图 13-9 雷克萨斯 LS400 型轿车门锁及防盗系统控制电路

表13-1 雷克萨斯LS400型轿车防盗系统常见故障的诊断与排除

<table>
<tr><th colspan="2">条 件</th><th>故障现象</th><th>诊断与排除</th></tr>
<tr><td colspan="2" rowspan="6">整个防盗系统</td><td rowspan="6">不能设定</td><td>指示灯电路</td></tr>
<tr><td>行李箱门钥匙操纵开关电路</td></tr>
<tr><td>门控灯开关电路</td></tr>
<tr><td>位置开关电路（后）</td></tr>
<tr><td>发动机盖灯开关电路</td></tr>
<tr><td>行李箱门控灯开关电路</td></tr>
<tr><td colspan="2">系统设置后</td><td>指示灯不闪烁</td><td>指示灯电路</td></tr>
<tr><td rowspan="2">系统设定后</td><td>发动机罩盖打开</td><td rowspan="2">系统不工作</td><td>发动机罩盖灯开关电路</td></tr>
<tr><td>后门打开</td><td>位置开关电路（后）</td></tr>
<tr><td colspan="2" rowspan="6">系统发出报警期间</td><td>汽车电喇叭不发声</td><td>电喇叭继电器电路</td></tr>
<tr><td>防盗喇叭不发声</td><td>防盗喇叭电路</td></tr>
<tr><td>前警告灯不闪</td><td>前警告灯继电器电路</td></tr>
<tr><td>后尾灯不闪</td><td>后尾灯继电器电路</td></tr>
<tr><td>起动电路未切断</td><td>起动继电器电路</td></tr>
<tr><td>后门锁处于打开状态，不能锁住</td><td>位置开关电路（后）</td></tr>
<tr><td rowspan="2">系统已设定</td><td>点火钥匙处于ACC或ON时</td><td>防盗不能解除</td><td>点火开关电路</td></tr>
<tr><td>用钥匙打开行李箱门时</td><td>防盗仍能工作</td><td>行李箱门钥匙操纵开关电路</td></tr>
<tr><td colspan="2">后门打开</td><td>系统仍维持设定状态</td><td>门控灯开关电路</td></tr>
<tr><td colspan="2" rowspan="4">防盗系统未设定</td><td>汽车电喇叭发声</td><td>电喇叭继电器电路</td></tr>
<tr><td>防盗喇叭发声</td><td>防盗喇叭电路</td></tr>
<tr><td>前照灯一直亮</td><td>前照灯继电器电路</td></tr>
<tr><td>后尾灯一直亮</td><td>后尾灯继电器电路</td></tr>
</table>

（5）尾灯控制继电器电路　当防盗系统被触发时，防盗门锁控制ECU中的晶体管以约0.4s的时间进行导通与截止，使尾灯控制继电器触点周期性地闭合与张开，尾灯便周期性地点亮与熄灭（闪烁）。如果出现故障（首先应保证灯控开关一旦接通，尾灯则正常闪烁。否则，应进行尾灯系统故障排除），应检查防盗门锁控制ECU插接器端子TAIL与搭铁间的电压，正常情况下，应为蓄电池电压。若电压正常，应检查和更换防盗门锁控制ECU；若电压不正常，则应检查和修理尾灯控制继电器和防盗门锁控制ECU之间的配线及插接器。

（6）点火开关电路及其检测。当点火开关转至ACC位置时，蓄电池电压加到ECU的端子ACC上，同样，若点火开关转至ON位置时，蓄电池电压加到ECU的端子ACC和IG上。在防盗系统被触发时，若蓄电池电压加到ECU的端子ACC上，则报警停止。另外，来自ECU端子ACC和IG的电源用做门控灯开关和位置开关等的电源。如果出现故障，则应检查ECU的端子ACC和IG与搭铁之间的电压。正常均应为蓄电池电压。若电压正常，应检查和更换防盗门锁控制 ECU；若电压不正常，应检查和修理 ECU 与蓄电池之间的配线、插接器及熔丝。

13.3.1 汽车防盗控制系统诊断与检修方法

奥迪 A6 车上装有防盗器，防盗器有可变编码。维修防盗器应按维修手册中的说明来进行。对于有可变编码的新防盗器，其钥匙上压有一个“W”标记，如图 13-10 所示。

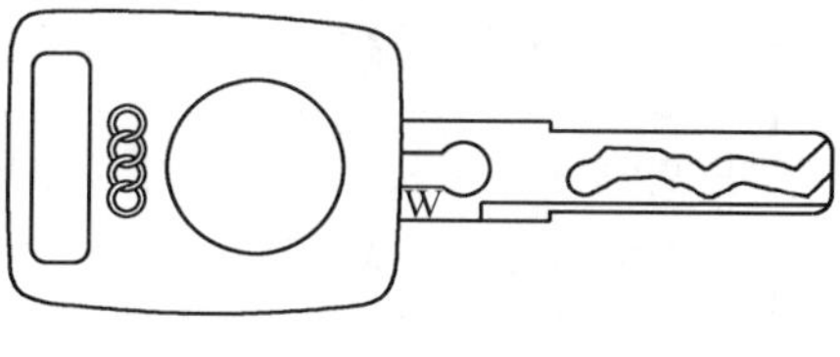

图 13-10 带防盗器的钥匙

1. 防盗器的功能

奥迪 A6 车上电子防盗器由下列部件组成：①防盗器控制单元（与组合仪表一体）；②点火锁上的一个读出线圈；③已配好的点火钥匙（带脉冲转发器）。电子防盗器控制单元与组合仪表一体，也就是说，如果防盗器控制单元损坏，必须更换组合仪表。防盗器是用来打开/锁止发动机控制单元的（通用 W 线）。脉冲转发器编码由一个固定码（与以前系统相同）和一个可变码组合。该码每次起动都变化，这样可防止他人复制脉冲转发器。每个防盗器还另一有套可变码的计算规则，该规则在使用寿命内保持不变，在适配车钥匙时，防盗将规则写入钥匙的脉冲转发器中，同时学习相应的脉冲转发器的固定码。固定码可识别各个不同的钥匙，因此丢失的钥匙可被锁止，每次起动点火开关时，防盗器读出线圈读取钥匙中的脉冲转发器固定码，紧接着又读取可变码并检查这把钥匙是否有资格来起动。在使用已适配的钥匙时，警告灯短时亮（最长 3s），然后熄灭。如果使用未适配的钥匙或系统有故障时，如打开点火开关，警告灯一直亮着。电子防盗器自诊断功能很强，如系统部件发生故障，故障码将存入防盗器的故障存储器内，用 V. A. G1551 或 V. A. G1552 可读出这些故障。

只有使用已适配的钥匙才能起动发动机，即钥匙必须与防盗器进行适配。适配车钥匙时，所有车钥匙，包括备用和应急钥匙都必须与防盗器适配。如需使用新钥匙或附加钥匙，也必须进行所有车钥匙的适配。如由于某种原因，适配车钥匙时并非所有钥匙都在手（如丢失了一把），那么必须通知用户，日后全套钥匙必须适配一次。如钥匙丢失，应将其余的钥匙适配一次，这样丢失的钥匙就不能再起动发动机了。

2. 防盗器自诊断

进行防盗器自诊断时应保证熔丝正常。奥迪 A6 车上电子防盗器要用专用故障阅读仪。

（1）连接故障阅读仪

1）连接 V. A. S5051 或 V. A. G1551。如显示屏无显示，按电路检查 V. A. G1551 的供电。按 HELP 键可查询附加操作说明。按→键切换到下一个程序。输入错误可用 C 键取消。

2）在运作方式 1“快速数据传输”状态下，可执行功能 00“自动检测”。这时可自动查询车上所有控制单元。

3）打开点火开关。按 Print 键接通打印机（键内指示灯亮）。按 1 键选择“快速数据传输”。屏幕显示：

快速数据传输	帮助
输入地址码 × ×	

4）防盗器地址码为17。由于防盗器控制单元与组合仪表集成在一起，因此必须输入组合仪表的总地址码。按1键和7键。屏幕显示：

快速数据传输	Q
17-组合仪表	

5）按Q键确认输入。约5s后屏幕显示：

4B0920830A	KOMBI + WEGF. M73D06
编码 07062	WSC06812

其中：4B0920830A 表示组合仪表备件号；KOMBI + WEGFAHBS 表示部件名称；M73 表示生产厂代码。

M73 表示 Magneti Marelli，VDO 表示 VDO。

D06 表示组合仪表软件版本号；07062 表示组合仪表编码；WSC06812 表示服务部代码。

6）按→键。屏幕显示：

Ident. - Nr. Wegfahrs. ：AUZ5Z0X1162041

AUZ5ZOX1162041 表示防盗器控制单元14位识别码。

7）按→键。屏幕显示：

快速数据传输	帮助
选择功能××	

8）按HELP键后打印出可选择功能表。按→键切换到下一程序。

自诊断的功能如表13-2所示。

表13-2 自诊断功能一览表

代码	功能
01	查询控制单元版本号
02	查询故障码
05	清除故障码
06	结束输出
08	读取测量数据块
10	自适应

（2）查询控制单元版号

1）屏幕显示：

快速数据传输	帮助
选择功能××	

2）按 0 和 1 键选择“查询控制单元版本号”。屏幕显示：

快速数据传输　　Q 01- 查询控制单元版本号

3）按 Q 键确认输入。约 5s 后屏幕显示：

4B0920830A　KOMBI + WEGF. M73D06 Codierung　07062　　WSC06812

4）按→键。显示屏将显示：

Ident. - Nr. Wegfahrs. ：AUZ5Z0X1162041

5）按→键回到基本功能状态。

（3）查询故障码

1）显示的故障信息只有在进行自诊断或用功能 05“清除故障码”才能不断更新。按 Print 键接通打印机（键内指示灯亮）。屏幕显示：

快速数据传输　　帮助 选择功能 × ×

2）按 0 和 2 键选择“查询故障码”。屏幕显示：

快速数据传输　　　Q 02- 查询故障码

3）按 Q 键确认输入。屏幕显示存储的故障数量。

发现有 2 个故障！

4）存储的故障将依次显示并打印出来。可以按故障码表（表 13-3）所列打印结果并排除故障。如果显示“无故障”，按→键回到起始状态。

无故障！

5）结束输出（功能 06）。关闭点火开关拔下自诊断插头。防盗器故障码表（表 13-3）列出了防盗器控制单元可识别的故障，故障可用 V. A. G1551 打印出来并按 5 位代码排列。故障码只出现在打印结果上。更换防盗器部件前，应先按电路图检查导线及插头连接以及搭铁状况。检测后，必须用 V. A. G1551 再次查询并清除故障码。

故障存储器记录静态和偶然故障：如一个故障出现并持续 2s 以上，那它就是一个静态故障。如该故障以后不再出现，即被认为是偶然故障，显示屏右侧将出现“/SP”来提示。打开点火开关后，所有现存故障自动被确定为偶然故障，当检测后故障又出现时，才将其认定为静态故障。经 50 次运行循环后（点火开关打开至少 5min，车速超过 30km/h），如偶然故障不再出现，那它将被清除。

表13-3　防盗器故障码表

V. A. G1551打印信息	可能的故障原因	故障排除
01128 防盗器读出线圈-D2	读出线插头未插入或读出线圈损坏 防盗器控制单元（与组合仪表一体）损坏	检查插头和读出线圈（目视），如需要，更换读出线圈 清除故障码并再次查询，如需要，更换组合仪表
01176 钥匙信号太弱	读出线圈或导线损坏（接触电阻/触点松动） 钥匙内电子元件（脉冲转发器）丢失或不工作	检查读出线圈，导线和插头（目视），如需要，更换读出线圈 更换钥匙，适配所有点火钥匙并检查功能
01176 钥匙未适配	点火钥匙可插入锁内但未适配	再次对所有钥匙进行适配并检查功能
01177 发动机控制单元未适配	发动机控制单元未适配 W线断路或短路	进行发动机控制单元自适应 按电路图检查W线
01179 钥匙程序编制不对	点火钥匙适配有错误	输入码对所有点火钥匙进行适配并检查功能
65535 控制单元损坏	防盗器控制单元损坏	更换组合仪表

（4）清除故障码并结束输出　清除故障码后，其内容将自动显示，如果不能清除故障码，应查询故障码并排除故障。

1）查询故障码后，屏幕显示：

快速数据传输　帮助 选择功能××

2）按0和5键选择“清除故障码”。屏幕显示：

快速数据传输　Q 05-清除故障码

3）按Q键确认输入。屏幕显示故障存储已清除：

快速数据传输　→ 故障码已经清除！

4）按→键回到解码器的基本功能。如果屏幕显示：

快速数据传输　→ 未查询故障码

该信息表示检测顺序不对，此时应严格遵守检测顺序，即先查询故障码，排除故障，然后清除故障码。清除故障码后，故障才能在关闭并打开点火开关后更新。

5）在任何测试项目结束后，按→键可以回到解码器的基本功能菜单。屏幕显示：

快速数据传输　帮助 选择功能 × ×

6）按 0 和 6 键选择“结束输出”。屏幕显示：

快速数据传输　Q 06- 结束输出

7）按 Q 键确认输入。关闭点火开关。拔下 V. A. G1551 插头连接。

（5）读取测量数据块

1）进入解码器的基本功能，屏幕显示：

快速数据传输　帮助 选择功能 × ×

2）按 0 和 8 键选择“读取测量数据块”，屏幕显示：

快速数据传输　Q 08- 读取测量数据块

3）按 Q 键确认输入，屏幕显示：

读取测量数据块 输入显示组号 × × ×

4）输入显示组号，并按 Q 键确认输入。所选测量数据块按标准形式显示。防盗器显示组如表 13-4 所示。测量数据块显示组 020 ~ 显示组 023 显示的内容分别参见表 13-5 ~ 表 13-8。

表 13-4　防盗器显示组一览表

显示组号	显　示　区	屏幕显示
020	1 2 3 4	第 1 和 2 位识别码 第 3 和 4 位识别码 第 5 和 6 位识别码 第 7 和 8 位识别码
021	1 2 3 4	第 9 和 10 位识别码 第 11 和 12 位识别码 第 13 和 14 位识别码 未使用
022	1 2 3 4	发动机起动 控制单元应答 钥匙状况 已适配的钥匙数
023	1 2 3 4	可变码适配 钥匙计算规则 固定码适配 未使用

表 13-5 测量数据块 020

读取测量数据块 20 →	◢ 屏幕显示
AU Z7 Z0 T1	

第 7 和第 8 位识别码

第 5 和第 6 位识别码

第 3 和第 4 位识别码

第 1 和第 2 位识别码

表 13-6 测量数据块 021

读取测量数据块 20 →	◢ 屏幕显示
00 00 71	

未使用

第 13 和 14 位识别码

第 11 和 12 位识别码

第 9 和 10 位识别码

表 13-7 测量数据块 022

读取测量数据块 22 →	◢ 屏幕显示
1 1 1 4	

已经适配的钥匙数（最多 8 把）

钥匙状况
1 = 正常
2 = 不正常，即不能读出正确的脉冲转发器固定码

发动机控制单元应答①
1 = 有应答
2 = 无应答，即发动机控制单元或导线有故障

发动机起动
1 = 可以起动
2 = 不可以起动，即钥匙未适配或适配错误，或发动机控制单元编码错误或损坏

① 按控制单元型号不同，在关闭了发动机和点火开关后，测量数据块显示“0”（0 表示控制单元无应答），持续时间 10～30s，这表示发机控制单元正常，不存在故障。为保险起见，应再次进行自诊断。

表 13-8 测量数据块 023

读取测量数据块 23 →	◢ 屏幕显示
1 0 1	

未使用

固定码适配
1 = 已经进行
2 = 未进行，即钥匙的脉冲转发器固定码未适配

钥匙计算规则过户
1 = 未完成
2 = 已经完成

可变码适配
1 = 已经完成
2 = 未完成，即可变码未适配（钥匙可变码计算规则与仪表的不同）

（6）自适应　自适应功能用于执行适配车钥匙、更换发动机控制单元后自适应和更换组合仪表后自适应。

1）适配车钥匙。如果需要新的或附加点火钥匙，这些钥匙必须与防盗器适配。更换锁总成、读出线圈，组合仪表后，应注意操作工序说明。

所有车钥匙，包括已适配的钥匙都必须重新适配。如果车钥匙有丢失的，剩下的钥匙应重新适配一次，这样丢失的钥匙就不能再起动车辆了。

如果车钥匙丢失或损坏时，有的钥匙不在手，那么日后用户应在当地奥迪服务站对所有钥匙进行适配。

选择“自适应”（通道 21）及“测量数据块 022”后，已适配好的车钥匙数据将显示出来。

按 V. A. G1551 上的 C 键可终止适配过程。一把钥匙不可能与多辆车进行适配。

适配点火钥匙时要求所有点火钥匙均在手。如果旧点火钥匙不在手，则见说明书中“丢失钥匙后的处理”。钥匙标牌上有密码，该密码被覆盖着。如果没有，见说明书中“确定密码”。适配车钥匙的过程如下：

① 将第一把钥匙插入点火锁，并打开点火开关。连接 V. A. G1551，输入地址码“17”进行防盗器自诊断。出现控制单元识别码后，按→键。屏幕显示：

快速数据传输　　帮助 选择功能××

② 按 1 键两次选择“登录”。屏幕显示：

快速数据传输　　Q 11-登录

③ 按 Q 键确认输入。屏幕显示：

登录 输入代码号×××××

④ 输入密码，四位数前应加上 0（如 01915），密码在钥匙标牌上，刮去涂层（可用一硬币）即可看见密码。如果钥匙标牌上的密码只有 2 或 3 位，输入密码时，前面必须加 0 补足五位，如密码为 344，则输入 00344 并按 Q 键确认。这时组合仪表上故障灯一直亮着。屏幕显示：

快速数据传输　　帮助 选择功能××

⑤ 如果屏幕显示：

功能未知　　→ 或当前不能执行

则说明输入密码时有误（如密码不对）。如果三次将密码输入错，防盗器将被锁止。如想再次输入密码，至少应等 10min，在此期间点火开关应打开且用功能 06 结束自诊断。每连续三次输错密码，等待时间延长一倍，但最长不超过 255min。

⑥ 按 1 和 0 键选择“自适应”。屏幕显示：

```
快速数据传输　　Q
10- 自适应
```

⑦ 按 Q 键确认输入。屏幕显示：

```
自适应
输入通道号 × ×
```

⑧ 按 2 和 1 键选择钥匙自适应通道 21。按 Q 键确认输入。如屏幕显示“功能未知或当前不能执行”，则再次输入密码进行自适应。屏幕显示：

```
通道 21　自适应2　→
　　　　　　　<1　3 >
```

表示 2 把钥匙已与系统适配完毕。将要适配的钥匙数也可以用键 1（数目减小）和键 3（数目增加）来输入。

⑨ 按→键。屏幕显示：

```
通道 21　自适应 2
输入自适应值 × × × × ×
```

⑩ 按 0 键四次，然后输入将要适配钥匙的总数（例如：00004），包括插在点火锁上的钥匙，最多 8 把（00008）。按 Q 键确认输入。屏幕显示有 4 把将要适配的点火钥匙：

```
通道 21　自适应4　　Q
　　　　　　　<1　3 >
```

⑪ 按 Q 键确认输入。屏幕显示：

```
通道 21　自适应 4　Q
是否存储新值?
```

⑫ 按 Q 键确认输入。屏幕显示：

```
通道 21　自适应 4　Q
新值已被存储
```

⑬ 此时故障警告灯熄灭，点火锁内的钥匙适配完成。按→键回到解码器的基本功能。

⑭ 将另一把钥匙插入点火锁，并打开点火开关。打开点火开关，故障警告灯亮，1s 后又熄灭，这时这把钥匙也适配完毕。

⑮ 重复上述过程，直到所有钥匙都适配完。最后一把钥匙适配完约 2s 后，故障警告灯

熄灭。完成适配后短时出现确认信号（灯灭 0.5s，灯亮、灭 0.5s）。需要说明的是每把钥匙适配时间不可超过 30s，否则故障警告灯以 2Hz 的频率闪亮，必须重新彻底进行适配（包括登录和适配）。

⑯ 选择功能 02“查询故障码”，如果无故障存储，那么“钥匙适配”已成功地完成了。

在下述情况下，点火钥匙适配自动中止：

a. 要求适配的钥匙数目已适配完毕。

b. 用一把已适配的钥匙打开点火开关且保持打开状态 1s 以上（故障被存储）。

c. 用第二把钥匙打开点火开关后，适配在 30s 内未完成（故障被存储）。

d. 钥匙适配过程中有故障被存储。

2）钥匙丢失后的处理

① 按钥匙号制作或订购备用点火钥匙。

② 适配所有车钥匙。如果车上有无线电遥控装置，必须将所有车钥匙与中央门锁控制单元适配。

③ 确定密码。如果不知道四位数的密码，手头也没有带代码的钥匙标牌，则服务站可借助防盗器的 14 位识别码通过直接查询系统来确定密码（就像直接查询收录机码一样）。另外，也可在销售商和进口商处索取密码。

防盗器控制单元识别码可通过用户车钥匙标牌上下不干胶标签获取，也可通过自诊断读取（见说明书中“查询控制单元版本号”）。注意密码只能内部使用，不要告知用户。

3）更换发动机控制单元后的自适应

发动机控制单元已与防盗器适配过。如更换部件，必须重新适配。如果手边有已适配钥匙，但有密码，则应制作新钥匙并适配。

① 连接 V. A. G1551，输入地址码“17”，开始防盗器自诊断。显示出控制单元识别码后，按→键，回到解码器的基本功能。屏幕显示：

快速数据传输	帮助
选择功能××	

② 按 1 和 0 键选择“自适应”功能。屏幕显示：

快速数据传输	Q
10-自适应	

③ 按 Q 键确认输入。屏幕显示：

自适应
输入通道号××

④ 按 0 键两次选择发动机控制单元自适应通道。按 Q 键确认输入。屏幕显示：

自适应	Q
是否清除自适应值	

⑤ 按Q键确认输入。屏幕显示：

自适应	→
自适应值已被清除	

⑥ 按→键。发动机控制单元识别码将存入防盗器内，发动机可以起动。

4）更换组合仪表后的自适应　更换组合仪表后应进行适配钥匙。备件组合仪表无标签，必须借助防盗器的14位识别码通过直接查询系统来确定码（就像接查询收录机密码一样）。另外，也可在销售商和进口商处索取密码。

注意新的密码只供内部使用，不要告知用户。请将用户钥匙标牌上的旧密码抹去，使之不可识别。

5）用V. A. G1551时的应急起动　应急起动用于当防盗器使车不可起动时起动车辆，使之驶入最近的服务站维修。为了安全和不必要的麻烦，用户必须出示车的证件及身份证，以证明车主身份。

此时还必须有故障阅读器V. A. G1551/1552和手边有带覆盖密码的钥匙标牌。如没有带覆盖密码的钥匙标牌，见说明书中“确定密码”的相关内容。

① 连接故障阅读仪V. A. G1551，输入地址码“17”，进行防盗器自诊断。显示出控制单元识别码后，按→键回到解码器的基本功能。屏幕显示：

快速数据传输	帮助
选择功能××	

② 按1键两次选择“登录”功能。屏幕显示：

快速数据传输	Q
11-登录	

③ 按Q键确认输入。屏幕显示：

登录
输入代码号×××××

④ 输入密码，密码不足五位时应在前面加“0”补足。钥匙标牌上有密码，小心刮开涂层，即可看见密码。注意如果三次将密码输入错误，防盗器将被锁止。如想再次输入密码，至少应等10min，在此期间点火开关应打开且用功能06结束自诊断。每次连接输错码，等待时间延长一倍。

⑤ 按Q键确认输入，此时组合仪表板上的故障警告灯一直亮着。屏幕显示：

快速数据传输	帮助
选择功能××	

⑥ 按0和6键选择“结束输出”。按Q键确认输入。

⑦ 打开点火开关并起动发动机。如果应急起动过程顺利完成，那么只要点火钥匙插在点火锁内（通过S触点控制），那么警告灯一直亮着且防盗器处于断开状态。

6）不用 V. A. G1551 时的应急起动 应急起动用于当防盗器使车不可起动时起动车辆，使之驶入最近的服务站维修。该应急起动用于消除锁止时间，锁止时间是在使用 V. A. G1551 进行应急时操作失误产生的，该功能可马上取消锁止时间。不用 V. A. G1551 应急进行起动要求手边有带覆盖密码的钥匙标牌，如没有，见说明书中“确定密码”相关的内容。

① 打开点火开关。拉出组合仪表上的时钟调节按扭，同时压下日行驶里程表复位按钮。日行驶里程表上将显示“0000”且第一位数字在闪烁。这时可用日行驶里程表上的复位按钮将第一位数字设成 0 ~ 9 间任意值。

② 根据需要决定按下日行驶里程表复位按钮的时间长度。直到第一位数字达到密码值，如 5。里程表显示 5000。

③ 拉出时钟调节按钮。里程表显示“5000”且第二位数字闪烁。按下里程表复位按钮，设置第 2 位密码，如 3。里程表显示 5300。

④ 拉出时钟调节按钮。里程表显示“5300”且第三位数字闪烁。按下里程表复位按钮，设置第 3 位密码，如 4。里程表显示 5340。

⑤ 拉出时钟调节按钮。里程表显示“5340”且第四位数字闪烁。按下里程表复位按钮，设置第 4 位密码，如 9。里程表显示 5349。

⑥ 拉出组合仪表上的时钟调节按钮，同时压下日行驶里程表复位按钮。此时日行驶里程表又显示日行驶里程。输入密码时，防盗器警告灯一直亮着。

⑦ 关闭点火开关，然后起动发动机。

如果三次将密码输错，防盗器将被锁止。组合仪表上日行驶里程表将显示“FAIL（失败）”字样。如想再次输入密码，至少等 10min，在此期间应打开点火开关。如果在输入过程中超过 30s 未操作按钮/调节按钮，那么应急起动将被中止。

当应急起动顺利完成后，只要 S 触点闭合，在 45min 内可随意起动发动机。如果 S 触点断开，即拔下了点火钥匙，那么只在 5min 内可起动发动机。

3. 奥迪 A6 车上电子防盗器维修

维修防盗器前应断开蓄电池搭铁线，断开蓄电池搭铁线前应查取收录机防盗密码。如果再次接通蓄电池，应按操作说明来起动车上装备（收录机、时钟和电动门窗升降器等）。防盗器控制单元与组合仪表是一体的，也就是说防盗器控制单元只能与组合仪一同更换。

（1）脉冲转发器损坏和/或钥匙丢失的办法 脉冲转发器与钥匙是一体的，如果脉冲转发器损坏或钥匙丢失，必须更换钥匙。按钥匙代码订购或配制带脉冲转发器的备用钥匙，然后适配所有钥匙。

（2）读出线圈的更换 读出线圈与锁芯一体，不能单独更换，只能一同更换。为了尽快修好车，应按下述步骤进行操作。

1）拆下点火锁芯。

2）随意装上一个代用锁芯，不用考虑其钥匙代码，不要适配车门锁。在新锁芯到货前，用户在使用车时必须使用 2 把车钥匙。

3）通过销售商或进口商按钥匙代码订购新锁芯。到货后，用新锁芯取代先前装上的代用锁芯。

（3）更换车锁总成或防盗器控制单元 为了以后可识别防盗器，更换车锁总成和控制单元应按如下步骤进行。

1）新锁钥匙标牌上的不干胶标签是用来识别锁的机械码的。如图 13-11 所示，从新锁钥匙标牌上撕下右侧不干胶标签（带条形码）并将其毁掉。

2）从新锁钥匙标牌上撕下左侧标签（无条形码），将其贴到用户钥匙标牌上，以取代原有的标签。这样可更新用户钥匙标牌上的识别码，如图 13-12 所示。

图 13-11　二件式不干胶标签

1—左侧不干胶标签　2—右侧不干胶标签

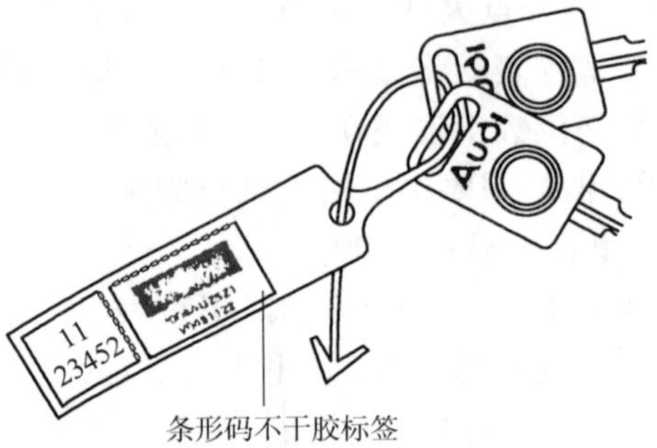

图 13-12　用户钥匙标牌识别码

作为备件用的控制单元无标签，其密码只能根据防盗器控制单元的 14 位识别码来确定。其识别码可直接查询系统，或通过自诊断读出。

（4）系统检测　每完成一次“登录功能”，防盗器停止工作约 10s，在此期间，不要进行系统检测和功能检测。将点火开关至少关闭 30s，用一块带槽钢板盖住读出线圈，将一相应垫圈放到点火锁上，通过该孔将点火钥匙插入点火锁，或断开点火开关和防盗器控制单元间的读出线圈供电线（插头上）。起动发动机，发动机应不能起动且警告灯应闪亮。然后进行防盗器的自诊断查询故障码，应显示下列故障信息之一，屏幕显示：

钥匙 信号太弱

或屏幕显示：

防盗器读出线圈 D2

接着清除故障码。

13.3.2　常见车型的防盗控制系统

1. 桑塔纳 2000 轿车的防盗系统

（1）组成

1）带转发器的钥匙。

2）识读线圈（收发线圈），识别密码错误大约 2s，ECU 将停止工作。

3）防盗 ECU。

（2）读取和清除故障

1）用解码仪读，诊断插座位于变速杆的前边。

2）解码有前为字母后为数字的14位防盗控制单元和4位数的密码。

3）新车钥匙上挂有一个涂黑的密码牌，刮开后内有4位数密码，可用于匹配钥匙。

4）清除故障可用解码仪进行或断电进行。

（3）更换控制单元后的匹配和车钥匙的匹配　更换发动机电控单元J220后的匹配必须重新与防盗控制单元进行匹配，完成此项工作时必须使用一把合法的汽车钥匙。

需要使用故障诊断仪操作匹配，此时点火开关处于打开状态，发动机电路单元的随机代码被防盗控制单元读入并储存起来。

（4）更换防盗控制单元J362的匹配

1）更换后发动机电控单元的随机代码自动被防盗控制单元读入并储存，因此应重新执行一次所有钥匙匹配程序。

2）当更换从其他车上拆下的防盗控制单元时，应重新执行一次发动机电控单元与防盗控制单元的匹配程序，然后重新执行一次所有钥匙的匹配程序。

（5）汽车钥匙的匹配

匹配汽车钥匙就是清除所有的合法钥匙（最多8把）。

1）用故障诊断仪V. A. G1522接通点火开关进行匹配操作，一片一片地匹配。

2）操作时不能超过30s，如果反插入钥匙未打开点火开关匹配无效。

3）如在读钥匙时出现误差，警告灯以2次/s闪动并自动中止；匹配成功警告灯先亮2s，熄灭0. 5s，再亮0. 5s，再熄灭。匹配完毕要进行故障查询。

2. 雷克萨斯LS400中控防盗系统

（1）特点　具有钥匙联动锁门和开锁功能，以及钥匙防遗忘功能。

（2）无线门锁系统的组成　LS400轿车在主点火钥匙（遥控器）内设有转发器，信号经后窗除雾器电热丝进入接收器，再进入防盗控制单元ECU，可使车主远距离打开和锁上所有车门。发动机止动防盗系统由电子控制单元ECU、转发器钥匙线圈、转发器钥匙放大器和内含转发器芯片的钥匙组成。

（3）雷克萨斯LS400（1997款）轿车防盗系统钥匙的编程

1）更新转发器钥匙密码的编程。

说明：

① 当安装了新的转发器钥匙ECU后必须执行此程序。

② 主钥匙是黑色的钥匙，它能开启所有车锁。

③ 副钥匙是灰色的，它不能开启行李箱，不能打开行李箱开关和杂物箱开关。

操作步骤：

① 确保所有车门关闭，且主钥匙不在点火开关内，将主钥匙插在点火开关，并接通开关。

② 如果登录一把新主钥匙，应拔出原来的主钥匙，并在10s内插入新主钥匙接通点火开关，然后拔下钥匙。

③ 如果登录副钥匙应拔下主钥匙，在10s之内打开，再关上驾驶人侧车门，在10s内将副钥匙插入点火开关，在10s内接通点火开关，然后拔下钥匙。

2）附加主钥匙的编程。

① 应在15s内完成本操作，确保所有车门均已关闭，且主钥匙不在点火开关内，将主

钥匙插入点火开关，然后将点火开关反复5次从LOCK位置转至ON位置，最后将钥匙停在ON位置上。

② 在完成上步操作后的20s内完成本步操作。打开再关上驾驶人侧车门反复操作6次，从点火开关拔下主钥匙。

③ 在完成上步操作10s内完成本步操作，将新的主钥匙插入点火开关。

④ 在完成上步操作10s内完成本步操作，将点火开关接通60s以上，把点火开关关上并拔下钥匙。

⑤ 如果登录另一把主钥匙，应拔下已登录的主钥匙并在10s内插上新的主钥匙，将点火开关接通60s以上，从点火开关上拔下钥匙。

⑥ 为了结束编程，应打开和关闭驾驶人侧车门。

3）添加副钥匙的编程。

① 在15s内完成，确保所有车门均已关闭，将主钥匙插入点火开关。然将点火开关反复4次从LOCK位置转至ON位置，最后将钥匙停在ON位置。

② 在上步操作后的20s内完成本步操作，打开再关上驾驶人侧车门，反复操作5次，从点火开关上拔下主钥匙。

③ 在完成上步操作后的10s内完成本步操作，将副钥匙插入点火开关。

④ 在完成上步操作后的10s内完成本步操作，将点火开关接通60s以拔下钥匙。

⑤ 如果登录另一把副钥匙，应拔下已登录的副钥匙并在10s内插上新的副钥匙，将点火开关接通60s以上，从点火开关上拔下钥匙。

⑥ 为了结束编程，应打开和关闭驾驶人侧车门。

4）清除转发器钥匙密码（以免钥匙丢失出现不测）

① 应在15s内完成本步操作，确保所有车门均已关上，且主钥匙不在点火开关内，将主钥匙插入点火开关。然后将点火开关反复6次从LOCK位置转至ON位置，最后将钥匙停止在ON的位置上。

② 在完成上步操作后的20s内完成本步操作，打开再关上驾驶人侧车门，反复操作7次，从点火开关上拔下钥匙。

（4）防盗系统设定（进入警戒状态）后，如果出现下列情况之一，防盗系统将锁上所有车门并发出灯光和声音报警。

1）不用钥匙和无钥匙进车系统打开任何车辆和行李箱。

2）发动机罩被强行打开。

3）蓄电池电缆被拆下，然后又重新接上。

（5）防盗系统的设定

1）设定条件。从点火开关上拔出点火钥匙，关闭所有车门，关闭发动机罩和行李箱。

2）设定操作采用下述方法之一，使车辆上锁防盗系统进入警戒状态。

① 用钥匙锁上左侧或右侧前门（通过钥匙联锁操作使所有车门均被锁）。

② 用遥控无钥匙进车系统锁住所有车门。

3）被动设定。在执行下述操作项目之一30s后防盗系统将自动进行设定。

① 从点开关上拔出点火钥匙。

② 从汽车上下来，关闭所有车门。

当完成任何一项设定操作时，仪表板上防盗指示灯连续点亮约 30s，30s 后防盗指示灯以点亮 1s、熄灭 1s 的频率闪亮，防盗系统设定后车门锁不能用门锁控制开关锁住或打开，行李箱门锁不能用行李箱开启器开关打开。

（6）遥控发射器的编程

1）编程模式。

A 添加模式：可在不擦除现有密码的情况下，添加遥控发射器。一个可登录四个遥控发射器密码，如果登录的密码个数超过四个，以前登录的密码将从最先登录的密码开始依次被删除。

B 重写模式：可擦除以前登录的遥控发射器密码，并给新的遥控发射器编程。

C 确认模式：告诉使用者已经编制在系统内的现有的遥控发射器密码。

D 擦除模式：能删除登录的遥控发射器密码，并解除操作功能。如果遥控发射器丢失或被盗，可使用此功能。

2）编程操作步骤：

① 编程开始之前，点火钥匙未插入点火开关，驾驶人侧车门开着并处于开锁状态，而其他所有车门均处于关闭状态。

② 将点火钥匙插入点火开关，然后再拔出。

③ 将门锁开关按下至 LOCK 位置，然后在 1s 内在将门锁开关按下至 UNLOCK 位置，重复不停地操作，直到车门锁止和开锁 5 次为止。关闭然后再打开驾驶人侧车门，本步程序必须在 40s 内完成。

④ 重复③中除了关闭和打开驾驶人车门之外的操作程序，将钥匙插入点火开关，将点火开关转至 ON 位置并在 1s 内再回转至 LOCK 位置（一个循环），转动规定的循环次数，添加模式 1 次；重写模式 2 次；确认模式 3 次；擦除模式 5 次即可进入所希望的模式。从点火开关拔下钥匙。

⑤ 如果选择的是除确认模式之外的其他任何一种模式，应进入下一步，如果选择确认模式，应将车门锁反复转至上锁位置，循环动作次数为 0 ~ 4 次。具体次数由 ECU 内存储的遥控发射器密码的个数而定，有几个转几次。这样，确定密码登录完成，本步操作 20s 内完成。

⑥ 如果选择添加模式、重写模式或选择擦除模式，为了证实选择正确，门锁将自动循环动作。对添加模式，自动循环 1 次；对重写模式，自动循环 2 次；擦除模式，自动循环 5 次。按下新遥控发射器按键并保持至少 1s，再一次按下新遥控发射器的任何一个按键并保持至少 1s。本操作程序必须在 20s 内完成。

⑦ 门锁自动循环动作一次，以表明遥控发射器信号已被 ECU 收到，本操作程序必须在 3s 内进行。

⑧ 如果门锁循环动作一次，新的遥控发射器密码已被成功接受，如果门锁循环动作 2 次，新的遥控发射器密码未被成功接受，为了对另一遥控发射器进行编程，或用一个遥控发射器密码进行第二次编程尝试，应重复第⑥至第⑧步。

3. 日产风度轿车中控防盗装置

（1）日产 CefiroA32 轿车中控门锁系统的组成

由车身控制模块（BCM）、驾驶人侧车门控制单元（Lcu101）、电动车窗主开关、车门开锁传感器和门锁执行器等组成。

（2）多功能遥控系统遥控器ID码的设定

1）用诊断仪设定ID码的步骤。

① 断开点火开关。

② 将诊断仪连接到数据通信插接件上。

③ 接通点火开关。

④ 触摸诊断仪上的START（开始），然后触摸SMART ENTRANCE（智能进入）。

⑤ 触摸诊断仪上的MULTIREMOTE ENT（多功能遥控进入），然后触摸WORK SUPPORT（工作支持）。

⑥ 此时，可以设定下列项目：

a. REMO. CONT ID CONFIR（遥控器ID码确定），可以确定遥控器的ID码是否已登记。

b. REMO CONT ID REGIST（遥控器ID码登记），在更换遥控器或智能进入控制单元时，或增加遥控器时进行ID码登记。

c. REMO CONT ID ERASUR（遥控器ID码删除），可以删除遥控器ID码。

d. HZRD REM SET（危险警告灯提示功能设定），可以设定或解除危险警告灯提示功能。

2）不用诊断仪设定ID码的步骤。

① 关闭所有的车门。

② 在10s内插入并拔出点火钥匙6次以上（危险警告灯闪烁2次），操作时点火钥匙每次都应从锁芯中完全拔出，插入和拔出时动作不要太快。

③ 插入点火钥匙并将其转至ACC位置。

④ 按下新遥控器的任意按钮（危险警告灯闪2次），新的ID码输入，同时以前的ID码全部删除。

⑤ 是否要输入另一个遥控的ID码（最多4个）。如果超过4个将删除最前的，不需要时打开驾驶人侧车门，检查多功能遥控系统工作情况。

⑥ 输入另一个遥控器ID码，用开/闭锁开关锁止车门（主开关）。

⑦ 按下新遥控任意按钮（危险警告灯闪烁2次），此时新ID码已输入，同时以前的ID码全部删除，如想再输入另一个则重复⑤~⑦步骤。

⑧ 遥控器ID码输入完毕，打开驾驶人车门，检查多功能遥控器工作。

3）特殊情况说明。

① 若遥控器丢失，ID码必须删除，以免被非法使用。如果不知道丢失的遥控器ID码，应删除所有未丢失或新遥控器的ID码，必须重新登记。

② 如果需要启用2个以上的新遥控器，每个遥控器都应重复执行输入另一个遥控器ID码的步骤。

4. 本田奥德赛遥控防盗系统

（1）本田ODYSSEY多功能车防盗系统的特点

1）当系统上锁时，无钥匙进入系统会使驻车灯、示廓灯、尾灯和仪表照明灯闪烁1次，而在系统开锁时会使它们闪烁2次。

2）如果任何车门或尾门没有关闭，或点火钥匙遗留在点火开关内，则不能用遥控发射器锁住或打开车门锁。

3）按下 LOCK 按钮一次锁住所有车门，按下 UNLOCK 一次打开驾驶人侧车门，按下 UNLOCK 两次将打开所有车门锁及尾门锁，按下 UNLOCK 30s 内未打开车门，则所有车门和尾门将自动重新锁住。

（2）本田奥德赛遥控防盗系统的遥控发射器的编程　说明：电动门锁控制单元存储器中最多可存储 3 个发射器代码，如果输入第 4 个代码，则第 1 个代码被清除。

1）将点火开关转到 ON 位置，在 1 ~4s 内，将发射器对准汽车并按下 LOCK 或UNLOCK 按钮，在 1 ~4s 内将点火开关转到 OFF 位置，重复 3 次以上，确认可以听到门锁执引器发出声音。在 1 ~4s 内再按下 LOCK 或 UNLOCK 按钮。

2）在 10s 内，把要编程的发射器（最多 3 个）对准汽车并按下 LOCK 或 UNLOCK 按钮，在存储完各发射器代码后，确认可以听到门锁执行器发出声音，将点火开关转到 OFF 位置，存储完各发射器代码后，拔出钥匙并确认发射器工作正常。

5. 通用汽车公司车系中控防盗系统的检测

（1）特点

1）警戒时，各车门都会上锁，非法进入切断电路，控制发动机电脑工作。

2）灯光扬声器报警恐吓。

3）GM 公司的点火开关钥匙内部都装有一个特定电阻值的电阻作为识别标志（电阻值共 15 档：402，523，681，887，1130，1470，1870，2370，3010，3740，4750，6040，7500，9530，11800），并偏差 ±20%。

（2）通用汽车公司车系中防盗系统有匹配

1）拆过蓄电池或更换中央控制电脑后有匹配。

① 将钥匙插入点火开关并转（RUN）位置，再转到锁定 LOCK 位置，并取出钥匙。

② 此时仪表板上“防盗警告灯（SECURITY）”开始闪烁，再将钥匙插入点火开关，不要转动钥匙。

③ 此时，中央控制电脑板测量并存储钥匙的特定电阻值，待防盗警告灯（SECURITY）熄灭后，表示存储完成，取出钥匙即可。

2）钥匙的匹配。钥匙内有特定电阻，复制钥匙需用专用仪器 J35628-A，将原车钥匙插入专用仪器中，打开开关，由仪器自动扫描该钥匙电阻档位，再向原厂购买相同档位值的钥匙，然后插入点火开关起动发动机，即可自动设定备用钥匙电阻值。若钥匙全部遗失，则需要用专用仪器 J35628-A 进行钥匙匹配。

① 利用一只新的没有电阻值的钥匙插入点火开关。

② 将转向盘下边的点火开关线插头断开，将 J35628-A 上的电阻值输出线接到连接电脑一端的插头上。

③ 利用档选择开关确定某一电阻档位，并准备起动发动机，若起动不成功则需将点火开关处于锁止状态（KEY-OFF），选择另一档位并等待 4min。

④ 若起动，则原电阻值所处档位为该档位。

（3）通用汽车公司遥控中央门锁控制系统遥控器的设定　特点：RKE 系统用无限电信号来开启或关闭车门，按 LOCK 则所有车门上锁，按 UNLOCK 一下驾驶人侧门锁打开，内灯亮，再按 UNLOCK 键在 25s 内所有车门及燃油盖均打开，当断开蓄电池太久或更换 RKE

模块时必须重新设定。

1）A型与W型车身系列轿车的设定步骤。

① 将点火开关处于KEY-OFF位置。

② 中央门锁开关各一次。

③ 将规定接线头搭铁。

④ 按下遥控器的LOCK键并保持2s，然后按下UNLOCK按键并保持2s，则设定完毕。

2）C型、H型和F1型车身系列设定过程。

① 将点火开关置于KEY-OFF位置。

② 将诊断座中A和G两端子跨接。

③ 按下遥控器的开锁（UNLOCK）键并保持2s，放开再按下LOCK键并保持2s即设定完毕。

6. 福特轿车的无钥匙进车系统与防盗系统

林肯城市、福特皇冠维多利亚和水星老侯爵等无钥匙进车系统由四个主要部分组成，即电子控制模块、五按键键盘、天线和四按键发射器。

（1）无钥匙进车系统的操作方法

1）遥控器的操作。

① 按UNLOCK一次打开驾驶人侧车门锁。

② 在5s内按UNLOCK二次打开所有车锁。

③ 按下TRUNK键打开行李箱锁。

④ 按下UNLOCK TRWNK PANIC中任一键都能打开车内灯和钥匙照明灯。

⑤ 按下LOCK一次可锁上所有车门，5s内按两次可听到扬声器响声。

⑥ 按下PANIC键，扬声器发出短促响声，驻车灯最多3s内进入安全报警待机状。

2）遥控器的编程（登录）。

① 将点火开关转至ON（ACC）位置，并将程序插接器用胶带捆扎在线束上，把在杂物箱后两端子插接器的两个端子短接，所有的车门应先锁上后开锁，然后再拆下短路线。

② 按下遥控器上的任何一键，所有的车门都应先锁上后再开锁，以便确认遥控器已编程，最多三次，如无响应则有故障。

③ 每车最多储存4个遥控器。

④ 点火开关转至OFF位置，所有车门先锁上后开锁。

⑤ 检查无钥匙进车系统的工作情况。

⑥ 当对遥控器进行重新编程后，将会把以前遥控器代码从存储器擦除。

3）蒙迪欧轿车遥控器的操作功能。

① 在2s内按遥控器的LOCK键两次，便可激活双重锁止系统。

② 压下LOCK键并保持可关闭车窗和天窗。

③ 按UNLOCK一次可解除防盗并打开驾驶人侧车锁，3s内按两次可打开所有车门。

4）蒙迪欧轿车遥控器的重新设定程序。

① 要求所有带遥控器的钥匙都要进行设定。

② 在6s内，将点火开关从O档转到第二档位置，至少4次。

③ 将点火开关转到O档位置，压下并保持LOCK/UNLOCK按键或行李箱盖释放按键直

到发响信号，表明程序设定正确，在 10s 内按以上程序设定其他。

④ 退出程序模块，将点火开关转到第二档位置等待 10s。

⑤ 也可以通过专用设备设定，最多可设定 4 把钥匙。

（2）蒙迪欧轿车防盗系统的设定

1）系统操作将点火开关置于 ON 位置，确保时针 LED 灯点亮 3 ~ 5s。如果 LED 灯亮大约 1min，然后不正常地间隔闪烁，表明钥匙不被确认。

2）复制钥匙的程序：

① 要求用 2 把程序钥匙（A 和 B）。

② 将 A 钥匙插入到点火开关里面，将点火开关转到第二位置等待 1s。

③ 点火开关转至 OFF 位置后，取出钥匙 A，在 5s 内将 B 钥匙插入到点火开关里面。

④ 将点火开关转到第二位置等待 1s。

⑤ 将点火开关转至 OFF 位置取出 B 钥匙。

⑥ 在 10s 内将需要重新设定程序的遥控器钥匙插入到点火开关里，然后将点火开关转到第二档位置等待 4s。

⑦ 将点火开关转至 OFF 位置等待 5s。

⑧ 起动发动机，如果发动机不能起动，且时针 LED 灯闪烁，应将点火开关置于 ON 位置待 20s 后将点火开关置于 OFF 位置重新设定。

⑨ 重复以上程序，对其余钥匙进行设定，最多设定 8 把钥匙。

7. 奥迪 A6 轿车防盗系统

（1）组成　奥迪 A6 轿车的防盗系统由防盗控制单元、警告灯（位于组合仪表上）、读出线圈套（在点火锁上）和点火钥匙（带脉冲转发器）等组成。

（2）匹配新钥匙复制遥控器的程序

1）打开点火开关（用副钥匙）。

2）读取测量数据块 007，检查已适配的几把钥匙。

3）在车外使用将要适配的车钥匙将驾驶人侧车门锁上，5s 内按下遥控钥匙上的“offnen”直到达到一个存储位置，每次按下按键由警报闪光灯确认，等待 5s，再次按下“offnen”键，车门打开。

4）关闭点火开关，拔下点火钥匙。

5）检查新遥控器钥匙的功能。注意：新钥匙必须使用未占用的存储位置来适配，如果已占用，先前适配的钥匙将失效。

（3）已有遥控钥匙的再适配

1）只有更换遥控钥匙电池及显示故障码 00955 ~ 00958 时，才进行操作。

2）按下遥控器钥匙上的一个键，如果车门没有打开或锁上进行如下操作。

3）在 30s 内打开并锁上驾驶人侧车门锁。

4）检查遥控钥匙功能是否正常。

8. 宝马轿车中控防盗系统

（1）1995 年宝马公司采用的可编程自动设定遥控器的设定及复制程序　在遥控器更换电池断电超过 1min 或拆下蓄电池线后需要对遥控器进行设定（匹配）。

1）必须先解除防盗模式才能进行遥控器的重新设定及复制。

2）确保蓄电池电压正常，所有车门、发动机罩、行李箱均良好。

3）将钥匙插入点火开关，并转到ACC档，5s内回转到OFF位置。

4）按住钥匙上按钮A的同时在10s内将“B”钮连按三次，然后再将A钮放开。

5）此时中央门锁上再开锁，这表示设定已经完成。

6）如果要复制新的遥控器则必从第4）步开始计算，应在30s内完成设定。

注：如果用钥匙开锁，则将钥匙插入车门顺时针转30°～45°，再将门把手拉起，再转动90°即可打开车门。

（2）1992～2000款3系列（E36）轿车红外线遥控发射器的重新设定程序　在下列情况下必须执行遥控器重新设定程序：在更换钥匙电池时，不能按压遥控器按键，更换钥匙电池，超过60s；增加钥匙或替换钥匙；钥匙电量过低。

1）对准红外线钥匙接收器（后视镜处），距离少于15cm。

2）使用遥控器打开（UNLOCK）车辆门锁（带晶片防盗）。

3）关闭驾驶人侧车门。

4）先将点火开关转至ON位置，然后转至OFF位置。

5）压下并保持LOCK/UNLOCK按键。

6）压下并保持UNLOCK按键（带晶片防盗）。

7）在10s内在压下LOCK/UNLOCK按键的同时，短暂压下双重锁止按键（DOUBLE LOCK）三次。

8）在10s内压下UNLOCK按键的同时，快速压下LOCK键三次（带晶片）。

9）释放LOCK/UNLOCK按键。

10）释放UNLOCK按键（带晶片防盗）。

11）LED灯慢速闪烁10s。

12）压下LOCK/UNLOCK或DOUBLELOCK按键。

13）压下LOCK/UNLOCK按键（带晶片防盗）。

14）这时中控门锁上锁和开锁，表明程序设定正确。

15）如果LED灯不闪烁或者中控门锁系统不工作，必须重新设定。

注意：最多能设定4把钥匙，每一把钥匙设定必须在30s内完成。

（3）1992～2000款3系列（E36）轿车无线电遥控器的重新设定程序

1）使用遥控钥匙打开车门，如果不用遥控器打开车门，程序可能会阻塞15min。

2）进入驾驶室，关闭驾驶人侧车门。

3）点火开关先转到ON位置，然后转至OFF位置。

4）压下并保持UNLOCK按键（按键1）。

5）在10s内，在按下UNLOCK按键的同时，短时压下LOCK按键三次。

6）释放UNLOCK按键（有些车LED灯闪烁10s，中控门锁系统开锁和上锁，表明程序设定正确；有些车型，中控门锁系统快速开锁和上锁，表明设定正确）。

7）如果中控门锁不能工作，重复1）～6）步操作程序。最多能设定4把钥匙，每一把钥匙设定时间必须在30s内完成。

（4）1992～1996款S系列（E34）和1992～1994款7系列（E32）轿车红外线遥控器的设定程序

1）对准钥匙红外线接收器（后视镜处）距离少于15cm，使用遥控器打开车门（带晶片防盗）。

2）关闭驾驶人侧车门。

3）先把点火开关转到ON位置，然后转至OFF位置。

4）压下并保持UNLOCK按键。

5）压下并保持UNLOCK按键（带晶片防盗）。

6）在10s内，快速压下双重锁锁止按键（DOUBLE LOCK）三次，同时压下LOCK/UNLOCK按键。

7）在10s内，在按下UNLOCK按键的同时，快速压下LOCK按键3次（带晶片）。

8）释放LOCK/UNLOCK按键。

9）释放UNLOCK按键（带晶片防盗）。

10）LED灯闪烁10s。

11）压下LOCK/UNLOCK或DOUBLE LOCK按键。

12）压下LOCK/UNLOCK按键（带晶片防盗）。

13）如果中控门锁上锁和开锁，表明程序设定正确。

14）如果LED灯不闪烁或中控门锁系统不工作，必须重新设定。最多能设定4把钥匙，每一把钥匙设定必须在30s内完成。

（5）1998款之后的3系列E46、1996款之后的5系列E39和1995款之后的系列E38轿车遥控器的设定（新型防盗遥控器1999年9月后开始大量使用）

1）用车钥匙打开中控门锁（2V）。

2）进入车内关闭所有车门。

3）用钥匙打开点火开关至位置I，然后重新关闭（时间<5s），系统将处于初始化设置的准备状态。

4）按无线电发射器钥匙上的2号钮并保持不运动。

5）将按钮I连续按下3次（10s之内）而2号钮一直不松开。

6）松开2号钮。

7）中控锁（2V）如果有先“联锁”后解除“联锁”的动作，表明已完成无线电钥匙的初始化设置。如果中控锁没有动作，则必须重新初始化设置。第一个无线电发射器钥匙完成设定后，如还要继续对其他三个无线电钥匙进行初始化设置。在设置时，绝不能打开点火开关，否则将对所有钥匙进行重新设置。

说明：1号钮：短按，中控锁关闭；连续点动，防盗报警装置退出工作状态；长按，中控锁、车窗玻璃和天窗关闭。

2号钮：短按，打开锁；长按，中控锁、车窗玻璃和天窗打开。

3号钮：控制行李箱。

9. 奔驰车系中控防盗系统

（1）新款S级（W220）轿车中控门锁系统的功能

操控分无线遥控、车内中控门锁开关控制、钥匙手动控制和遥控防盗卡控制。

1）特殊功能：当发生碰撞时，预紧式安全带/安全气囊起动，车门打开；行驶中车速超过20km/h自动闭锁。

2）防盗报警功能：当有非法进入时，触发报警装置，防盗扬声器和警告灯会工作。

3）电子控制转向柱锁（奔驰三代防盗，点火钥匙是一块塑料片，无齿，采用数字认证控制）。

（2）奔驰驾驶人识别系统DAS

1）DAS特点：

① 一旦车辆起动后，电子点火钥匙、点火开关电脑、电子控制转向柱锁（ESL）及发动机电脑之间的通信密码将更改（跳动功能）。

② 钥匙内含有处理芯片。

③ 电子式点火开关不含锁头。

④ 采用电子式转向锁。

⑤ 可编程电子点火开关（EIS）和电子转向柱锁（ESL）需原厂仪器才进行编制。

2）DAS的组成：

① DAS2a/2b系统包括红外线遥控器、红外线接收器（装于室内后视镜上）、车门开关、DAS红外线RCL控制电脑、发动机控制电脑、环状线圈、灯光闪烁继电器、气动中控PSE电脑、电动车窗和天窗电脑、防盗电脑（此有无线电接收器）。

② DAS-X系统在DAS2a的基础上多了2个红外线接收器，红外线接收器电脑RCC与DAS电脑分开。

③ 防盗遥控卡的发动机起动和发动机熄火功能。

（3）新款奔驰S级（W220）轿车防盗系统遥控卡的复制

1）防盗设定（系统设定）。更换Keyless go（遥控）电脑应作防盗遥控电脑设定（点火开关电脑及遥控卡作学习设定）。

① 点火开关置于OFF位置。

② 中控遥控钥匙勿插入点火开关。

③ 需用2个防盗遥控卡（需把欲复制的防盗遥控卡带进车内）。

④ 压下变速杆上的起动/停止键，并保持约3s不放松。

⑤ 此时仪表板上应显示Visit workshop字样。

⑥ 此时Keyless go电脑会送出信号至车门天线，以检测防盗遥控卡。

⑦ 如果识别成功，Keyless go电脑即经由CAN资料传输线送信号至点火开关控制电脑，使15号电路导通。

⑧ 将变速杆由驻车档移至倒档后，再回到驻车档。

⑨ Keyless go电脑经CAN资料传输线送信号至点火开关控制电脑，点火开关控制电脑切断点火开关电源。

⑩ 这时Keyless go电脑会再寻第2个防盗遥控卡（欲复制的防盗遥控卡）。

⑪ 此时重复⑦~⑨步。

⑫ 若此遥控卡已识别无误，仪表板在此刻会出现“Carel in vehicle recognized”字样即设定完成。

2）防盗卡的设定。

① 点火开关置于OFF位置。

② 钥匙勿插入点火开关控制电脑内。

③ 压下变速杆上的起动/停止开关 1 次，在大约 30min 后，点火开关上 15 号线路导通。

④ 再压下变速杆上的起动/停止开关，点火开关上 15 号线路导通。

⑤ 90min 之后防盗遥控卡设定完成。

3）中控遥控锁的设定。

① 将中控遥控钥匙插入点火开关控制电脑。

② 等待大约 30min 后，将点火开关转至 ON 位置（15 号线导通）。

③ 90min 后，中控遥控钥匙设定完成。

练习与思考题

一、填空题

1. 汽车防盗系统是指防止＿＿＿＿＿＿和＿＿＿＿＿＿被盗所设的系统。

2. 汽车防盗系统由电子控制的＿＿＿＿＿＿、＿＿＿＿＿＿、＿＿＿＿＿＿和执行机构等组成。

3. 上海桑塔纳 2000GSi 轿车防盗系统由＿＿＿＿＿＿、＿＿＿＿＿＿、＿＿＿＿＿＿和＿＿＿＿＿＿等组成。

4. 防止发动机不正当起动时可切断＿＿＿＿＿＿；切断＿＿＿＿＿＿；＿＿＿＿＿＿；切断与其他车辆动作有关的系统。

二、简答题

1. 汽车防盗控制系统有哪些主要功能？

2. 简述上海桑塔纳 2000GSi 轿车防盗系统防盗点火锁工作过程。

3. 汽车防盗控制系统检修时应注意哪些问题？

4. 简述桑塔纳 2000 轿车的防盗系统更换防盗控制单元 J362 的匹配方法。

第14章 汽车智能巡航控制系统原理与检修

14.1 汽车智能巡航控制系统概述

智能巡航控制系统 ACC（Adaptive Cruise Control）是于20世纪70年代末期研发的汽车安全辅助驾驶系统。它将汽车定速巡航控制系统 CCS（Cruise Control System）和车间安全距离保持系统 SDKS（Safety Distance Keeping System）有机地结合起来，既有自动巡航功能，又有防止前向撞击功能。由于当时传感器技术、信号处理技术、汽车电子技术以及交通设施等方面的因素阻碍了 ACC 的发展，直到20世纪90年代中期，随着各项技术的进步和对汽车行驶安全性要求的提高，特别是对有效地防止追尾碰撞要求的不断提高，才使得 ACC 迅速发展起来，汽车智能巡航控制系统也可以称为主动式巡航控制或汽车自适应巡航系统（Adaptive Cruise Control），通常也称 ACC 控制系统，使用雷达技术或者激光检测技术实现其功能。自适应巡航控制（ACC）是一个允许车辆巡航控制系统通过调整速度以适应交通状况的汽车功能。安装在车辆前方的雷达用于检测在本车前进道路上是否存在速度更慢的车辆。若存在速度更慢的车辆，ACC 系统会降低车速并控制与前方车辆的间隙或时间间隙。若系统检测到前方车辆并不在本车行驶道路上时将加快本车速度使之回到之前所设定的速度。此操作实现了在无驾驶人干预下的自主减速或加速，如图14-1所示。ACC 控制车速的主要方式是通过发动机节气门控制和适当地制动。

14.1.1 汽车智能巡航控制系统的基本组成

自适应巡航控制系统的基本结构如图14-2所示，主要由自适应巡航控制系统传感器、自适应巡航控制系统控制器、发动机管理控制器、电子节气门执行器、制动执行器、制动控制器（例如 ABS、ESP 等）组成。对于一个完整的系统，还必须有相关人机界面，所以在实际的车辆中使用的自适应巡航控制器还必须增加操作控制开关、给驾驶人提供相关巡航系统状态的组合仪表。

根据传感器的类型分为雷达技术的自适应巡航控制系统、激光技术的自适应巡航控制系

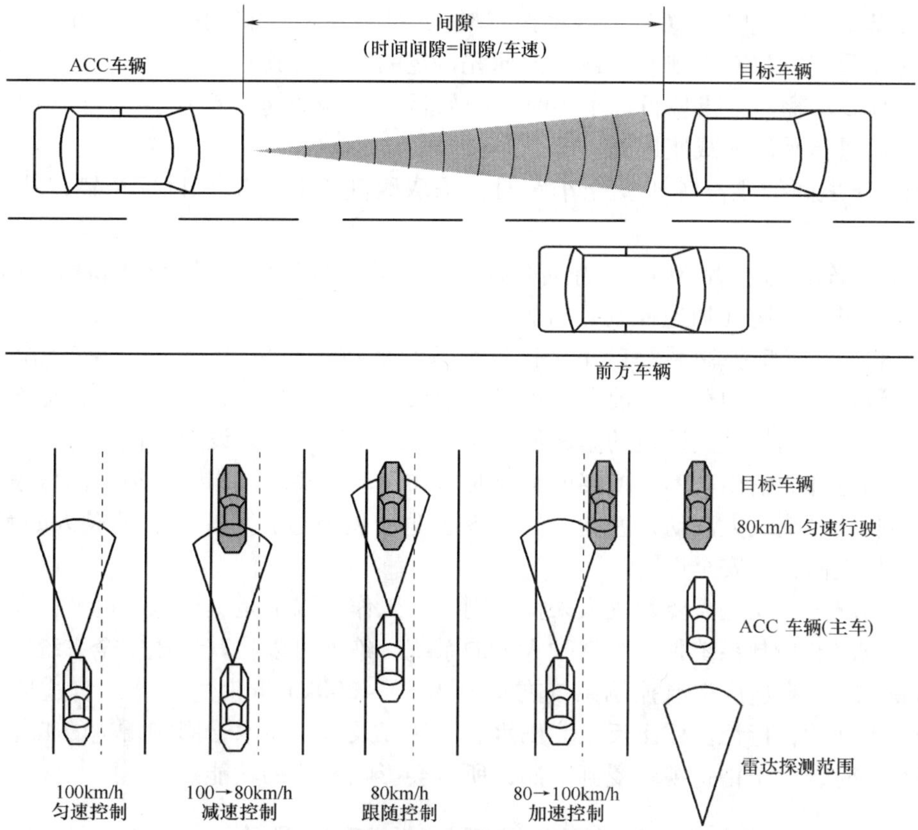

图 14-1 汽车智能巡航控制的基本方式

统。目前，主要自适应巡航控制系统传感器有 76GHz 雷达传感器和 24GHz 激光传感器。虽然激光技术的自适应巡航控制系统传感器比雷达技术的自适应巡航控制系统传感器便宜，但是它有比较严重的缺陷：检测距离短、低速、受天气影响比较大。除此之外，按照欧洲的规定，在欧洲限制的 25 个区域中所有使用 24 GHz 的系统必须自动禁止，并且该限制区域还在增加。所有欧盟国家建议与自适应巡航控制系统类似的应用系统使用 77～81GHz 频段。从 2013 年开始，上市的车辆不允许再使用24GHz。目前，大多数高级车中的自适应巡航控制系统传感器使用基于雷达技术的传感器。

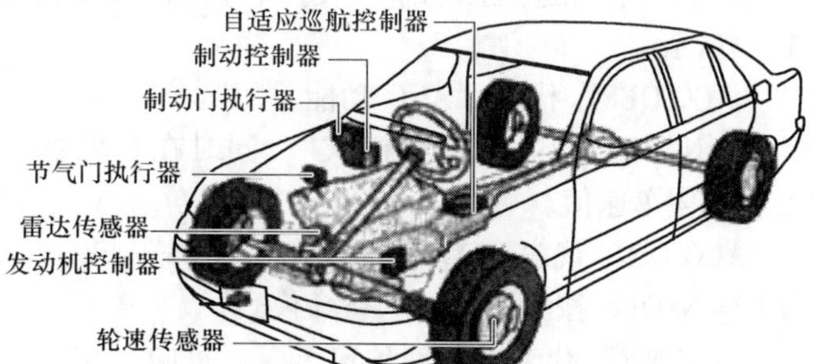

图 14-2 汽车智能巡航控制的基本结构

14.1.2 汽车智能巡航控制系统的基本功能

自适应巡航控制系统的基本功能如下所述。

1）当前方没有车辆时，ACC 车辆将处于普通的巡航驾驶状态，按照驾驶人设定的车速行驶，驾驶人只需要进行方向的控制（匀速控制）。这里还包括一个工况，就是当驾驶人在设定的速度基础上加速时，ACC 车辆将按驾驶人意图行驶。当驾驶人不再加速以后，如果没有新的速度设定，ACC 车辆将继续按照原先设定的车速行驶。

2）当 ACC 车辆前方出现目标车辆时，如果目标车辆的速度小于 ACC 车辆时，ACC 车辆将自动开始进行平滑的减速控制。

3）当两车之间的距离等于安全车距时，采取跟随控制，即与目标车辆以相同的车速行驶。

4）当目标车换道或者 ACC 车辆换道后，前方又没有其他的目标车辆时，ACC 车辆将恢复到初期的设定车速（加速控制）行驶。

因此，自适应巡航控制系统就是定速巡航系统的进一步发展。车上装有一个雷达传感器，它用于测定与前车的车距和前车的车速。如果车距大于驾驶人设定的值，那么车辆就会加速，直至车速达到驾驶人设定的车速值。如果车距小于驾驶人设定的值，那么车辆就会减速，减速可通过降低输出功率、换档或必要时施加制动来实现。出于舒适性的考虑，制动效果只能达到制动系统最大制动减速能力的 25%。这个调节过程可以减轻驾驶人的劳累强度，因此可以间接提高行车安全性。

在某些情况下，还是需要驾驶人来操纵制动器工作。以下是奥迪汽车巡航控制系统的局限性：自适应巡航控制系统是一个驾驶人辅助系统，绝不可以将其看成安全系统。它也不是全自动驾驶系统。自适应巡航控制系统在车速为 30 ~ 200km/h 时才工作。自适应巡航控制系统对固定不动的目标无法作出反应。雨水、浮沫以及雪、泥水会影响雷达的工作效果。在转弯半径很小时，由于雷达视野受到限制，所以会影响系统的功能。

14.1.3　汽车智能巡航控制系统的基本操作

奥迪汽车智能巡航控制系统使用转向盘左侧的自适应巡航系统操纵杆来进行操纵，如图 14-3所示。

“ACC OFF”代表“ACC 功能关闭”。

“CANCEL”代表“待命模式”，同时在存储器中保存期望车速值。

“ACC ON”代表 ACC 总是处在“关闭”状态，必须按 ON/OFF 按钮切换到“待命模式”。

“RESUME”代表恢复到预定车速，每向后拉一次，车速增加 1km/h。

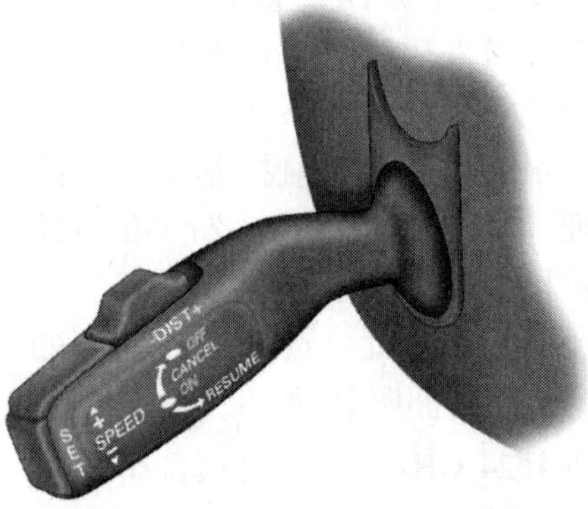

图 14-3　奥迪智能巡航控制操作开关

操纵杆有两个位置。接通系统只需将该操纵杆向驾驶人方向推至自适应巡航系统的 ON 位置即可。关闭系统只需将操纵杆推至自适应巡航系统的 OFF 位置即可。起动发动机后，根据这个操纵杆的位置情况，自适应巡航系统会处于 BEREIT 模式（操纵杆在 ON）或 AUS 模式（操纵杆在 OFF 位置）。该系统在接通后就处于 BEREIT 模式。这时转速表上还没有显示任何信息。只有在按下 SET- 按键后，自适应巡航系统才会真正进入 AKTIV 模式。如图 14-4 所示，车速表指示环上的一个淡红色发光二极管（LED）指示的就是设定的巡航车速。同时，表示自适应巡航系统正在工作的符号也出现在车速表上。为了识别自适应巡航系统正在工作这个状态，车速表上 30 ~200km/h 之间的所有发光二极管都呈暗红色发光状态。

如果驾驶人打开了其他显示屏，那么中央显示屏也会出现一个显示内容。如图 14-5 所示，关闭点火开关后，所存储的巡航车速会被清除掉。

图 14-4　奥迪智能巡航仪表显示器

图 14-5　奥迪智能巡航中央显示屏

如果识别出前车，那么转速表上会显示出来，如图 14-6 所示。

如果已经起动了其他显示屏，中央显示屏也会显示一个信息，如图 14-7 所示。

图 14-6　奥迪智能巡航前车显示

图 14-7　奥迪智能巡航前车中央显示

当按压“SET”时，激活 ACC，当前车速被存储。控制杆向上推一次，增加 10km/h。如果控制杆按压不超过 0.5s，速度增加 10km/h，如果按压不动，每超过 0.5s，速度持续增加 10km/h。其中，“Distance”可以分几个阶段调整与前车的距离或者时间，向下拉一次，减少 10km/h（与车速有关的逻辑加减法，最大车速 210km/h，最小车速 30km/h）。已经改变了的巡航车速由转速表上相应的 LED 指示出来。

奥迪汽车与前车之间的车距可由驾驶人设定为四个级别。自适应巡航系统设定的车距取决于当时的车速。随着车速的提高，车距也增大。当车辆以恒定车速行驶时，设定的车距应遵守交通法规的要求。操纵杆上的滑动开关就是用来设定巡航车距的。如图 14-8 所示，每推动一次该开关，车距就提高或降低一个档。所选定的巡航车距就确定了车辆加速时的动力性能。所选定的巡航车距短时显示在仪表板中央显示屏上。按键第一次按下时，中央显示屏就接通了。显示出的两车之间的横条数目就表示所选定的车距级别。起动发动机后，车距级别的基本设定可按驾驶人的要求来进行调整。

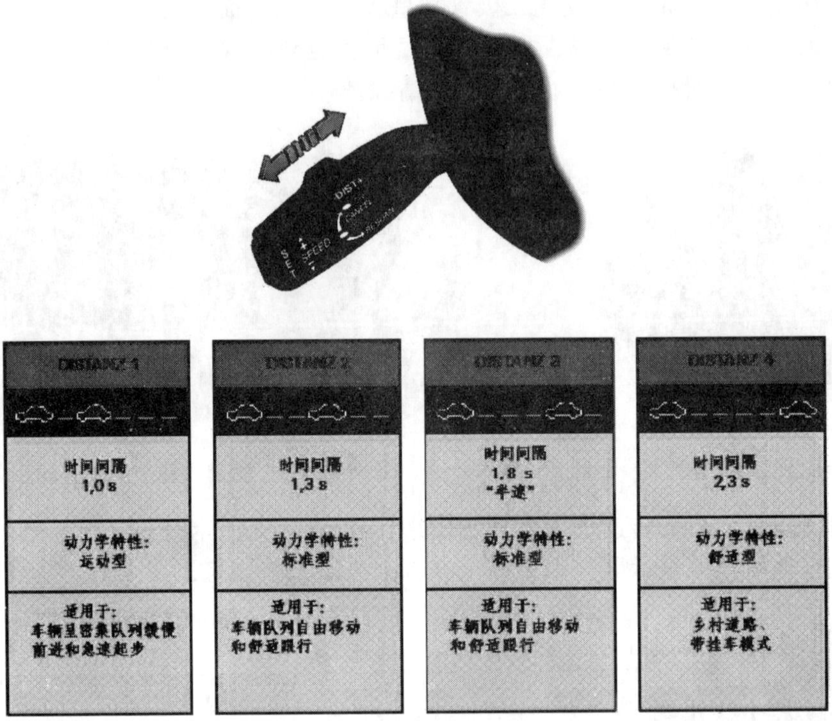

图 14-8　奥迪智能巡航车距设定

如果系统识别出施加的制动不足以使车辆达到规定的车距，那么就会响起一个声音信号（锣声）。另外，车速表上会出现红色显示，这个显示内容以 0.5Hz 的频率在闪动，这就提醒驾驶人应主动施加制动。如果驾驶人先前已经起动了其他显示屏，那么中央显示屏上会出现警报，如图 14-9 所示。

图 14-9　制动不足报警显示

如果驾驶人加油使车速超过了巡航车速，那么车速表上的那个符号就会消失，若驾驶人起动了辅助显示屏，该屏幕上会显示出该状态。向车的行驶方向轻触操纵杆就关闭了自适应巡航系统，这时的模式就从 AKTIV/üBERTRETEN 切换到 BEREIT。踏下制动踏板也可关闭自适应巡航系统（系统切换到 BEREIT 模式），如果自适应巡航系统已经被关闭且处于 BEREIT 模式，那么向驾驶人方向拉拨杆就可以激活自适应巡航系统。前提条件是，已经设定了巡航车速。车距（DISTANZ）1、2、3、4 的基本设定：奥迪车在出厂时预设的是车距

3。系统设定的意思是，激活后该设定一直保持有效状态，直到驾驶人输入另外一个车距。锣声音量的设定（关闭，轻音，中音，高音）：出厂时预设的是“高音”。

14.2　汽车智能巡航控制系统主要零部件的结构及工作原理

传统巡航控制系统电控单元有两个输入信号，当测出的实际车速高于或低于驾驶人调定的车速时，电控单元将这两种信号进行比较，得出两种信号之差，即误差信号，再经放大、处理后成为节气门控制信号，送至节气门执行器，驱动节气门执行器动作，调节发动机节气门开度，以修正两输入车速信号的误差，从而使实际车速很快恢复到驾驶人设定的车速，并保持恒定。而智能巡航控制则增加与前车车距控制装置，如图 14-10 所示。

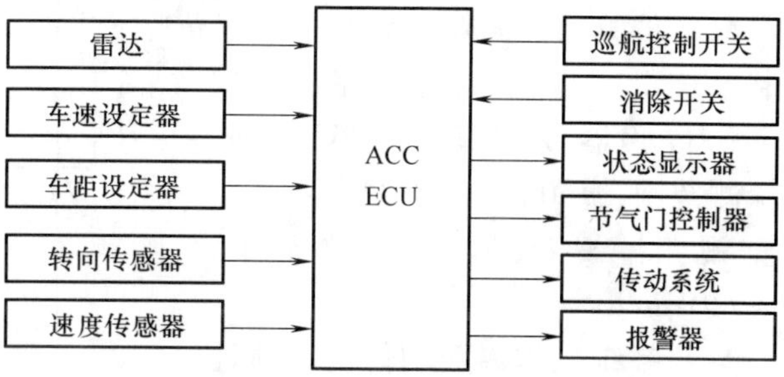

图 14-10　智能巡航控制系统的示意图

如图 14-11 所示，为 ACC 系统的组成和互联主件系统。不同模块之间通过一个串行通信网络左右通信的方法，俗称控制器区域网络（CAN）。

ACC 模块：ACC 模块的主要功能是处理雷达信息并判断附近是否存在前方车辆。当 ACC 系统处于“时间间隙控制状态”时，它会发出信息到发动机控制和制动器控制模块，以控制 ACC 车辆和目标车辆之间的时间间隙。

发动机控制模块：发动机控制模块的主要功能是接受来自 ACC 模块和仪表板的信息并根据这些信息调整车速。发动机控制模块通过控制发动机节气门控制车速。

制动控制模块：制动控制模块的主要功能是在 ACC 控制模块的要求下通过对每个轮胎进行制动从而降低车速。制动系统采用电子增强的液压式，如 ABS 制动系统。

仪表群：仪表群的主要功能是处理巡航开关和将它们的信息发送至 ACC 系统和发动机控制模块。同时，仪表群也将显示出信息，以便于驾驶人了解 ACC 系统的运行状态。

CAN：控制器局域网（CAN）是一个机动车网络标准，它使用 2 线总线来传递和接收数据。网络上的每个节点都具备每个消息帧发送 0 ~ 8 个字节数据的能力。一个消息帧由一个 0 ~ 8 字节的前端消息和一个校验消息组成。前端消息是一个独特的标识符，用于确定优先级。在总线空闲时网络上的每个节点都可以发送数据。若有多个节点在同一时间发送数据，将会有一个仲裁机制来确定哪个节点来控制总线。具有最高优先级的消息将赢得仲裁，其信息将被传送。一旦检测到总线空闲，发送失败的消息将重试发送。

巡航开关：巡航开关是装在转向盘上的几个按钮，以便于驾驶人命令和操作 ACC 系统。开关包括：

“ON”：将系统置于“ACC 待机状态”。

“OFF”：取消 ACC 操作并将系统置于“ACC 关闭状态”。

“SET +”：起动 ACC 并设置设定速度或加速。

“COAST”：减速。

"RESUME"：恢复到设定速度。

"TIME GAP +"：增加时间间隙。

"TIME GAP -"：减小时间间隙。

制动开关：一共有2个制动开关，分别为制动开关1（BS1）和制动开关2（BS2）。当其中任何一个开关被激活时，巡航控制操作取消，系统进入"ACC待机状态"。

制动灯：当制动控制模块响应ACC要求进行制动时，将会打开制动灯提醒后方车辆注意本车正在减速。

ACC传感器：大众车系智能巡航控制系统雷达测距传感器如图14-12所示。传感器发射频率：76.5GHz，可探测范围：150m，水平视角：12°，垂直视角：±4°，车速探测范围：30～210km/h。

ACC系统操作界面和传统巡航控制类似。驾驶人通过转向盘上的开关操作系统。除了用于控制ACC车辆和目标车辆间的时间间隙的两个开关以外，ACC和传统巡航控制系统的开关相同。此外，还有一系列的信息将会显示在仪表板上以告诉驾驶人ACC系统所处的状态并提供必要的警示。使用ACC系统时，首先按下"NO"键，将ACC系统置于"ACC待机状态"。然后按下"SET"键进入"ACC起动状态"。此时，ACC系统将根据交通环境控制车辆达到设定速度。

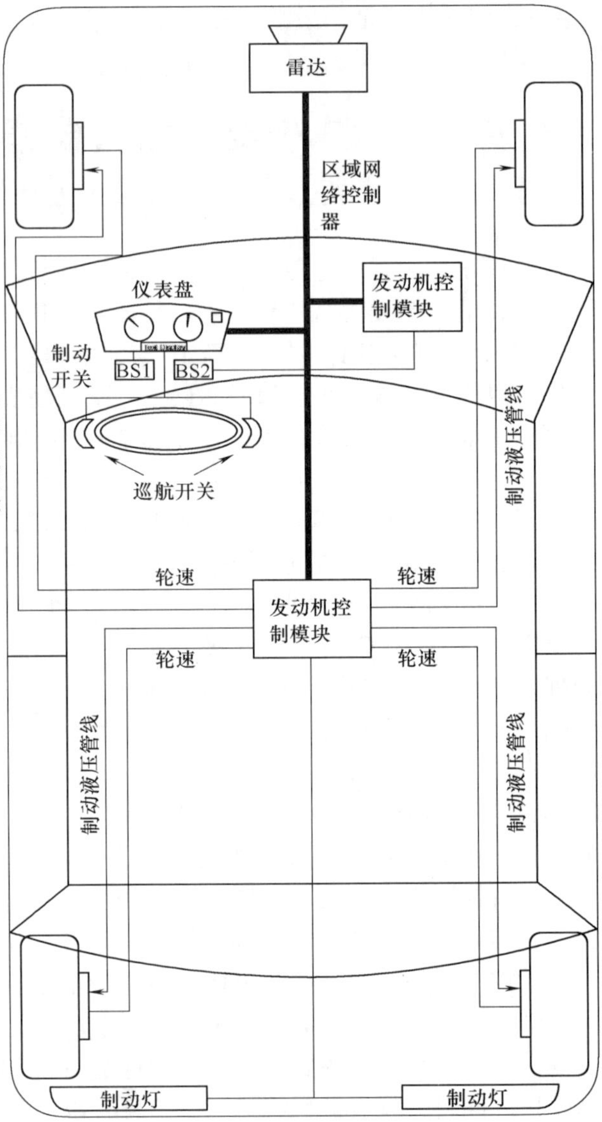

图14-11 智能巡航控制的基本结构图

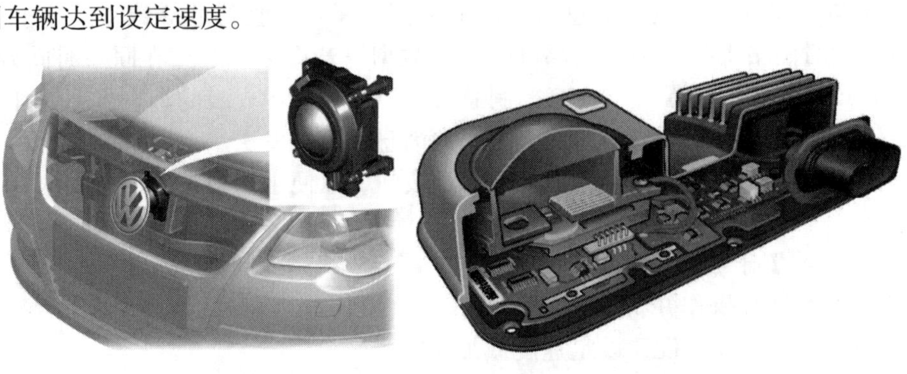

图14-12 大众车系雷达测距传感器安装及结构

ACC 不同系统间的信息和信号流如图 14-13 所示。

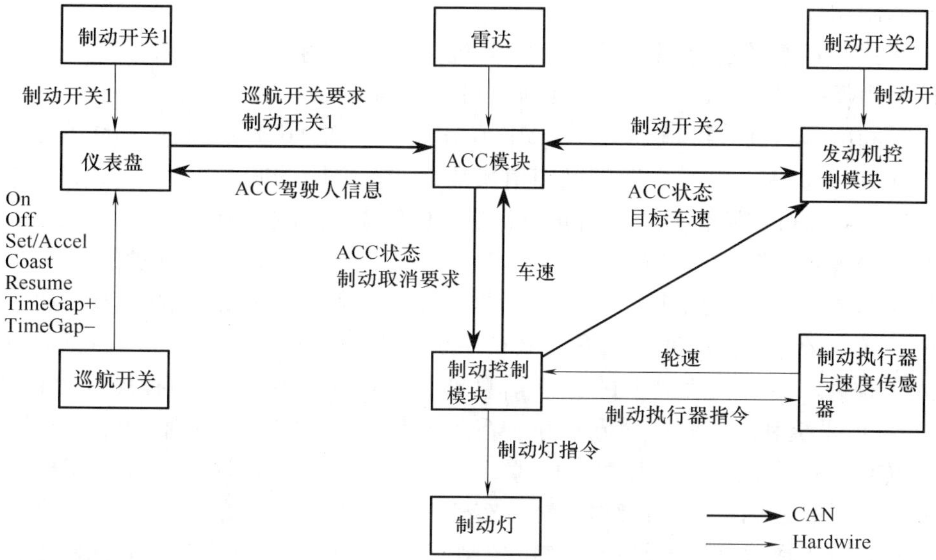

图 14-13　ACC 控制流程

当点火开关处于关闭位置时，任何系统都将不受外力干扰。当开关置于打开位置时，ACC 系统将初始状态设为“ACC 关闭状态”。

进入“ACC 待机状态”：在巡航控制启用之前驾驶人需要首先将状态置于“ACC 待机状态”。

此过程由驾驶人按下“NO”键来完成，若无系统故障，ACC 系统将过渡到“ACC 启用状态”。

进入“ACC 启用状态”：驾驶人通过按下“SET”或“RESUME”按钮进入“ACC 启用状态”。若内存中存在事先设定的速度，当按下“RESUME”时，系统将把此速度设为目标车速。否则，当按下“SET”按钮时，系统将以当前速度为目标车速。下列条件将作为响应“ACC 启动”开关的必要条件：

① 制动开关 1：制动系统未启用

② 制动开关 2：制动系统未启用

③ 车速≥40km/h

处于 ACC 启用控制时，车速要么保持设定速度，要么与前方车辆保持一个时间间隙，以速度较低者为准。

此模式下的操作相当于常规的速度控制。若无处于系统时间间隙或间隙之内的前方车辆，该车辆将保持目标车速。发动机控制系统通过节气门控制发动机输出功率以保证将车速维持在目标车速。

ACC 系统进入跟车模式或“ACC 时间间隙控制状态”，若雷达侦测到有前方车辆进入间隙距离之内，在此模式的操作下，ACC 系统将发送一个目标速度给发动机控制模块并向制动控制模块下达减速指令，以保证车辆间设定的时间间隙。

减速控制：ACC 系统通过对发动机控制模块发送降低目标速度指令和对制动控制模块

发送制动减速指令的方式来降低车速。其最大制动减速度不大于0.2g。制动减速时，制动控制模块起动制动灯。

加速控制：ACC系统通过提高发送到发动机控制模块的目标速度来提高车速。发动机控制模块将努力保持目标车速，其最大加速度可高于0.2g。

调整时间间隙：驾驶人可以通过“TIME GAP +”和“TIME GAP -”的开关调整时间间隙。按“TIME GAP +”开关，时间间隙值增加，两车之间的间隙也随之增加。按“TIME GAP -”的开关，时间间隙值降低，因此两车之间的间隙也随之减少。

对于移动缓慢或停滞车辆的反应：在这样的情况下，ACC系统不能够在该系统的减速机构中以最大0.2g的减速度维持时间间隙。ACC车辆和前方车辆之间的间隙迅速减少或达到最低车速（40km/h）。在这种情况下，ACC系统进入“ACC待机状态”，而且通过显示一个“驾驶人干预需求”的仪表盘上的文本信息和一个有声钟鸣的驱动程序来提醒驾驶人。若制动正由ACC系统利用，则会缓慢解除。在此情形下，驾驶人必须对车辆进行控制。

ACC系统可在速度控制模式和时间间隙（跟车）模式间自动转换，此运作模式取决于相对设定速度更慢的目标速度，以维持ACC车辆和前方车辆之间的间隙。总的来说，如果没有车辆处于间隙距离内，该系统处于速度控制模式，否则，它将维持时间间隙模式。

巡航控制可有操作者或自动通过ACC系统进行取消。以下任一条件将取消ACC：踩下制动踏板；按下“关闭”按钮；车辆行驶速度低于40km/h；检测到ACC系统故障。

14.3 汽车智能巡航控制系统诊断与检修

车辆在静止时就可以检查自适应巡航系统是否能正常工作。当发动机正在运转时，如果将自适应巡航系统拨杆从位置OFF拨到位置ON，那么暗红的发光二极管（30 ~ 200km/h范围内的）应该亮3s，故障会在中央显示屏上显示。如果自适应巡航系统已关闭，那么会有锣声提示。

如果系统或其外围设备出现严重故障，那么自适应巡航系统就被关闭，故障存储器内会记录故障，如车距调节控制单元失效。

外围设备故障会限制系统的功能，故障存储器内无故障记录，例如因制动器温度过高而导致自适应巡航系统无法使用。

驾驶人主动进行制动：驾驶人进行的制动具有优先权，只需“轻点”制动器就可以使系统关闭。

ESP/ABS/ASR/MSR控制：即使出现驾驶人没有察觉的调节过程也会导致系统关闭。

电子机械式驻车制动器正在工作：即使短时拉起驻车制动器开关也会导致系统关闭。

无效操作：例如，未设定巡航车速就激活了RESUME功能或在超出有效转速范围时增速或减速。

变速杆位置无效：例如，车在行驶时将变速杆换入N位。

脱离车速范围：当脱离25 ~ 220km/h这个车速范围或在车速低于30km/h时按下SET按键。

车距调节传感器没有发现前车目标：在识别目标时出现问题，例如目标“太弱”（如摩托车或是在某些广阔的平原且目标区内静止的物体又较少的地区）。

一般分为两种情况：

1）在开阔的公路上行驶时（前边没有车）：如果外界气温在 -5 ~ 5℃之间或刮水器已经接通时出现目标识别故障时，该系统立即关闭。

2）在正常行驶时（前边有车）：第一个预警报还不会导致系统马上切断，10s 后自适应巡航系统才关闭，随后会出现带有惊叹号的故障显示。并不是只要出现目标识别不充分，就会显示故障和关闭系统。

只要导致系统关闭的原因不再存在了，就可以通过 RESUME 或 SET 来重新激活自适应巡航系统。当然，如果出现严重故障的话，就无法激活自适应巡航系统了。

案例分析：

1）故障现象：一辆大众 CC2.0T 汽车，ACC 主动巡航系统功能无法使用。

故障诊断：该车为事故车辆，维修完成后发现 ACC 主动巡航系统功能受限，定速巡航功能无法开启。连接诊断电脑发现车辆网关中 01 发动机电子装置及 13 自适应巡航控制中存在故障，如图 14-14 所示。

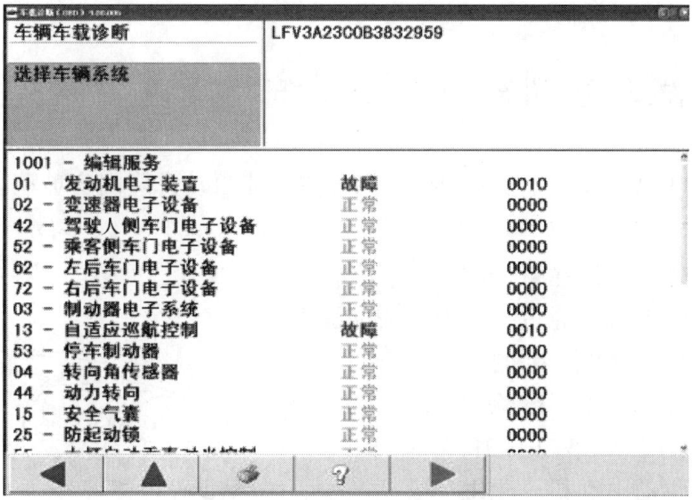

图 14-14　故障诊断仪显示故障

01 发动机电子装置报“检查传动系统控制单元静态”故障，13 自适应巡航控制中报读取发动机控制单元故障静态故障；查询本车的维修记录发现本次事故此车更换了 ACC 主动巡航控制单元雷达传感器并重新对 ACC 进行了校准。由于是追尾事故后才无法使用相关功能，怀疑是事故时造成前部线束短路或断路导致 ACC 无法工作，查询电路图检查相关前部线束，未发现线束有短路或断路现象；线束故障排除怀疑为新的 ACC 主动巡航控制单元雷达传感器存在问题，拆卸新的 ACC 主动巡航控制单元雷达传感器发现新的传感器与原车旧的备件号存在差异。与备件部门沟通后确定这两种备件为替换件，不存在安装错误备件导致故障的可能；查询相关维修资料发现新的备件由于是替换件，安装后除了需要正常的编码及校准外还需要额外更改匹配功能。

2）故障排除：用诊断电脑对功能进行匹配，匹配的顺序为：进入 13 自适应主动巡航控制→进入访问认可输入“ 23092”→进入匹配通道 9，将“1”改为“0”。完成匹配后故障排除。

第15章 其他电动控制技术

15.1 汽车电动车窗控制系统

电动车窗也称自动车窗，驾驶人和乘客用开关就能自动升降门窗玻璃。电动车窗的基本组成如图 15-1 所示。

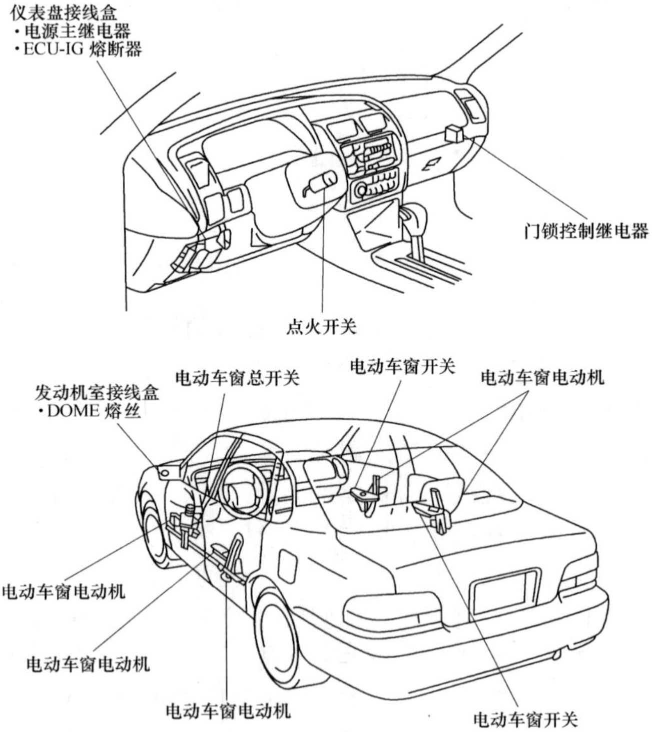

图 15-1 自动车窗的主要零部件及在汽车上的位置

大多数电动车窗系统是在每个车窗装一个直流永磁电动机，通过一个三档位的摇臂开关改变电动机的极性，以操纵车窗的升降。该系统除驾驶座主开关外，还有各个车门开关、乘客车窗玻璃升降驱动电动机、主继电器、电动车窗断路器、窗锁开关等。在电动车窗控制电路中，主要由以下零部件组成：

（1）主继电器　主继电器中的线圈电流取自蓄电池，通过点火开关 IGl 闭合的触点得到。当该线圈电流通路形成后，控制其内常开触点闭合，以切换电动门窗电动机的大电流。

（2）断路器　电动门窗控制电路中多装有一个或多个断路器，有的就装在电动机内，以便有过载电流通过电动门窗电动机时，断路器会切断电路，以保护电路免受损失。例如，当车窗已升到顶点或因结冰而玻璃不能自由运动时，即使驾驶人操纵的开关没有断开，断路器也会自动断开。

（3）电动窗总开关、窗锁开关　总开关用以控制通向各车窗电动机开或关的电流。它还包括一个用于驾驶座车窗的“点触式电动窗”电路和一个内装的窗锁开关，用以控制全部电动窗升降的动作。

（4）变速器　由于升起电动门窗要比门窗下降费力。因此，在电动机和门窗玻璃升降器机构中间装有一个变速器，以增大驱动转矩。变速器的驱动齿轮带动一个柔性齿条，或直接连接一个类似手动式的门窗升降机构。

（5）电动门窗分开关　除驾驶人座车门外，每个车门上都设有电动窗分开关，各自控制车窗的升降，同时又受电动门窗总开关控制。当总开关内的窗锁开关置于 LOCK 位置时，车窗总开关与分开关均不起作用。

（6）电动门窗电动机　如图 15-2 所示，当电流从电动门窗总开关或分开关流入电动门窗电动机时，电动机随即带动门窗传动机构升、降门窗玻璃。

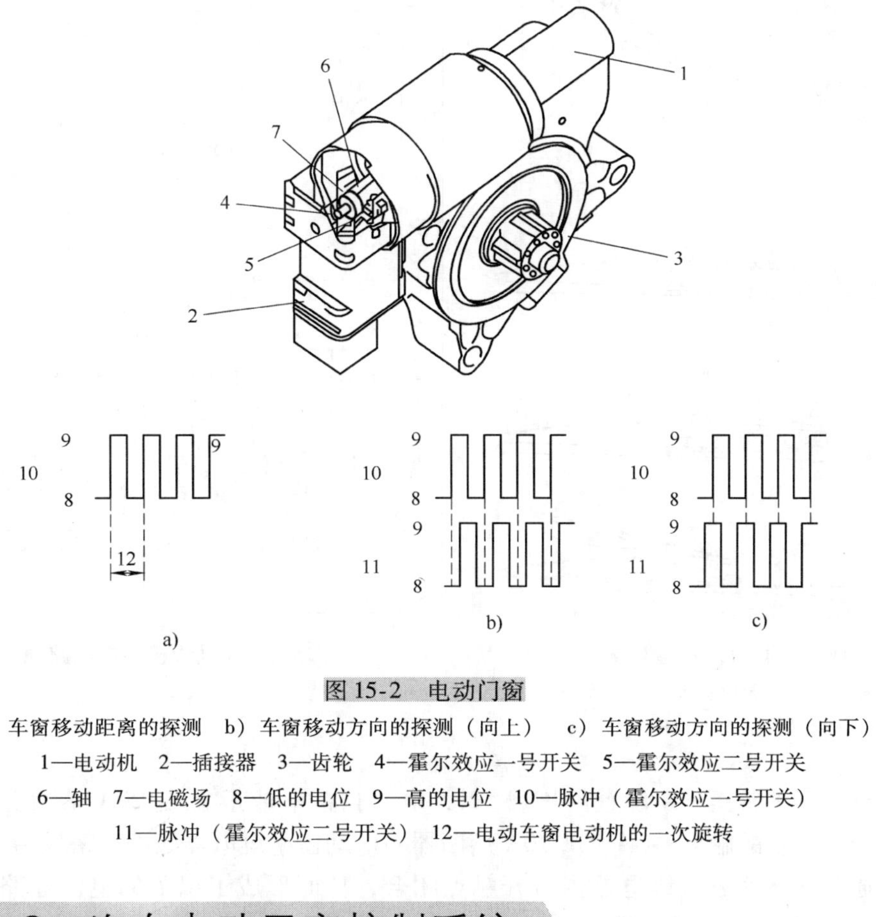

图 15-2　电动门窗

a）车窗移动距离的探测　b）车窗移动方向的探测（向上）　c）车窗移动方向的探测（向下）

1—电动机　2—插接器　3—齿轮　4—霍尔效应一号开关　5—霍尔效应二号开关

6—轴　7—电磁场　8—低的电位　9—高的电位　10—脉冲（霍尔效应一号开关）

11—脉冲（霍尔效应二号开关）　12—电动车窗电动机的一次旋转

15.2　汽车电动天窗控制系统

豪华车型（例如商务车、轿车等）装备了电动天窗系统，使汽车的透气性更好，有的车型还具有双天窗系统。天窗玻璃具有遮挡视线（避免由外向内看）和前后倾斜功能。在未打开任何车门的情况下，点火开关由开到关闭后的10s内，电动天窗仍可进行开启，一旦车辆发生意外，车内乘客能有更多的途径脱离危险。

1. 电动天窗的组成

各种车型电动天窗电路大同小异，工作原理基本相同，主要由电源继电器、天窗控制开关、限位开关、驱动电动机和天窗控制继电器等组成，如图15-3所示。

2. 电动天窗工作原理

（1）电源电路　天窗控制继电器的12脚供电取自蓄电池正极，通过FL MAIN 1.25B易熔线、DOME 10A熔断器后得到（图15-4）。

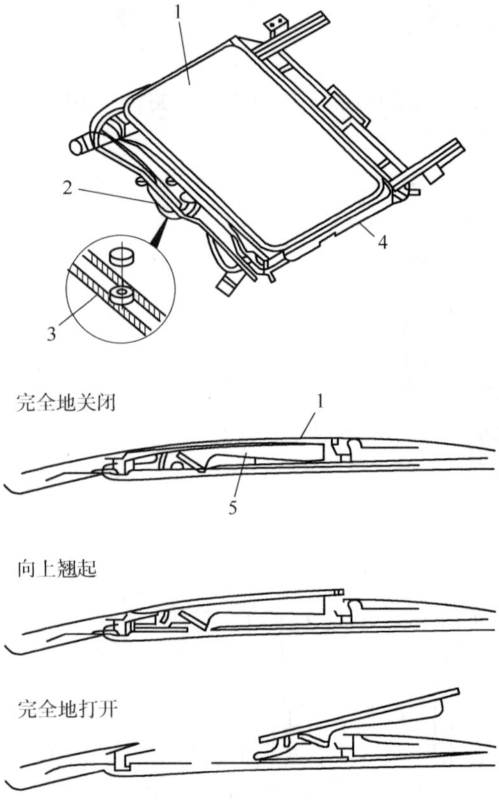

图15-3　电动天窗的组成

1—玻璃面板　2—天窗电动机　3—驱动索缆　4—框架　5—导杆

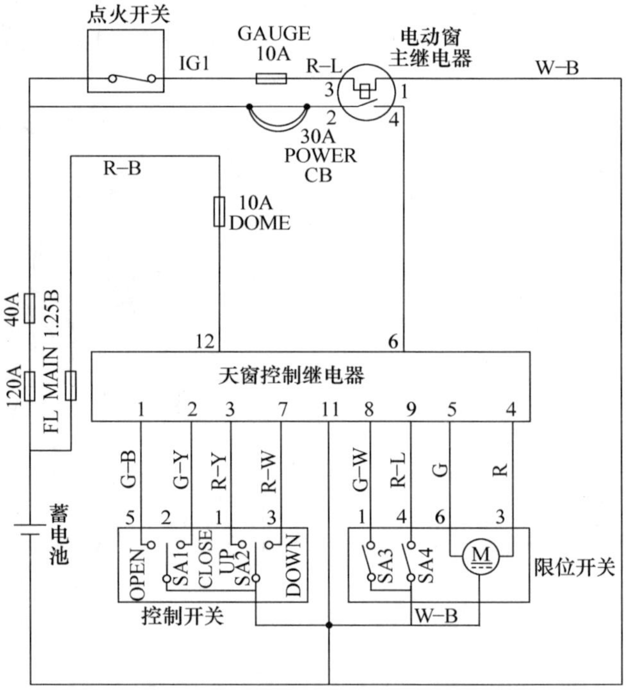

图15-4　电动天窗控制电路原理图

当将点火开关转至ON位置（IG1）时，电流自蓄电池正极→120A熔断器→40A熔断器→点火开关闭合的触点→GAUGE 10A熔断器→电动窗主继电器线圈→搭铁→蓄电池负极。这一电流通路使电动窗主继电器内常开触点闭合，从而形成了以下的电流通路：蓄电池正极→120A熔断器→40A熔断器→POWER CB 30A熔断器→电动窗主继电器触点2与4脚间闭合的触点→天窗控制继电器6脚，使天窗的直流供电形成，只要进一步操作相应开关，就可对天窗进行调节了。

（2）打开天窗　如果按下天窗控制开关SA1至“OPEN”侧，等效于将天窗控制继电器的

1 脚搭铁，相当于将天窗继电器的 6 脚与 5 脚、4 脚与 11 脚接通，由此就形成了如下的电流通路：蓄电池正极→120A 熔断器→40A 熔断器→POWER CB 30A 熔断器→电动窗主继电器 2 与 4 脚间闭合的触点→天窗控制继电器 6 脚和 5 脚→天窗电动机 M→天窗控制继电器 4 脚和 11 脚→搭铁→蓄电池负极。这一电流通路使天窗电动机 M 起动正向运转，从而使天窗打开。

（3）关闭天窗　如果按下天窗控制开关 SA1 至“CLOSE”侧，等效于将天窗控制继电器的 2 脚搭铁，相当于将天窗继电器的 6 脚与 4 脚、5 脚与 11 脚接通，由此就形成了如下的电流通路：蓄电池正极→120A 熔断器→40A 熔断器→POWER CB 30A 熔断器→电动窗主继电器闭合的 2 与 4 脚间闭合的触点→天窗控制继电器 6 脚和 4 脚→天窗电动机 M→天窗控制继电器 5 脚和 11 脚→搭铁→蓄电池负极。这一电流通路使天窗电动机 M 起动反向运转，天窗向关闭方向滑移。当天窗滑移 200mm 左右但不到全关位置时，限位开关 SA2 由 ON 转为 OFF，使天窗控制继电器 8 脚与地间断开，随即停止天窗滑移。

（4）天窗上倾　如将控制开关 SA2 拨至“UP”侧，等效于天窗控制继电器的 3 脚搭铁，相当于将天窗控制继电器的 6 脚与 4 脚、5 脚与 11 脚接通，由此就形成了如下的电流通路：蓄电池正极→120A→40A→30A→天窗控制继电器 6 脚和 4 脚→天窗电动机 M→天窗控制继电器 5 脚和 11 脚→搭铁→蓄电池负极。这一电流通路使电动机开始运转，使天窗上倾。

（5）天窗下倾　如将控制开关 SA2 拨至“DOWN”位置时，等效于天窗控制继电器的 7 脚搭铁，相当于将天窗控制继电器的 6 脚与 5 脚、4 脚与 11 脚接通，由此就形成了如下电流通路：蓄电池正极→120A→40A→30A→天窗控制继电器 6 脚和 5 脚→天窗电动机 M→天窗控制继电器 4 脚和 11 脚→搭铁→蓄电池负极。这一电流通路使电动机按与上述相反方向运转，使天窗下倾。

（6）保护指示　在滑移式天窗仍处于向上倾斜位置且两只限位开关在 OFF 状态时，如将点火开关转至 ACC 或 OFF 位置，则会发出蜂鸣声，提醒驾驶人注意滑移式天窗仍处于向上倾斜位置。

如果移动了导轨，机械调节器失效或者更换了电动天窗电动机，那么必须通过以下步骤来调节系统：按下滑动开关，完全关闭顶篷；暂时松开开关，并再次按下，持续大约 13s；在听到“咚咚”声之后（找到机械锁死位置），再次松开滑动开关，在 5s 之内重新按下，并保持在按下状态；现在，顶篷会自动完全打开和关闭；完成初始化操作。

15.3　汽车电动后视镜控制系统

后视镜又称为倒车镜，分布在汽车左右两侧，供驾驶人观察汽车左右两侧行人、车辆以及其他障碍物的情况，确保行车或倒车安全。电动后视镜有可折回和不可折回两种形式。装有电动控制的后视镜，驾驶人在车内即可调整后视镜的倾斜角度。当洗车和停车时，为避免不必要的刮伤，折回式的可以方便折回。

1. 电动后视镜结构

电动后视镜电路如图 15-5 所示，它是一个双后视镜电气控制系统。在每个后视镜的背后都有两个可逆永磁电动机，一个电动机控制垂直方向的倾斜运动，另一个电动机控制水平方向的倾斜运动。

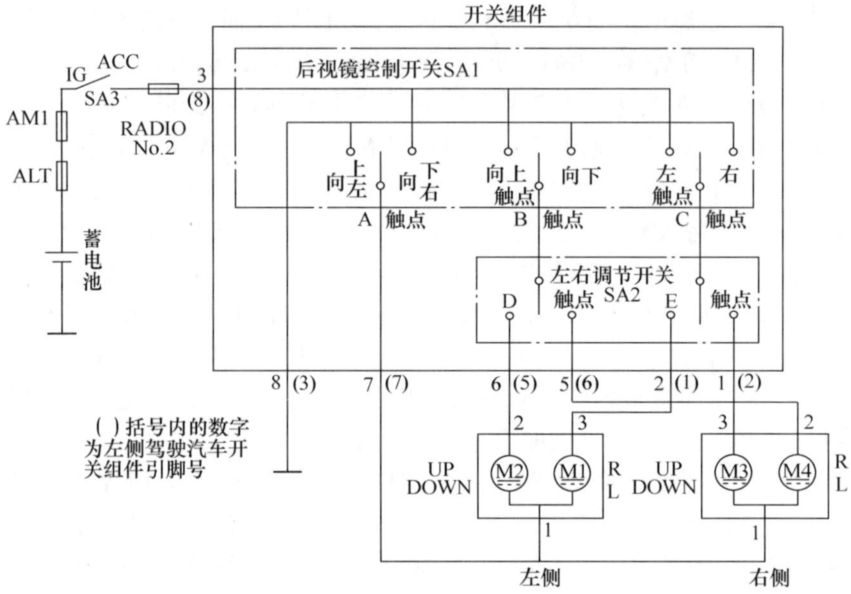

图 15-5 电动后视镜电路

电动后视镜控制电路主要由点火开关、RADIO No. 2 熔断器、后视镜控制开关、左右调节开关、左侧与右侧后视镜电动机组成。

2. 电动后视镜原理

电源通路为蓄电池正极→ALT 熔断器→AM1 熔断器→点火开关 SA3→RADIO No. 2 熔断器→控制开关组件 3 脚。

（1）后视镜向左摆动 汽车左、右两侧后视镜的工作原理基本相同，下面以左侧后视镜为例进行分析。当左右调节开关 SA2 的 D、E 触点拨向左侧时，就分别与左侧的开关触点接通，则左侧后视镜处于被控状态。当控制开关 SA1 的 A、C 触点拨向左侧时，就分别与左侧的开关触点接通，由此就形成了如下的电流通路：控制开关组件 3 脚输入的蓄电池正极电压→控制开关 SA1 的 C 触点→左右调节开关的 E 触点→开关组件的 2 脚→左侧后视镜电动机组件 3 脚→电动机 M1→左侧后视镜电动机组件 1 脚→开关组件 7 脚→控制开关 A 触点→开关组件 8 脚→搭铁→蓄电池负极。上述这一电流通路，使左侧后视镜左、右动作电动机驱动后视镜向左摆动。

（2）后视镜向右摆动 当控制开关 SA1 的 A、C 触点拨向右侧时，就分别与右侧的开关触点接通，由此就形成了如下的电流通路：开关组件 3 脚输入的蓄电池电压→控制开关 SA1 的 A 触点→开关组件 7 脚→左侧后视镜电动机组件 1 脚→电动机 M1→左侧后视镜电动机组件 3 脚→开关组件 2 脚→左右调节开关 SA2 的 E 触点→控制开关 SA1 的 C 触点→开关组件 8 脚→搭铁→蓄电池负极。上述这一电流通路，使左侧后视镜左、右动作，电动机中有与上述相反的电流流过，从而驱动后视镜向右摆动。

（3）后视镜向下摆动 当控制开关 SA1 的 B、A 触点拨向右侧（此时 SA2 的 D、E 触点在左侧，以下同）时，就形成了如下的电流通路：开关组件 3 脚输入的蓄电池电压→控制开关 SA1 的 A 触点→开关组件 7 脚→左侧后视镜电动机组件 1 脚→电动机 M2→左侧后视镜电动机组件 2 脚→开关组件 6 脚→左右调节开关 SA2 的 D 触点→控制开关 SA1 的 B 触点→

开关组件 8 脚→搭铁→蓄电池负极。上述这一电流通路，使左侧后视镜上、下驱动电动机工作，从而驱动左后视镜向下摆动。

（4）后视镜向上摆动　当控制开关 SA1 的 B、A 触点拨向左侧时，就形成了如下的电流通路：开关组件 3 脚输入的蓄电池电压→控制开关 SA1 的 B 触点→左右调节开关 SA2 的 D 触点→开关组件 6 脚→左侧后视镜电动机组件 2 脚→电动机 M2→左侧后视镜电动机组件 1 脚→开关组件 7 脚→控制开关 SA1 的 A 触点→开关组件 8 脚→搭铁→蓄电池负极。这一电流通路使左侧后视镜上、下驱动，电动机 M2 中有与上述相反的电流通过，从而驱动左后视镜向上摆动。

15.4　自动泊车辅助控制系统

自动泊车辅助控制系统可在平行于路沿倒车入位（泊车）时为驾驶人提供帮助，这时所需要的转向运动由泊车转向辅助系统来执行。无论是靠右侧还是左侧路沿泊车，泊车转向辅助系统均能为驾驶人提供帮助，该系统在泊车时会在驾驶人信息系统上通过图像来引导驾驶人。只要找到合适的停车空位，那么驾驶人还必须驾车前行，直至车辆到达一个有利于泊车的位置。挂入倒档后，泊车转向辅助系统就接管了转向过程，驾驶人只需要操纵加速踏板、离合器踏板以及制动器踏板就可以了。

自动泊车辅助控制系统的基本结构如图 15-6 所示。

泊车辅助转向传感器：这两个传感器的信号是泊车辅助转向功能专用的，它们被用于测量可能停车位，并且在泊车过程中监测前部末端的侧向空位。信号也被用于计算驶过角。如果该传感器有故障，泊车辅助转向功能（PA）将不能使用，但是停车辅助功能（PDC）仍然有效。安装位置如图 15-7 所示，左右位置对称。

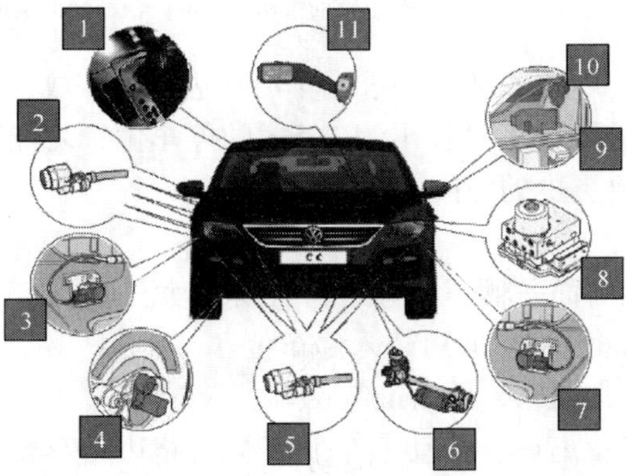

图 15-6　大众 CC 自动泊车辅助控制结构图

1—泊车辅助/泊车转向辅助按钮　2—后部泊车辅助传感器（4 个）　3—右前泊车辅助转向传感器　4—轮速传感器　5—前部泊车辅助传感器（4 个）　6—电动助力转向　7—左前泊车辅助转向传感器　8—ESP 控制单元　9—自动泊车辅助控制单元　10—泊车辅助蜂鸣器（前/后）　11—转向开关

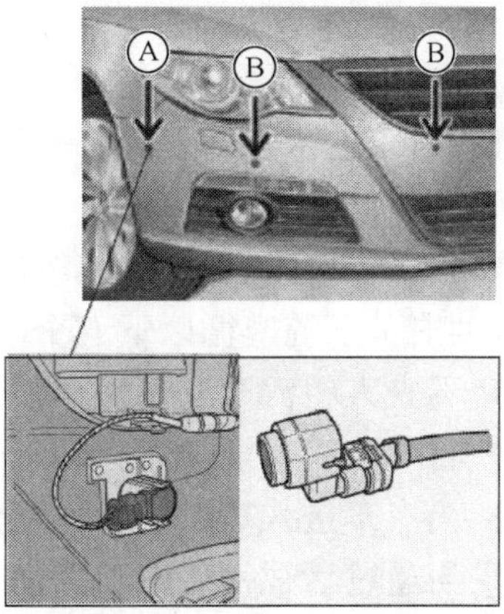

图 15-7　泊车辅助转向传感器的安装位置

泊车辅助传感器：用于测量车辆与附近障碍物的距离，可用于停车距离控制和泊车辅助转向。全部8个传感器具有自诊断功能，其中一个传感器失效将导致泊车辅助和泊车辅助转向功能都失效。安装位置如图15-8所示，前后左右位置对称。

泊车辅助转向控制单元：控制单元位于转向柱的左侧，中央电器控制单元的上方，包含泊车辅助转向功能和泊车辅助功能。

泊车辅助：手动操作按钮开启前部停车距离控制（泊车辅助），如果停车距离控制因相关元件的技术故障而失效，则会通过警告灯闪烁进行报警提示，大众CC的泊车转向辅助按钮安装在变速杆附近，如图15-9所示。

泊车转向辅助按钮：通过手动操作此开关激活泊车辅助的泊车转向功能。如果停车辅助由于相关元件的技术故障而无法激活，则通过警告灯闪烁提示报警。

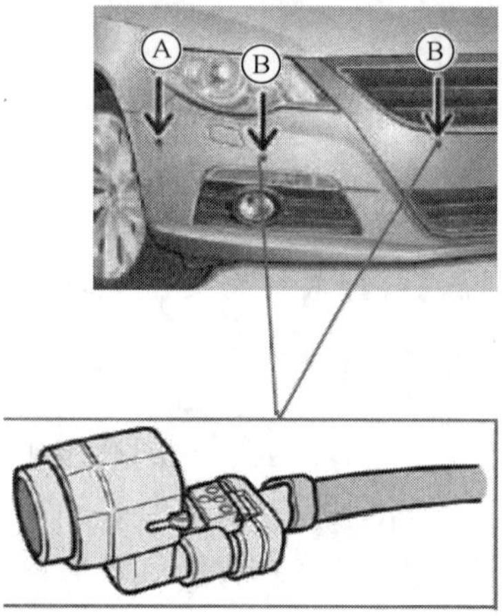

图15-8　泊车辅助传感器的安装位置

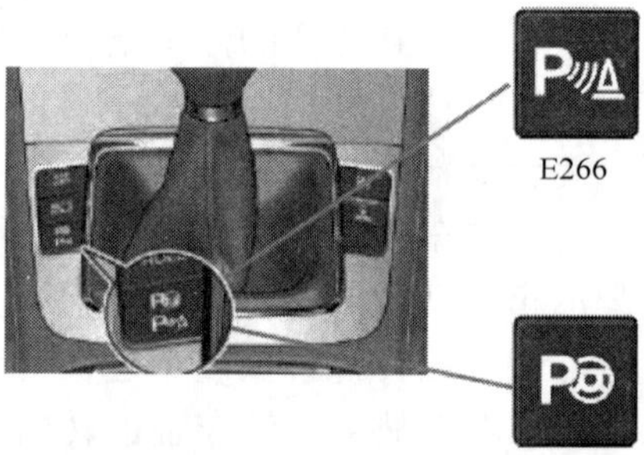

图15-9　泊车辅助/泊车转向辅助按钮

E266—泊车辅助按钮　E581—泊车转向辅助按钮

自动泊车技术大部分用于顺列式驻车情况。顺列式驻车要求汽车沿路边平行停放，与其他停好的汽车排成一条直线。大多数汽车用户需要比车身长出约1.5m的停车位，才能顺利完成顺列式驻车，尽管有些熟练的驾驶人只需要更少的空间。

自动泊车系统遵循以下五个基本步骤：

1）驾驶人将汽车开到停车位的前面，停在前面一辆车的旁边，启动自动泊车系统。

2）自动泊车系统向路边转动车轮，以大约45°将车向后切入停车位。

3）当汽车进入车位后，自动泊车系统会拨直前轮，然后继续倒车。

4）当通过后视镜确保与后面车辆保持一定距离后，自动泊车系统会向路边打车轮，这时驾驶人需要将汽车泊入行进档，自动泊车则会将汽车前端回转到停车位中。

5）驾驶人需要在停车位前后移动汽车，直到汽车停在适当的位置。

汽车移动到前车旁边时，系统会给驾驶人一个信号，告诉他应该停车的时间。然后，驾驶人换入倒档，稍稍松开制动踏板，开始倒车。然后，车上的计算机系统将接管转向盘。计算机通过动力转向系统转动车轮，将汽车完全倒入停车位。当汽车向后倒得足够远时，系统会给驾驶人另一个信号，告诉他应该停车并换为前进档。汽车向前移动，将车轮调整到位。最后，系统再给驾驶人一个信号，告诉他车辆已停好。

目前应用的自动泊车系统都需要倒车雷达辅助测算车位。驾驶人选择的路边车位的长度一定要大于汽车长度 1.5m 以上，自动泊车系统才能自动检测出车位的存在，如果车位长度过短，则自动泊车系统不能检测出车位的存在。这种汽车自动泊车系统确实使路边停车更加容易。但是现有的自动泊车汽车并不是全自动的，驾驶人仍然必须踩着制动踏板控制车速（汽车的怠速足以将车驶入停车位，无需踩加速踏板）。在汽车自动泊车系统辅助停车入位的过程中，需要驾驶人时刻盯紧汽车的倒车雷达显示和左右后视镜，严格掌控好车速，以免在停车入位的过程中发生碰撞。

参 考 文 献

[1] 程言昌. 汽车电子辅助设备结构与检修 [M]. 福州：福建科学技术出版社，2000.

[2] 王遂双. 汽车电子控制系统的原理与检修 [M]. 北京：北京理工大学出版社，2002.

[3] 秦海滨. 汽车底盘电控技术 [M]. 大连：大连理工大学出版社，2007.

[4] 麻友良. 汽车电器与电子控制系统 [M]. 北京：机械工业出版社，2003.

[5] 冀旺年. 汽车车身电气设备系统及附属电气设备 [M]. 2 版. 北京：电子工业出版社，2008.

[6] 刘希恭. 德国大众系统轿车维修手册 [M]. 沈阳：辽宁科学技术出版社，1998.

[7] 姜立标，等. 现代汽车最新安全控制装置构造与检修实物 [M]. 北京：人民交通出版社，2003.

[8] 云皓，等. 丰田汽车维修手册车身电脑电气系统 [M]. 长春：吉林科学技术出版社，1996.

[9] 廖发良. 汽车典型电控系统的结构与维修 [M]. 北京：电子工业出版社，2007.

[10] 闵思鹏，江冰. 汽车底盘电控系统原理与维修 [M]. 北京：北京大学出版社，2007.

[11] 刘仲国. 丰田雷克萨斯轿车故障诊断与维修手册 [M]. 北京：机械工业出版社，2003.

[12] 李东江. 广州本田雅阁系列轿车维修手册 [M]. 北京：北京理工大学出版社，2001.

[13] 鲁植雄. 汽车 ABS、ASR 和 ESP 维修图解 [M]. 北京：电子工业出版社，2006.

[14] 杨智勇. 上海别克轿车电控与电气系统检修图解 [M]. 北京：机械工业出版社，2002.